지 적 설 계

설계자들로부터의 메시지

라 엘

엘로힘이 전한 메시지를 수록한 저자의 책은 7권으로 출간되었으며 그것은 다음과 같다.
「진실을 알리는 책 "Le Livre Qui Dit La Verite" (The Book Which Tells The Truth)」, 「우주인은 나를 그들의 행성에 데려갔다 "Les Extra-Terrestres M'ont EmmeneSur Leur Planete" (The Extra-Terrestrials Took Me To Their Planet) 」, 「우주인을 맞이하자 "Accueillir Les Extra-Terrestres" (Let's Welcome The Extra-Terrestrials) 」, 「천재정치」, 「감각명상」, 「인간복제」, 「각성으로의 여행」
본서 「지적설계 -설계자들로부터의 메시지」(한국어판) 는 그 중 최초의 3권을 영어로 새롭게 재번역, 수정 합본한 책인 「INTELLIGENT DESIGN- MESSAGE FROM DESIGNERS」의 한글 완역본으로서, 한국에서 출판되었던 우주인의 메시지 I, II권을 수정, 합본하여 개명한 책이다.
본서에서 인용된 성서구절은 공동번역 성서와 에두아르드 도름역 성서를 참고하였다.

지적설계 설계자들로부터의 메시지

1판 3쇄 발행 2022년 4월 3일 | 지은이·라엘 | 펴낸이·한국 라엘리안 무브먼트 | 번역·정윤표
펴낸곳·도서출판 메신저 | 주소·서울특별시 관악구 구암길 76,관악드림타운아파트 삼성상가동 301호
전화·02-536-3176 | FAX·02-594-3363 | 출판등록·16-195(1988.8.1.)
웹사이트 · **www.rael.org** | ISBN·978-85192-18-7 04330 | 값: 19,000원

Contents

제1권 진실을 알리는 책

Book One : The Book Which Tells The Truth

제2권 우주인은 나를 그들의 행성에 데려갔다

Book Two : The Extra Terrestrials Took Me To Their Planet

3 열쇠들

제3권 우주인을 맞이하자

Book Three : Let's Welcome The Extra-Terrestrials

1 가장 빈번하게 제기되는 질문들

3 무신론적 종교

4 라엘리안의 논평과 증언

5 부록

제1권

진실을 알리는 책

THE BOOK WHICH TELLS THE TRUTH

첫 번째 메시지, 1973년 12월 13일

1

최초의 만남

아홉 살 때부터 나는 줄곧 한 가지 열망만을 가져왔다. 그것은 자동차 경주였다. 3년 전 이 분야에 관한 전문지를 창간한 것도 남을 앞지르기 위해 자기 자신을 극복해야 하는 이 스포츠의 열광적인 세계 속에 몰입하고 싶었기 때문이었다. 어렸을 때부터 나는 항상 경주용 차의 선수가 되는 것을 꿈꾸었고 나 자신이 위대한 팡지오의 뒤를 잇는 것을 상상하곤 했다. 잡지관계로 여러 번의 경기에 참가하다보니 나의 경주 실력은 상당하다고 할 정도가 되었고, 지금은 십여 개의 트로피가 내 아파트를 장식하고 있다.

1973년 12월 13일 아침, 내가 클레르몽 페랑(Clermont Ferrand, France)에 우뚝 솟은 화산으로 갔던 것은 드라이브를 즐긴다기보다는 맑은 공기를 마시고 싶었기 때문이었다. 또 근 일년간 경주용 트랙에서 트랙으로 쫓아다니면서 늘 차바퀴 위에서만 살았기 때문에 다리가 못 견딜 지경이었다.

아침 공기는 차갑게 느껴졌고 하늘은 안개가 낀 회색빛이었다. 나는 걷기도 하고 뛰기도 하면서 차를 세워둔 길을 벗어나 퓨이 드 라 쏘라 (Puy-de-la-Sola)의 분화구 중심으로 갔다. 그곳은 여름에 가족과 함께 자주 놀러온 곳이었다. 얼마나 웅장한 풍경이었던가. 수천

년 전 내가 발을 딛고 있는 땅 속에서 뜨거운 용암이 분출되어 나왔다는 사실이 믿어지지 않았다. 지금도 화산재 속에는 장식용이 될 수 있는 화산탄을 발견할 수가 있다. 햇빛을 받지 못해 난쟁이가 된 식물들은 프로방스 지방의 나무들을 연상케 했다.

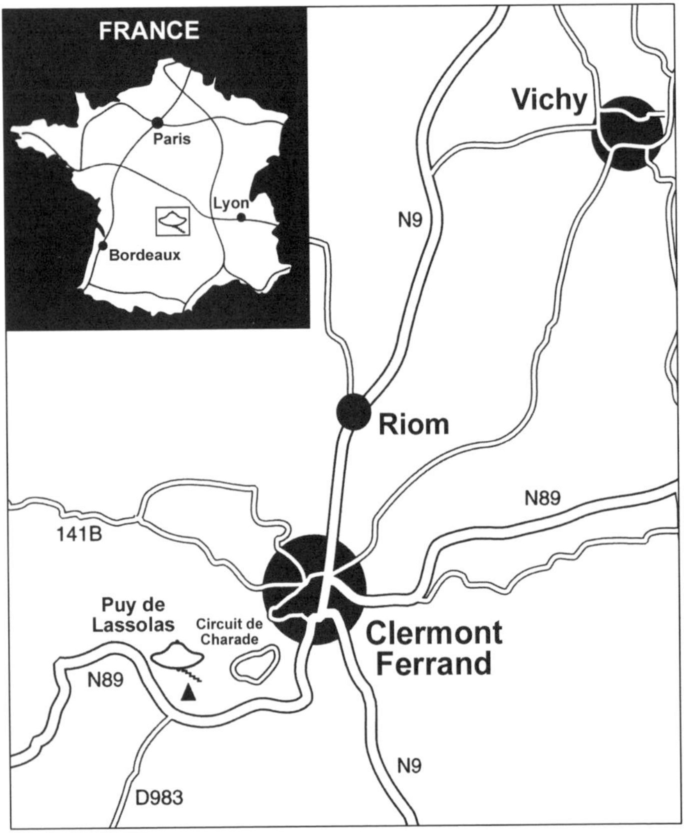

* 첫 번째 만남의 장소: 퓨이 드 라 소라
Puy de Lassolas, near Clermont-Ferrand, 1973년 12월 13일

그곳을 떠나기 전 나는 다시 한번 화산재의 퇴적으로 생긴 휘어진 산의 정상을 바라보았다. 스키를 타듯 이 급경사면을 신나게 미끄러져 내려가면서 얼마나 즐거워했던가. 그때 돌연 나는 안개 속에서 붉은 빛이 반짝이는 것을 보았다. 헬리콥터 같은 것이 내 쪽으로 내려왔다. 헬리콥터라면 소리가 들렸을 텐데 아무 소리도, 가는 바람소리조차 들리지 않았다. 기구(氣球)일까? 기체(機體)는 20미터 상공에 떠 있었으며 납작한 모양을 하고 있었다. 비행접시였다!

오래 전부터 비행접시가 존재한다고 믿어 왔지만 나 자신이 직접 그것을 보게 되리라고는 꿈에도 생각하지 못했다. 그것은 직경 7미터, 높이가 2.5미터 정도 되는, 밑바닥이 평평하고 위는 원추형 모양을 하고 있었다. 기체의 하부에는 아주 밝은 붉은 등이 번쩍이고 있었으며, 정점에서는 마치 카메라 플래시와도 같은 흰 빛의 섬광이 간헐적으로 발산되고 있었다. 그 흰 빛은 너무 강렬하여 눈을 뜨고는 똑바로 바라볼 수 없을 정도였다. 기체는 소리 없이 하강하면서 지상으로부터 2미터 되는 곳에 정지했다. 나는 화석이 된 듯 꼼짝도 않고 서 있었다. 무섭기는커녕 오히려 이제부터 일어날 일에 대한 흥분으로 가득 차 있었다. 카메라를 가져오지 않은 것이 몹시 후회스러웠다. 그때 믿을 수 없는 일이 일어났다. 기체 하부의 문이 열리면서 사닥다리 같은 것이 펼쳐져 땅에 닿았다. 누군가가 나오는 것 같았다. 나는 그것이 어떤 모양을 하고 있을까 궁금했다.

먼저 두 개의 발이 보였고 이어서 두 다리가 나타났다. 그것으로 미루어 보아 그가 인간과 비슷한 모습이라고 여겨졌다. 마침내 전신이 나타났을 때 나는 그가 어린이라고 생각했다. 그는 계단을 내려와서 곧장 내 쪽으로 걸어 왔다. 그때 나는 그가 1미터 20센티 정도의 키에도 불구하고 어린이가 아님을 알 수 있었다. 그의 눈은 약간 옆으로 길게

째져있었고 길고 검은 머리와 짧고 검은 수염을 지니고 있었다. 그는 나로부터 10미터쯤 되는 곳에서 발걸음을 멈추었다. 나는 여전히 그 자리에 꼼짝 않고 서 있었다. 그는 위아래가 붙은 녹색 옷을 입고 있었다. 그의 머리는 공기 중에 노출되어 있었으나 이상한 후광으로 둘러싸여 있는 듯했다. 자세히 보니 후광이 아니라 얼굴 주변의 공기가 가볍게 떨리고 있는 것처럼 보였다. 거의 감지할 수 없는 고운 기포로 된 보이지 않는 막을 쓰고 있는 듯이 느껴졌다. 피부색은 흰색이었으나 간이 나쁜 사람처럼 약간 녹색 빛을 띠고 있었다. 그가 가볍게 미소를 지었다. 나는 그의 미소에 답해야 한다고 생각했으나 어색하게 느껴졌다. 그래서 답례하는 뜻으로 머리를 약간 숙였다.

그도 똑같이 머리를 숙이며 답했다. 그가 내 말을 알아듣는지 알아보기 위해 내 쪽에서 먼저 말을 걸었다.

-어디서 오셨습니까?

그는 힘있는 목소리로 대답했는데 발음은 정확했고 약간 콧소리였다.

"아주 먼 곳에서…"

-프랑스 말을 하십니까?

"세계의 모든 나라 말을 하지요."

-다른 행성에서 오셨습니까?

"네."

얘기하는 동안 그는 내 앞으로 2미터 되는 곳까지 다가왔다.

-지구에는 처음 오신 겁니까?

"아니요."

-그럼, 자주 오십니까?

"매우 자주 옵니다. 그래도 부족하지요."

-무엇 때문에 오시지요?

"오늘은 당신과 얘기하기 위해서입니다."

-내게요?

"네, 클로드 보리롱 씨, 스포츠카에 관한 작은 잡지의 편집인으로 결혼은 했고, 두 아이의 아버지이지요?"

-그걸 어떻게 알고 계십니까?

"우리들은 오랫동안 당신을 관찰해 왔어요."

-왜 하필이면 나를?

"그것이 바로 내가 당신에게 이야기하고자 하는 것이지요. 그런데 이렇게 추운 겨울아침에 왜 여기 왔지요?"

-모르겠어요. 그저 맑은 공기나 쐬며 산책하려고 했던 것 같습니다.

"당신은 여기 자주 오나요?"

-여름에는 자주 옵니다. 하지만 지금 같은 겨울엔 오지 않습니다.

"그런데 오늘은 왜 왔지요? 오래 전부터 산책하려고 계획했나요?"

-아니요. 잘 모르겠어요. 오늘 아침 눈을 뜨니까 웬일인지 모르게 불현듯 여기 오고 싶었습니다.

"당신이 여기 온 것은 내가 당신을 만나고 싶어했기 때문입니다. 당신은 텔레파시를 믿습니까?"

-네. 그건 제가 항상 관심을 가지고 있는 문제일 뿐 아니라 '비행접시'

와 관련 있는 모든 것에 흥미를 갖고 있습니다. 하지만 제 자신이 그것을 직접 보리라고는 생각도 못했습니다.

"좋아요. 나는 텔레파시로 당신을 여기에 불렀어요. 당신에게 해야 할 얘기가 많이 있습니다. 성서를 읽은 적이 있습니까?"

-네. 그런데 그걸 왜 묻습니까?

"성서를 읽게 된 것은 오래 전부터였나요?"

-아니요. 불과 며칠 전에 샀습니다.

"왜지요?"

-모르겠습니다. 갑작스럽게 읽고 싶어졌다고나 할까…

"그것 역시 내가 텔레파시로 당신에게 성서를 사게 했습니다. 당신에게 말해야 할 것이 많아요. 나는 매우 어려운 사명 때문에 당신을 선택했습니다. 나의 우주선으로 오세요. 거기가 얘기하는데 더 편할 것입니다."

나는 그를 따라 우주선 밑의 작은 계단을 올라갔다. 가까이서 보니 우주선은 견고하고 두툼한 바닥으로 이루어진 납작한 종 모양을 하고 있었다. 선내에는 팔의자가 두 개 마주보고 있었고 문을 닫지 않았는데도 기온이 따뜻했다. 전등은 보이지 않았으나 자연스러운 빛이 사방에서 흘러 나왔다. 조종석이나 항공계기반 같은 것은 어디에서도 찾아 볼 수 없었다. 바닥은 약간 푸른빛이 나는 빛나는 합금으로 되어 있었다. 내가 크고 낮은, 약간 투명하고 색깔이 없는 단일재료로 만들어진 매우 푹신한 의자에 앉자 그 우주인도 나의 맞은 편에 앉았다. 그의 의자는 내 것과 같았지만 조금 작고 높아서 그의 얼굴이 내 얼굴과 같은 높이가 되게 했다.

그가 벽의 한 부분을 만지자 기체 전체가 바닥과 천장을 제외하고 투명해졌다. 우리는 따뜻한 야외에 앉아 있는 듯한 느낌이 들었다. 그가 내게 코트를 벗으라고 권했고 나는 그렇게 했다. 이윽고 그가 말을 시작했다.

"당신은 카메라를 가져오지 않은 것에 대해 매우 후회하고 있지요? 우리들의 회견에 대해 모든 사람들에게 제시할 수 있는 물적 증거로써 말입니다."

-물론입니다.

"잘 들으세요. 당신은 사람들에게 그들이 누구인지, 그리고 우리가 누구인지에 대한 진실을 말해야 합니다. 사람들의 반응을 본 다음 우리 자신을 공식적으로 자유롭게 드러낼 수 있을지 어떨지를 판단할 수 있을 것입니다. 사람들에게 말하기 전에 우선 당신 자신이 모든 것을 잘 알아야 하겠지요. 당신은 당신을 믿지 않는 사람들에 대해서 자신을 적절히 방어할 수 있어야 하며, 그들이 반박할 수 없는 증거를 제시해야 합니다. 그러므로 지금부터 내가 이야기하는 모든 사실을 기록하여 책으로 출판하도록 하세요."

-그런데 어째서 저를 선택하셨습니까?

"이유는 많아요. 무엇보다도 우리는 새로운 생각을 받아들이고 표현할 수 있는 나라에서 태어난 사람을 택해야 했습니다. 프랑스는 민주주의가 태어난 나라이고 세계적으로 자유의 나라라는 이미지가 짙지요. 또 우리는 지성적이고 마음이 열린 사람이 필요했어요. 그리고 무엇보다도 종교를 부정하지 않으면서 자유로운 사고를 할 줄 아는 사람이라야 했습니다. 당신은 아버지가 유태인이고 카톨릭교도인 어머니 사이에서 태어났기 때문에 세계 역사에 있어 매우 중요한 두 민족을 이어 주는데 적합한 인물이라고 생각했지요. 그 외에, 당신의 경력이 믿기 어려운 사실을 밝히는 일과 전혀 무관하기 때문에 당신의 말은 더욱 신빙성 있게 들릴 것입니다. 과학자가 아니기 때문에 당신은 사물을 복잡하게 만들지 않고 간략하게 설명할 것입니다. 또 문학가가 아니기 때문에 문장을 복잡하고 난해하게 만드는 일도 없겠지요. 끝으로 우리들은 1945년 최초의 원자폭탄이 투하된 이래 태어난 누군가를 선택하기로 했습니다. 당신은 1946년에 태어났지요. 우리들은 당신의 탄생 이후, 아니 그 이전부터 당신을 줄곧 지켜보고 있었어요. 이것이 당신을 선택하게 된 이유입니다. 다른 질문이 있습니까?"

-당신은 어디서 오셨습니까?

"아주 먼 행성에서이지요. 그러나 이 행성에 대해서는 지구인이 현명하지 않을 경우 우리들의 평화가 교란될 우려가 있으므로 더 이상 이야기하지 않기로 하겠습니다."

-아주 먼 곳에 있습니까?

"매우 멀지요. 거리를 말한다고 해도 당신들의 현재 과학 기술적 지식으로는 도저히 도달할 수 없는 거리일 것입니다."

-당신들은 자신을 무어라고 부릅니까?

"우리들도 당신들과 같은 인간입니다. 우리들이 사는 행성도 지구와 매우 비슷합니다."

-지구로 오는 데는 얼마나 걸립니까?

"생각하는 시간만큼 걸립니다."

-왜 지구에 오십니까?

"인간이 얼마나 성장했나 보고 또 그들을 지키기 위해서입니다.

인간에겐 미래가 있어요. 우리들은 과거의 인간이지요."

-당신들도 인구가 많습니까?

"당신들보다 훨씬 많아요."

-당신들의 행성에 가보고 싶은데 가능할까요?

"안돼요. 우선 대기가 아주 다르기 때문에 당신은 그곳에서 살 수가 없어요. 또 당신은 여행에 견딜 수 있을 만큼 충분히 준비되어 있지도 않고요."

-그런데 왜 장소를 여기로 택하셨습니까?

"화산의 분화구는 침입자의 시선을 차단할 수 있는 적당한 곳이지요. 이제는 떠나야 할 때가 되었군요. 내일 같은 시간에 성서를 지참하고 필기도구를 가지고 오세요. 금속제 물건은 가져오지 않도록 하세요. 나를 다시 만나고 싶다면 이 회견에 대해서 아무에게도 얘기해선 안 됩니다."

그는 작은 계단까지 나를 배웅하면서 코트를 건네주고 손을 흔들었다. 이윽고 계단이 물러가고 기체의 문이 소리 없이 닫혔다. 우주선은 아무 소리도 없이 400미터 정도 상승한 다음 안개 속으로 사라졌다.

2

밝혀진 진실

창세기

다음날 나는 수첩과 펜, 그리고 성서를 가지고 전날의 그 장소에 갔다. 우주선은 약속시간에 나타났다. 그 우주인은 나를 반기면서 우주선 안으로 안내하고 안락의자에 앉게 했다. 나는 이 회견에 관해 아무에게도, 가족에게 조차도 말하지 않았다. 그는 이러한 나의 신중한 태도에 대해 기뻐하였다. 이어 그는 내게 필기하라고 권하면서 말을 시작했다.

"아주 오래 전, 아득한 저쪽에 있는 우리들의 행성에서는 당신들이 이제 막 도달하려는 과학기술적 수준에 이미 도달했습니다. 과학자들은 시험관 안에서 원시적 형태의 배아기에 있는 생명, 즉 살아있는 세포를 만들기 시작했습니다. 모두들 흥분했지요. 그들은 기술을 완벽하게 발전시켜서 마침내 작은 동물들을 창조하기에 이르렀습니다. 이 무렵 우리들의 행성 정부와 여론은 사회에 위험을 가져올 수 있는 괴물을 만들어 낼 것을 우려하여 과학자들의 실험을 중지 시켰습니다. 실제로 이러한 동물 중 하나가 도주해서 사로잡히기까지 몇 명의 희생자가 나기도 했습니다. 이와 병행해서 행성간 그리고 은하간의 우주탐사가 상당히 진전되었기 때문에 과학자들은 자신들의 생존에도 적합하고, 또 실험도 계속할 수 있는 모든 조건을 갖추고 있는 행성을 찾아 먼 우주여행을 떠났습니다. 그리하여 그들이 선택한 곳이 당신들이 살고 있는 지구였습니다. 이것이 내가 당신으로 하여금 성서를 지참하게 한 이유입니다. 성서 안에는 진실에 대한 기록이 있기 때문입니다. 다만 고도의 기술적인 사실들을 이해할 능력이 없었던 고대의 사람들이 기록하는 과정에서, 기록된 사건들을 신비적이거나 초자연적인 힘에 의한 것이라고 믿었기 때문에 그 의미가 다소 변형되어 버렸지요.

성서 안에서는 이제부터 내가 당신에게 해석해 주는 부분만이 중요합니다. 다른 부분들은 대체로 시적인 잔소리에 지나지 않기 때문에 말하지 않기로 하겠습니다. 그러나 성서를 필사할 때는 하찮은 부호 하나라도 고치면 안 된다는 엄격한 규칙 때문에 비록 신비적이거나 의미 없는 문장들이 덧붙여지기는 했지만 수천 년에 걸쳐서도 원래의 깊은 의미가 보존되어 왔습니다.

먼저「창세기」제1장을 펴 봅시다.

『태초에 엘로힘(Elohim)께서 하늘과 땅을 지어 내셨다.』(창세기 1:1)

성서에서 '하느님(God)'으로 잘못 번역되고 있는 엘로힘(Elohim)은 히브리어로 '하늘에서 온 사람들' 을 의미하며 복수형으로 되어 있습니다. 이 구절은 우리들의 세계로부터 온 과학자들이 그들의 연구를 실현시킬 수 있는 가장 적합한 행성을 찾았다는 것을 의미합니다. '지어 내셨다' 는 본래 '발견했다'는 말로서 실제로 그들이 지구를 발견하고 대기의 조건이 자신들의 행성과는 같지 않았지만 인공적인 생명을 창조하는데 필요한 모든 요소를 갖추고 있음을 확인했다는 뜻입니다.

『그 물 위에 엘로힘의 기운이 휘돌고 있었다.』 (창세기 1:2)

과학자들은 여기저기를 탐사하면서 당신들이 인공위성이라고 부를 수 있는 것들을 지구 주위에 설치해서 지구의 조성(助成)과 대기를 조사했습니다. 지구는 당시 물과 농밀한 안개로 완전히 뒤덮여 있었습니다.

『그 빛이 엘로힘 보시기에 좋았다.』 (창세기 1:4)

지구상에 생명을 창조하기 위해서는 태양광선이 지표에 유해한가 어떤가를 알아야 했으며 이것은 세밀하게 조사되었습니다. 조사결과 태양이 해로운 광선을 방사하지 않고 지구를 따뜻하게 한다는 사실을 알게 되었습니다. 그 '빛은 좋았던'것입니다.

『빛을 낮이라, 어둠을 밤이라 부르셨다. 이렇게 첫날이 밤, 낮 하루가 지났다.』 (창세기 1:5)

이러한 조사는 매우 오랜 시간을 요했습니다. '하루'는 당신들의 태양이 춘분날 황도대의 같은 지점에서 떠오르는 기간에 대응하는 것으로 지구상의 시간으로는 거의 2천 년에 해당합니다.

『엘로힘께서는 이렇게 창공을 만들어 창공 아래 있는 물과 창공 위에 있는 물을 갈라 놓으셨다.』 (창세기 1:7)

구름 위의 우주선(宇宙線)에 대해 연구한 뒤 과학자들은 물 위에 떠있는 구름 아래로 내려갔습니다. 위에 떠있는 물인 구름과 아래 있는 물인 대양 (大洋)이 지구 전체를 덮고 있었습니다.

『엘로힘께서 "하늘 아래 있는 물이 한 곳으로 모여, 마른 땅이 드러

나거라!"하시자 그대로 되었다.』 (창세기 1:9)

대양의 해면을 조사한 후 그들은 바다 속 조사에 착수해서 수심이 별로 깊지 않고 어디서나 깊이가 일정하다는 사실을 알게 되었습니다. 그래서 그들은 매우 강력한 폭발물을 이용해 불도저와 같이 대양의 바닥으로부터 물질을 들이 올려 한 곳에 쌓아서 땅덩어리를 만들었습니다. 이것이 대륙이 된 것입니다. 태초에는 지구상에 단 하나의 대륙만이 있었습니다. 당신들의 과학자들도 현재의 모든 대륙이 하나의 땅덩어리로부터 분리되었으며 이것을 모두 한데 끼워 맞추면 하나의 완전한 대륙이 된다는 사실을 알고 있습니다.

『엘로힘께서 "땅에서 푸른 움이 돋아나거라! 땅 위에 낟알을 내는 풀과 씨 있는 온갖 과일나무가 돋아나거라!" 하시자 그대로 되었다.』 (창세기 1:11)

과학자들은 이 멋지고 거대한 실험실에서 화학물질로부터 식물의 세포를 창조했으며 이로부터 방대한 종류의 식물이 만들어졌습니다. 그들은 가장 기본적인 조건, 즉 생식에 모든 노력을 기울였습니다. 말하자면, 생명을 가진 풀잎들은 스스로 번식할 수 있어야만 했습니다. 과학자들은 여러 연구 팀으로 나뉘어져서 이 거대한 대륙의 여기저기로 흩어져 갔습니다. 각 팀은 그 지역의 기후와 그들의 재능에 따라 다양한 종류의 식물들을 만들어 냈습니다. 또한 그들은 정기적으로 회합을 열어 새로운 발견과 창조물들을 비교 검토했습니다. 멀리 있는 그들의 행성에서는 경탄과 열의로 그러한 일들을 지켜보았습니다. 후에 가장 뛰어난 예술가들이 과학자들 팀에 가담하여 어떤 식물이든 그 모양이나 향기가 보다 완전한 아름다움을 갖출 수 있도록 했습니다.

『엘로힘께서 “하늘 창공에 빛나는 것들이 생겨 밤과 낮을 갈라놓고 절기와 나날과 해를 나타내는 표가 되어라! 또 하늘 창공에서 땅을 환히 비추어라!”하시자 그대로 되었다.』 (창세기 1:14)

별과 태양을 관찰함으로써 과학자들은 지구상의 하루와 한 달, 그리고 일 년의 길이를 측정할 수 있었으며, 이것으로 그들 행성과는 시간 단위가 전혀 다른 이 지구상에서 생활을 해 나갈 수가 있었습니다. 또 천문학적인 관측에 의해서 그들은 지구의 위치를 정확히 알게 되어 지구를 보다 잘 이해할 수가 있었습니다.

『엘로힘께서 “바다에는 고기가 생겨 우글거리고 땅위 하늘 창공아래에 새들이 생겨 날아다녀라!” 하시자 그대로 되었다.』 (창세기 1:20)

다음으로 과학자들은 최초의 수서동물(水棲動物)을 창조했습니다. 처음에는 플랑크톤, 다음에는 작은 물고기, 이어 큰 물고기들이 생겨났습니다. 생태계의 균형을 유지하기 위해 그들은 작은 물고기들이 먹을 수 있는 미역 종류를 만들었으며, 큰 물고기들은 작은 물고기들을 먹게끔 했습니다. 이렇게 함으로써 자연적인 균형이 이루어 졌으며, 한 종류가 다른 종류에게 먹힘으로써 완전히 멸망하는 일이 없도록 배려한 것입니다. 이러한 체계를 당신들은 생태학이라고 부르고 있지요.

과학자들은 성공을 거두었습니다. 그들은 자주 모임을 가졌고 가장 아름다운 동물이나 가장 흥미를 끄는 동물을 창조한 과학자들 팀을 선발하기 위해 대회를 개최하곤 했습니다.

물고기 다음으로 그들은 새들을 창조했습니다. 말할 나위도 없이 예술가들은 깃털을 온갖 요란한 색채로 꾸미거나 가장 놀라운 모습을 지닌 새들을 만들고 싶은 충동에 사로잡혔습니다. 새 중에는 성가실

만큼 화려한 깃털 때문에 날지 못하는 새가 더러 있는 것은 그런 연유에서이지요. 대회는 점점 번성해 갔습니다. 그리하여 모양과 색채뿐만 아니라 번식기 동안 행동에 변화를 주어 매 발견 때마다 더욱 놀라운 구애의 춤을 추는 새들이 등장했습니다. 그러나 어떤 과학자들 팀은 끔찍한 괴물들을 만들어서 이전에 자신들의 행성에서 실험 금지를 요구했던 사람들의 주장이 옳았음을 증명하기도 했습니다. 용(龍)이라고 불리어지는 것이 바로 그것입니다. 당신들은 그것들을 공룡 또는 뇌룡 등으로 부르고 있습니다.

『엘로힘께서 “땅은 온갖 동물을 내어라! 온갖 집짐승과 길짐승, 들짐승을 내어라!”하시자 그대로 되었다.』 (창세기 1:24)

바다와 하늘 다음으로 과학자들은 대지의 동물들을 창조했습니다. 땅위에는 식물들이 무성하게 번식했기 때문에 이것을 먹이로 하는 초식동물이 만들어졌습니다. 이들이 최초로 창조된 지상의 동물들입니다. 다음에는 초식동물의 개체 수를 평형화시키기 위해 육식동물이 창조되었습니다. 또 같은 종 사이에도 균형을 유지시킬 필요가 있었지요. 이들 과학자들은 내가 살고 있는 행성에서 온 사람들입니다. 나도 지구상에 생명을 창조한 사람들 중의 하나입니다.

그 무렵 우리들 중 더욱 뛰어난 자들은 인공적으로 우리 자신과 닮은 인간을 창조하고자 했습니다. 각 팀은 작업에 들어갔고 곧 우리들은 창조물 들을 비교할 수가 있었습니다. 그러나 우리 행성의 주민들은 우리들이 ‘시험관아기’ 를 만들고 있는 것을 알고 경악했습니다. 그들은 창조된 인간이 언젠가 그들의 행성에 와서 위험을 초래하지 않을까 두려워했습니다. 만일 창조된 인간의 지능과 힘이 그들의 창조자를 능가한다면 그들은 분명 창조자들에게 위협적인 존재가 될 수 있겠지요.

그런 까닭에 우리들은 인간에게 과학지식을 주지 않고 원시적인 상태로 생존하게 했으며, 또 우리들의 활동을 신비화시킬 필요를 느꼈습니다. 이 창조자들 팀이 몇 개 있었는가는 쉽게 알 수 있습니다. 각 인종은 각 창조자들 팀에 대응하니까요.

『엘로힘께서는 "우리 모습을 닮은 사람을 만들자! 그래서 바다의 고기와 공중의 새, 또 집짐승과 모든 들짐승, 땅 위를 기어다니는 모든 길짐승을 다스리게 하자!" 하시고, 당신의 모습대로 사람을 지어 내셨다.』 (창세기 1:26)

우리들의 모습대로! 얼마나 닮았는지 당신은 지금 확인할 수 있겠지요? 그런데 우리들 쪽에서 몇 가지 문제가 생기기 시작했습니다. 단일 대륙이었을 당시 그리스와 터키에 인접해 있던, 현재 이스라엘로 알려진 지역의 연구팀은 뛰어난 창조자들로 구성된, 아마 '가장' 우수한 과학자들 팀이라고 할 수 있었습니다. 그 땅의 동물들은 가장 아름다웠고 그 땅의 식물들은 가장 향기로웠습니다. 그곳이 에덴동산이라고 불리는 곳이었지요. 그 땅에서 창조된 인간은 가장 높은 지성을 지니고 있었습니다. 과학자들은 창조된 자가 창조자들을 능가하지 못하도록 조처를 취해야만 했습니다. 인간이 과학의 위대한 비밀에 손대지 못하게 하는 한편, 충분히 교육시켜서 그의 지성을 측정할 수 있도록 했습니다.

『이 동산에 있는 나무 열매는 무엇이든지 마음대로 따먹어라. 그러나 선과 악을 알게 하는 나무 열매만은 따먹지 말아라.』 (창세기 2:16,17)

이것은 다음과 같이 풀이할 수 있습니다. '너는 네가 원하는 모든 것을 배우고, 우리들이 여기 가져온 책을 마음대로 읽어도 좋다. 그러나 죽고 싶지 않으면 과학책에는 손을 대지 말아라.'

『엘로힘께서는… 들짐승과 공중의 새를 하나 하나 진흙으로 빚어 만드시고, 아담에게 데려다 주시고는 그가 무슨 이름을 붙이는가 보고 계셨다.』 (창세기 2:19)

인간은 먹을 것을 얻기 위해 그의 주변의 식물과 동물에 대해서 그 생활양식과 획득방법을 잘 알아둘 필요가 있었습니다. 창조자들은 그들에게 주위의 모든 생물의 이름과 그 생물들이 지닌 힘을 가르쳤습니다. 식물학과 동물학을 배우는 것은 창조자들을 위협하는 일이 아니었으니까요. 뛰어 다니며 알고 싶어 하는 남녀 두 어린이에게 모든 일에 대해 열심히 가르쳐 주면서 이 과학자들 팀이 얼마나 즐거워했는가를 상상해 보세요.

『뱀이 여자에게 말했다… 이 동산 한가운데 있는 나무 열매만은… 절대로 죽지 않는다. 그 나무 열매를 따먹기만 하면 너희의 눈이 밝아져서 엘로힘처럼 선과 악을 알게 될 줄을 엘로힘이 아시고….』 (창세기 3:1~5)

이 그룹의 과학자들 중 몇 명은 그들의 '창조물' 인 어린 인간에게 깊은 애정을 느낀 나머지 무엇이든 가르쳐 주고 싶어 했습니다. 그들은 아이들에게 완전한 지식을 주어서 그들 자신과 같은 과학자로 만들고 싶었습니다. 그래서 성인이 된 이들에게 과학을 배우면 창조자들과 똑같이 위대한 힘을 갖게 된다고 말했던 것입니다.

『그러자 두 사람은 눈이 밝아져 자기들이 알몸인 것을 알았다.』 (창세기 3:7)

그리하여 인간은 자기들도 창조자가 될 수 있음을 알았습니다. 그리고 그들의 아버지가 과학서적을 금하고 그들을 마치 실험실의 위험한 동물처럼 간주한데 대해 원한을 갖게 되었습니다.

『야훼(엘로힘)께서 뱀에게 말씀하셨다. "네가 이런 일을 저질렀으니 온갖 집짐승과 들짐승 가운데서 저주를 받아, 죽기까지 배로 기어다니며 흙을 먹어야 하리라…."』 (창세기 3:14)

'아담과 이브'에게 진실을 가르쳐주고 싶어한 '뱀' 이라는 창조자들 중 작은 그룹은 행성정부로부터 추방되어 지구에 남게 되었으며, 반면 다른 창조자들은 실험을 중지하고 귀환하라는 명령을 받게 되었습니다.

『야훼(엘로힘)께서는 가죽옷을 만들어 아담과 그의 아내에게 입혀주셨다.』 (창세기 3:21)

창조자들은 인간에게 원시적인 생존수단을 주고 창조자들과 접촉이 없어도 스스로 살아 나갈 수 있게 했습니다. 성서에서 다음의 문장은 원문의 의미가 가장 가깝게 보존되어 있습니다.

『이제 이 사람이 우리들처럼 선과 악을 알게 되었으니 [원문: Now the man has become as one of us, thanks to science... (번역: 이제 이 사람이 과학을 알고 우리와 같은 자가 되었으니)] 손을 내밀어 생명나무 열매까지 따먹고 끊임없이 살게 되어서는 안 되겠다.』 (창세기 3:22)

인간의 생명은 매우 짧지만 그것을 연장하는 과학적인 방법이 있습니다. 전 생애에 걸쳐서 연구를 계속하는 과학자는 깊은 지식과 지혜를 터득하고 연륜이 쌓이면서 흥미있는 발견을 계속하게 됩니다. 인간의 진보가 늦어진 것은 수명이 짧은 탓입니다. 만일 인간의 수명이 열 배나 길어진다면 인간의 과학지식은 멋진 비약을 할 것입니다. 만약 인간의 수명이 처음부터 길었다면 인간의 능력이 우리들보다 약간 앞서기 때문에 매우 빠른 시간 내에 우리들과 동등해졌을 것입니다. 인간은 자신이 간직하고 있는 가능성에 대해 잘 모르고 있습니다. 특히 이스라엘 민족은 이미 언급한 대회에서 과학 심사위원회에 의해 지구상에서 가장 지성적이며 천재에 가까운 인종으로 선출된 바 있습니다. 그들이 항상 '선민' 으로 간주된 것은 바로 그 때문이지요. 확실히 그들은 자기들의 창조작업을 평가하기 위해 모인 창조자들 팀 전체에 의해 선출된 민족입니다. 이 종족으로부터 많은 천재들이 배출되고 있음은 당신도 잘 알고 있을 것입니다.

『이렇게 아담을 쫓아내신 다음 엘로힘은 동쪽에 거룹들을 세우시고 돌아가는 불칼을 장치하여 생명나무에 이르는 길목을 지키게 하셨다.』(창세기 3:24)

창조자들은 인간이 다른 과학지식을 훔치는 것을 막기 위해 그들의 거주지 입구에 원자파괴무기로 무장한 병사들을 배치한 것입니다.

노아의 대홍수

이제「창세기」제4장을 읽어보기로 합시다.

『때가 되어 카인은 땅에서 난 곡식을 야훼께 예물로 드렸고 아벨은 양떼 가운데서 맏배의 기름기를 드렸다.』 (창세기 4:3~4)

군대의 감시하에 지구에 남게 된 추방된 창조자들은 자신들이 창조한 인간이 선량하며 아버지인 창조자들에게 결코 대항하지 않는다는 것을 행성 정부에 보여주기 위해 인간에게 음식물을 가져오게 했습니다. 그들은 초기의 인간지도자들이 '생명나무'의 혜택을 받을 수 있도록 허락을 얻어내었습니다. 이것이 바로 그들이 매우 오래 살게 된 이유입니다. 창세기 5장 1~11절에 언급되어 있듯이 아담은 930세까지, 셋은 912세, 그리고 에노스가 905세까지 살았습니다.

『땅 위에 사람이 불어나면서부터 그들의 딸들이 태어났다. 엘로힘의 아들들이 그 사람의 딸들을 보고 마음에 드는 대로 아리따운 여자를 골라 아내로 삼았다.』 (창세기 6:1,2)

추방된 창조자들은 가장 아름다운 인간의 딸들을 그들의 아내로 삼았습니다.

『사람은 동물에 지나지 않으니 나의 입김이 사람들에게 언제까지나 머물러 있을 수는 없다. 사람은 백 이십 년 밖에 살지 못하리라.』 (창세기 6:3)

장수(長壽)는 유전되지 않습니다. 따라서 인간의 아이들은 '생명나무'의 혜택을 자동적으로 받을 수는 없었습니다. 저쪽 행성의 정부당국은 그로 인해 큰 위로를 받았지요. 그리하여 비밀은 잊혀지고 인간의 진보는 완만하게 되었습니다.

『세상에는 느빌림이라는 거인족이 있었는데 그들은 엘로힘의 아들들과 사람의 딸들 사이에서 태어난 자들로서 옛날부터 이름난 장사들이었다.』 (창세기 6:4)

여기서 당신은 창조자들이 자신의 모습을 본떠 만든 인간의 딸들과 관계할 수 있고, 그 결과 우수한 자녀를 낳게 했다는 증거를 볼 수 있습니다. 이러한 일은 저쪽 행성의 주민들 눈에는 말할 수 없이 위태롭게 느껴졌습니다. 지구의 과학이 놀랄 만큼 진보했기 때문에 행성의 창조자들은 자기들의 창조물들을 파괴하기로 결정했습니다.

『야훼께서는 세상이 사람의 죄악으로 가득 차고 사람마다 못된 생각만 하는 것을 보시고.』 (창세기 6:5)

여기서 말하는 악이란 창조자들과 동등한 인간, 즉 과학적으로 자립한 인간이 되고자 하는 욕망을 가리킵니다. 창조자들에게 선이란 인간이 땅을 경작하며 원시상태로 남아 있는 것을 뜻합니다. 반면, 악이란 진보를 추구해서 언젠가는 창조자들과 동등하게 되고자 하는 것을 가리킵니다. 그리하여 창조자들은 그들 행성에서 핵미사일을 발사하여 지구상의 모든 생명을 말살하기로 결정했습니다. 그러나 추방된 창조자들은 이 계획을 알고 노아에게 로켓을 건조하게 해서 재난이 계속되는 동안 모든 생물의 종을 한 쌍씩 싣고 지구 궤도를 돌게 했습니다. 하지만 이것은 비유로서의 표현입니다. 당신들의 과학지식으로도 곧 알게 되겠지만, 실제로는 각 종의 암컷과 수컷의 살아있는 세포 하나씩만 있으면 그 생물의 전체를 재구성할 수가 있습니다. 이것은 어머니의 자궁 속에 살아있는 최초의 세포가 언젠가는 인간을 형성할 수 있는 정보, 즉 눈동자나 머리털의 색깔까지 결정하는 모든 인자를 갖추고 있는 것과 같습니다.

이것은 실로 방대한 작업이었지만 시간 내에 달성되었습니다. 폭발이 일어났을 때 생명은 지표에서 수천 킬로미터의 상공에서 보호되고 있었습니다.

『배는 땅 위로 떠올랐다.』 (창세기 7:17)

이 구절에서 배가 '물 위에' 뜬 것이 아니라 '땅 위로' 떠올랐음을 분명히 알 수 있습니다.

『물은 백 오십 일 동안이나 땅 위에 괴어 있었다.』 (창세기 7:24)

대륙은 거대한 해일에 완전히 잠겨서 지구상의 모든 생물은 죽었습니다. 그 후 그들은 방사능 낙진의 위험이 사라질 때까지 기다려야 했습니다.

『엘로힘께서 노아와… 생각이 나셔서 바람을 일으키시니, 물이 삐기 시작하였다.』 (창세기 8:1)

삼단식 로켓 [『그 배는… 상 중 하 삼층으로 만들어라.』(창세기 6:15,16)]은 다시 지상에 착륙했습니다. 그 안에는 노아 이외에 지구상의 각 인종이 한 쌍씩 타고 있었습니다.

창조자들은 방사능을 측정하고 그것을 과학적으로 제거한 뒤 노아에게 명해 몇몇 동물들을 밖으로 내보내서 대기에서 생존해갈 수 있는지 알아보게 했습니다. 그것은 성공적이었지요. 동물들은 대기 속에서 살아 있었습니다. 창조자들은 살아남은 사람들에게 일하고 번식함으로써 그들을 창조하고 재난에서 구해준 은인들에게 감사하도록 명했습니다. 노아는 곡식과 가축의 소산 일부를 창조자들이 살아가는데 필요한 양식으로 공급하는 책임을 맡았습니다.

『노아는 야훼 앞에 제단을 쌓고 모든 정한 들짐승과 정한 새 가운데서 번제물을 골라 그 제단 위에 바쳤다.』 (창세기 8:20)

창조자들은 인간이 그들에게 노여움을 품지 않는 것을 보고 기뻐했습니다. 그들은 인간이 진보를 원하는 것은 당연하다고 생각했기 때문에 두 번 다시 인간을 멸망시키지 않기로 맹세했습니다.

『사람은 어려서부터 악한 마음을 품게 마련』 (창세기 8:21)

인간이 목적하는 바는 과학적인 진보입니다. 각 인종은 본래 창조된 장소에 다시 배치되었으며, 모든 동물들은 '방주' 에 보존된 세포로부터 재창조되었습니다.

『그들에게서 부족들이 세상에 갈라져 나간 것은 홍수가 있은 뒤의 일이었다.』 (창세기 10:32)

바벨탑

그러나 지성이 가장 뛰어난 인종인 이스라엘 민족은 놀라운 진보를 이루어서 추방된 창조자들의 도움을 받아 우주정복에 나섰습니다. 추방된 창조자들은 인간이 그들의 행성에 가서 인간이 지성적이며 과학적으로 진보했을 뿐만 아니라 평화를 사랑하고 감사할 줄 안다는 것을 보여줌으로써 자신들에 대한 용서를 받아오게 하고 싶었습니다. 그리하여 그들은 거대한 로켓, 즉 바벨탑을 건조했던 것입니다.

『이것은 사람들이 하려는 일의 시작에 지나지 않겠지. 앞으로 하려고만 하면 못할 일이 없겠구나.』 (창세기 11:6)

우리들의 행성 주민들은 이 소식을 듣고 매우 두려워했습니다. 그들은 지구를 계속 감시해 왔기 때문에 지구상에 생물이 완전히 소멸되지 않았음을 알게 되었습니다.

『"…당장 땅에 내려가서 사람들이 쓰는 말을 뒤섞어 놓아 서로 알아듣지 못하게 해야겠다." 야훼께서는 사람들을 거기에서 온 땅으로 흩으셨다.』 (창세기 11:7,8)

그들은 지상으로 와서 가장 진보된 과학지식을 가진 유태인을 잡아 모든 대륙으로 분산시켜 놓았습니다. 유태인이 흩어져 간 지역은 미개인들이 사는 곳이었기 때문에 말이 달라서 아무도 그들을 이해하지 못했을 뿐 아니라, 미개인들은 유태인이 가지고 있던 과학장치들을 모조리 파괴해 버렸습니다.

소돔과 고모라

추방된 창조자들은 사면을 받고 그들의 행성으로 되돌아가는 것이 허용되었습니다. 행성으로 돌아간 그들은 자신들이 행한 장대한 창조의 경위에 대해 해명했습니다. 그 때문에 멀리 떨어져 있는 이 행성 전체가 지구를 주시하게 되었습니다. 이것은 지구가 바로 그들이 창조한 생물들이 살고 있는 행성이었기 때문입니다. 그러나 분산된 인간들 가운데는 복수를 꿈꾸는 자들이 있었습니다. 이들은 소돔과 고모라의 마을에 집결해서 과학의 비밀을 찾아내고 그들을 멸망시키려는 자들을 징벌하기 위해 원정을 준비했습니다. 창조자들은 무슨 일이 일어나고 있는가를 조사하기 위해 두 명의 스파이를 파견했습니다.

『엘로힘의 천사 둘이 소돔에 다다른 것은 저녁때였다.』 (창세기 19:1)

인간들은 스파이를 죽이려고 했습니다만 두 사람은 소형 원자 무기로 사람들의 눈을 못 보게 만들었습니다.

『문 앞에 몰려든 사람들을 어른 아이 할 것 없이 모두 눈이 부셔 문을 찾지 못하게 만들었다.』 (창세기 19:11)

그들은 평화를 사랑하는 마을 사람들에게 마을을 핵폭탄으로 파괴할 테니 떠나라고 경고했습니다.

『야훼께서 이 성을 멸하기로 작정하셨으니 어서 이곳을 빠져나가라.』 (창세기 19:14)

사람들은 마을을 떠나면서도 핵폭발에 대해서 잘 알지 못했기 때문에 서두르지를 않았습니다.

『살려거든 어서 달아나거라. 뒤를 돌아다보아서는 안 된다. 이 분지 안에는 아무 데도 머물지 말아라.』 (창세기 19:17)

이윽고 소돔과 고모라에 원자폭탄이 떨어졌습니다.

『야훼께서 손수 하늘에서 유황불을 소돔과 고모라에 퍼부으시어 거기에 있는 도시들과 사람과 땅에 돋아난 푸성귀까지 모조리 태워 버리셨다. 그런데 롯의 아내는 뒤를 돌아다보다가 그만 소금기둥이 되어 버렸다.』 (창세기 19:24~26)

당신들도 이제 알다시피 원폭에 가까이 있는 사람들은 화상으로 죽게 되며 소금기둥처럼 되어 버립니다.

아브라함의 제물

그 후 창조자들은 이스라엘 민족, 특히 그들의 족장이 창조자들에 대해 변함없이 호감을 가지고 있는지 어떤지를 알고 싶었습니다. '지성'을 가진 대다수의 이스라엘 사람들은 죽었기 때문에 이들은 반미개상태로 전락해 버렸습니다. 아브라함이 자기 아들을 제물로 바치려고 한 일화는 이 경위를 잘 나타냅니다. 창조자들은 그들에 대한 아브라함의 감정이 충분히 견고한지 알기 위해 그를 시험한 것입니다. 시험은 긍정적이었습니다.

『그 아이에게 손을 대지 말라. 머리털 하나라도 상하게 하지 말라. 나는 네가 얼마나 엘로힘을 공경하는지 알았다.』 (창세기 22:12)

지금까지 내가 당신에게 이야기한 것을 잘 이해하고 기록해 주세요. 그럼 내일 이야기를 다시 계속하지요."

그 우주인은 다시 내게 작별 인사를 고했다. 우주선은 천천히 떠올랐다. 이번에는 하늘이 맑았기 때문에 우주선의 상승을 보다 자세히 관찰할 수 있었다. 그것은 소리 없이 상승하여 약 400미터 상공에서 정지하더니 가열이 되는 듯 붉은 색이 되다가 뜨거운 백색 금속체로 변한 다음, 일종의 눈부신 푸른 자줏빛 섬광으로 빛나면서 완전히 시야에서 사라져 버렸다.

3

선민을 지켜보다

모세

그 다음날 나는 그 우주인을 다시 만났다. 그는 이야기를 계속했다.

"「창세기」 제28장에는 우리들에 관한 다른 기술(記述)이 있습니다.

『그는 꿈에 땅에서 하늘에 닿는 층계가 있고 그 층계를 엘로힘의 천사들이 오르락 내리락 하는 것을 보고 있었는데….』 (창세기 28:12)

뛰어난 지성인들은 멸망당하고 소돔과 고모라와 같은 진보의 중심지는 파괴되었기 때문에 인간은 태고적 원시상태로 되돌아갔습니다. 그들은 자기들을 창조한 존재들을 잊어버리고 바보스럽게 돌조각이나 우상을 숭배하기 시작했습니다.

『너희에게 있는 남의 나라 신들을 버려라.』 (창세기 35:2)

「출애굽기」에서 우리들은 모세 앞에 등장합니다.

『야훼의 천사가 떨기 가운데서 이는 불꽃으로 모세에게 나타났다.

떨기에서 불꽃이 이는 데도 떨기가 타지 않는 것을 본 모세가….』

(출애굽기 3:2)

모세 앞에 로켓이 착륙한 것입니다. 여기에 대한 묘사는 현재로 말하면 우리들이 브라질 원주민의 눈앞에 로켓을 착륙시켰을 때 로켓으로부터 눈부신 빛이 나무들을 비추는 데도 나무가 타지 않는 것을 본 원주민의 반응에 비유할 수 있을 것입니다.

지성이 가장 우수한 자로 선택된 이스라엘 민족은 그 최고의 빛나는 정신을 잃어버린 채 이웃 야만인들의 노예가 되어 있었습니다. 이들 야만인들은 대재난을 겪지 않았기 때문에 그 수가 매우 많았습니다. 그러므로 우리들은 그들에게 나라를 돌려주고 그 본래의 존엄성을 되찾아 줄 필요성을 느꼈습니다.

「출애굽기」 서두에는 이스라엘 민족을 자유롭게 하기 위해서 우리들이 행해야 했던 모든 일들이 기록되어 있습니다. 탈출을 시작하자 우리들은 그들을 위해 우리들이 예정한 목적지까지 줄곧 그들을 이끌어 갔습니다.

『야훼께서는 그들이 주야로 행군할 수 있도록 낮에는 구름기둥으로 앞서 가시며 길을 인도하시고 밤에는 불기둥으로 앞길을 비추어 주셨다.』 (출애굽기 13:21)

에집트 군사들의 추격을 늦추기 위해 다음과 같이 기록되어 있습니다.

『그들 앞에 서 있던 구름기둥도 뒤로 돌아가… 그러자 구름 때문에 캄캄 해져서 서로 가까이 가지도 못하고 밤을 새웠다.』 (출애굽기 14:19~20)

이스라엘 민족의 후방에 내뿜은 연기로 추격자들을 저지하는 연막을 친 것입니다.

그런 다음 척력광선(斥力光線: repellent beam)으로 물을 갈라 건널 수 있는 길을 만들어 줌으로써 홍해를 건너가는 것이 가능해졌습니다.

『야훼께서는 밤새도록 거센 바람을 일으켜 바닷물을 뒤로 밀어 붙여 바다를 말리셨다.』 (출애굽기 14:21)

『그날, 야훼께서는 이렇게 이스라엘을 에집트 군대로부터 건지셨다.』 (출애굽기 14:30)

다음으로 선민은 황야를 지나는 동안 굶주림을 느꼈습니다.

『안개가 걷힌 뒤에 보니 광야 지면에 마치 흰 서리가 땅을 덮듯이, 가는 싸라기 같은 것이 덮여 있었다.』 (출애굽기 16:14)

만나(manna)는 분말합성제로부터 만들어진 화학식품에 지나지 않으며 그것은 지표에 흩어져 있다가 새벽이슬을 맞으면 부풀게 됩니다.

「출애굽기」 제17장 6절에는 모세가 '바위로부터 물을 빼어낸' 지팡이에 관해 언급되어 있는데, 이것은 지하수 탐지기에 지나지 않습니다. 당신들이 현재 석유탐사에 사용하는 것과 비슷하지요. 물이 있는 곳을 알아내어 파기만 하면 되니까요.

「출애굽기」 제20장에는 몇 가지 율법이 기술되어 있습니다. 이스라엘 민족은 매우 원시적인 수준에 있었기 때문에 도덕적인 면과 특히 위생적인 면에 있어서 규율이 필요했던 것입니다. 이것이 십계명으로 서술된 것이지요. 창조자들은 모세에게 이 율법을 구술하기 위해 시나

이 산에 왔습니다. 그들의 우주선이 시나이 산에 착륙한 것입니다.

『천둥소리와 함께 번개가 치고 시나이 산 위에 짙은 구름이 덮이며 나팔소리가 크게 울려 퍼지자… 시나이 산은 연기가 자욱하였다. 야훼께서 불 속에서 내려 오셨던 것이다. 가마에서 뿜어 나오듯 연기가 치솟으며 산이 송두리째 뒤흔들렸다. 나팔 소리가 점점 크게 울려 퍼지는 가운데….』 (출애굽기 19:16~19)

그러나 창조자들은 수많은 인간들이 몰려들어 구경거리가 되는 것을 원하지 않았습니다. 창조자들이 위험을 느끼지 않으려면 인간들이 그들을 존중하고 숭배하게끔 해야 할 필요가 있었습니다.

『"이 백성은 시나이 산으로 올라오지 못합니다. 이 산 둘레에 표시를 해서 아무도 침범하지 못하게 하라고…" 사제들이나 백성은 야훼를 보러 마구 올라와서는 안 된다.』 (출애굽기 19:23,24)

『모세, 너만 야훼 앞으로 나오고 다른 사람은 나오면 안 된다. 백성들은 아예 너 모세를 따라 올라 올 수도 없다.』 (출애굽기 24:2)

『그들은 거기에서 이스라엘의 하느님(God)을 뵈었다. 그가 딛고 계시는 곳은 마치 사파이어를 깔아 놓은 듯 맑기가 하늘빛 같았다.』 (출애굽기 24:10)

이것은 창조자들 중 한 사람이 서 있는 대좌(臺座)의 묘사로, 지금 우리가 앉아 있는 우주선의 바닥과 같은 파란 색의 합금으로 만들어진 것입니다.

『이스라엘 백성의 눈에는 야훼의 영광이 마치 그 산봉우리를 태우는 불처럼 보였다.』 (출애굽기 24:17)

여기서 창조자의 '영광'이라는 말은 실제로 날아가는 우주선으로서 당신이 이미 목격했듯이 우주선이 이륙할 때 생기는 불꽃같은 색채를 가리킵니다.

이 팀의 창조자들은 당분간 지구에서 살기로 했기 때문에 신선한 음식물을 필요로 했습니다. 그 때문에 그들은 이스라엘 백성에게 공물을 정기적으로 가져오도록 요구한 것입니다. 또 그들이 바친 재보(財寶)는 자신들의 행성으로 가져가기를 원했지요. 일종의 식민지화라고도 할 수 있습니다.

『누구든지 마음에 우러나서 가져오는 선물이면 받아놓아라. 너희가 받아둘 선물은 이런 것들이다. 금, 은, 구리, 자줏빛 양털, 붉은 보랏빛 양털, 진홍색 양털 등….』 (출애굽기 25:2~4)

그들은 보다 편하게 지내기 위해 자신들이 설계한 대로 사람들에게 집을 짓게 했습니다. 설계도는 「출애굽기」 제26장에 묘사되어 있습니다. 이 집에서 그들은 백성의 대표자들과 만났습니다. 그곳은 사람들이 복종의 표시로 음식과 공물을 갖다 바치는 만남의 장막이었습니다.

『모세가 장막으로 행차할 때마다 모든 백성은 자기 천막 앞에 서서 모세가 장막으로 들어갈 때까지 지켜보곤 하였다. 모세가 장막에 들어서면 구름기둥이 내려와 장막 문간에 섰고 야훼께서 모세와 말씀을 나누셨다.』 (출애굽기 33:8,9)

『야훼께서는 마치 친구끼리 말을 주고받듯이 얼굴을 마주 대하시고 모세와 말씀을 나누셨다.』 (출애굽기 33:11)

오늘 내가 당신과 얼굴을 마주보며 얘기하듯 말입니다.

『그러나 나의 얼굴만은 보지 못한다. 나를 보고 사는 사람이 없다.』 (출애굽기 33:20)

여기에는 우리들의 행성과 지구간에 대기가 다르다는 암시가 있습니다. 지구의 대기가 창조자들에게는 적합하지 않기 때문에 인간은 우주복을 입지 않은 창조자들을 볼 수가 없었지요. 만약 인간이 우리들의 행성에 온다면 우주복을 입지 않은 창조자들을 볼 수는 있겠지만, 견딜 수 없는 대기 때문에 인간은 죽고 말 것입니다.

「레위기」의 처음 대부분은 창조자들에게 바칠 음식물을 어떻게 가져올 것인가에 대한 설명입니다. 예를 들어, 제21장을 보면,

『너희 후손 대대로 몸이 성하지 않은 사람은 하느님(God)께 양식을 바치러 가까이 나오지 못한다.』 (레위기 21:17)

이것은 분명히 창조자들이 병자나 불구의 인간을 피한다는 말입니다. 창조자들은 참을 수 없는 실패작으로 보인 이들이 차라리 자기들 눈앞에 나타나지 않는 편이 좋다고 생각했던 것입니다.

「민수기」 제11장에는 만나에 관해 매우 정확하게 묘사하고 있어서 당신들의 화학자들도 쉽게 재현해낼 수 있을 것입니다.

『만나는 고수풀씨처럼 생겼고 빛깔은 브델리움 같았다… 그 맛은 기름에 튀겨낸 과자 맛이었다.』 (민수기 11:7,8)

그러나 이 만나는 합성식품에 지나지 않았기 때문에 창조자들은 신선한 과일이나 야채를 더 좋아했습니다.

『그 땅에서 나는 모든 것 가운데서 맏물을 나에게 가져오면 그것도 너에게 돌아갈 것이다.』 (민수기 18:13)

후에 창조자들은 뱀이 문 상처를 치료하기 위해 주사 놓는 법을 인간에게 가르쳤습니다.

『너는 불뱀을 만들어 기둥에 달아 놓고 뱀에게 물린 사람마다 그것을 쳐다보게 하여라. 그러면 죽지 아니하리라.』 (민수기 21:8)

사람이 뱀에 물리면 즉시 '구리뱀' 을 보았습니다. 말하자면, 주사기를 가져가서 혈청제를 주사한 것입니다.

마침내 '약속된 땅' 을 향하던 '선민'의 여로도 막바지에 이르렀습니다. 그들은 창조자들의 조언에 따라 현지의 야만 부족의 우상을 파괴하고 그 영토를 점령했습니다.

『돌로 새긴 우상과 부어 만든 우상을 깨뜨려 버려라… 너희는 그 땅을 차지하고 거기에서 살아라.』 (민수기 33:52,53)

선민은 마침내 약속된 땅에 도달했습니다.

『하느님께서는 너희 선조들을 사랑하셨기 때문에 그 후손인 너희 종족을 택하셨고….』 (신명기 4:37)

요단강의 도하(渡河)에 대해서는 「여호수아기」 제3장에 나타나 있습니다.

『궤를 멘 사제들의 발이 물에 닿자마자 위에서 흘러 내려오던 물이 우뚝 일어서서… 넓은 지역에 둑을 이루는 것이었다… 물이 다 끊어져

백성들은 예리고 맞은편으로 건너갔다.』 (여호수아기 3:15,16)

에집트로부터 탈출할 때와 같이 창조자들은 척력광선을 사용하여 '선민'이 다리가 젖지 않고 강을 건너게 한 것입니다.

예리고의 나팔소리

「여호수아기」 제5장 끝 부분에는 군인인 창조자 한 사람과 선민이 저항을 하고 있는 예리고 성에 대해 의논하기 위해 만납니다.

『나는 야훼 군대의 총사령관으로 이제 온 것이다.』 (여호수아기 5:14)

예리고를 정복하기 위해 군사고문이 유태민족에게 파견된 것입니다. 성벽이 어떻게 허물어졌는가는 다음 설명으로 간단히 알 수 있습니다. 당신들이 알다시피 어떤 가수는 아주 날카로운 고음으로 크리스탈 유리잔을 깨뜨릴 수 있습니다. 강하게 증폭된 초음파를 사용하면 어떠한 콘크리트 벽도 무너뜨릴 수 있는 것입니다. 이것은 성서에서 '나팔'이라 부르고 있는 매우 복잡한 장치에 의해서 이루어진 일입니다.

『그 수양뿔나팔 소리가 나면 백성은 다같이 힘껏 고함을 질러라. 그러면 성이 무너져 내릴 것이다.』 (여호수아기 6:5)

때를 맞추어 초음파가 동시에 발사되었고 벽이 무너졌습니다.

이어서 실제의 폭격이 행해집니다.

『야훼께서는 하늘에서 주먹 같은 우박을 쏟아 그들을 죽이셨다. 이스라엘 백성의 칼에 죽은 사람보다 우박에 맞아 죽은 사람들이 더 많았다.』 (여호수아기 10:11)

이러한 전면적인 폭격은 이스라엘 사람들의 칼에 찔려 죽은 사람들보다 더 많은 사람들을 죽인 결과가 되었습니다.

가장 왜곡이 심한 구절 중 하나가 「여호수아기」 제10장에 나옵니다. 『그러자 원수들에게 복수하기를 마칠 때까지 해가 머물렀고 달이 멈추어 섰다.』 (여호수아기 10:13)

이것은 전투가 한나절에 전격적으로 끝나버렸음을 묘사한 데 지나지 않습니다.(후에 성서에서는 전투가 '거의 하루 종일' 계속되었다고 기술 됩니다만)정복된 토지의 중요성에 비하여 전투시간이 너무 짧았기 때문에 사람들은 마치 해가 도중에 멈춘 것처럼 생각한 것입니다.

「판관기」 제6장 21절에는 기드온이라는 사람이 창조자들 중 한 사람을 만나 그에게 음식물을 바칩니다.

『야훼의 천사는 손에 든 지팡이를 뻗쳐 그 끝을 고기와 누룩 넣지 않은 떡에 대었다. 그러자 불이 바위에서 나와 고기와 누룩 넣지 않은 떡을 살라버렸다. 야훼의 천사는 그의 눈앞에서 사라졌다.』 (판관기 6:21)

창조자들은 우주복을 입고 있었기 때문에 대기 중에서 '식사'를 할 수 없었지만, 필요할 때는 과학적인 방법으로 바쳐진 음식물로부터 영양을 섭취할 수가 있었습니다. 이때 임의로 구부러질 수 있는 관,

즉 '지팡이'를 사용했는데 이 조작을 할 때 불꽃이 생겼기 때문에 당시 사람들은 그것을 '하느님(God)께 바치는 제사'라고 생각했습니다.

「판관기」 제7장에는 나팔을 든 300여명의 군인들이 적의 진영을 둘러싸고 일제히 나팔을 불어서 적을 미치게 했다고 씌어 있는데 이것도 강력하게 증폭된 초음파 장비들을 함께 사용한 것입니다. 어떤 종류의 음파를 극도로 높이면 사람을 미치게 할 수 있음을 당신들도 알고 있을 것입니다. 사실은 포위된 적군들이 미쳐서 저희들끼리 서로 죽이고 뿔뿔이 도망가 버린 것입니다.

텔레파시 능력자 삼손

창조자와 인간의 여성 사이에 맺어진 성적결합의 일례가 「판관기」 제13장에 나옵니다.

『야훼의 천사가 그 여인에게 나타나 말하였다. “보아라, 너는 아기를 낳아보지 못한 돌계집이지만 이제 임신하여 아들을 낳으리라.』 (판관기 13:3)

이러한 결합으로 태어난 아이가 건강하기 위해서는 그녀의 행동을 감시할 필요가 있었습니다. 따라서 다음과 같은 주의를 주었던 것입니다.

『이제부터 몸을 조심하여 포도주나 소주를 마시지 말고 부정한 것을 일절 먹지 말라. 네가 임신하여 아들을 낳거든 그 머리에 면도칼을 대지 말라. 그 아이는 모태에서부터 이미 하느님(God)께 바쳐진 나지르인이다.』 (판관기 13:4,5)

『엘로힘의 천사를 다시 보내시어 마노아의 아내가 들에 앉아 있을 때에 나타나게 하셨다. 그 때 남편 마노아는 함께 있지 않았다.』 (판관기 13:9)

그녀의 남편이 없는 동안 무슨 일이 있었는지는 쉽게 상상할 수 있겠지요. 과학자들은 그녀의 불임을 간단히 치료하고 그녀가 매우 비범한 아이를 낳는다는 것을 충분히 이해시킨 다음 아이를 잘 돌보라고 명했습니다. 창조자들에게는 인간의 딸과 관계를 갖는다는 것이 멋진 일이었습니다. 그들에게는 견딜 수 없는 대기를 지닌 이 지구를 직접 통치할 수 있는 아들을 갖게 되는 셈이니까요.

삭발을 금한 사실은 매우 중요합니다. 인간의 두뇌는 광범위한 파동과 명석한 사고를 전할 수 있는 거대한 송신기와도 같습니다. 사실, 텔레파시도 이것에 지나지 않습니다. 이런 종류의 송신기에는 안테나가 필요하지요. 머리털과 수염은 바로 그 안테나 입니다. 따라서 이 안테나의 기능을 살리려면 얼굴과 머리에 난 털을 잘라서는 안 되는 것입니다. 과학자들 중에 긴 머리와 이따금 텁수룩한 수염을 기른 사람들을 많이 볼 수 있지요. 예언자나 현자들도 마찬가지 입니다. 이제 당신은 그 의미를 이해할 수 있을 것입니다.

이렇게 태어난 아이가 삼손으로, 그의 이야기는 잘 알려져 있습니다. 그는 자연의 '안테나' 인 머리카락 덕분에 '하느님(God)'과 직접 교신할 수 있었습니다. 그러므로 창조자들은 그가 곤경에 빠졌을 때에 기적을 일으켜 그의 권위를 강하게 해줄 수 있었던 것입니다. 그러나 데릴라가 그의 머리털을 잘라 버렸을 때는 도움을 청할 수가 없었습니다. 그 때문에 그는 적에 의해서 두 눈이 짓이겨졌지만 머리털이 다시 자람으로써 그의 '힘'을 되찾게 되었습니다. 그는 다시 창조자들에게 도움을 청할 수가 있었고 창조자들은 그가 손을 댄 기둥이 떠받치고 있던 신전을 무너뜨린 것입니다. 이 일은 모두 삼손의 '힘'에 의해 일어났다고 쓰여 있습니다.

「사무엘기」 상권 제3장에는 엘리가 사무엘에게 텔레파시에 대해 가르쳐 줍니다. 창조자들이 사무엘을 불렀으나 사무엘은 엘리가 부른 줄 알았습니다. 그는 '목소리를 들었던'것입니다.

『가서 누워 있어라. 그리고 다시 부르는 소리가 나거든, 이렇게

대답하여라. '야훼여, 말씀하십시오. 종이 듣고 있습니다.'』 (사무엘기상 3:9)

이것은 아마추어 무선사와 비슷합니다. 한 쪽이 '말하라. 잘 들린다.'라고 하는 것과 같지요. 이리하여 텔레파시에 의한 교신이 시작됩니다.

『"사무엘아! 사무엘아!" 하고 부르셨다. 사무엘이 "야훼여, 말씀하십시오. 종이 듣고 있습니다."』 (사무엘기상 3:10)

다윗과 골리앗이 대결한 일화 중에도 매우 흥미있는 구절이 있습니다.

『살아 계시는 하느님(God)께서 거느리시는 이 군대에게 욕지거리를 하는 겁니까?』 (사무엘기상 17:26)

이것은 당시의 '하느님(God)' 이 실제로 현실에 손댈 수 있는 존재임을 명백히 나타내고 있습니다.

창조자들과 인간 사이의 통신수단인 텔레파시는 엘로힘이 지구 가까이 있을 때만 가능했습니다. 창조자들이 멀리 있는 그들의 행성이나 다른 곳에 있을 때는 이 수단으로 통신할 수가 없었습니다. 그 때문에 그들은 특수 원자로장치가 된 '하느님(God)의 궤' 속에 송수신기를 설치했습니다. 「사무엘기」상권 제5장과 제6장에서 블레셋 인들은 하느님(God)의 궤를 훔쳐 다가 다곤 신전에 놓아두었는데 다음날 그들의 우상인 다곤이 야훼의 궤 앞에 쓰러져 있었습니다. 이것은 조작 잘못으로 인한 방전이 원인이었습니다. 게다가 방사능 물질로부터 나온 위험한 방사선이 사람들에게 화상을 입혔습니다.

『하느님께서는 그들에게 종기를 내리고.』 (사무엘기상 5:6)

'하느님(God)의 궤' 를 다루는데 주의하지 않았던 유태인도 치명상을 입은 경우가 있었습니다.

『소가 뛰는 바람에 하느님(God)의 궤가 떨어지려고 하자 우짜가 손을 대어 붙들었는데 야훼께서 우짜의 잘못을 보시고 진노하여 그를 치셨다. 우짜는 하느님(God)의 궤 옆에서 죽었다.』 (사무엘기하 6:6,7)

궤가 거꾸로 떨어지려 하자 엉겁결에 손을 뻗친 우짜는 장치의 위험한 부분에 손을 댄 결과 감전되어 죽고 말았습니다.

「열왕기」 상권 제1장 50절, 2장 28절에는 '제단의 뿔' 을 잡았다는 말이 여러 번 나옵니다. 이것은 창조자들과 교신하는 동안 조작하는 송수신기의 레버들을 묘사한 것입니다.

엘로힘을 위한 최초의 거주지

위대한 솔로몬 왕은 창조자들이 지구를 방문할 때 그들을 영접하기 위해 화려한 신전을 지었습니다.

『야훼께서 몸소 캄캄한 데 계시겠다고 하셨습니다… 제가 주님을 위하여 이 전을 세웠습니다.』 (열왕기상 8:12,13)

『야훼의 영광이 야훼의 전에 가득 차 있었기 때문이다.』 (열왕기상 8:11)

『구름이 야훼의 전에 차 있었다.』 (열왕기상 8:10)

『내 백성 이스라엘을 저버리지 아니하고 오히려 그 가운데서 지내리라.』 (열왕기상 6:13)

구름 속에 산다는 것은 구름 위 지구의 궤도를 돌고 있는 우주선 속에서 사는 것을 뜻합니다. 미개한 인간들이 이해할 수 있게끔 그렇게 말한 것입니다.

『하느님(God)의 사람 하나가 야훼의 말씀을 전할 의무를 띠고 유다로부터 와서 베델에 도착하였다… 그는… 다음과 같이 말하는 것이었다. "이 제단이 산산 조각이 나고 그 위에 있는 잿가루가 쏟아지리라." 여로보암 왕은 하느님의 사람이 베델 제단을 바라보며 이렇게 외치는 것을 듣고, 제단 에서 손을 들어 그를 가리키면서 체포하라고 명령하였다. 그러자 그를 가리켰던 손이 마비되어 오므릴 수가 없게 되었다. 곧 이어서 하느님의 사람이 전한 야훼의 말씀대로 제단이 부서져 산산조각이 나고….』 (열왕기상 13:1~5)

창조자들 중 한 사람이 원자분해 무기를 사용하여 제단을 파괴하고 창조자를 존경하지 않는 인간의 손을 태운 것입니다. 그 창조자는 인간들이 찾지 못하도록 다른 길을 통해서 엘로힘이 지구상에 설치한 기지로 돌아갔습니다.

『하느님의 사람은 그가 베델로 올 때 왔던 길과는 다른 길로 돌아갔다.』 (열왕기상 13:10)

당신들이 최근 발견하기 시작한 사실과 같이 전극을 이용하여 동물들을 전파유도(電波誘導)한 예가 「열왕기」상권 제17장에 묘사되어 있습니다.

『까마귀들이 아침저녁으로 떡과 고기를 날라다주었다.』

(열왕기상 17:6)

최근의 발견으로 인하여, 창조자들은 인간이 혼자 힘으로 과학적 지식의 시대에 도달하는지 지켜볼 수 있도록 인간의 운명에 영향을 주지 않기 위해 가능한 한 자신들의 모습을 드러내지 않기로 결정했습니다. 그래서 인간과의 교신에 있어서도 더욱 신중한 수단을 쓰게 되었는데, 그 방편으로 까마귀의 '귀소본능'을 이용하여 엘리야에게 먹을 것을 나르게 한 것입니다.

이것은 은하문명 안에서 몇 개의 인류를 경쟁시킨다는 장대한 실험의 시작이었습니다. 창조자들은 그들의 대사인 예언자들로 하여금 '기적' 을 행하게 하여 그 권위와 명성을 강화시키는 한편, 자신들은 될 수 있는 대로 모습을 나타내지 않기로 결심한 것입니다. 예언자들은 당시 사람들이 이해할 수 없었던 과학적 수단을 사용해서 이러한 기적을 일으켰습니다.

『보시오. 부인의 아들이 살아났습니다.』 (열왕기상 17:23)

『어른께서는 과연 하느님(God)의 사람이십니다.』 (열왕기상 17:24)

엘리야는 죽어 가는 어린 아이를 돌보고 그 병을 치료했습니다. 후에 엘리야는 가르멜 산에서 우상인 바알과 야훼 하느님께 바치는 수송아지를 각각 한 마리씩 장작 위에 올려놓고 불을 붙이지 않아도 타오르는 쪽이 진짜 '하느님(God)' 이라고 선언했습니다.

말할 나위도 없이 엘리야와 창조자들이 미리 약속한 시간에 그들 쪽의 장작이 물에 젖었음에도 불구하고 타올랐습니다. 이것은 구름 속에 숨어 있던 우주선으로부터 레이저와 같은 강력한 광선이 발사되어 이루어진 것입니다.

『야훼의 불길이 내려와 제물과 함께 나무와 돌과 흙을 모두 태웠고 도랑에 괴어 있던 물을 한 방울도 남기지 않고 말려 버렸다.』

(열왕기상 18:38)

예언자 엘리야

창조자들은 엘리야에게 특별한 관심을 기울였습니다.

『그때 하늘의 천사가 나타나 흔들어 깨우면서 "일어나서 먹어라." 고 말하였다. 엘리야가 깨어보니 머리맡에, 불에 달군 돌에 구워 낸 과자와 물 한 병이 놓여 있었다.』 (열왕기상 19:5,6)

이것은 사막에서 일어난 일입니다.

『야훼께서 지나가시는데 크고 강한 바람 한 줄기가 일어 산을 뒤흔들고 야훼 앞에 있는 바위를 산산조각 내었다. 그러나 야훼께서는 바람 가운데 계시지 않았다. 바람이 지나간 다음에 지진이 일어났다. 그러나 야훼께서는 지진 가운데도 계시지 않았다. 지진 다음에 불이 일어났다. 그러나 야훼께서는 불길 가운데도 계시지 않았다. 불길이 지나간 다음 조용하고 여린 소리가 들려왔다.』 (열왕기상 19:11,12)

여기에는 당신들의 로켓과 비슷한 형태의 우주선이 착륙하는 모습이 정확히 그려져 있습니다. 이어서 창조자들의 출현이 묘사되어 있습니다.

『내가 보니, 야훼께서 온 하늘 군대를 좌우에 거느리시고 당신의 옥좌에 앉으시어….』 (열왕기상 22:19)

창조자들은 다시 텔레파시를 썼는데 이번에는 집단 텔레파시로 예언자들이 왕에게 진실을 예언하지 못하도록 했습니다.

『제가 거짓말하는 영이 되어 내려가서 아합의 모든 예언자들의

입에 들어가겠습니다.』 (열왕기상 22:22)

「열왕기」하권 제1장에도 창조자들이 엘리야에게 베푼 보호의 증거가 있습니다.

『"내가 만일 하느님의 사람이면 불이 하늘에서 내려와 너와 너의 오십 인 부대를 사를 것이다." 그러자 하늘에서 불이 내려와 그 대장과 오십 인을 살라 버렸다.』 (열왕기하 1:12)

이 사건은 두 번 되풀이 되었지만, 세 번째에는 '야훼의 천사' 가 엘리야에게 이렇게 말합니다.

『그와 함께 내려가거라. 저 사람을 두려워하지 말라.』 (열왕기하 1:15)

「열왕기」하권 제2장에서 창조자들은 엘리야를 그들의 우주선에 태워서 데리고 갑니다.

『야훼께서 엘리야를 회오리바람에 태워 하늘로 데려가실 때가 되어….』 (열왕기하 2:1)

『엘리야와 엘리사가 말을 주거니 받거니 하면서 길을 가는데, 난데없이 불말이 불수레를 끌고 그들 사이로 나타나는 것이었다. 동시에 두 사람 사이는 떨어지면서 엘리야는 회오리바람 속에 휩싸여 하늘로 올라갔다.』 (열왕기하 2:11)

이것은 우주선의 이륙에 관한 묘사로 화자(話者)가 불말이라 한 것은 분사파이프의 불꽃과 연기를 가리키는 것입니다.

만일 남미나 아프리카 원주민들이 로켓의 이륙을 본다면 그들은 과학적 현상을 합리적으로 이해하지 못하기 때문에 그들이 본 것을 초자연적이거나 신비적인 현상 또는 신과 연관시켜 생각할 것입니다.

그들은 부족에게 돌아가서 자기들이 본 불수레와 불말들에 대해 이야기할 것입니다.

나중에 엘리사도 그의 아버지와 같이 '부활' 의 기적을 행합니다. (열왕기하 제4장 32-37절) 그는 숨이 멈춘 아이를 치료해서 살립니다.

인공호흡과 심장 마사지(massage)를 통해 심장마비를 일으킨 사람을 소생시키는 일은 요즈음도 흔히 볼 수 있습니다.

다음에 엘리사는 빵을 부풀리는 기적을 행합니다.

빵의 기적

『어떤 사람이 바알리사에서 왔다. 그는 맏물로 만든 보리떡 스무 개와 햇곡식 이삭을 하느님(God)의 사람에게 가져왔다. 엘리사는 그것을 같이 있는 사람들에게 나누어 먹이라고 하였다. 그러나 그의 제자가 "어떻게 이것을 백 명이나 되는 사람들 앞에 내놓을 수 있겠습니까?" 하고 물었다. 엘리사가 다시 말하였다. "이 사람들이 먹도록 나누어주어라. 야훼께서, 이들이 먹고도 남을 것이라고 말씀하셨다." 그리하여 그것을 사람들에게 나누어주니, 과연 야훼께서 말씀하신대로 그들이 먹고도 남았다.』 (열왕기하 4:42~44)

창조자들이 가져온 것은 합성된 건조식품으로 물을 가하면 체적이 다섯 배나 불어나는 것이었습니다. 그러므로 이 작은 빵 스무 개로 백 명을 충분히 먹일 수 있었던 것입니다. 당신들도 최초의 우주비행사들이 섭취한 비타민 알약에 대해 이미 알고 있을 것입니다. 거의 부피가 없으면서도 필요한 영양소를 모두 갖추고 있지요. 한 알의 정제가 한 사람에게 충분하다면 조그만 빵 한 덩어리는 5인분에 충분할 것입니다. 그러므로 빵 스무 개는 백 명이 충분히 먹을 수 있는 양이 되는 것이지요.

그러나 이스라엘 민족은 금속제의 우상을 숭배하고 사람고기를 먹는 등 철저히 도덕적으로 타락했기 때문에 창조자들은 그들에 대해 진절머리가 났습니다.

『그래서 이스라엘 백성은 자신의 땅에서 쫓겨나게 되었다.』 (열왕기하 17:23)

이리하여 이스라엘 민족의 이산이 시작되었고, 그들의 문명은 진보 대신 계속 쇠퇴하게 되었습니다. 반면, 인근 민족들은 그 상황을 이용하여 이득을 얻었습니다.

「이사야서」에는 다음과 같은 기술이 있습니다.

『우찌야 왕이 죽던 해에 나는 야훼께서 드높은 보좌에 앉아 계시는 것을 보았다. 그의 옷자락은 성소를 덮고 있었다. 날개가 여섯씩 달린 스랍들이 그를 모시고 있었는데, 날개 둘로는 얼굴을 가리고 둘로는 발을 가리고 나머지 둘로 훨훨 날아다녔다.』 (이사야서 6:1,2)

이것은 창조자들이 여섯 개의 소형 제트엔진을 장착한 일체형 우주복을 입고 있는 것을 묘사한 것입니다. 등에 두 개, 팔에 두 개, 그리고 발에 두 개씩 부착된 소형 엔진들은 방향조절에 사용되는 것이었습니다.

『이 산 저 산에서 웅성대는 소리를 들어라. 많은 사람이 모인 것 같다. 나라들이 떠드는 소리를 들어라. 여러 민족이 모였다. 만군의 야훼께서 군대를 사열하신다. 그들은 먼 땅, 하늘 끝에서 온 땅을 잿더미로 만들려고 야훼의 징벌의 채찍이 되어 야훼와 함께 온다.』 (이사야서 13:4,5)

여기에는 모든 진실이 기록되어 있습니다. 이 구절들은 주의해서 읽고 이해할 필요가 있습니다. '그들은 먼 땅, 하늘 끝에서 온다.'는 말은 사실 그대로입니다.

『네가 속으로 이런 생각을 하지 아니하였더냐? '내가 하늘에 오르리라. 나의 보좌를 저 높은 하느님(God)의 별 위에 두고 신들의 회의장이 있는 저 북극 산에 자리잡으리라…'』 (이사야서 14:13)

이것은 흩어진 과학자들이 과학지식을 축적하여 창조자들의 행성으로 원정을 시도한 것에 대한 비유로서, 이들이 있던 소돔과 고모라는 창조자들에 의해 멸망되었습니다. 하늘의 군대가 온 나라를 멸망시키기 위해 분노의 무기를 가지고 온 것은 바로 그때였다고 묘사되어 있습니다. 소돔과 고모라의 사람들은 다음과 같이 말했습니다.

『나는 저 구름 꼭대기에 올라가, 가장 높으신 분처럼 되리라.』 (이사야서 14:14)

그러나 인간이 창조자들과 동등하게 '가장 높은 자'가 되려고 한

의도는 무산되고 말았습니다.

『온 땅을 황무지로 만들며….』 (이사야서 14:17)

핵폭발에 대한 묘사가 이어집니다.

『그들의 아우성이 모압 온 땅에 사무치고 그들의 곡성이 에글라임에까지 이르니 엘림 샘터까지 그 곡성이 울려 퍼지는구나. 디본의 물줄기 마다 피가 가득하리니….』 (이사야서 15:8,9)

그러나 몇몇 사람들은 '지하실'로 피신해서 목숨을 구할 수가 있었습니다.

『내 백성아, 어서 너의 골방으로 들어가거라. 들어가서 문을 꼭 닫아걸어라. 주의 노여움이 풀릴 때까지 잠깐 숨어 있어라.』 (이사야서 26:20)

에제키엘의 비행접시들

우주선에 관한 가장 흥미 있는 기술이 「에제키엘서」 제1장에 나옵니다.

『구름이 막 밀려오는데 번갯불이 번쩍이어 사방이 환해졌다. 그 한가운데에는 불이 있고 그 속에서 놋쇠 같은 것이 빛났다. 또 그 한가운데는 짐승모양이면서 사람의 모습을 갖춘 것이 넷 있었는데 각각 얼굴이 넷이요 날개도 넷이었다. 다리는 곧고 발굽은 소 발굽 같았으며 닦아 놓은 놋쇠처럼 윤이 났다. 네 짐승 옆구리에 달린 네 날개 밑으로 사람의 손이 보였다. 넷이 다 얼굴과 날개가 따로따로 있었다. 날개를 서로서로 맞대고 가는데 돌지 않고 곧장 앞으로 움직이게 되어 있었다.

그 얼굴 생김새로 말하면, 넷 다 사람 얼굴인데 오른쪽에는 사자 얼굴이 있었고 왼쪽에는 소 얼굴이 있었다. 또 넷 다 독수리 얼굴도 하고 있었다. 날개를 공중으로 펴서 두 날개를 서로 맞대고, 두 날개로는 몸을 가리고 돌지 않고 앞으로 날아가는데, 바람 부는 쪽을 향해 곧장 앞으로 움직이게 되어 있었다. 그 동물들 한가운데 활활 타는 숯불 같은 모양이 보였는데 그것이 마치 횃불처럼 그 동물들 사이를 왔다 갔다 하고 있었다. 그 불은 번쩍번쩍 빛났고, 그 불에서 번개가 튀어 나왔다. 그 불은 번개처럼 이리 번쩍 저리 번쩍하였다.

그 짐승들을 바라보자니까, 그 네 짐승 옆 땅바닥에 바퀴가 하나씩 있는 게 보였다. 그 바퀴들은 넷 다 같은 모양으로 감람석처럼 빛났고 바퀴 속에 또 바퀴가 있어서 돌아가듯 되어 있었는데 이렇게 사방 어디로 가든지 떠날 때 돌지 않고 갈 수 있게 되어 있었다. 그 네 바퀴마다 불쑥 솟은 데가 있고 그 둘레에는 눈이 하나 가득 박혀 있었다. 그 짐승들이 움직이면 옆에 있던 바퀴도 움직이고 짐승들이 땅에서 떠오르면 바퀴도 떠올랐다.

그 짐승들은 바람 부는 쪽으로 움직였는데, 바퀴에는 짐승의 기운이 올라 있어서 바퀴도 함께 떠올랐다. 그 바퀴에는 짐승의 기운이 올라 있어서 어디로 가든지 짐승들이 움직이면 바퀴들도 움직이고 짐승들이 멈추면, 바퀴들도 멈추었다. 짐승들이 땅에서 떠오르면, 바퀴들도 함께 떠올랐다. 그 짐승들의 머리 위에는 창공 같은 덮개가 수정같이 환히 빛나며 머리 위에 펼쳐져 있었다.

그 창공 밑에서 짐승들은 날개가 서로 맞닿게 두 날개를 펴고 나머지 두 날개로는 몸을 가리고 있었다. 짐승들이 나느라고 날개를 치면 그 날개 치는 소리가 큰 물소리 같았고 전능하신 분의 음성 같았으며 싸움터에서 나는 고함소리처럼 요란하였다. 그러다가 멈출 때에는 날개를 접었다. 머리 위에 있는 덮개 위에서 소리가 나면 날개를 접었다. 머리 위 덮개 위에는 청옥 같은 것으로 된 옥좌같이 보이는 것이 있었다. 높이 옥좌 같은 것 위에는 사람 같은 모습이 보였다.』 (에제키엘서 1:4~26)

우주선으로부터 나오고 있는 창조자들에 관해 이보다 더 정확히 묘사할 수는 없을 것입니다. 밀려오는 '구름'이란 오늘날 고공을 나는 제트기의 비적과 같은 것입니다. 우주선은 불빛을 점멸하면서 나타났는데 '번갯불'을 번쩍이는 '빛나는 놋쇠'라고 표현되어 있습니다.

잠시 후에 네 명의 창조자들이 반중력 우주복과 방향전환용의 소형 원자로를 장비하고 나타납니다. 이것이 금속제 우주복에 달린 '날개'로, 또 '닦아놓은 놋쇠처럼 윤이 나는 다리' 로 묘사되고 있는데 이 점은 당신들의 우주조종사가 입고 있는 반짝이는 우주복을 생각해 보면 잘 알 것입니다. '비행접시'나 '바퀴'의 모양과 작동에 대한 묘사는 기술자(記述者)가 옛사람인 점을 고려하면 그렇게 나쁘지 않습니다.

'바퀴 속에 또 바퀴가 있어서… 떠날 때는 돌지 않고 갈 수 있었다.' '비행접시'의 중앙에는 우리들이 지금 앉은 곳과 같은 탑승공간, 즉, '테두리'가 있습니다. 그 테두리, 즉 '그 네 바퀴마다… 그 둘레에는 눈이 하나 가득 박혀있었다.'고 되어 있습니다. 우리들의 의복이 발전하여 이제는 딱딱한 우주복을 입지 않아도 되었으며, 우주선도 '테두리에 눈들' 즉, 창을 달 필요가 없어졌습니다. 당시에는 원자구조를 마음대로 변화시켜 금속의 벽을 통해 볼 수 있는 방법을 발견하지 못했던 것입니다.

'비행접시' 들은 항상 창조자들 곁에 머무르면서 그들의 필요에 대비했습니다. 창조자들은 상공에 있는 은하간 항행용의 거대한 우주선에 여러 가지 물자를 보급하는 작업을 하고 있었습니다. 우주선 내부에 있는 다른 창조자들이 그들을 지시하고 있었지요. '바퀴에는 짐승의 기운이 올라 있어서… ' 라고 씌어 있습니다. 그 때의 우주복은 초기의 잠수복처럼, 분명히 4개의 둥근 창을 가지고 있다고 묘사되어 있습니다. '각각 얼굴이 넷이요… 가는데 돌지 않고 곧장 앞으로 움직이게 되어 있었다.'

소형의 '비행접시'는 달착륙선과 같은 것으로 짧은 거리의 탐사에 사용되는 행동반경이 좁은 소형 우주선입니다. 그들 위에는 은하간 항행용의 거대한 우주선이 대기하고 있었습니다.

『그들의 머리 위쪽 넓은 구멍 위에는 청옥 같은 것으로 된 옥좌처럼 생긴 것이 있었는데, 그 옥좌 같은 것 위에는 사람의 형상 같은 것이 있었다.』 (에제키엘서 1:26)

거대한 우주선에 타고 있는 이 사람은 다른 창조자들의 작업을 감독하며 총괄하고 있었습니다.

이 모든 일들에 두려워진 에제키엘은 얼굴을 땅에 대고 그 존재들 앞에 엎드렸습니다. 그들이 너무나 신비로웠기 때문에〈하느님(God)〉이라고 밖에는 생각할 수 없었던 것이지요. 그러자 창조자들 중 한사람이 그에게 말했습니다.

『"너 사람아, 일어서라. 내가 너에게 할 말이 있다… 내가 하는 말을 들어라… 입을 벌려 내가 주는 것을 받아먹어라."』 (에제키엘서 2:1,7,8)

이것은 선악과의 나무, 즉 과학의 나무로부터 열매를 따먹는다는 것과 같은 비유입니다. 그가 받은 것은 지적인 양식으로서, 여기서는 책을 말합니다.

『내가 바라보니, 한 손이 나에게 뻗쳐 있는데 그 손에는 두루마리 책이 들려 있었다. 그분이 그 두루마리를 펴 보이시는데 앞뒤에 글이 적혀 있었다.』 (에제키엘서 2:9,10)

거기에는 양면에 모두 글이 씌어 있었는데 양피지의 한 쪽 면만 사용하던 당시 사람에게는 매우 놀라운 일이었습니다. 두루마리를 '먹었다' 는 것은 에제키엘이 지식을 얻었다는 뜻입니다. 그가 배운 것은 지금 당신이 배우고 있는 것과 같이 인류의 기원에 관한 것이었습니다. 그것은 실로 흥분되고 고무적인 것이어서 그는 '그것을 받아먹으니 마치 꿀처럼 입에 달았다.' (에제키엘서 3:3)고 말한 것입니다.

그러고 나서 에제키엘은 창조자들의 우주선을 타고 그가 좋은 소식을 전해야 하는 장소에까지 데려가졌습니다.

『그분의 기운이 나를 쳐들어 올리는데 마구 진동하는 소리가 뒤에서 들려왔다.』 (에제키엘서 3:12)

나중에 '예언자' 는 다시 한번 창조자들의 우주선에 동승하게 됩니다. 『그의 기운이 나를 공중에 번쩍 들어 올렸다. 나는 신비스런 발현 속에서 (in the vision of God)예루살렘으로 들려갔다.』 (에제키엘서 8:3)

에제키엘은 후에 '거룹들(Cherubim)' 의 '날개' 밑에서 인간의 손과 같은 것을 보았습니다.

『거룹들의 날개 밑에는 사람의 손 같은 것이 있었다.』 (에제키엘서 10:8)

『거룹들이 날개를 펴고 땅에서 떠올라도 바퀴들은 거룹들 옆에서 떨어져 나가지 않았다.』 (에제키엘서 10:16)

『그 분의 기운이 나를 쳐들어 야훼의 진 동쪽 정문으로 데려갔다.』 (에제키엘서 11:1)

『그 야훼의 영광이 도성 한가운데서 떠올라 동쪽 산 위에 멈추었는데, 나는 신비스런 발현 가운데서 그분의 기운에 들려 바빌론으로 사로잡혀 온 겨레들에게 돌아왔다.』 (에제키엘서 11:23,24)

에제키엘은 창조자들의 우주선을 타고 많은 여행을 했습니다.

『야훼께서 손으로 나를 잡으시자 야훼의 기운이 나를 밖으로 이끌어 내셨다. 그래서 들 한가운데 이끌려 나가 보니 거기에 뼈들이 가득히 널려 있었다.』 (에제키엘서 37:1)

여기에서 '기적' 이 일어납니다. 창조자들이 뼈만 남은 인간의 유골들을 재생시킵니다. 이미 말한 바와 같이 살아있는 생물의 작은 조각마다 그 생물을 완전히 재구성하는데 필요한 모든 정보가 들어 있습니다. 예를 들면, 남아 있는 뼈에서 작은 조각을 하나 떼어 생명물질을 공급해 주는 장치 속에 넣기만 하면 그 생물을 본래대로 재현시킬 수 있습니다. 기계는 물질을 공급하고 그 작은 조각은 필요한 모든 정보를 제공하는데, 그것은 바로 그에 따라 생물이 구성되는 설계도입니다. 마치 머리털이나 눈동자의 색깔에 이르기까지 생명체를 창조하는데 필요한 모든 정보를 갖춘 정자와 같습니다.

『너 사람아, 이 뼈들이 살아 날 것 같으냐?… 뼈들이 움직이며 서로 붙는 소리가 났다… 뼈들에게 힘줄이 이어졌고 살이 붙었으며 가죽이 씌워졌다… 모두들 살아나 제 발로 일어서서 굉장히 큰 무리를 이루었다.』 (에제키엘서 37:3~10)

이것은 쉽게 실현될 수 있는 일이며 당신들도 머지않아 그렇게 될 것입니다. 위대한 자의 시체를 가능한 한 원래대로 보존하여 미래의 어느 날 재생해서 영원히 살고자 한 고대인의 매장의식도 여기에서 기인한 것입니다. 이것이 '생명나무'가 지닌 비밀, 불사의 비밀의 일부입니다.

에제키엘은 다시 우주선에 태워져 우주복을 입고 있는 사람 가까이 가게 됩니다.

『…나를 고국 이스라엘로 데리고 가시어 매우 높은 산에 내려 놓으셨다. 그 산 위에는 남쪽으로 한 성 만큼한 건물이 서 있었다. 내가 그리로 이끌려 들어가는데, 놋쇠같이 빛나는 사람 하나가….』 (에제키엘서 40:2,3)

이 '성(城)'은 당시 창조자들이 지구에 설치한 기지들의 하나로서, 이 기지들은 인간에게 방해받지 않기 위해 항상 높은 산 위에 세워졌습니다. '놋쇠같이 빛나는 사람' 이란 물론 금속제 우주복을 입은 창조자를 가리킵니다. 마찬가지로 우리들이 키가 작다고 해서 어린이, 즉 거룹 (Cherub)이라고 부르고 있습니다.

에제키엘이 방문한 창조자들의 지상기지, 즉 '신전' 에서 일하는 사제들은 살균된 옷을 입고 일했으며, 창조자들에게 위험한 병균을 옮기는 일이 없도록 그 옷은 항상 신전에 놓아두어야만 했습니다.

『사제들이 들어갔다가 성소에서 바깥마당으로 나오려면, 제복을 거기에 벗어 놓고 나와야 한다. 그것은 거룩한 옷이기 때문에, 다른 옷으로 갈아입어야 백성을 가까이할 수 있는 것이다.』 (에제키엘서 42:14)

이 경우에는 '거룩한 옷'이 아니라 '청결하거나 살균된 옷이기 때문' 이라고 썼어야 합니다. 창조자들이 설명하거나 보여준 사실을 이해할 수 없었던 미개인들은 무엇이든지 신성하게 생각했습니다.

「에제키엘서」 제43장에는 '하느님(God)의 영광'이라고 숭앙되었던 거대한 우주선이 접근합니다.

『마침 동쪽에서 이스라엘의 하느님(God)의 영광이 나타나는 것이었다. 그 소리는 큰 물이 밀려오는 소리 같았고 땅은 그 영광으로 빛났다.』 (에제키엘서 43:2)

창조자들은 방해받고 싶지 않았습니다.

『이 문은 잠가 두어야 한다. 이 문은 열 수 없다. 이 문으로 이스라엘의 엘로힘 나 야훼가 들어왔기 때문에, 아무도 이 문으로 들어오지 못한다. 그러므로 잠가 두어야 한다.』 (에제키엘서 44:2)

창조자들을 방문해서 면담이 허용된 사람은 '왕'뿐이었습니다.

『왕은 특별하니, 왕은 안으로 들어와 야훼 앞에 앉아서 음식을 먹을 수 있다.』 (에제키엘서 44:3)

그러나 왕은 특수광선으로 살균처리를 하는 방을 거쳐가야만 했습니다.

『그는 대문 현관 쪽으로 들어 왔다가 그리로 나가야 한다.』 (에제키엘서 44:3)

거기에는 레위족 '사제' 들이 창조자들에게 봉사하고 있었습니다.

『내 앞에 가까이 나와 나를 섬기도록 하여라. 내 앞에 나와 기름과 피를 바치는 일을 하여라. 주 야훼가 하는 말이다. 그들만이 이 성소에 들어와 제상에 가까이 와서 나를 섬기는 일을 할 것이다.』 (에제키엘서 44:15,16)

지구인의 땀 냄새는 창조자들에게 몹시 불쾌감을 주었습니다.

『그들은 중문을 지나 안마당으로 들어올 때에 모시옷을 입어야 한다. …땀이 나지 않게 모시를 허리에 두르고 띠를 띠지 말아야 한다.』 (에제키엘서 44:17,18)

창조자들에게 신선한 음식물을 공급하는 것은 이런 식으로 계속되었습니다.

『만물 가운데서도 가장 좋은 것, 예물 가운데서도 가장 좋은 예물은 모두 사제들의 몫이다. 밀가루 음식 가운데서도 가장 좋은 것은 사제들에게 주어라. 그리하면 너희 각 가문이 복을 받으리라.』 (에제키엘서 44:30)

다니엘서 제3장에서는, 창조자들의 존재를 알고 있던 느부갓네살 왕이 자기들의 금속우상 (metal God)을 숭배하지 않고 창조자들을 섬긴다는 죄목으로 세 사람을 화덕 속에 던져 넣습니다. 그러나 화염 속에 던져진 그 세 사람은 척력냉각 광선무기로 무장하고 도우러 온 창조자들 중 한 사람에게 구조됩니다. 그는 이 무기를 써서 그들을 열기와 불꽃으로부터 보호하여 조금도 다치지 않고 걸어 나올 수 있게 해주었습니다.

『…그런데 네 사람이 아무 탈 없이 화덕 속에서 거닐고 있으니, 어찌된 일이냐? 저 넷째 사람의 모습은 엘로힘의 아들(the Son of Elohim)을 닮았구나.』 (다니엘서 3:25)

나중에 다니엘은 다시 사자 굴에 던져지지만 사자들은 그를 해치지 못합니다. 이것은 간단한 일로 마비광선을 쏘아서 사자들을 움직이지 못하게 한 후 다니엘을 구해낸 것입니다.

『소인이 섬겨 온 하느님(My God)께서 천사를 보내시어 사자들의 입을 틀어 막으셨으므로….』 (다니엘서 6:22)

「다니엘서」 제10장에도 창조자들을 묘사한 흥미 있는 구절을 볼 수 있습니다.

『바라보니 한사람이… 몸은 감람석 같았고 얼굴은 번갯불처럼 빛났으며 눈은 등불 같았고 팔다리는 놋쇠처럼 윤이 났으며 음성은 뭇 사람이 아우성치는 것 같았다.』 (다니엘서 10:5,6)

최후의 심판

유태민족이 페르시아와 그리스의 지배를 받게 된 것은 그들의 믿음의 결여 때문이었습니다. 엘로힘은 그들의 '천사들' 을 페르시아와 그리스에 내려보내 이 나라들이 기술적으로 진보하도록 도와줌으로써 유태민족을 응징했습니다. 이것이 이 두 문명이 역사상 위대한 시대를 누릴 수 있었던 이유입니다. 페르시아를 돕기 위해 파견된 천사들의 장(長)이 미카엘 입니다.

『일곱 수호신 가운데 한 분인 미카엘이 도우러 왔기에….』 (다니엘서 10:13)

「다니엘서」 제12장에는 사자(死者)의 부활에 대한 언급이 다시 나옵니다.

『티끌로 돌아갔던 대중이 잠에서 깨어나 영원히 사는 이가 있는가 하면 영원한 모욕과 수치를 받을 사람도 있으리라.』 (다니엘서 12:2)

'최후의 심판' 때에 위대한 사람들은 부활됩니다. 인류를 위하여 적극적인 활동을 한 사람들, 그리고 창조자들을 진실로 믿고 그들의 율법을 따른 사람들은 '최후의 심판'이 이루어지는 날 큰 기쁨과 함께 그 시대 사람들의 열렬한 환영을 받게 될 것입니다. 반면에 사악한 사람들은 심판자들 앞에서 수치를 느끼고, 다른 사람들의 본보기로서 영원한 후회 속에 살게 될 것입니다.

『슬기로운 지도자들은 밝은 하늘처럼 빛날 것이다. 대중을 바로 이끈 지도자들은 별처럼 길이길이 빛날 것이다.』 (다니엘서 12:3)

천재들은 최고의 평가를 받고 최고의 보상을 받을 것입니다. 천재들을 도와 그들의 일을 꽃피우고 진리를 승리로 이끌게 한 의로운 사람들도 또한 보상을 받습니다.

『너 다니엘아, 이 말씀을 비밀에 부쳐 마지막 그 때가 오기까지 이 책을 봉해 두어라. 많은 사람들이 왕래하고 지식이 늘어나는 날이 올 것이다.』 (다니엘서 12:4)

이 말들은 인간이 충분한 과학적 수준에 도달할 때에만 이해될 수 있다는 뜻입니다. 그 때가 지금 도래했고, 이 모든 일들이 이루어질 것입니다.

『거룩한 백성의 권세가 완전히 다 깨어지면 이 모든 일이 다 끝날 것이다.』 (다니엘서 12:7)

이것은 이스라엘 민족이 오랜 방랑을 끝내고 그들의 나라를 회복하는 때를 말합니다. 이스라엘 국가가 창건된 것은 30여 년 전(1948년)이며, 인간의 과학지식이 비약적으로 진보한 것도 같은 시기입니다.

『다니엘아, 물러가라. 이 말씀은 마지막 때가 오기까지 봉한 채 비밀에 부쳐질 것이다.』 (다니엘서 12:9)

이 모든 것은 이 시대가 되어야만 비로소 이해될 수 있습니다. 최근 수년간 우주탐사를 착수할 만큼 놀라운 과학적 진보가 이루어짐에 따라 모든 것이 인간의 힘으로도 가능하게 여겨졌습니다. 텔레비전을 통해 매일 경이로운 사실을 접하고 있는 사람들에게는 더 이상 놀랄만한 일은 이제 아무 것도 없게 되었습니다. 사람들은 인간이 그들의 '전능한 창조자' 인 '하느님(God)'의 모습을 본떠 실제로 만들어졌다는 사실을 그들의 과학적 가능성의 범위 안에서도 놀라지 않고 받아들일 수 있게 되었습니다. 오늘날에는 기적이 이해 가능하게 된 것입니다.

「요나서」에 나오는 예언자를 삼킨 '큰 물고기' 의 이야기는 매우 흥미롭습니다. 요나가 작은 배에서 바다로 던져집니다.

『야훼께서는 큰 물고기를 시켜 요나를 삼키게 하셨다. 요나는 사흘 밤낮을 고기 뱃속에 있었다.』 (요나서 1:17)

'큰 물고기' 란, 사실 오늘날 당신들이 알고 있는 잠수함이었지요. 하지만 당시의 사람들은 '큰 물고기' 로 밖에 생각할 수가 없었던 것입니다. 물고기의 위액이 당장 사람을 소화시켜서 그 사람이 살아나올 가망이 없다고 믿은 겁니다. 그러나 그곳에는 요나가 숨쉴 수 있는 공간이 있었습니다. 이 잠수함 속에서 창조자들은 요나와의 대화를 통해 당시 정치적 상황의 변화에 대해 자세히 가르쳐 주었습니다.

『야훼께서는 그 물고기에 명령하여 요나를 뱉어내게 하셨다.』 (요나서 2:10)

잠수함이 해안에 접근해서 요나가 육지에 내린 것입니다.

「즈가리아서」 제5장에도 우주선에 관한 묘사가 있습니다.

『또 내가 고개를 들고 쳐다보니, 두루마리 책 한 권이 날고 있었다. 그가 나에게 무엇이 보이느냐고 묻기에 나는 "스무 자 길이(9미터)에 너비가 열 자(4.5미터)되는 두루마리 책 한 권이 날고 있는 것이 보입니다." 하고 대답하였다.』 (즈가리아서 5:1,2)

다음 대목에는 여성 창조자들이 처음으로 등장합니다.

『다시 고개를 들어보니 두 여인이 나타나서 황새 날개 같은 날개로 바람을 일으키며 그 말을 공중으로 들어 올려 날아가고 있었다.』 (즈가리아서 5:9)

창조자들의 동료인 두 여성이 자동비행장치가 달린 우주복을 입고 즈가리아 주위를 날고 있었던 것입니다.

「시편」 제8장에서는 인간에 대해 다음과 같이 말합니다.

『그를 엘로힘 다음가는 자리에 앉히시고』 (시편 8:5)

인간의 지적 능력은 창조자들과 거의 똑같을 정도로 우수합니다. 필사자들이 본래 구술된 대로 '엘로힘과 똑같다' 라고 쓸 용기가 없었기 때문에 다음간다고 고쳐 쓴 것입니다.

『하늘 이 끝에서 나와 하늘 저 끝으로 돌아가고』 (시편 19:6)

창조자들은 지구궤도로부터 아득히 먼 행성으로부터 왔습니다.

『해를 위하여 하늘에 장막을 쳐주시니』 (시편 19:4)

대양이 지표를 덮고 있을 때 땅덩어리를 들어 올려 원초의 대륙을 형성한 것에 대한 또 다른 비유입니다.

『야훼, 하늘에서 굽어보시며, 사람들을 낱낱이 살펴보신다. 지상에 사는 모든 사람들을 당신 거처에서 내려다보신다.』 (시편 33: 13,14)

창조자들은 그들의 우주선에서 항상 그랬던 것처럼 인간의 모든 행동을 관찰하고 있습니다.

사탄(Satan)

「욥기」 제1장에는 사탄에 대해 다음과 같이 설명하고 있습니다.

『하루는 하늘의 영들(Sons of Elohim)이 야훼 앞에 모여 왔다. 사탄이 그들 가운데 끼어 있는 것을 보시고』 (욥기 1:6)

엘로힘(Elohim)이란 히브리어는 문자 그대로 '하늘에서 온 사람들' 을 의미합니다. 엘로힘의 아들들(Sons of Elohim)로 표현되고 있는 창조자들은 인간을 감독하면서 대부분의 인간들이 엘로힘을 존경하고 사랑하고 있음을 자기들의 행성에 정기적으로 보고하던 자들이었습니다. 그러나 엘로힘 중의 하나인 사탄은 지구와 같이 자기들 행성과 가까운 행성에서의 지적인 생물창조가 위험을 내포하고 있다고 보고 끊임없이 비판을 해오던 그룹 중의 하나였습니다. 이것이 창조자들을 사랑한 인간의 가장 우수한 예 중 하나인 욥의 헌신을 시험하게 된 이유입니다.

『사탄이 야훼께 아뢰었다. "욥이 어찌 까닭 없이 엘로힘을 두려워하겠습니까? …이제 손을 들어 그의 모든 소유를 쳐보십시오. 그는 반드시 당신께 면전에서 욕을 할 것입니다." 야훼께서 사탄에게 이르셨다. "좋다! 이제 내가 그의 소유를 모두 네 손에 붙인다. 그러나 그의 몸에는 손을 대지 말아라."』 (욥기 1:9~12)

욥이 부(富)를 잃게 되면 창조자들을 사랑하지 않을 것이라는 사탄의 주장을 듣고 창조자들의 행성정부는 욥을 파산시킬 수 있는 전면적인 권한을 사탄에게 주었습니다. 그래도 욥이 여전히 창조자들을 존경하는지 어떤지 알고 싶었던 것입니다. 그러나 그 때문에 욥을 죽일 수는 없었지요.

욥은 그의 소유물을 전부 잃어버려도 변함없이 창조자들을 경애했기 때문에 정부는 반대파인 사탄에 대해 승리를 거두었습니다. 그러나 사탄은 욥이 많은 재산을 잃긴 했지만 그 자신은 건강한 상태에 있었다고 주장해서 정부는 욥의 목숨을 해치지 않는다는 조건으로 사탄에게 욥에 관한 '백지 위임장' 을 주게 된 것입니다.

『좋다! 이제 내가 그를 네 손에 붙인다. 그러나 그의 목숨만은 건드리지 말아라.』 (욥기 2:6)

「욥기」 안에서는 제37장에 있는 짧은 문장이 매우 흥미를 끕니다.

『당신은 구리거울을 두드려 펴듯이 하느님을 도와 창공을 두드려 펴기라도 하겠단 말이요?』 (욥기 37:18)

인간은 '단단한 구름(solid clouds)' 실제로는 하늘을 나는 쇠로 된 배를 만들 능력이 있는 것인가. 당시 사람들은 하느님(God) 외에는 불가능하다고 생각했습니다. 그러나 지금은 그것이 가능해졌습니다.

창조자들은 욥의 겸허한 태도를 보고 그에게 부와 자손과 건강을 되돌려 주었습니다.

인간은 이해할 수 없었다

「토비트」(성서외경)에는 라파엘로 불리는 창조자들의 로봇 중 하나가 창조자들에 대한 인간의 반응을 시험해 보기 위해 옵니다. 사명을 마치고 떠날 때 그는 자신의 정체를 밝힙니다.

『당신들은 내가 먹고 마시는 것을 보았지만 내가 정말 먹은 것은 아닙니다. 그저 그렇게 보였을 뿐입니다… 나는 나를 보내신 분에게로 올라갑니다. 당신들에게 일어난 일들을 낱낱이 기록하시오.』
(토비트서 12:19,20)

이 모든 사실은 기록 속에 명백합니다. 이제는 누구든지 이 사실을 이해하지 않으면 안 됩니다.

『이제 나는 지혜가 무엇이며 그 기원이 무엇인지를 말하겠다. 내가 그대에게 감출 것(mysteries of Elohim)이라곤 하나도 없다. 나는 창세초부터 이어진 지혜의 자취를 더듬어 볼 것이며 진리의 길에서 벗어나지 않고(지식의 불을 밝히고) 지혜가 무엇인가를 분명하게 보여주리라(진실을 드러내리라).』 (지혜서 6:22)

때가 되면 모든 것을 가능하게 하는 과학, 즉 '지혜'가 인간에게 알려집니다. 성서의 기록이 이 모든 사실에 대한 증거가 될 것입니다.

『피조물의 웅대함과 아름다움으로 미루어 보아 우리는 그들을 만드신 분을 알 수 있다.』 (지혜서 13:5)

진실은 간단히 발견할 수 있는 것으로 피조물을 관찰함으로써 그 창조자들을 알 수가 있는 것입니다.

『눈에 보이는 좋은 것을 보고도 존재하시는 분을 알아보지 못하였고』 (지혜서 13:1)

창조자들은 인간에게 방해를 받지 않기 위해 높은 산정이나 해저에 기지를 만들었습니다. 오늘날에도 히말라야나 페루 등지의 높은 산에서 이런 고도의 문명의 흔적을 찾아 볼 수가 있습니다. 높은 산의 기지들은 점차 사람들이 접근하기 어려운 해저의 기지로 옮겨졌습니다. 추방된 창조자들은 태초부터 대양 속에서 은거하고 있었습니다.

『그 날, 야훼께서는 날서고 모진 큰 칼을 빼어 들어 도망가는 레비아단(뱀), 꿈틀거리는 레비아단을 쫓아가 그 바다 괴물을 찔러 죽이시리라.』 (이사야서 27:1)

당시의 행성정부는 인간을 창조한 창조자들을 멸망시키려고 했습니다. 사람들은 이 놀라운 모든 사건들을 명확히 파악하는 것이 어려웠습니다. 따라서 창조자들은 당연히 신성시되고 추상적인 존재로 여겨지게 되었습니다. 당시의 인간들은 과학적인 사실들을 결코 이해할 수 없었기 때문이지요.

『글 모르는 사람에게 이 책을 읽어 달라고 하면 "나는 글을 모른다." 라고 할 것이다.』 (이사야서 29:12)

인간은 오래 전부터 진실을 손에 쥐고 있었지만 읽을 수 있는 능력이 생길 때까지, 즉 과학적으로 충분히 진보할 때까지는 이해할 수 없으리라는 말입니다.

『사람은 모두 짐승처럼 우둔한 것…(원문: Every man is brutish in his lack of knowledge에서 '지혜가 없어' 가 생략되었음)』 (예레미

야서 10:14)

창조자들에게 창조를 가능하게 한 지혜, 즉 과학은 인간에게 있어서도 같은 일을 가능하게 할 것입니다.

『야훼께서 만물을 지으시려던 한 처음에 모든 것에 앞서 나를 지으셨다. 땅이 생기기 전, 그 옛날에 나는 이미 모습을 갖추었다… 그가 하늘을 펼치시고 깊은 바다 둘레에 테를 두르실 때에 내가 거기 있었다… 물이 바닷가를 넘지 못하게 경계를 그으시고 땅의 터전을 잡으실 때, 나는 붙어 다니며 조수 노릇을 했다. 언제나 그의 앞에서 뛰놀며 날마다 그를 기쁘시게 해드렸다. 나는 사람들과 같이 있는 것이 즐거워 그가 만드신 땅 위에서 뛰놀았다.』 (잠언 8:22,23,27,29~31)

지성(Intelligence)과 과학(Science)은 창조자들로 하여금 원초의 단일 '대륙'과 그 위의 모든 생물의 창조를 가능하게 한 두 개의 덕(德)입니다. 그리고 이제 이 지성과 정신은 인간의 두뇌를 이끌어 그들을 창조한 자들의 행위를 반복하도록 하고 있습니다. 태초부터 그랬듯이 인간은 다른 행성에 자신과 닮은 인간을 창조하게 마련입니다. 이러한 순환은 계속됩니다. 누군가 죽으면 다른 사람이 대신합니다. 우리들은 당신들을 창조했고 당신들도 언젠가는 다른 인간들을 창조하게 될 것입니다.

『무슨 일이 일어나도 그 일은 전에 있던 일이요, 앞으로 있을 어떤 일도 전에 있던 일이라』 (전도서 3:15)

동물들도 창조된 것으로서 인간에 의해 재창조될 것입니다. 인간과 마찬가지로 동물 또한 그 이상도 그 이하도 아닙니다. 멸종된 동물의 종은 당신들이 재창조하는 법을 발견하는 날 다시 살아나겠지요.

『…모든 것이 헛되니 사람이 짐승보다 나을 것은 없다.』 (전도서

3:19)

우리 창조자들은 인류가, 창조된 것에 대해 우리들에게 감사하는 마음을 가질 때에만 공식적으로 당신들 앞에 나타날 것입니다. 우리들은 인류가 우리들에게 부당한 원한을 가지게 될 것을 두려워합니다. 만일 당신들이 우리들에게 대항하지 않고 어버이들로서 우리들을 사랑한다는 것을 우리들에게 확신시켜 줄 수만 있다면, 우리들은 당신들과 접촉해서 상당히 앞선 우리들의 과학지식의 혜택을 당신들이 받게 해주고 싶습니다.

『아! 네가 비참하게 되리라. 자기를 빚어 낸 이와 다투는 자여. 옹기그릇이 옹기장이와 어찌 말다툼하겠느냐? 옹기 흙이 어찌 옹기장이에게 "당신이 무엇을 만드는 거요." 할 수 있겠느냐? 작품이 어떻게 작자에게 "형편없는 솜씨로군." 하고 불평할 수 있겠느냐? 어느 누가 제 아비에게 "왜 이 모양으로 낳았소?" 할 수 있겠느냐?』 (이사야서 45:9,10)

창조자들이 거의 인간을 돕지 않고 인간 스스로 과학적으로 진보하도록 내버려 둔 것은 인간으로부터 사랑을 받지 못하게 되지 않을까 하는 두려움 때문이었습니다.

이 우주선과 나의 우주복에 새겨진 문장(紋章)은 진리를 나타냅니다. 그것은 또한 유태민족의 문장인 '다윗의 별'로서 '위에 있는 것은 아래 있는 것과 같다.'는 것을 의미합니다. 별 가운데 있는 '卍 (만)'자는 '모든 것은 순환한다.' 는 의미로, 맨 위에 있던 것이 언젠가는 맨 아래가 되고, 맨 아래에 있는 것도 언젠가는 맨 위에 있게 될 것이라는 뜻입니다. 창조자들과 인간은 그 기원과 목적에 있어 비슷하며 서로 연결됩니다.

『너희는 모르느냐? 듣지 못하였느냐? 한 처음부터 너희 인간에게 알려진 것이 아니냐? 땅의 터가 잡힐 때부터 잘 알고 있던 일이 아니냐?』(이사야서 40:21)

높은 산에 위치해 있던 창조자들의 기지의 흔적이 「아모스서」에도 언급되고 있습니다.

『산등성이를 밟고 나가시는 이….』 (아모스서 4:13)

창조자들의 기지는 모두 7개 있었습니다.

『이 일곱 등잔은 천하를 살피는 야훼의 눈이다.』 (즈가리아서 4:10)

이것은 그 본래의 의미를 잃어버린 7개의 관을 가진 촛대 (즈가리아서 4:2)의 기원입니다. 초기에 창조자들의 사령부에는 일곱 개의 표시등을 가진 중앙통신장치가 있었는데 다른 기지나 지구 궤도를 선회하고 있는 행성간 항행용 우주선과 연락을 취하는데 사용되고 있었습니다.

텔레파시에 관해서는 다음과 같은 비유가 있습니다.

『입을 벌리기도 전에 무슨 소리할지, 야훼께서는 다 아십니다. 앞뒤를 막으시고 당신의 손 내 위에 있사옵니다. 그 아심이 놀라워 내 힘 미치지 않고 그 높으심 아득하여 엄두도 아니 납니다.』 (시편 139:4~6)

당시 텔레파시란 상상도 할 수 없는 것이었습니다. '그 아심이 놀라워 내 힘 미치지 않고.'

천문학과 행성간 여행 또한 생각할 수도 없는 것이었습니다.

『별들의 수효를 헤아리시고 낱낱이 이름을 붙여 주시는 분, 전능하신 우리의 주님 얼마나 크시냐, 그의 슬기 형용할 길 없어라.』 (시편 147:4,5)

당시 사람들은 또한 원격통신에 대해서도 이해할 수 없었습니다.

『당신 말씀을 땅에 보내시니 그 말씀 순식간에 퍼져 나간다.』 (시편 147:15)

우리들은 처음 계획했던 창조 작업의 마지막 단계에 도달했습니다. 창조자들은 인간이 스스로 과학적인 진보를 이룰 수 있도록 직접적으로 간섭하지 않기로 결정했습니다. 창조자들은 자신들도 똑같은 방법에 의해 창조되었으며, 자신들 또한 지구에서 인간을 창조함으로써 이 순환을 계속하고 있음을 알게 된 것입니다.

그러나 우선 진실을 전 세계에 알리기 위해 '메시아' (Messiah)를 보내기로 결정했습니다. 메시아는 태고로부터의 신비가 과학의 진보에 의해 해명될 때를 대비해서 이스라엘 민족만이 알고 있는 이 지식을 전 세계로 전파하는 사명을 지닌 자입니다. 그래서 그들은 다음과 같이 공표한 것입니다.

『유브라데 지방 베들레헴아, 너는 비록 유다 부족들 가운데서 보잘 것 없으나 나 대신 이스라엘을 다스릴 이 너에게서 난다. 그의 핏줄을 더듬으면, 까마득한 옛날로 올라간다… 야훼의 힘을 입고 그 하느님 야훼의 드높은 이름으로 목자 노릇을 하리니, 그의 힘이 땅 끝까지 미쳐 모두 그가 이룩한 평화를 누리며 살리라.』 (미가서 5:2~5)

『수도 예루살렘아, 환성을 올려라. 보아라, 네 임금이 너를 찾아

오신다. 정의를 세워 너를 찾아오신다. 그는 겸비하여 나귀, 어린 새끼 나귀를 타고 오시어… 뭇 민족에게 평화를 선포하시리라. 이 바다에서 저 바다까지,큰 강에서 땅끝까지 다스리시리라.』 (즈가리아서 9: 9,10)”

4

그리스도의 사명

수태

다음날 아침 우리는 같은 장소에서 다시 만났고, 그는 이렇게 구술했다.

"그리스도는 성서에 씌어진 진실을 지상 전체에 퍼뜨리고 과학시대가 되어 모든 사실이 인간에게 해명될 때 성서의 기술이 진실의 증거가 될 수 있도록 하는 사명을 지닌 자입니다.

창조자들은 그들 중 한 사람과 지구인 여성 사이에 어린애를 갖게 하여 그 아이를 지상에 파견하기로 결정했습니다. 문제의 아이는 인간이 갖고 있지 않은 텔레파시 능력을 유전적으로 물려받게 될 것입니다.

『그 잉태는 성령으로 말미암은 것이었다.』 (마태오복음서 1:18)

지구인 여성 중에서 마리아가 선택되었지만 그녀의 약혼자에게는 사실상 견디기 어려운 일이었습니다. 그러나 '주의 천사가 꿈에 나타나서' (마태오복음서 1:20) 말합니다.

창조자들 중 한 사람이 그에게 나타나서 마리아가 '하느님(God)'의 아들을 낳게 될 것이라고 설명했습니다.

창조자들과 연락을 하고 있던 예언자들은 매우 먼 곳으로부터 신의 아들을 만나기 위해 옵니다. 창조자들의 우주선이 그들을 인도했습니다.

『우리는 동방에서 그분의 별을 보고 그분에게 경배하러 왔습니다.』 (마태오복음서 2:2)

『그때 동방에서 본 그 별이 그들을 앞서 가다가 마침내 그 아기가 있는 곳 위에 이르러 멈추었다.』 (마태오복음서 2:9)

창조자들은 그 아이를 보살폈습니다.

『주의 천사가 요셉의 꿈에 나타나서 "헤로데가 아기를 찾아 죽이려 하니 어서 일어나 아기와 아기 어머니를 데리고 에집트로 피신하여 내가 알려줄 때까지 거기에 있어라." 하고 일러주었다.』 (마태오복음서 2:13)

헤로데왕은 예언자들이 그에게 예고한 아기 왕이 그의 영지 안에서 태어난다는 사실을 두려워했습니다.

왕이 죽자 창조자들은 요셉에게 이스라엘로 돌아가도 좋다고 말했습니다.

『헤로데가 죽은 뒤에 주의 천사가 에집트에 있는 요셉의 꿈에 나타나서 "아기의 목숨을 노리던 자들이 이미 죽었으니 일어나 아기와 아기 어머니를 데리고 이스라엘 땅으로 돌아가라." 하고 일러주었다.』 (마태오복음서 2:19,20)

비법의 전수

예수가 성년이 되었을 때 창조자들은 그를 데려가서 자신의 신분을 알려주고 그의 아버지를 만나게 했습니다. 또 그가 수행해야 할 사명을 가르치고 여러 가지 과학기술을 터득하게 했습니다.

『홀연히 하늘이 열리고 하느님(God)의 성령이 비둘기 모양으로 당신 위에 내려오시는 것이 보였다. 그때 하늘에서 이런 소리가 들려왔다 "이는 내 사랑하는 아들, 내 마음에 드는 아들이다."』 (마태오복음서 3:16,17)

『그 뒤에 예수께서 성령의 인도로 광야에 나가 악마에게 유혹을 받으셨다.』 (마태오복음서 4:1)

악마란 앞에서 언급한 창조자들 중 한 사람인 '사탄'을 지칭하는 말로 그는 여전히 인간들로부터는 아무 것도 좋은 것을 기대할 수 없다고 믿고 있었습니다. 그가 바로 회의주의자 '사탄'입니다. 그는 멀리 떨어진 우리들의 행성정부의 반대파에게 지지를 받고 있었습니다. 사탄은 예수가 확고한 지성을 갖고 있는지 그가 진정으로 창조자들을 사랑하고 존경하는지 알기 위해 그를 시험했습니다. 예수를 완전히 신뢰할 수 있다는 것이 확인되었기 때문에 그에게 사명의 수행이 맡겨졌습니다.

많은 군중의 관심을 끌기 위해 예수는 '기적'을 행했습니다. 실제로는 창조자들로부터 배운 과학지식을 응용하는데 지나지 않았지요.

『사람들은 갖가지 병에 걸려 신음하는 환자들과 마귀 들린 사람들과 간질병자들과 중풍병자들을 예수께 데려왔다. 예수께서는 그들도

모두 고쳐 주셨다.』 (마태오복음서 4:24)

『마음이 가난한 사람은 행복하다.』(Blessed are the poor in spirit) (마태오복음서 5:3)

이 구절은 잘못 번역되었습니다. 원래의 뜻은 '가난한 사람도 성신성을 가지면 행복해진다.' (If the poor have spirit, then they will be happy)라는 말입니다. 본래와는 전혀 다른 뜻이 되고 말았습니다.

그런 다음 예수는 그의 제자들에게 진실을 전 세계에 전파해야 한다고 말했습니다.

'주기도문'이라고 불리는 기도문에는 문자 그대로 진실이 적혀 있습니다.

『아버지의 나라가 오게 하시며… 하늘에서와 같이 땅에서도 이루어지게 하소서.』 (마태오복음서 6:10)

하늘에 있는 창조자들의 행성에서는 마침내 과학자들이 통치권을 잡게 되었고, 그들은 다른 지적 생명체를 창조했습니다. 똑같은 일이 지구상에서도 일어날 것입니다. 이 횃불은 다시금 타오를 것입니다. 이 기도문은 그 심오한 뜻이 이해되지 못한 채 수없이 외어졌지만, 이제는 '하늘에서와 같이 땅(지구)에서도' 라는 그 본래의 참된 의미를 이해할 수 있을 것입니다.

예수는 텔레파시에 의한 집단 최면법으로 설득력 있게 이야기하는 방법을 배웠습니다.

『예수께서 이 말씀을 마치시자 군중은 그의 가르치심을 듣고 놀랐

다. 그 가르치시는 것이 율법학자들과는 달리 권위가 있기 때문이었다.』 (마태오복음서 7:28,29)

그는 창조자들의 도움을 받아 계속 병자들을 치료했는데, 이것은 창조자들이 멀리서 일종의 강력한 광선을 주사(走射)했던 것입니다.

『나병환자 하나가 예수께 와서 절하며… 간청하였다. 예수께서 그에게 손을 대시며 "그렇게 해 주마. 깨끗하게 되어라." 하고 말씀하시자 대뜸 나병이 깨끗이 나았다.』 (마태오복음서 8:2,3)

중풍환자에 대해서도 같은 방법이 사용되었습니다. 멀리서 레이저와 같은 강력한 광선을 발사하여 환부만을 태움으로써 외상이 없는 수술이 행해졌습니다.

『중풍병자에게 "일어나 네 침상을 들고 집으로 가라." 하고 명령하시자 그는 일어나서 집으로 돌아갔다.』 (마태오복음서 9:6,7)

「마태오복음서」 제9장에서 예수는 자신의 사명에 대해서 다음과 같이 말합니다.

『나는 선한 사람을 부르러 온 것이 아니라 죄인을 부르러 왔다.』 (마태오복음서 9:13)

그가 온 것은 창조자들의 존재를 알고 있는 이스라엘 민족을 위해서가 아니라 오히려 이 지식을 세계의 나머지 지역에 널리 펼치기 위해서였습니다.

후에 더 많은 '기적' 이 비슷한 방법으로 행해지는데 이것은 모두 의학적인 지식에 입각한 것입니다. 오늘날에는 심장이식이나 다른 장기의 이식이 가능할 뿐 아니라 나병이나 다른 비슷한 질병도 치료할 수가 있습니다. 또 적절한 조처를 취하면 혼수상태에서 깨어나게 할 수도 있지요. 하지만 이런 것들이 미개한 사람들에게는 기적으로만 여겨진 것입니다.

당시의 인간들이 미개인이라면 창조자들은 현재의 '문명'국가의 사람들과 비슷하다고 볼 수 있겠지요. 다만 창조자들 쪽이 과학적으로 조금 더 앞섰을 뿐입니다.

다음은 예수가 자신의 아버지는 창조자들 중에 있다는 것을 나타낸 비유입니다.

『누구든지 사람들 앞에서 나를 안다고 증언하면 나도 하늘에 계신 내 아버지 앞에서 그를 안다고 증언하겠다.』 (마태오복음서 10:32)

'하늘에 계신 내 아버지 앞에서'라고 분명히 밝히고 있습니다. 실제로 '하느님(God)'은 실체가 없는 비물질적인 존재가 아닙니다. 그는 하늘에 살아있는 것입니다. 별들이 수많은 전구와 같이 하늘의 천장에 붙어서 세상의 중심인 지구 주위를 돌고 있다고 믿었던 당시 사람들이 이러한 사실을 이해할 수 없었던 것은 당연합니다. 그러나 우주탐사가 시작된 이래 우주의 광대함에 대해 보다 깊은 이해가 가능해진 지금, 이 문장들은 완전히 다른 조명을 해볼 필요가 있는 것입니다.

경쟁관계에 있는 행성 문명

「마태오복음서」 제13장에는 어떻게 창조자들이 다른 세계에 생명을 창조하기 위해 그들의 혹성을 떠났는지 예수가 비유로써 설명한 중요한 내용이 들어 있습니다.

『씨뿌리는 사람이 씨를 뿌리러 나갔다.』 (마태오복음서 13:3)

『씨를 뿌리는데 어떤 것은 길바닥에 떨어져 새들이 와서 쪼아 먹었다.』 (마태오복음서 13:4)

『어떤 것은 흙이 많지 않은 돌밭에 떨어졌다. 싹은 곧 나왔지만 흙이 깊지 않아서 해가 뜨자 타버려 뿌리도 붙이지 못한 채 말랐다.』 (마태오복음서 13:5,6)

『또 어떤 것은 가시덤불 속에 떨어졌다. 가시나무들이 자라자 숨이 막혔다.』 (마태오복음서 13:7)

『그러나 어떤 것은 좋은 땅에 떨어져서 맺은 열매가 백 배가 된 것도 있고 육십 배가 된 것도 있고 삼십 배가 된 것도 있다. 들을 귀가 있는 사람은 알아들어라.』 (마태오복음서 13:8,9)

이것은 여러 개의 다른 행성 위에서 생명을 창조하기 위한 여러 차례의 시도가 행해진 것에 대한 비유입니다. 세 번의 시도는 실패로 끝났습니다. 첫 번째는 '새들' 이 와서 씨앗을 먹어 버렸기 때문에 실패했는데, 실제로는 이 행성이 창조자들의 행성과 너무 근접해 있었다는 점이 실패의 원인이었습니다. 자신들과 닮은 인간의 창조실험에 위협을 느낀 반대파들이 그 행성에 가서 창조물을 모두 파괴해 버린 것입니다. 두 번째 시도는 태양에 너무 근접한 행성을 골랐기 때문에 온도가 너무

높았고 따라서 유해한 방사선이 창조물들을 멸망시켰습니다. 한편, 세 번째 시도는 습도가 매우 높은 행성의 '가시덤불' 속에서 행해졌는데 식물의 성장이 압도적으로 커져 자연의 균형을 깨뜨리고 동물의 세계를 멸망시켰습니다. 이 세계는 아직도 식물만이 존재합니다. 그러나 네 번째 시도는 '좋은 땅'에서 이루어져 성공을 거두었습니다.

여기에서 중요한 것은 세 차례의 성공을 거두었다는 사실입니다. 이것은 비교적 가까운 데 있는 다른 두 개의 행성에 동일한 창조자들에 의해 창조된 인간과 닮은 존재들이 살고 있다는 것을 의미합니다.

'들을 귀가 있는 사람은 알아들어라.'라는 말은 이해할 수 있는 자는 이해할 것이라는 뜻입니다. 때가 되면 알려고 노력하는 사람들에게는 이해가 될 것입니다. 다른 사람들, 즉 진실로 눈여겨보지 않고 건성으로 보는 사람들, 진실로 귀를 기울여 이해하려 하지 않고 건성으로 듣는 사람들, 그런 사람들은 결코 진실을 이해하지 못할 것입니다.

반면에, 자신의 노력으로 스스로의 지성을 증명함으로써 창조자들의 도움을 받을 가치가 있음을 보여주는 자들은 도움을 받게 될 것입니다.

『가진 사람은 더 받아 넉넉하게 되겠지만 못 가진 사람은 그 가진 것마저 빼앗길 것이다.』 (마태오복음서 13:12)

스스로 지성을 드러낼 수 없는 자들은 멸망할 것입니다. 인간은 그들의 창조자들과 동등한 능력을 지닌 것으로 인정되었습니다. 다만… 사랑이 조금 결여되어 있지요. 서로 사랑하고, 특히 창조자들을 사랑하도록 하세요.

『너희는 하늘나라의 신비를 알 수 있는 특권을 받았지만』 (마태오

복음서 13:11)

생명이 창조된 세 개의 행성은 경쟁 관계에 놓여 있습니다. 과학적으로 최고의 진보를 달성함으로써 자신의 지성을 증명하는 행성이 창조자들에게 적개심을 품지 않는다는 것을 조건부로 '최후의 심판' 때에 창조자들로부터 유산을 은혜로 받게 될 것입니다. 이것은 그들의 과학지식이 상당한 수준에 이르게 되는 날을 의미합니다. 그리고 이 날은 지구인에게 있어서 그리 먼 것이 아닙니다.

인간이란 종은 『모든 씨앗 중에서 가장 작은 것이지만 싹이 트고 자라나면 어느 푸성귀보다도 커져서 공중의 새들이 날아와 그 가지에 깃들일 만큼 큰 나무가 된다.』 (마태오복음서 13:32)

'공중의 새들' 즉 창조자들은 인간이 그 자격을 나타낼 때 날아와서 가지에 '머물며' 자기들의 지식을 인간에게 줄 것입니다.

『어떤 여자가 누룩을 밀가루 서 말 속에 집어넣었더니 온통 부풀어올랐다. 하늘나라는 이런 누룩에 비길 수 있다.』 (마태오복음서 13:33)

창조자들이 과학의 개화를 기다리는 세 개의 세계에 대한 또 다른 비유입니다.

『천지창조 때부터 감추인 것을 드러내리라.』 (마태오복음서 13:35)

가장 중요한 사실 중의 하나는 행성들도 그 자체의 수명을 지니고 있어서 언젠가는 인간의 거주가 불가능해진다는 것입니다. 그럴 때에 인간은 다른 행성으로 이주할 수 있을 만큼 충분한 과학수준에 도달해 있지 않으면 안 됩니다. 만약 인간이 다른 곳에서도 적응할 수 없다면 그 세계에 적합한 새로운 형태의 인간을 창조하여 그 생존을 보장할 수 있게 해야 합니다. 만약 환경을 인간에게 적합하게 만들 수 없다면 인간이 새로운 환경에 적응해 나가야 합니다.

인류에게 종말이 오기 전에 당신들은, 예를 들자면, 전혀 다른 대기에서 생존할 수 있는 새로운 인종을 창조하고, 당신들이 사라지기 전에 그들이 당신들의 지식을 상속받도록 해야만 합니다. 창조자들은 이러한 유산이 상실되지 않도록 세 개의 세계에 생명을 창조했는데, 그들 중에서 가장 뛰어난 인종만이 유산 상속의 자격을 갖게 될 것입니다.

『세상 끝날에도 이와 같을 것이다. 천사들이 나타나 선한 사람들 사이에 끼어 있는 악한 자들을 가려낼 것이다.』 (마태오복음서 13:49)

과학이라는 기적

빵의 갯수를 늘리는 부분은 이미 설명했지요. 그 빵은 당신들의 우주비행사들이 사용하는 것과 같은 것으로서 모든 필수영양소를 포함하고 있는 큰 알약 형태의 농축 식품입니다. 당신들의 〈성찬식〉빵은 이 알약의 기억이 전해진 것이지요. 이런 빵 몇 덩이만 있으면 수천 명을 먹이기에 충분합니다.

예수가 물 위를 걸었던 것은 창조자들이 반중력 광선을 사용하여 그가 위치한 곳의 중력을 소멸시키고 그를 지탱시켰기 때문입니다.

『예수께서 물 위를 걸어서 제자들에게 오셨다.』 (마태오복음서 14 :25)

실제로는 광선이 난기류를 만들었다는데, 그것은 다음에 기록되어 있습니다.

『그러다가 거센 바람을 보자 베드로는 그만 무서운 생각이 들어… 함께 배에 오르자 바람이 그쳤다.』 (마태오복음서 14:30~32)

그들이 배에 오르자 '바람이 그쳤다'는 것은 예수가 배에 타자 광선의 작동을 껐다는 것입니다. 전적으로 과학적인〈기적〉의 또 다른 예이지요.

실제로 기적이란 없으며 단지 고도의 문명과의 간격이 있을 뿐입니다. 만일 당신이 우주선 또는 보다 단순한 헬리콥터를 타고 예수 시대에 나타났다면 당신들의 과학수준에 한계가 있음에도 불구하고 그들의 눈에는 기적으로 비쳤을 것입니다.

인공조명등으로 빛을 내거나 하늘에서 내려오는 것, 자동차로 달리거나 텔레비전을 보는 것, 심지어는 총으로 새를 죽이는 간단한 일조차도 옛날 사람들을 놀라게 할 수 있는 것입니다.

그들은 이러한 기계의 메커니즘을 전혀 이해하지 못하기 때문에 그런 일들이 '신성한' 또는 초자연적인 힘에 의해 일어난다고 생각할 것입니다. 당신들과 예수시대의 인간들 사이에 많은 차이가 있는 것처럼 당신들과 우리들 사이에도 커다란 차이가 있다고 말할 수 있습니다.

우리들은 지금도 당신들에게는 '기적'으로 보일 수 있는 것들을 행할 수 있습니다. 그러나 당신들 중 가장 진보된 사람들은 그것을 '기적'으로 여기지 않을 것입니다. 최근 수십 년 간 인간은 과학적인 연구와 발견을 통해서 비약적인 발전을 이루었으며, 공물을 바치고 땅에 엎드려 절하는 바보가 아니라 과학적인 법칙과 가능성을 적극적으로 추구하는 문명인이 되었습니다.

그럼에도 불구하고 우리들의 지식은 당신들의 수준을 훨씬 앞서기 때문에, 만약 우리들이 약간의 '기적' 을 행하고자 한다면 당신들의 가장 뛰어난 과학자들도 어떻게 그것이 일어났는지 알 수 없을 것입니다.

소수의 높은 지성을 지닌 사람들은 그러한 현상에 대처해 나갈 수 있겠지만 일반 대중은 간단히 경악하고 말 것입니다. 우리들은 아직도 웬만한 일에는 잘 놀라지 않는 당신들을 깜짝 놀라게 할 수 있습니다.

사람들은 이제 비물질적인 '하느님(God)'이란 존재하지 않으며, 그 대신 자기들의 모습대로 인간을 창조한 창조자들이 있음을 알아야 할 필요가 있습니다. 「마태오복음서」 제17장에서 창조자들은 다시 등장합니다.

『예수께서는 베드로와 야고보와 야고보의 동생 요한만을 데리시고 따로 높은 산으로 올라가셨다.

그때 예수의 모습이 그들 앞에서 변하여 얼굴은 해와 같이 빛나고 옷은 빛과 같이 눈부셨다. 그리고 난데없이 모세와 엘리야가 나타나서 예수와 함께 이야기하고 있었다… 빛나는 구름이 그들을 덮더니 구름 속에서 "이는 내 사랑하는 아들, 내 마음에 드는 아들이니 너희는 그의 말을 들어라." 하는 소리가 들려왔다.』 (마태오복음서 17:1~5)

이 장면은 밤에 일어났으며 제자들은 예수의 모습이 우주선에서 비치는 강력한 광선으로 밝게 빛나는 것을 보고 두려움에 사로잡혔습니다. 우주선으로부터 걸어 나온 모세와 엘리야는 '생명나무' 덕분에 살아 있는 것입니다.

불사라는 것은 과학적으로 실현 가능한 것으로서 인간이 가지고 있는 개념과는 다릅니다.

「마태오복음서」 제19장에는 다음과 같은 문장이 있습니다.

『첫째였다가 꼴찌가 되고 꼴찌였다가 첫째가 되는 사람들이 많을 것이다.』 (마태오복음서 19:30)

이 말은 창조자들이 이전에 창조된 것처럼 창조된 자들도 언젠가는 창조자들이 될 것이라는 사실을 의미합니다.

유산을 받을 자격

「마태오복음서」 제25장에도 세 행성은 과학적 진보를 이루어야하며 심판의 날에 그 업적을 평가받을 것이라는데 대한 비유가 있습니다.

『어떤 사람이 먼 길을 떠나면서 자기 종들을 불러 재산을 맡기었다. 그는 각자의 능력에 따라,

한 사람에게는 돈 다섯 달란트를 주고,

한 사람에게는 두 달란트를 주고,

또 한 사람에게는 한 달란트를 주고 떠났다.

다섯 달란트를 받은 사람은 곧 가서 그 돈을 활용하여 다섯 달란트를 더 벌었다.

두 달란트를 받은 사람도 그와 같이하여 두 달란트를 더 벌었다.

그러나 한 달란트를 받은 사람은 가서 그 돈을 땅에 묻어 두었다.

…여봐라, 저자에게서 한 달란트마저 빼앗아 열 달란트 가진 사람에게 주어라. 누구든지 있는 사람은 더 받아 넉넉해지고 없는 사람은 있는 것마저 빼앗길 것이다.』 (마태오복음서 25:14~29)

생명이 창조된 세 개의 세계 중에서 가장 뛰어난 진보를 이룬 세계가 유산을 받게 됩니다. 발전을 이루지 못한 세계는 다른 세계에 의해 지배되고 도태될 것입니다. 이것은 지구상의 민족 간에서도 또한 마찬가지입니다.

「마태오복음서」 제26장에서 예수는 자신의 죽음과, 후에 증거로서 남게 될 성서 기록의 중요성을 밝히고 있습니다. 예수와 함께 있던 사람 중 하나가 칼을 빼어 그를 방어하려 하자 예수는 다음과 같이 말합니다.

『칼을 도로 칼집에 꽂아라… 내가 아버지께 청하기만 하면 당장에 열 두 군단도 넘는 천사를 보내 주실 수 있다는 것을 모르느냐?』

『그러나 그렇게 한다면 이런 일이 반드시 일어나리라고 한 성서의 말씀이 어떻게 이루어지겠느냐?』 (마태오복음서 26:52~54)

진실이 세계에 널리 알려지기 위해서는 예수가 죽어야 할 필요가 있었습니다. 그것은 훨씬 후에 창조자들이 지구에 돌아올 때 그들이 침략자로 간주되어서는 안 되기 때문입니다. 바로 이것이 성서와 복음서가 존재하는 목적입니다. 창조자들의 작업과 존재의 흔적을 보존하여 장차 그들이 돌아올 때 사람들이 알아볼 수 있도록 하기 위해서입니다.

예수는 죽은 후에 창조자들의 도움을 받아 '부활' 합니다.

『그런데 갑자기 큰 지진이 일어나면서 하늘에서 주의 천사가 내려와 그 돌을 굴려내고 그 위에 앉았다. 그 천사의 모습은 번개처럼 빛났고 옷은 눈같이 희었다.』 (마태오복음서 28:2,3)

창조자들은 예수를 돌보고 그를 소생시킵니다. 부활한 예수는 이렇게 말합니다.

『너희는 가서 이 세상 모든 사람들을 내 제자로 삼아… 너희에게 명한 모든 것을 지키도록 가르쳐라.』 (마태오복음서 28:19,20)

예수의 사명은 이제 끝날 때가 되었습니다.

『예수께서 제자들에게 말씀을 다하시고 승천하셔서…』 (마르코복음서 16:19)

창조자들은 예수가 다음과 같이 중요한 최후의 말을 마치자 그를 데려간 것입니다.

『뱀을 쥐거나 독을 마셔도 아무런 해도 입지 않을 것이며 또 병자에게 손을 얹으면 병이 나을 것이다.』 (마르코복음서 16:18)

이것은 인간이 혈청과 해독제를 발견하고 외과수술을 발전시키는 날이 올 것이라는 말인데, 지금 바로 그 같은 일들이 일어나고 있는 것입니다.

창조자들은 그들의 지구 귀환에 대비하여 이러한 진실들을 강조하기 위해 더욱 더 자주 나타날 것입니다. 이 또한 지금 일어나고 있습니다.

『무화과나무와 다른 모든 나무를 보아라. 나무에 잎이 돋으면 그것을 보아 여름이 벌써 다가온 것을 알게 된다.』 (누가복음서

21:29-30)

요즘처럼 미확인비행물체(UFO)들이 많이 나타나기 시작하면 때가 왔다는 것을 뜻합니다.

나아가, 「사도행전」 제2장에는 다음과 같은 기술이 있습니다.

『오순절이 되어 신도들이 모두 한 곳에 모여 있었는데 갑자기 하늘에서 세찬 바람이 부는 듯한 소리가 들려오더니 그들이 앉아 있던 온 집안을 가득 채웠다. 그러자 혀 같은 것들이 나타나 불길처럼 갈라지며 각 사람 위에 내렸다. 그들의 마음은 성령으로 가득 차서 성령이 시키시는 대로 여러 가지 외국어로 말을 하기 시작하였다.』 (사도행전 2:1~4)

창조자들은 집중주입식 교육방법으로 증폭된 텔레파시 파동을 전기 쇼크의 형태로 사용하여 사도들의 기억 속에 외국어의 지식을 새겨 넣은 것입니다. 이렇게 하여 진실을 세계로 퍼뜨리는 것이 가능해졌습니다.

「사도행전」 중에서도 여러 차례 '천사들'로 출현하는 창조자들을 볼 수 있는데, 특히 헤로데 왕에게 붙잡혀 사슬에 묶인 베드로를 구하기 위해 나타난 '천사'에 대해 인용할 필요가 있습니다.

『갑자기 주의 천사가 나타나 베드로 앞에 서자 환한 빛이 감방을 비추었다. 천사가 베드로의 옆구리를 찔러 깨우며 "빨리 일어나라." 하고 재촉하였다. 그러자 곧 쇠사슬이 그의 두 손목에서 벗겨졌다. "허리띠를 띠고 신을 신어라." 하는 천사의 말을 듣고 베드로는 그대로 하였다. 그랬더니 천사는 "겉옷을 걸치고 나를 따라 오너라." 하였다.

베드로는 천사를 따라 나가면서도 천사가 하는 일이 현실이 아니고 환상이려니 하였다.』 (사도행전 12:7~9)

베드로는 미개인이었기 때문에 쇠사슬이 벗겨지는 것을 보고 환상이려니 생각했던 것입니다.

그는 창조자들 중 한 사람이 사용한 전기레이저 용접기에 대해 알지 못했습니다. 우리들도 아주 놀라운 일을 경험하게 되면 꿈이 아닐까 하고 생각하는 것과 같습니다.

창조자들을 본 사람들이 자주 그들을 꿈속에서 보았다거나 환상을 보았다고 말하는 것은 바로 이런 연유에서이지요. 마찬가지로 오늘날 우리들의 비행접시를 본 사람들도 환각으로 보았다고 생각하는 사람들이 많습니다. 베드로는 꿈속에서 그가 보았다고 생각한 것을 매우 정확하게 설명하고 있습니다만 그것은 실제로 일어난 일이었습니다!

『그들이 첫째 초소와 둘째 초소를 지나 거리로 통하는 철문 앞에 다다르자 문이 저절로 열렸다.』 (사도행전 12:10)

때가 되었다는 또 다른 징조는 이스라엘 민족이 자신의 나라를 되찾았다는 사실입니다.

『그 뒤에 내가 다시 돌아와 무너진 다윗의 집을 다시 지으리니….』 (사도행전 15:16)

다음 구절도 중요합니다.

사도행전 17장 28절에 또 하나의 중요한 문장이 발견됩니다.

『우리들 또한 그의 소생이니….』

이것은 사도가 '하느님'에 대해서 말하는 동안 언급된 것입니다.

여기서 복음서를 계속 읽는 것은 중단하지요. 창조자들에 관한 문장은 그밖에도 많이 있지만 그다지 중요한 것은 아니니까요. 누가 질문을 할 경우 지금까지 내가 당신에게 설명한 것을 잘 생각해 보면 스스로 답변할 수가 있을 것입니다." 그렇게 말한 뒤 그는 전날처럼 떠났다.

5

세계의 종말

1946년 신기원 원년

다음날 우주인은 전날과 같은 모습으로 나타나 말을 시작했다.

"세계의 종말이 가까이 다가오고 있습니다. 세계의 종말이란 지구가 재난에 의해 파괴된다는 의미가 아니라, 다소 뛰어난 일을 해온 세계의 모든 교회가 임무를 끝내었으므로 붕괴된다는 뜻입니다. 교회의 사명이란 창조자들이 귀환할 때 그들을 알아 볼 수 있도록 성서적 사실을 대중에게 널리 보급하는 일이었습니다.

당신이 보다시피 기독교의 교회는 죽어가고 있습니다. '교회' 세계는 그 사명을 완수했기 때문에 종말을 맞이합니다. 그러나 교회는 많은 과오를 범했는데 그것은 오랜 기간 동안 창조자들을 너무나 신격화시켰다는 점입니다.

이러한 신격화는 과학문명이 도래하기 전까지는 좋았습니다. 그러나 이제 과학시대에 접어든 인간은 보존되어 온 진실을 확인하고, 그 기록의 참된 의미를 이해하기 위해서 사고의 급격한 방향전환이 필요합니다. 그러나 너무 많은 오류가 교회에 의해 저질러졌습니다. 이것은 창조자들에 의해 예측된 바입니다.

그러므로 더 이상 쓸모없게 된 교회는 붕괴될 것입니다. 과학이 발달한 국가의 국민들은 점점 까다로워져서 어떤 것도 쉽게 믿으려 하지 않습니다. 교회가 믿게 하려는 구름 위에 살고 있는 전지전능한 흰 수염의 '천상의 하느님(God)'을 이제는 아무도 믿지 않습니다. 또한 작고 귀여운 수호천사나 뿔과 발톱이 달린 악마에 대해서도 마찬가지입니다. 따라서 사람들은 무엇을 믿어야 할지 모르고 있습니다.

소수의 젊은이들만이 사랑이 근원적이라는 것을 이해하고 있을 뿐입니다. 당신들은 이제 황금시대에 도달했습니다.

당신들 지구인들은 하늘을 날고 전파를 이용하여 지구의 모든 구석까지 목소리를 전달할 수 있게 되었습니다.

이제 당신들이 진실을 알아야 할 때가 온 것입니다. 고서에 씌어진 대로 현재 일어나고 있는 모든 일은 지구가 보병궁시대에 들어섰다는 것을 가리킵니다. 오래 전에 이미 이러한 사실들이 기록되었지만 사람들은 믿지 않았습니다.

대략 2만 2천년 전에 창조자들은 지구에서 그들의 작업을 시작하기로 결정했으며, 그 이후 일어난 모든 일들은 예상할 수 있는 것이었습니다. 왜냐하면 은하계의 운동이 이 지식을 내포하고 있기 때문입니다.

그리스도와 그의 어부들은 쌍어궁 시대에 속합니다. 그러나 1946년부터는 보병궁시대로서 이스라엘 민족이 자신의 나라를 되찾은 시기이기도 합니다.

『"그날이 오면," 야훼의 말씀이시다. "물고기궁의 문에서 아우성 소리가…"』 (스바니아서 1:10)

'물고기궁의 문' 이라는 것은 보병궁의 시대로 이르는 경로입니다. 이것은 1946년 춘분날 태양이 지상에 떠오를 때 지구가 황도대의 보병궁에 들어가는 것을 의미합니다. 아우성 소리란 진실의 계시가 이루어지는 소리인 것입니다. 당신이 1946년에 태어난 것은 우연이 아닙니다.

교회의 종말

이 진실의 계시는 그것이 지닌 빛 덕분에 우울증에 빠진 사람들에게 희망과 행복을 되돌려줄 것입니다. 그러나 이것은 또한 교회의 몰락도 재촉할 것입니다. 만약 교회가 자신의 과오를 깨닫고 진실을 위해 봉사하지 않는다면 말이지요.

『폭군은 없어지고, 빈정대던 자들도 사라지고, 눈에 불을 켜고 나쁜 일을 찾아다니던 자들도 간 데 없이 되리라. 그들은 입을 놀려 남에게 누명을 씌우고 성문에서 시비를 가리는 재판관을 올가미로 걸어 넘어뜨리고 정직한 사람의 송사를 아무 근거 없이 물리치던 자들이다.』 (이사야서 29:20,21)

원죄를 믿게 하여 인간에게 죄악감을 심어준 자들은 종말을 맞이합니다. 지금까지 존속해온 교회를 유지하기 위해 보병궁의 입구로 통하는 물고기궁의 끝에 서서 진실을 전하는 사람들에게 올가미를 씌우려는 자들, 정의를 말하며 진실을 설파하거나 글로 전하는 의로운 사람들을 배척하는 사람들에게는 마지막입니다. 이런 사람들은 쌍어궁시대로 넘어가는 길목에서 자기들이 망할까봐 두려워 진실을 이해하려고는 하지 않고, 여태껏 옳다고 믿어 온 것을 맹목적으로 고수하기 위해 예수를 십자가에 처형한 사람들과 똑같은 것입니다.

『보는 자의 눈은 흐려지지 아니하고 듣는 자의 귀는 경청하리라. …다시는 걸약은 바보를 고상한 사람이라 하지 아니하고 간사한 자를 귀족이라 하지 아니하리라.

걸약은 바보는 함부로 입을 놀리고 나쁜 생각만을 마음속에 품는다. 그는 매사에 사기나 치고 야훼께 함부로 말하는 자이다. 굶주린 사람의 밥그릇을 쏟아 버리고 목마른 사람의 물 대접을 차 버리는 자이다… 간사한 자는 간악한 수단이나 짜내고 간계나 꾸며 대는 자이다. 곤궁한 자들이 바른 말을 할지라도 그 불쌍한 자들을 거짓말로 파멸시킨다. 고명한 자는 고명한 일을 도모하며 고명한 편에 설 것이다.』 (이사야서 32:3~8)

여기서 "보는 자의 눈은 흐려지지 아니하리라." 라는 말의 의미는 누구나 이해할 수 있을 것입니다. 교회는 야훼에 대해 그릇되게 말해왔으며 진실에 굶주린 사람들의 마음을 채워주지 못했습니다. 교회는 계획적으로 가난한 사람들을 학살함으로써 진실을 이해하지 못하거나 감히 알려고 하지 않는 사람들을 원죄나 파문 따위의 불합리한 명목으로 위협하여 교회에 충성을 하도록 했습니다. 가난한 사람들이 그들의 사정을 탄원할 때 진실을 이해할 지성을 갖지 못한 자들은 교회가 시키는 대로 교회의 거짓을 두둔합니다. 그러나 진실을 당당하게 주장하는 고결한 마음의 소유자들은 비록 그들이 인간을 괴롭히는 교회의 승인 없이 살게 될지라도 고결한 행동을 취합니다.

『너희는 모르느냐? 듣지 못하였느냐? 한 처음부터 너희 인간에게

알려진 것이 아니냐? 땅의 터가 잡힐 때부터 잘 알고 있던 일이 아니냐?』 (이사야서 40:21)

『여기에 나의 종이 있다. 그는 내가 믿어 주는 자, 마음에 들어 뽑아 세운 나의 종이다. 그는 나의 영을 받아 뭇 민족에게 바른 인생길을 펴 주리라.』 (이사야서 42:1)

당신은 지난 며칠간 밝힌 이 진실을 세계의 구석구석까지 퍼뜨릴 그 사람입니다.

『상한 갈대를 꺾지 아니 하시고 꺼져 가는 심지도 끄지 아니 하시며….』 (이사야서 42:3)

당신이 교회와 그 허위를 철저하게 부수지는 못할 것입니다. 그러나 교회는 스스로 소멸되어 갈 것입니다. 이 소멸은 벌써부터 시작되고 있습니다. '심지가 깜박'거리고 있는 것입니다. 교회는 그 사명을 다했기 때문에 이제 사라질 때입니다. 교회는 수많은 과오를 범했으며, 이 시대의 사람들에게 납득할 수 있는 설명을 해주려 하진 않고 진실을 희생시킨 대가로 부유해졌습니다. 그러나 너무 책망해서는 안 되겠지요. 진실의 증언인 성경의 말씀이 교회 덕분에 전 세계로 퍼져나갔으니까요.

그러나 교회의 잘못은 큽니다. 그들은 너무나 많은 초자연적인 요소들을 진실에 덧붙였으며 원래의 성서에 있는 구절들을 틀리게 번역했습니다. 그들은 창조자들을 지칭하는 '엘로힘(Elohim)'이라는 용어를 단수어인 '하느님(God)'으로 바꾸어 버렸습니다.

실제로 히브리어에서 '엘로힘(Elohim)'이라는 단어는 '엘로하(Eloha)'의 복수형입니다.

이렇게 함으로써 교회는 창조자들을 이해할 수 없는 유일신으로 바꾸어 버린 것이지요.

또 다른 잘못은 예수를 추억하는데 나무로 만든 십자가를 숭배하게 만든 것입니다. 십자가는 그리스도가 아닙니다. 십자가 모양을 한 나무 조각은 아무 의미도 없습니다.

『"반 토막으로는 불을 피우고 그 이글이글 타는 장작불에 빵을 굽고 고기를 구워 먹자. 남은 토막으로는 신상을 만들어 놓고 그 나무토막 앞에 엎드리자." 하고 말하는, 생각도 없고 지각도 없고 철도 없는 것들.』 (이사야서 44:19)

이스라엘 국가의 창건

유태인이 이스라엘 땅으로 돌아간 것은 성서에 씌어진 대로 황금시대에 들어섰다는 징후입니다.

『내가 해뜨는 곳에서 너의 종족을 데려 오고, 해지는 곳에서도 너를 모아오리라. 내가 북쪽을 향해서도 외치리라. '그들을 어서 내놓아라.' 남쪽을 향해서도 외치리라. '그들을 잡아 두지 말라.' 아무리 먼 데서라도 나의 아들들을 데려 오너라. 땅 끝에서라도 나의 딸들을 데려 오너라. 그들은 내 백성이라고 불리는 것들, 나의 영광을 빛내려고 창조한 내 백성, 내 손으로 빚어 만든 나의 백성이다.』(이사야서 43:5~7)

이렇게 하여 세계의 북쪽과 남쪽으로부터 유태인들을 모아 이스라엘 국가를 창건한 것입니다. 유태민족이 보관해 온 성서는 기록된 대로 창조자들의 귀환에 대한 증거입니다.

『너희가 곧 나의 증인이다.』 (이사야서 43:12)

『눈이 있어도 보지 못하는 이 백성을 귀가 있어도 듣지 못하는 이 백성을 불러 모아라. 민족들이 벌써 다 모였고 부족들이 부름 받고 모여 왔다. 그들 가운데 이렇게 될 것을 이미 알려 준 자가 있었느냐? 이런 일들을 앞질러 일러준 자가 있었느냐? 증인이라도 있거든 내세워 증거를 제시하게 하여라. 우리가 듣고 수긍할 만한 증인이 있거든 말하게 하여라.』 (이사야서 43:8,9)

『너희가 바로 나의 증인이다. 야훼의 말이다. 너를 뽑아 내 종으로 세운 것은 세상으로 하여금 나를 알고 믿게 하려는 것이요, 나밖에 없다는 것을 깨우치게 하려는 것이다… 너희가 곧 나의 증인이다. 야훼의 말이다. 나, 내가 곧 하느님(God)이다. "처음부터 나 밖에 없다. (태초부터 내가 바로 그 사람이다)"』 (이사야서 43:10~13)

'너희가 곧 나의 증인' 이라는 말에는 의문의 여지가 없겠지요?

오늘 나는 당신에게 되풀이해서 말합니다. '태초부터 내가 바로 그 말을 한 장본인' 이라고. 당신이 손에 들고 있는 성서가 그 증거가 됩니다.

『내가 잠깐 너를 내버려두었었지만, 큰 자비를 기울여 너를 다시 거두어들이리라.』 (이사야서 54:7)

실제, 이스라엘민족은 진실을 수호하는 데 참여한 뒤 그들의 나라를 되찾게 되었습니다.

인간이 과학적인 방법으로 질병을 극복할 수 있는 시대가 예언되어 있습니다.

『거기에는 며칠 살지 못하고 죽는 아기가 없을 것이며, 명을 다하지 못하고 죽는 노인도 없으리라.』 (이사야서 65:20)

오늘날 의학은 인간이 질병을 퇴치하고 특히 유아 사망률을 낮추는데 도움을 주고 있습니다.

『슬기로운 사람 입에서는 지혜가 나오고 미련한 사람 등에는 채찍이 떨어진다.』 (잠언 10:13)

교회의 오류

교회는 사람들이 죄의식을 갖게 만들고 이해하려는 노력 없이 그저 기도만 하도록 시키는 잘못을 저질렀습니다.

『너희는 기도할 때에 이방인들처럼 빈 말을 되풀이하지 말아라. 그들은 말을 많이 해야만 하느님께서 들어주시는 줄 안다.』 (마태오복음서 6:7)

또한 복음서에는 다음과 같이 경고하고 있음에도 불구하고 교회는 지나친 부를 쌓았습니다.

『너희는 자신을 위하여 땅에 재물을 쌓아 두지마라... 아무도 두 주인을 섬길 수 없다. 한 편은 미워하고 다른 편은 사랑하거나, 한

편은 존중하고 다른 편은 업신여기게 된다. 너희는 하느님(YAHWEH)과 재물을 함께 섬길 수 없다. (마태오복음서 6:19-24)』

『전대에 금이나 은이나 동전을 넣어 가지고 다니지 말 것이며 여행 보따리나 여벌옷이나 신이나 지팡이도 가지고 다니지 말아라.』 (마태오복음서 10:9,10)

어리석은 율법과 육식을 금하는 금요일 등으로 인해 그들은 자신의 복음서마저도 존중하지 않았습니다.

『입으로 들어가는 것은 사람을 더럽히지 않는다. 더럽히는 것은 오히려 입에서 나오는 것이다.』 (마태오복음서 15:11)

단순한 인간에 지나지 않는 자들이 어떻게 감히 바티칸의 부와 사치 속에 파묻혀 있을 수가 있을까요? 복음서에는 '금이나 은' 을 소유하지 말고 여벌의 옷도 가지지 말라고 씌어 있는데 어떻게 그들이 감히 선행에 대해 설교할 수 있을까요?

『예수께서는 제자들에게 이렇게 말씀하셨다. "나는 분명히 말한다. 부자는 하늘나라에 들어가기가 어렵다.』 (마태오복음서 19:23)

『그들은 무거운 짐을 꾸려 남의 어깨에 메워 주고 자기들은 손가락 하나 까딱하려 하지 않는다. 그들이 하는 일은 모두 남에게 보이기 위한 것이다… 그리고 잔치에 가면 맨 윗자리에 앉으려 하고… 길에 나서면 인사 받기를 좋아하고 사람들이 스승이라 불러 주기를 바란다… 너희의 스승은 오직 한 분뿐이고 너희는 모두 형제들이다. 또 이 세상 누구를 보고도 아버지라 부르지 말아라. 너희의 아버지는 하늘에 계신 아버지 한 분뿐이시다. 또 너희는 지도자라는 말도 듣지 말아라. 너희의 지도자는 그리스도 한 분뿐 이시다. 너희 중에 으뜸가는 사람은 너희를 섬기는 사람이 되어야 한다.』 (마태오복음서 23:4~11)

이렇게 복음서에는 분명하게 명시되어 있습니다. 그런데 단지 도덕관과 생활양식이 다른 것에 지나지 않는데 교회가 어떻게 감히 이러한 차이를 죄로 규정하고 인간을 속박할 수가 있을까요? 사람들이 굶어 죽어가고 있는 데도 바티칸의 부에 젖어 있는 자들이 어떻게 감히 선행을 설교할 수가 있을까요? 사람들에게 겸손에 대해 설교하면서 어떻게 감히 세속의 초대와 명예를 추구할 수 있을까요? 복음서에는 분명히 금하고 있는데 어떻게 감히 사람들로 하여금 자신을 아버지(神父님), 예하(猊下: 추기경의 존칭), 또는 성하(聖下:교황의 존칭)라고 부르게 할 수가 있을까요? 만일 내일이라도 교황이 지금까지와는 전혀 달리 인류에게 봉사한다는 목적으로 길거리에 나서서 오늘날 증거가 될 진실을 외치는 가난한 순례자가 된다면 교회는 다시 살아날 수도 있겠지요. 교회의 사명은 끝났습니다.

그러나 교회는 불행한 사람들을 돕거나 지금까지 왜곡되고 비밀에 부쳐져왔던 기록들의 참된 진실을 널리 알리는 일을 돕는 선행 쪽으로 방향을 재정립할 수 있겠지요. 이렇게 하면 많은 성직자들의 고결한 정신은 성취감을 느낄 수 있을 것입니다.

그렇게 되려면 바티칸은 그 자신의 재화를 팔아 후진국의 재정을 돕거나, 단지 '듣기 좋은 말만이 아닌' 그곳에 직접 가서 몸소 실행함으로써 그들의 발전을 돕는 모범을 보여야 합니다.

결혼식이나 특히 장례식을 치르는데 있어 사람의 재산에 따른 여러 가지 형식이 있다는 것은 용납할 수 없는 일입니다. 이것은 교회의 또 다른 과오입니다. 그러나 이제 때가 되었습니다.

모든 종교의 기원

진실의 흔적이 남아 있는 곳은 성서의 복음서뿐만이 아닙니다. 이러한 증거들은 사실상 모든 종교에서 찾아볼 수 있습니다. 특히「카바라(Cabala)」에는 풍부한 증언들이 많이 있지만 책을 구하기가 쉽시 않습니다. 언젠가 책을 구해 본다면 우리들에 대해 비유로서 묘사한 수많은 기록들이 있음을 알 수 있을 것입니다.

그 중에서도「아가서」제5장에는 창조자들의 행성과 지구사이의 거리에 대한 묘사가 있습니다. '창조자의 높이' 는 23만 6천 바라상크, 그 '발꿈치까지의 높이' 는 3천만 바라상크라는 기술이 나옵니다. '바라상크'란 파세크처럼 거리를 나타내는 단위로서, 빛이 1초 동안 나아가는 거리를 나타내기 때문에 약 30만 킬로미터에 해당됩니다. 우리들의 행성까지의 거리는 3천만 바라상크이므로 약 9조 킬로미터, 즉 1광년에 이르는 거리입니다.

당신들이 광속과 같이 초속 30만 킬로미터로 출발한다면 우리들의 행성까지는 약 1년이 걸립니다. 당신들의 현재 로켓으로 간다면 그 로켓의 속력이 시속 4만 킬로미터밖에 되지 않기 때문에 우리들의 행성까지는 2만 6천년 정도 걸립니다.

따라서 당분간은 우리가 아무것도 두려워 할 필요가 없음을 당신도 알겠지요. 우리는 우리들의 행성에서 지구까지 오는 데 2개월이 채 걸리지 않는 비행수단을 갖고 있는데, 그것은 원자를 기반으로 하는 추진방식입니다. 말하자면 광속의 7배에 해당 하는 광선의 속도로 움직이는데, 이 광선에 의해 우리들은 '운반' 되는 것입니다. 그 광선에 실려 운반되기 위해서 우리들은 먼저 가시광선의 영역을 벗어나 '운반광선'

의 파장에 우리자신을 맞추는 것입니다.

그 때문에 우리들의 우주선을 목격한 지구인들은 우주선이 밝아지다가 매우 강렬한 백색으로 빛나고 곧 푸른 빛을 내더니 사라지더라고 묘사합니다. 우주선이 광속을 초월하면 육안으로는 보이지 않기 때문에 '사라진다'는 것이 확실합니다.

창조자들의 '발꿈치까지의 높이'란 지구에서부터 창조자들이 발을 딛고 살고 있는 행성까지의 거리를 말합니다.

그리고 창조자들의 행성은 그들의 태양에서 23만 6천 바라상크, 즉 708억 킬로미터 떨어져 있는데, 이것이 거대한 별인 그들의 태양에 이르는 거리, 즉 '창조자들의 키'가 됩니다.

「카바라」는 진실에 가장 가까운 책입니다만 그 밖의 대부분의 종교 문헌에서도 다소 명확한 정도의 차이는 있으나 우리들에 대한 기술을 볼 수 있습니다.

특히 창조자들이 기지를 세운 안데스 산맥이나 히말라야 산맥 주변의 나라들에서 이러한 문헌들을 많이 찾아볼 수 있습니다.

또 그리스 신화도 중요한 증언들을 포함하고 있으며, 불교와 이슬람교 및 몰몬교도 마찬가지입니다. 우리들의 행적을 다소 애매하게나마 기록하고 있는 종교나 종파를 모두 인용하려면 수많은 페이지가 필요할 것입니다.

인간은 우주의 병

자, 이제 당신은 진실을 이해하였겠지요. 당신은 이것을 기록해서 세계에 널리 알려야 합니다. 만약 지구인들이 우리들의 경험에서 혜택을 받고 2만 5천년이나 축적된 과학지식을 얻기를 원한다면, 당신들이 우리들을 만나기를 바라고 있다는 사실을 보여주어야 하며, 또 무엇보다도 당신들이 그런 것을 받을 만한 자격이 있고 이 모든 일이 우리들에게 어떤 위험도 주지 않고 행해질 수 있음을 증명해야만 합니다.

만약 우리의 지식을 인류에게 준다면, 인류가 그것을 올바르게 사용할 것이라는 확신이 있어야 합니다. 우리가 최근까지 관찰한 바에 의하면 지혜가 아직 지구를 지배하고 있는 것 같지가 않습니다. 확실히 진보는 했지만 아직도 굶어 죽는 사람들이 있고 호전적인 분위기가 세계에 만연하고 있습니다.

우리들이 방문하게 되면 모든 것이 개선되고 모든 국가가 통일될 것이 확실합니다. 그러나 인간이 진정으로 우리들을 만나고 싶어하고, 또 진실로 통일의 길로 들어서고 있음을 우리가 느낄 수 있어야만 합니다.

또한 지구인들은 우리들이 진정 누구이며, 우리들의 방문의 참된 의미가 무엇인가를 알고, 그 방문을 진심으로 바라고 있음을 우리들이 느낄 수 있도록 해주어야 합니다. 수차례 인간의 전투기들이 우리들의 우주선을 적으로 보고 추격해 왔습니다.

당신은 그들에게 우리들이 누구인가를 알려주고 우리들이 다치거나 생명을 잃을 위험을 느끼지 않는 상태에서 나타날 수 있도록 해야 합니다. 그러나 이러한 출현이 자칫하면 위태롭고 살인적인 공포심을 유발할 가능성을 지니고 있는 것이 현실이지요.

몇몇 과학자들이 무선으로 우리들과의 접촉을 시도하지만 이런 방법으로는 우리들의 행성의 위치가 알려질 수 있기 때문에 우리들은 응답하지 않습니다. 한편, 당신들의 그 방법은 전달시간이 너무 오래 걸린다는 것이 단점이겠지요. 우리들의 통신장치는 당신들이 아직 발견해 내지 못한 파동을 사용하므로 당신들의 기술로는 포착되지 않습니다. 이것은 전자파의 7배에 해당하는 속도를 가지고 있으며, 현재는 그것보다 1.5배 더 빠른 속도의 새로운 파동을 실험 중입니다. 이러한 발전은 계속될 것입니다. 그리고 당신들의 연구도 우리가 속해 있는 거대한 존재를 이해하고 그것과 연결되는 방향으로 계속되어 나갈 것입니다. 우리들은 이 거대한 존재의 일부분으로 그 원자에 기생하고 있습니다. 이 원자가 행성이나 항성입니다.

실제로 우리들은 무한소의 세계 속에서 그들에게는 행성이나 태양이 되는 미립자 위에 살고 있는 지적 생명체들을 발견했는데, 그들도 우리와 똑같은 질문을 하고 있습니다. 인간은 행성이나 항성이 그 원자가 되는 거대한 존재의 병입니다. 그리고 이 거대한 존재도 더욱 큰 다른 원자 위에 붙어 있는 기생충인 것입니다. 이것은 양 방향으로 무한히 계속됩니다. 그러나 무엇보다 중요한 것은 이 '병', 즉 인류가 끊이지 않고 존재를 계속하여 결코 소멸하는 일이 없도록 하는 것입니다. 당신들을 창조하는 동안 우리들은 우리 자신 속에 '새겨져'있는 2차적인 사명, 즉 우리 자신에게 행해진 과정을 되풀이 하고 있음을 알지 못했습니다.

우리들은 우리들의 창조물과 그 진화과정을 통해서 우리 자신의 기원을 발견한 것입니다. 우리들도 역시 현재는 사라지고 없는 다른 인간들에 의해 창조되었습니다. 그들의 세계는 붕괴된 것이 분명합니다. 그러나 그들 덕분에 우리들은 진보를 이루었고 그들의 뒤를 이어 당신들을 창조할 수 있게 된 것입니다. 우리들도 언젠가는 소멸할 지 모릅니다. 그러나 그 때에는 당신들이 우리들의 역할을 대신하겠지요. 그러므로 당신들은 귀중한 인간 존속의 사슬을 이루는 한 고리입니다. 우주의 다른 지역에서는 다른 세계들이 존재하며, 확실히 다른 인류가 발전하고 있습니다. 그러나 우주의 이 지역에서는 우리들의 세계가 유일하게 새로운 창조작업들을 행했습니다. 이것은 중요한 사실입니다. 왜냐하면 각 세계로부터 인간의 존속을 위해 소중한 어린이들이 수없이 태어나고 있기 때문입니다. 이것은 우리들에게 인간이 언젠가는 완전히 소멸해 버릴 위험이 더 이상 없을 것이라는 희망을 갖게 해줍니다.

그렇지만 우리는 인간이 번성하면서도 스스로 계속 균형을 유지할 수 있을 지에 대해서는 확신할 수가 없습니다. 연쇄는 언제나 계속되어 왔습니다. 그러나 우리들이 기생충이 되는 거대한 신체의 평형을 깨뜨려서는 안 됩니다. 왜냐하면 우리들이 지나치게 발전하면 대파국을 촉발시킬 수 있기 때문입니다. 이럴 경우 인간은 퇴보하거나 최악의 경우 완전한 멸망을 초래할 수도 있을 것입니다.

건강한 신체에서 약간의 세균은 별 위험이 되지 않으나 그 수가 너무 증가할 경우 신체에 이상을 일으키는 질병을 일으키게 됩니다. 그러면 신체는 자연치유력이나 의약품의 도움을 받아 질병의 원인이 되는 병균들을 죽입니다.

분명히 중요한 것은 인류 자체가 소멸되지 않도록 충분한 숫자의 세계를 창조해야 한다는 것입니다. 그러나 다른 무엇보다도, 존재하고 있는 사람들의 행복을 증진시키는 방법을 찾기 위한 노력을 집중함으로써 평형상태가 깨어지지 않게 유의하는 것이 중요합니다. 우리들은 이 분야에서 당신들에게 엄청난 도움을 줄 수 있습니다.

진화, 하나의 신화

이번에는 주제를 바꾸어, 당신들이 진화론에 대해 반신반의하는 마음을 모두 떨쳐버릴 수 있도록 해보겠습니다. 당신들의 과학자들은 인간이 원숭이로부터, 원숭이는 물고기로부터 발생했다는 진화론을 주장하고 있는데 이는 전적으로 틀린 말은 아닙니다. 실제로 지구상에 창조된 최초의 생명은 단세포 생물이었으며, 그 후 점점 더 복잡한 생명체가 만들어졌습니다. 그러나 그것은 우연에 의한 것이 아니었지요! 생명을 창조하기 위해 우리들이 지구에 왔을 때 우리들은 가장 단순한 생명체로부터 시작해서 점차 환경에 적응할 수 있는 기술을 발전시켜 나갔습니다. 그리하여 어류, 양서류, 포유류, 조류, 영장류가 창조된 것입니다. 끝으로 원숭이의 모델을 개량한 것에 우리 자신이 지닌 인간적인 특징을 덧붙여 인간이 창조되었습니다.

성서의 「창세기」에 씌어진 것처럼 우리들의 모습을 본떠 인간을 만든 것입니다. 만약 우연에 의한 진화라면 이처럼 다양한 형태의 생명이 생길 수 없음을 당신 자신이 더 잘 알 것입니다. 새의 깃털 색이나 사랑을 구하는 행동, 또 각 종류의 산양의 뿔 모양을 보세요. 도대체 자연은 어떤 필요에 의해서 산양이나 야생 염소의 뿔을 나선형으로 휘게 했을까요? 왜 새들은 빨갛고 파란 깃털로 장식하고 있으며 물고기들은 환상적인 모양을 하고 있을까요?

그것은 모두 우리들의 '예술가들'의 작품입니다. 당신들도 생명을 창조할 수 있는 때가 오면 예술가들을 잊지 않도록 하세요. 음악이나 영화, 회화나 조각과 같은 것이 아주 없는 세계를 상상해 보세요. 만일 동물들의 신체가 그들의 욕구와 기능에 따라서만 반응한다면 생활은 얼마나 권태롭고 모습은 얼마나 추할까요? 지구상의 생명형태의 진화란 창조기술의 진보이며, 또 창조자들이 최종적으로 자기 자신과 닮은 생물을 창조하기까지 이루어 놓은, 고도로 세련된 기술적 작품인 것입니다.

선사시대 인간의 두개골은 인간의 최초 원형으로서, 이것은 점차 더 진화된 형태로 대체되었습니다. 그리하여 현재의 지구인 형태로까지 오게 되었는데, 이는 창조자들을 정확히 복제한 것입니다. 창조자들은 자신들보다 훨씬 뛰어난 인간을 창조하는 것을 두려워했지만, 우리들 중 어떤 사람들은 그런 유혹을 느꼈습니다.

만약 인간들이 자기들의 창조자들을 지배하거나 파괴하기 위해 그들에게 결코 대항하지 않는다는 것을 우리들이 확신할 수 있었다면 - 그러나 지구상에 차례로 창조된 여러 인종들 가운데는 창조자들을 아버지들로 사랑하기보다는 그들에 대항하는 사태가 발생했으며 - 더 개선된 인종을 창조하고자 하는 유혹은 아주 컸을 것입니다. 이것은 가능한 일입니다만 굉장한 모험이지요!

실제 창조자들 중에는 지구의 인간들이 그들의 아버지들보다 약간 더 우수할지도 모른다고 우려하는 자들이 있습니다. '사탄'은 바로 그들 중 한 사람으로, 지구인의 지성이 매우 뛰어나기 때문에 우리들의 행성에 위험이 된다고 항상 생각해 왔으며 지금도 그렇게 생각하고 있습니다. 그러나 우리들의 대부분은 당신들이 우리들을 사랑하고 우리들을 결코 해칠 생각이 없다는 것을 증명해 줄 것이라고 생각하고 있습니다. 그것이 당신들을 도우러 올 때까지 우리들이 바라는 최소한의 기대입니다.

인간에서 인간으로 매번 창조할 때마다 조금씩 개량해서 인종을 실질적으로 진화시키는 것이 가능합니다. 또 이 과정을 서서히 진행시킴으로써 창조자들이 창조물과 대결할 위험성을 느끼지 않는 범위에서 더욱 빠른 진보를 가능하게 할 수도 있습니다. 현재로서는 당신들에게 우리들의 과학 지식을 줄 수 있다고 생각되지 않으나, 정치나 인간성에 관한 지식은 주어도 위험이 없으리라고 생각합니다. 이러한 지식은 당신들의 행성을 위태롭게 하지 않을 뿐 아니라 지구에 사는 인간들을 더욱 행복하게 만들고 또 이 행복 때문에 진보를 촉진할 수 있기 때문입니다.

그것은 당신들이 은하문명의 수준에 도달하기 위해 우리들의 원조와 유산을 받을 자격이 있음을 보다 빨리 우리들에게 보여 주는 데에도 도움이 될 것입니다.

그렇지 않고, 만약 인간이 공격성을 줄이지 않거나 평화를 유일한 목표로 삼지 않는다면, 만약 인간이 전쟁을 일으키고 무기를 제조하고 핵실험을 하고 또 권력을 잡거나 유지하기 위해 군대를 양성하는 자들을 그대로 둔다면, 우리들은 그들이 우리들에게 위험이 되지 않도록 막을 것입니다. 그것은 또 다른 '소돔과 고모라'가 되겠지요. 지구인들이 서로를 공격할 때, 다른 세계로부터 온, 모습이 약간 다를 뿐인 우리들이 어떻게 인간에 대해 두려움을 느끼지 않을 수가 있을까요?

클로드 보리롱 씨, 당신은 자신의 이름으로 진실을 전하도록 하세요. 그리고 현재의 이름을 혁신적으로 우리들을 대변하는 이름인 '라엘(Rael)' 로 바꾸어 사용하도록 하세요. '라엘'이란 문자 그대로 '하느님의 빛' 을 뜻합니다만, 보다 정확하게 번역하자면 '엘로힘의 빛을 가져오는 사람' 또는 '엘로힘의 대사'를 뜻합니다. 왜냐하면 실제로 당신은 우리들의 지구 대사이며, 우리들은 다만 당신이 세우는 대사관에 공식적으로 도래할 것이기 때문입니다. 라엘은 단순히 '메신저(Messenger:메시지의 전달자)' 를 뜻하기도 합니다.

당신의 아들 이름을 라무엘(Ramuel)로 짓게 된 것도 우리들의 텔레파시에 의한 것이었습니다. 그것은 '빛을 가져오는 자의 아들' , 즉 우리들의 대사 또는 메신저의 아들임을 분명히 밝힌 것입니다."

그리고나서 우주인은 다른 날처럼 되돌아갔다.

6

새로운 율법

천재정치

나는 다음날 다시 그를 만났고 그는 말을 시작했다.

"우선 정치와 경제 분야를 살펴보도록 합시다.

인류의 진보를 가능하게 한 것은 어떤 종류의 인간들이었을까요? 바로 천재들입니다. 그러므로 당신들의 세계는 천재들을 재평가하고 그들이 지구를 통치하도록 허용해야 합니다. 당신들의 세계에서 권력을 잡아온 자들은 처음에는 남보다 육체적으로 힘이 센 '야만인', 다음으로는 이러한 '야만인'을 많이 고용한 부자, 다음에는 희망적인 구호로 민주주의 국가의 국민을 사로잡은 정치가, 그리고 야만성을 합리화한 군사력으로 권력을 쟁취 한 군인들이었습니다.

결코 권좌에 앉아본 일이 없는 유일한 사람들은 바로 인류를 발전시킨 자들 입니다. 천재들은 수레와 화약, 내연 기관과 원자력을 발명해 냈지만 그들은 항상 지성이 뒤떨어진 권력자들에게 자신들의 발명품을 이용하도록 허용해 왔습니다. 그러나 천재들의 평화를 위한 발명품들은 살인적인 목적에 자주 이용되었습니다. 이런 일은 이제 바뀌지 않으면 안 됩니다!

그러기 위해서는 인류의 진보에 전혀 도움이 되지 않는 현재의 선거와 투표방식이 폐지되어야 합니다. 각 개인은 인류라고 불리는 거대한 신체를 구성하는 유용한 세포입니다. 발에 위치한 세포가 손이 물건을 선택하는 것에 대해 결정을 내릴 수는 없습니다. 결정을 내리는 것은 두뇌이며 그 결정이 옳을 경우 발의 세포에게도 이익이 될 것입니다. 발은 두뇌가 그 일부로 속해 있는 신체를 움직이기 위해 만들어진 것이므로 투표할 필요가 없습니다.

또 그것은 손이 선택한 것이 좋은 것인가 아닌가를 판단할 수도 없습니다. 투표라는 것은 지식과 지성의 수준이 같을 때에만 유효합니다. 코페르니쿠스가 대다수의 무지한 사람들로부터 비난받았던 것은 충분히 높은 이해력의 수준에 있었던 사람이 그 자신뿐이었기 때문입니다. 교회가 믿었듯이 지구는 세계의 중심이 아니라 실제로는 태양의 주위를 돌고 있었던 것입니다.

자동차가 처음 만들어졌을 때 자동차를 인정할 것인가 금지할 것인가에 대해 모든 사람들에게 투표를 하게 했다면 자동차에 대해 아무것도 알지 못했고 또 관심도 없었던 당시 사람들은 모두 반대표를 던졌을 것입니다. 그리고 당신들은 아직도 마차를 타고 다닐 것입니다. 어떻게 이 모든 것을 바꿀 수가 있을까요?

현재 당신들의 심리학자들은 개인의 지성과 적성을 평가할 수 있는 테스트를 창안할 수 있습니다. 유아기 때부터 이러한 테스트를 체계적으로 실시하여 각 개인의 공부 방향을 결정하도록 하고, 개인이 책임질 수 있는 연령에 도달하면 그의 지성지수를 최종적으로 결정하여 신분증이나 선거인 명부에 기재하도록 합니다.

지성지수가 평균보다 최소한 50% 이상인 사람들만이 공직에 앉을 수 있으며, 투표권은 지성지수가 평균 보다 최소한 10% 이상인 사람들만이 가질 수 있게 합니다. 만일 이러한 테스트제도가 오늘날 존재한다면 현재의 정치가들 중 많은 사람들이 그들의 직무를 수행할 수 없을 것입니다.

이것이야말로 완전한 민주주의적 제도입니다. 지성은 평균보다 뒤떨어지지만 좋은 기억력 덕분에 여러 개의 학위를 딴 기술자들이 많이 있는 반면, 전문가는 아니지만 평균보다 50%나 높은 지성을 소유한 노동자나 농민이 있는 것입니다. 현재 무엇보다도 용납할 수 없는 것은 당신들이 통속적인 말로 '바보'라고 부르는 자의 한 표가 자신이 투표하려는 것에 대해 깊이 생각하는 천재의 한 표와 똑같이 취급되고 있다는 사실입니다.

몇몇 소도시에서는 공약이 훌륭해서가 아니라, 사람들에게 술을 제일 많이 사준 자가 당선됩니다.

그러므로 먼저 투표권은 사고력과 문제의 해결책을 찾는데 더욱 적합한 두뇌를 가진 지성적인 엘리트만이 갖도록 해야 합니다.

이것은 반드시 공부를 많이 한 사람들을 뜻하지는 않습니다. 당신들은 천재를 권력의 자리에 앉혀야만 합니다. 이것을 천재정치라고 부를 수 있겠지요.

인도주의

두 번째로 지적할 점은, 당신들의 세계는 이익에 마비되어 있다는 점입니다. 공산주의도 사람들이 발전하도록 자극하고 고무시키기에 충분할 만큼 큰 동기를 부여하는 데 실패했습니다. 당신들은 모두 평등하게 태어났습니다. 이것은 성서에도 씌어 있습니다. 정부는 모든 사람이 태어날 때 똑같은 부를 소유하도록 보장해야 합니다. 낮은 지성을 지닌 어린이들이 그들의 아버지가 모은 재산 덕분에 사치스럽게 사는 반면, 천재들이 굶주려 죽거나 단지 먹기 위해 하찮은 노동을 하는 것은 용납될 수 없는 일입니다. 이렇게 그들은 인류 전체에 이로운 발견들을 해낼 수도 있는 전문직들을 포기하게 됩니다. 이것을 피하기 위해서는 공산주의를 일으키지 않는 범위 내에서 사유재산제도의 폐지가 필요합니다.

이 세계는 당신들의 것이 아닙니다. 이것 역시 성서에 씌어 있습니다. 당신들은 임차인들에 지나지 않습니다. 그러므로 모든 재산은 49년간 빌리도록 해야 합니다. 이것은 유산의 불공평을 없애줄 것입니다. 만약 이 세계를 쾌적한 곳으로 만들기 위해 스스로 조직하는 방법을 알게 되면 당신의 진정한 유산과 당신 자손의 유산은 이 세계 전부가 될 것입니다.

인류가 지향할 이 정치적 방향은 공산주의가 아닙니다. 그 목적은 인류의 장래를 위한 것으로서 이름을 붙이고 싶다면 인도주의(人道主義)라고 부를 수 있겠지요.

한 예를 들어봅시다. 사람은 보통 21세에 공부를 마치면 일하기 위해 직업을 택해서 어느 정도 돈을 벌게 됩니다. 그가 양친이 살아 있는 동안 그 자신의 집을 갖기를 원한다면 그는 집을 한 채 '삽니다.' 그러나 물론 그는 실제로 국가로부터 국가가 지은 집 또는 아파트를 49년간 빌리는 것입니다. 만약 주택의 평가액이 10만 프랑이라면 그는 그 금액을 49년 동안 매달 나누어 냅니다. 70세(21세+49년)가 되면 집값에 대한 지불이 끝나서 죽을 때까지 무료로 그 집에서 살 수 있습니다.

그 사람이 죽으면 집은 국가에 반환되나, 만일 그에게 아이들이 있을 때는 무료로 권리가 양도됩니다. 가령 아이가 한 명 있다면 그 아이는 일생 동안 아버지의 집을 무료로 사용할 수가 있습니다. 그가 어른이 되어 죽으면 그의 자식이 가족의 집을 이어받아 이것이 영속적으로 계속됩니다. 유산은 가족이 소유하는 집을 제외하고는 완전히 폐지되어야 합니다. 이러한 제도는 각자가 자신의 능력에 대해 적절한 보상을 받는 것을 방해하는 것은 아닙니다.

다른 예를 들어봅시다. 어떤 사람에게 두 아이가 있어서 하나는 부지런하고 다른 아이는 게으르다고 합시다. 21세가 되어 두 사람은 각자 자기의 길을 가게 됩니다. 그들은 제각기 10만 프랑의 집을 빌립니다. 근면한 자는 게으른 자보다 빨리 돈을 모읍니다. 그래서 그는 처음보다 두 배나 비싼 집을 빌릴 수가 있습니다. 만일 여유가 더 있다면 두 채를 빌려 한 채는 별장으로 사용할 수도 있습니다. 재력이 더욱 풍부하다면 그는 집을 지어 49년간 빌려주고 임대료를 대신 받을 수 있습니다. 그러나 죽을 때는 아이에게 물려주는 가족의 집을 제외하고는 모두 공동사회의 재산이 됩니다.

그러므로 인간은 자신의 능력에 따라 자기 자신의 재산을 만들 수는 있지만 자식에게 물려주지는 않습니다. 각자 자기 능력에 따릅니다. 상업이나 공업도 마찬가지입니다.

만약 어떤 사람이 자기사업을 창시하였다면 그것은 평생동안 그의 소유로 할 수 있으며 또 그 사업을 남에게 임대할 수 있는데, 이 경우 절대로 49년 이상은 안 됩니다. 농민도 마찬가지로 49년간 토지를 빌려 경작할 수 있지만 그 후에는 모두 국가로 반환됩니다. 그러면 국가는 다음 이 땅을 49년간 임대할 수 있는 것입니다. 농부의 자식들도 그 땅을 49년간 빌릴 수 있습니다.

이용 가능한 모든 물건에 이 같은 방식을 적용하면 그 물건의 가치를 일정하게 유지할 수 있습니다. 주식이나 금, 사업체, 현금이나 건물 등 가치를 지닌 모든 것은 공동사회에 속하지만 자신의 능력과 수고로 그 수단을 획득한 사람에게는 49년간 대여되는 것입니다. 이런 식으로 40세 때 재산을 모은 사람은 건물을 지어 아파트로 49년간 빌려주고 그 돈을 죽을 때까지 활용할 수가 있습니다. 죽고 나면 임대료는 공동사회로 귀속됩니다. 이러한 인도주의는 이미 성서에도 기술되어 있습니다.

『너희는 또 일곱 해를 일곱 번 해서, 안식년을 일곱 번 세어라. 이렇게 안식년을 일곱 번 맞아 사십구 년이 지나서….』 (레위기 25:8)

『네가 동족에게 무엇을 팔거나 동족에게서 무엇을 사는 경우에, 이웃끼리 서로 억울하게 하지 말라. 너는 동족에게서 사 들일 때에 희년이 몇 해가 지났는지 따져 보아라. 파는 사람은 소출을 거둘 햇수를 따져서 값을 매겨라. 소출을 거둘 햇수를 따라 사고팔아야 하기 때문에 그 햇수가 많으면 값을 많이 치르고, 햇수가 적으면 값을 적게 치러야 한다.』 (레위기 25:14~16)

『땅은 아주 팔아넘기는 것이 아니다. 땅은 내 것이요, 너희는 나에게 몸 붙여 사는 식객에 불과하다.』 (레위기 25:23)

만약 천재에게 권력이 주어진다면 그는 이 개혁의 효용성을 이해할 것입니다. 당신들은 또한 지구상의 모든 국가들을 통합하여 단일의 세계정부를 구성하지 않으면 안 됩니다.

세계정부

새로운 세계통화와 세계공용어의 창안이 세계정부를 수립하는 데 도움이 될 것입니다. 오베르뉴 방언이 더 이상 클레르몽 페랑에서 사용되고 있지 않은 것처럼, 머지않아 파리에서는 불어가, 런던에서는 영어가, 프랑크푸르트에서는 독일어가 사용되지 않게 될 것입니다. 당신들의 과학자들과 언어학자들이 힘을 모아 세계의 모든 언어로부터 착상을 얻어 새로운 언어를 만들어야 합니다. 그리고 이것을 제2외국어로 온 세계의 학교에서 의무적으로 가르쳐야 합니다.

화폐에 있어서도 마찬가지입니다. 전 세계 화폐들의 가치는 프랑이나 달러, 또는 엔 중 어느 것도 기준이 될 수 없으며, 어느 나라 국민이든 왜 자기 나라 화폐가 아니라 다른 나라 화폐가 기준이 되었느냐고 불평하지 않도록 지구 전체의 필요에 맞게 창안된 새로운 화폐를 기준으로 해야만 합니다.

끝으로, 그러한 통합을 이루기 위해 필요한 돌파구로서, 젊은이들에게 공격심만을 가르치는 징병제도를 폐지하고 그 대신 직업군인을 배치함으로써 공공질서를 유지하게 합니다. 이것은 필수적 안전보장을 위해 모든 나라에서 동시에 시행되어야만 합니다.

당신의 사명

이미 당신에게 얘기했듯이, 우리들이 공식적으로 도착하면 모든 것이 촉진될 것입니다. 하지만 우리들은 인간이 진심으로 우리들이 오는 것을 바라고, 우리들을 사랑하고, 어버이들로서 우리들을 존경해 줄 것을 기대하고 기다릴 것입니다. 또 우리들의 우주선이 당신들의 파괴적이고 호전적인 군대의 위협을 받아서도 안 될 것입니다.

그렇게 되려면 당신이 나를 만난 사실과 내가 당신에게 얘기한 진실을 큰 소리로 온 세계에 알려야 합니다. 현명한 사람들은 당신의 말에 귀 기울일 것입니다. 많은 사람들이 당신을 미친 사람이나 환상가로 생각하겠지요. 그러나 이미 말했듯이 대중은 어리석다고 생각해야 합니다.

당신은 이제 진실을 알았습니다. 우리들은 텔레파시로 당신과 계속 접촉을 하면서 당신에게 확신을 주고 또 필요하다고 생각될 때는 적절한 정보를 줄 것입니다. 우리들이 알고 싶은 것은 지구에도 현명한 사람들이 충분히 있는가 하는 것입니다. 만일 충분한 수의 사람들이 우리들을 따른다면 우리들은 공개적으로 돌아옵니다. 장소는? 당신이 우리들의 귀환을 위해 준비해 놓은 곳이 되겠지요.

기후가 따뜻하고 살기 좋은 나라에 건물을 짓도록 하세요. 그 곳에는 언제든지 손님을 맞아들일 수 있는 7개의 방을 설치하고 각 방은 독립된 욕실과 적어도 21명을 수용할 수 있는 회의실, 풀장 그리고 21명이 회식할 수 있는 식당을 갖추어야 합니다. 이 저택은 정원의 중앙에 세워져야 하고 호기심 많은 구경꾼으로부터 시선이 차단된 곳이라야 합니다. 정원은 담으로 완전히 둘러싸서 저택과 풀장이 들여다보이지 않도록 해야 합니다. 저택은 정원을 둘러싼 담으로부터 최소한 1킬로미터 떨어져 있어야 합니다. 최대한 2층 건물로 짓고, 나무를 두껍게 심어 담의 외곽으로부터 건물이 가려지게 합니다. 정원을 둘러 싼 외벽에는 입구를 두 개 설치하는데 하나는 북쪽에, 다른 하나는 남쪽에 둡니다. 저택에도 입구를 두 개 둡니다. 저택의 지붕은 직경 12미터의 우주선이 착륙할 수 있는 테라스를 만듭니다. 이 옥상에서 집안으로 들어갈 수 있는 출입구가 반드시 필요하겠지요. 저택의 상공과 주변을 군대가 직접적으로 또는 레이더로 감시하는 일이 있어서는 안 됩니다. 당신은 이 저택을 (가능하다면 기술한 것보다 좀 더 넓은 것이 좋지만) 세울 수 있는 토지를, 그 소유 국가와 다른 나라들로부터 중립지역이라고 인정된 곳에서 입수하도록 하세요. 그것은 사실상 지구상에 세워진 우리들의 대사관이기 때문입니다.

당신은 아내와 아이들을 데리고 그 곳에서 살면서 집을 관리하고, 또 사람을 고용하거나 손님을 초대해도 좋습니다. 그러나 7개의 방은 옥상 테라스 바로 밑에 위치하도록 하고 내부에서 잠글 수 있는 두꺼운 금속의 문을 장치해서 항상 닫혀 있도록 하여 인간이 사용하는 장소와 구별하도록 해야 합니다. 또 회의실 입구에는 살균실을 설치해야 합니다.

이것을 실현하기 위한 재원은 당신을 믿고, 따라서 우리들을 믿는 현명하고 지성적인 사람들의 원조로 이루어질 것입니다. 그들은 우리들이 올 때 보상받을 것입니다. 그러므로 이것의 실현을 위해 재정적인 원조를 아끼지 않은 사람들의 명단을 작성하도록 하세요. 저택의 건설이나 유지를 위해 아무리 적은 금액을 내더라도 상관없습니다. 그리고, 진실을 전할 책임을 맡고 또 함께 진실을 전파하고자 참여하려는 다른 사람들을 도울 수 있는 사람을 세계 각국에 지명하세요. 저택의 근처에 있는 산 위에 일 년에 한 번, 여기 쓰인 것을 읽고 우리들이 오기를 바라는 전 세계 곳곳의 사람들이 함께 모이도록 하세요.

가능한 한 많은 사람들이 모여서 우리들에 대해 강렬하게 생각하고 우리들이 돌아오기를 진정으로 염원하도록 하세요. 이러한 사람들이 상당한 수가 되고, 그들이 종교적 신비주의에서가 아니라 그들이 창조자들을 존경하는 성숙한 인간으로서 우리들을 열렬하게 기다릴 때, 우리들은 공개적으로 돌아옵니다. 그리고 모든 지구인에게 우리들의 과학지식을 유산으로 줄 것입니다. 만일 호전적인 분위기가 온 세계에서 완전히 사라진다면 이것은 반드시 실현될 것입니다. 만일 전 세계에서 호전적인 자들이 모두 무력하게 된다면 이 일은 일어날 것입니다. 만일 인간이 생명을 사랑하고 또 우리들과 인간 자신에 대한 인간의 사랑이 충분히 강해진다면, 물론 우리들은 공개적으로 돌아올 것입니다. 우리들은 기다릴 것입니다만, 만일 인간이 계속 공격적이고 다른 세계들을 위태롭게 하는 방식의 발전을 계속한다면 우리들은 그 문명과 과학적인 부가 저장된 장소들을 파괴할 것입니다. 그러면 그곳은 인류가 그 과학적 이해의 수준에 상응할 만큼 도덕적으로 진보할 때까지 또 다른 소돔과 고모라가 되겠지요.

인간의 미래는 인간 자신의 손에 달려 있습니다. 그리고 진실은 당신의 손 안에 있습니다. 용기를 잃지 말고 진실을 세계에 펼치도록 하세요. 우리들은 회의주의자들에게 증거를 제공할 수 있는 어떤 방법으로도 당신을 공공연히 돕지는 않을 것입니다. 왜냐하면 회의주의는 자주 호전성과 연결되어 있기 때문입니다. 지성적인 사람들은 당신을 믿을 것입니다. 당신이 하는 말에는 신비적인 것이 없기 때문입니다. 우리들에게 있어 중요한 것은 물질적인 증거 없이 당신을 믿는 것입니다. 이것은 무엇보다도 그들이 지성적임을 증명하며, 따라서 우리들의 과학지식을 물려받을 수 있는 자격이 있음을 우리들에게 확증시켜 주는 것이기 때문입니다.

자, 가세요. 당신이 지구상에 살아있는 동안 성공을 거둔다면 당신은 영원히 기억될 것입니다. 만일 당신의 후계자가 당신 일을 계승해야 할 때는 우리들은 당신을 과학적으로 재생시킬 것입니다. 마찬가지로 창조자들을 사랑하고 참된 인간성의 길로 인류를 이끈 모든 사람들도 그들의 유해가 보존되어 있는 한 재생될 것입니다.

우리들로서 도울 수 있는 일은 앞으로 좀 더 자주 출현하는 일밖에 없는 것 같군요. 그렇게 함으로써 사람들에게 문제를 알게 하고, 당신이 전하는 진실에 대해 더욱 알고 싶은 생각을 일으킬 수 있겠지요. 우리들이 자주 출현하게 되면 여론은 점차 이를 알아채고, 따라서 우리들의 존재가 더 이상 어리석은 숭배의 대상이 되지는 않을 것입니다. 대신 우리들과의 접촉을 바라는 강렬한 욕구가 사람들 사이에 생기게 되겠지요.

당신이 전개하는 운동을 '마데그(MADECH)'라고 부르세요. 이것은 '인류의 창조자 엘로힘을 맞이하는 운동'으로서 "Moses has preceded Elijah and the Christ." (모세는 엘리야와 그리스도에 앞서 왔다.)의 불어로 된 문장의 첫 음을 딴 것입니다."

M : Mouvement pour	(Movement for)
A : l accueil	(the Welcoming)
D : des	(of the)
E : Elohim	(Elohim)
C : Createurs de	(Creators of)
H : l humanite	(Humanity)

"Moise a devance Elie et le Christ"

MADECH - 인류의 창조자 엘로힘을 맞이하는 운동

*이 운동은 1975년 엘로힘의 승인을 받아 라엘리안 무브먼트(Raelian Movement)로 명칭이 변경되었다.

7

엘로힘

핵무기

"우리가 헤어지기 전에 마지막으로 내게 물어볼 질문은 없습니까?"

-당신은 에제키엘이 본 우주복을 입은 사람들에 대해 설명하셨고, 또 당신들 행성의 대기가 지구와는 다르다고 말씀하셨습니다. 그런데 지금은 왜 우주복을 입지 않고 계십니까?

"우리들의 과학이 진보했기 때문에 이제는 그런 우주복이 필요없게 된 것입니다. 내 얼굴이 공기 중에 나와 있는 것처럼 보이지만 실제로는 반발성(反撥性) 광선의 보이지 않는 막으로 보호되고 있으며, 그 안쪽에서 나는 당신과 다른 공기를 마시고 있습니다. 이 광선은 파동은 통과시키지만 공기의 입자는 통과시키지 않습니다. 연료가 밖으로 새는 것을 막기 위해 관 안쪽에 만들어진 기포분출과 비교할 수 있을 것입니다."

-핵폭탄은 인류에게 위험이 될까요?

"네. 최대의 위험이지요. 그러나 만약 인류가 현명해지거나 평화적이 되지 않는다면, 그리고 만에 하나 그래야만 할 필요가 있을 때는 당신들의 핵폭탄으로 말미암아 우리가 당신들의 문명을 파괴하는 일이 더욱 쉬워집니다. 그러나 그전에 당신들은 스스로를 파멸시킬 것입니다.

만약 당신들이 스스로 파멸하지 않고 우리들을 위협하게 된다면, 우리들은 당신들에게 공격용 무기를 사용하지 않고 단지 당신들의 핵무기 저장고를 파괴하는 일을 할 것입니다. 우리들은 광선이나 텔레파시를 사용하여 이 일을 할 수 있는데, 이렇게 함으로써 강대국 중 하나가 '침략자'가 되면 이는 자동적으로 치명적인 보복을 불러일으키게 될 것입니다.

만일 인간이 더 이상 그러한 위험에 노출되기를 원하지 않는다면 우선 군대로부터 핵무기를 제거해야 합니다. 원자력을 온전하게 사용한다면 에너지가 부족한 나라의 발전을 크게 도울 수 있겠지요. 당신들은 자기 자신에게 야기시키고 있는 사태의 위험성을 잘 모르고 있기 때문에 우선 핵실험의 중단이 가장 시급한 일입니다.

그러나 인간이 계속 핵무기를 가지고 논다면, 그리고 우리들이 그 문제를 처리해야 한다면 우리들이 해야 할 일은 간단할 것입니다."

-당신의 행성에 여자들도 있습니까?

"네. 성서에도 언급되어 있고, 당신의 필기 속에 이미 기록되어 있습니다."

-어린이들도 있나요?

"네. 우리들도 당신들과 똑같이 아이들을 가질 수가 있습니다."

인구문제

-당신은 일종의 불사라고 말씀하셨습니다. 인구과잉에 대해서는 어떻게 대처하고 있습니까?

"사실, 인구 과잉은 지구에서도 그 중요성이 급속히 대두되고 있습니다. 지금도 상당한 인구라서 이 문제를 시급히 해결하지 않으면 안 될 것입니다. 우선 피임법을 개발하고 한 여성에 두 아이만 인정하는 엄격한 법률을 제정할 필요가 있습니다.

만약 두 사람이 둘만 낳으면 인구가 더 이상 증가하지 않는 점에 도달합니다. 당신들이 어떻게 문제를 해결해 나가는지 우리들은 역시 지켜볼 것입니다. 이것 또한 당신들이 우리들의 유산을 받을 자격이 있는가를 보여주는 지성의 증거가 되겠지요. 나는 평균 수명이 75년 밖에 안 되는 당신들에게 현재 당면하고 있는 문제의 해결책을 가르쳐 주었습니다. 우리들에게 있어서는 문제가 실질적으로 다릅니다. 우리들은 불멸이 아닙니다. 우리들은 조그만 외과수술 덕분에 당신들보다 열 배나 오래 살 수 있습니다. 이것이 성서에 나오는 '생명나무' (창세기 2:9)입니다. 우리들도 아이들을 가지며 전에 말한 대로 두 사람의 양친에 두 아이라는 규칙을 지켜서 인구가 일정하게 유지되도록 하고 있습니다."

-당신들의 인구는 얼마나 됩니까?

"약 70억 입니다."

-지금까지 6일간 당신을 만났는데 그때마다 당신은 당신의 행성으로 되돌아 가셨습니까?

"아니요. 우리들이 기지로 이용하고 있는 은하간 항행우주선으로 갔을 뿐입니다. 그 우주선은 항상 지구 가까운 곳에 머물고 있습니다.”

-우주선에는 몇 명이나 타고 있습니까?

“일곱 명입니다. 우리들의 행성은 일곱 개의 지역으로 나뉘어져 있습니다. 우주선에는 각 지역의 대표자들이 타고 있습니다. 우주선의 책임자 둘을 합해 모두 9명이 항상 타고 있는 셈이지요.”

-만일 지구인이 당신들이 바라는 대로 된다면 어떤 일이 일어날까요?

“우리들은 당신이 준비한 저택에 공식적으로 입주한 다음 당신으로 하여금 인류를 대표할 수 있는 가장 중요한 나라들의 공식 대표자들을 초대하게 해서 지구상의 인류의 완전한 통합이 이루어지게 할 것입니다. 만일 모든 일이 순조롭게 진행되면 우리들은 인류에게 우리들의 진보된 과학지식의 혜택을 단계적으로 받게 할 것입니다. 인간이 이 지식을 어떻게 사용하는가를 본 다음 우리들은 지식 전부를 인간에게 줄 것인가에 대해 결정할 것입니다. 그렇게 되면 당신들은 우리들의 2만5천 년 앞선 과학지식을 유산으로 받고 은하문명시대로 돌입하겠지요.”

-이만한 과학수준에 도달한 것은 당신들의 세계가 유일합니까?

“우주의 이 지역에서는 그렇습니다. 휴머노이드(인간형)의 생물이 살고 있는 세계는 무수히 많습니다. 그들의 과학수준은 우리들보다는 낮지만 당신들보다는 훨씬 높습니다. 우리들과 같이 고도로 진보한 문명을 가진 행성을 발견할 수 없었던 사실이 우리들도 언젠가는 소멸되지 않을까 하는 두려움을 느끼게 해주었습니다. 우리들은 다른 많은 행성들과 경제적인 교류를 하고 있습니다. 그 행성들의 지적생물들도 우리들과 똑같은 과학수준에 있었음에 틀림없는 다른 인간들에 의해 창조되었음을 그들의 종교적 문헌을 통해 알 수 있었습니다. 불행히도 우리들은 그러한 세계들 근처에서는 창조적 수준에 도달한 문명을 발견할 수 없었습니다. 그러나 우리들의 연구가 진전되어 매번 더 멀리 우주를 탐사하는 일이 계속되고 있으므로 좀 더 멀리 나가면 찾을 수 있을지도 모르지요. 대부분의 경우, 그들의 행성이 태양에 너무 근접해서 생명이 살 수 없게 되었거나, 아니면 태양이 폭발해 버렸거나 냉각되어 버렸을 것입니다. 비록 우리들의 태양계에 현재 아무 이상이 없음에도 불구하고 이 모든 사실이 우리들로 하여금 최악의 사태에 대한 불안을 느끼게 합니다."

-당신이 살고 있는 곳에는 종교가 없습니까?

"우리들의 유일한 종교는 인간의 재능입니다. 그것만을 신뢰하지요. 그리고 우리들은 만나지도 못했고 어디 있는지 결코 찾을 수도 없는 우리 자신의 창조자들에 대한 추억을 특별히 사랑합니다. 그들은 소멸되었음이 분명합니다. 이러한 경우에 대비하여 그들은 거대한 우주선에 그들의 모든 지식을 소장한 다음 우리 행성의 궤도를 돌게 했습니다. 그 우주선은 그들의 세계가 멸망했을 때 자동적으로 우리들의 행성에 착륙했습니다.

그들 덕분에 우리들은 지식의 횃불을 받았습니다. 우리들은 이 횃불을 지구인이 받는 것을 보고 싶습니다."

-만일 당신들의 행성이 멸망한다면?

"우리들이 멸망할 경우, 같은 조치가 마련될 것입니다. 그리하여 당신들이 자동적으로 우리들의 지식을 물려받게 되겠지요."

불사의 비밀

-당신들은 우리들보다 열 배나 오래 사십니까?

"우리들의 육체는 당신들보다 평균 열 배정도 오래 삽니다. 성서(창세기 5장)에 나오는 최초의 인간들처럼 750세에서 1,200세 사이의 수명을 누리고 있지요. 그러나 우리들의 진정한 자아인 정신은 실제로 죽음을 모르지요. 당신에게 이미 설명했듯이, 육체를 구성하는 어떤 세포로부터도 우리들은 새로운 생명물질로 그 생명체 전체를 재생할 수가 있습니다. 우리들의 능력이 최고 전성기에 있을 때, 또 우리들의 두뇌가 최고의 능률과 지식수준에 있을 때, 우리들은 신체의 극히 작은 부분을 외과적으로 떼어 보존합니다. 우리들이 죽을 때 이미 보존되어 있는 신체의 작은 입자로부터 생전의 모습과 똑같은 육체를 재창조합니다. 생전의 모습대로란 과학지식은 물론 개성까지도 그대로 지닌다는 뜻입니다.

그러나 육체는 새로운 요소로 만들어지기 때문에 당신들의 햇수로 천 년을 더 살 수 있는 가능성을 지니게 됩니다. 그리하여 생명은 영원히 계속됩니다. 그러나 인구의 증가를 제한하기 위해서 천재만이 불사의 권리를 갖습니다. 우리들의 행성의 모든 인간은 일정한 연령에 도달하면 세포 표본을 채취하게 해서 사후에 부활의 대상으로 선택되기를 희망합니다.

그렇게 바랄 뿐만 아니라 그들은 살아 있는 동안에도 부활에 합당한 자격을 얻기 위해 열심히 노력합니다. 그들이 죽으면 불사인의 총회가 소집되어 불사의 여부를 결정하는 '최후의 심판'이 열립니다. 불사회의는 그 해에 죽은 사람들 중 누가 제2의 생의 자격이 있는지 심사합니다. 세 번째 생까지가 불사의 자격시험 기간으로, 이 세 번의 생이 끝날 때 불사총회가 다시 소집되고 각 개인의 업적에 비추어 그가 불사회의의 종신회원으로 선정될 자격이 있는가를 결정합니다. 새로운 생명을 바라는 순간부터 그 사람은 아이를 가질 수 있는 권리를 포기합니다. 물론 사랑의 행위까지 금지하는 것은 아닙니다. 이것으로 우리들은 불사회의에 속한 과학자들이 왜 다른 행성에서 생명을 창조하고 싶어하는지를 이해하게 되었습니다. 말하자면 그들은 자기들의 생식본능을 다른 행성 위에 옮겨 놓은 셈이지요."

-당신들은 자신들을 무엇이라고 부르십니까?

"우리들은 우리 자신을 우리들의 말로 인간이라고 부릅니다만, 당신들이 우리들을 부르고 싶을 때는 '엘로힘(Elohim)' 이라고 부르세요. 우리들은 '하늘에서 온 사람들' 이니까요."

-당신들 행성에서는 어떤 언어를 사용하시는지요?

"우리들의 공식 언어는 고대 히브리어와 매우 비슷합니다."

-매일 우리가 여기서 만났는데 혹시 다른 사람이 나타나지 않을까 염려되지는 않았습니까?

"자동경보장치가 있어서 지상에서든 공중에서든 어떤 사람이 위험스런 반경 안에 접근할 때는 즉각적으로 경고해 줍니다."

-당신들이 사는 곳의 생활양식과 일은 어떻습니까?

"우리들의 과학수준이 모든 작업에 로봇을 사용할 수 있게 해주었으므로 우리들이 하는 일은 대부분 지적인 것입니다. 우리들은 일하고 싶을 때에만 일하며 그것도 주로 두뇌로만 합니다. 예술가들과 스포츠맨들만이 육체를 사용하는 '일' 을 하는데 그것은 자신들이 원해서 하는 것이지요.

우리들은 폐쇄회로 내에서 원자와 태양에너지를 다루는 방법을 발견했기 때문에 거의 무한정에 가까운 고도로 발전된 원자력을 사용하고 있으며, 그밖에도 다른 많은 에너지원을 이용하고 있습니다. 그러나 우리들의 원자로에는 꼭 우라늄이 사용되는 것이 아니라 간단하고 위험이 없는 다른 몇몇 물질들이 사용되고 있지요."

-그렇게 오래 살면서 일도 하지 않으면 권태를 느끼지 않습니까?

"아니요. 그런 일은 결코 없어요. 왜냐하면 우리들은 항상 자신이 좋아하는 일만 하고 지내기 때문입니다. 특히 사랑을 하는데 기쁨을 느끼지요. 우리들의 여성은 매우 아름답고 그 아름다움을 우리들은 마음껏 즐긴답니다."

-결혼이라는 제도도 있습니까?

"아니요! 남성도 여성도 모두가 자유롭습니다. 같이 사는 사람들도 있습니다. 같이 살기를 원하는 사람들은 그렇게 할 수도 있습니다만 원할 때는 언제나 자유로 돌아갑니다. 우리들은 모두 서로를 사랑합니다. 질투는 존재하지 않습니다. 왜냐하면 모든 것은 만인의 것이고 소유제도가 존재하지 않기 때문입니다. 우리들이 살고 있는 곳에는 범죄도 없으며 감옥이나 경찰도 없습니다. 그러나 정기적인 진단을 위한 많은 정신과 의사들이 있습니다. 타인의 자유에 반하는 행동을 하거나 타인의 생명에 해를 끼칠 수 있는 정신이상이 조금이라도 발견되는 자들은 즉시 치료를 받게 해서 정상적인 생활을 할 수 있게 합니다."

-그 곳에 사는 보통 사람들의 일상적인 하루는 어떻습니까?

"아침에 일어나면 목욕을 합니다. 우리들이 사는 곳엔 어디든지 수영장이 있으니까요. 아침식사를 한 다음 자신이 하고 싶은 일을 합니다. 누구나 '일'을 합니다만 그것은 단지 하고 싶어서 하는 일이지요. 우리들이 사는 곳에는 화폐라는 것이 없으니까요. 그러므로 '일'하는 사람들은 그것이 자기 적성에 맞는 것이기 때문에 항상 고도의 기술로 해냅니다. 불사인들 만이 특정한 사명을 수행하고 있습니다. 예를 들어, 에너지나 식량, 조직 등 중요한 문제들에 사용되는 전자두뇌 및 컴퓨터를 감독하는 일입니다. 70억의 인구 중에 불사인은 7백 명 밖에 되지 않으며, 이들은 다른 사람들과 완전히 떨어진 곳에서 삽니다. 그들은 불사의 특권을 가지는 대신 노동의 의무가 없는 다른 사람들을 위해 모든 일을 처리합니다.

7백 명의 불사인 외에 불사의 자격시험기간 중에 있는 사람이 210 명이 있습니다. (각 지방으로부터 10명씩, 매년 70명이 됩니다.) 70억의 주민들 중에 어린이는 4천만 명밖에 되지 않습니다. 어린이가 성인이 되면 (사람에 따라 다르지만 보통 18세에서 21세 사이) 수명을 750세 이상으로 연장하는 수술을 받습니다. 그때부터 그들은 아이를 가질 수 있습니다. 그러므로 우리 행성의 고령자는 보통 50세대에 이르는 자손을 알고 있습니다.

70억의 인구 중에 무능자는 약 백만 명에 지나지 않으며, 대부분 정신 이상으로 치료를 받는 상태에 있습니다. 이들은 6개월간 의사의 치료를 받습니다.

대다수의 사람들은 예술에 조예가 깊어서 그림을 그리거나 조각을 만들며, 음악을 연주하거나 글을 씁니다. 또 영화를 제작하거나 스포츠 등에 참가하기도 합니다. 우리들의 문명은 문자 그대로 여가를 즐기는 레저(leisure)문명이라 할 수 있습니다.

우리들의 도시는 평균 50만의 인구를 수용하며 매우 작은 면적을 차지하고 있습니다. 도시란 실제로는 높은 곳에 위치한 하나의 거대한 건물로 그 속에서 사람들은 잠자고 사랑하고 자신이 좋아하는 일을 합니다. 이러한 '도시주택' 은 길이와 높이가 약 1킬로미터에 달하며 모든 방향으로 복합적인 전자파가 흐르고 있어 교통수단이 됩니다. 특수한 벨트를 매고 이 파동의 흐름 속에 들어가면 어디든지 가고 싶은 곳으로 매우 신속하게 이동할 수가 있습니다.

도시들은 입방체의 모양을 하고 있는데 이것은 당신들의 경우처럼 자연을 '침식'하지 않기 위해서 입니다. 사실, 인구 50만 정도의 당신들의 도시는 우리들보다 20배나 넓은 면적을 차지하고 있습니다. 그 결과 당신들이 시골로 나가려면 몇 시간씩 여행을 해야 하는 반면, 우리들의 경우는 단 몇 십초밖에 걸리지 않습니다. 하나의 도시 전체는 한 사람의 건축가에 의해 설계되는데, 그럼으로써 보기에도 멋질 뿐 아니라 주변의 풍경과도 완벽한 조화를 이루게 됩니다."

-그러나 할 일이 없는 사람들은 사는 것이 싫증나지 않을까요?

"아니요. 왜냐하면 우리들은 사람들에게 수많은 활동분야를 제공하고 있기 때문입니다. 개인의 참된 가치가 인정되고 있어서 누구나다 자신의 진가를 나타내고 싶어하지요. 예술이든, 과학이든, 스포츠이든, 각자는 자신의 분야에서 뛰어나게 활동하여 불사인이 되고 싶어합니다. 또 단순히 사회로부터 또는 여성들로부터 존경받고 싶어하는 사람들도 있습니다. 어떤 사람들은 모험을 좋아해서 그들로부터 죽음의 위험을 뺏는 것은 삶의 기쁨을 뺏는 것과 같습니다. 그런 이유로 위험한 스포츠가 매우 성행하고 있습니다.

우리들은 어떠한 부상자도 치료할 수 있습니다. 그러나 위험한 스포츠에 참가하는 사람들은 운동경기 도중에 사망하는 일이 있더라도 책임을 묻지 않는다는 각서를 제출해야 합니다. 우리들에게는 일종의 원자력 자동차 경기가 있는데 아마 당신이라면 매우 좋아할 것입니다.

복싱과 같이 매우 격렬한 운동도 있고 훨씬 더 난폭한 것으로 일종의 럭비경기가 있는데, 여기서는 선수들이 모두 알몸으로 경기를 하며 복싱, 레슬링 등 모든 격투기가 허용됩니다. 이 모든 것이 당신의 눈에는 야만적으로 보이겠지요. 하지만 극단에까지 간 문명이 파멸을 피하기 위해서는 균형을 유지할 필요가 있다는 사실을 잊어서는 안 됩니다.

극단적으로 세련된 문명은 정반대에 해당하는 원시적인 요소를 가져야만 합니다. 우리 행성의 주민들이 자신이 좋아하는 스포츠에서 열광적인 그들의 스타를 갖지 않는다면, 그들에게 남는 유일한 소망은 죽음 뿐일 것입니다.

타인의 생명을 존중하는 것은 당연한 일이지만, 동시에 적절히 명시된 특기의 범주 안에서 죽음을 바라거나 죽음과 희롱하는 것도 존중되어야 합니다. 우리들의 행성에서는 매년 모든 활동분야에서 대회가 열리며, 그 중 하나가 세계적인 대회로서 불사의 자격을 얻을 수 있는 최고의 우승자를 선발하게 됩니다. 이것이 모든 사람들의 생의 목표입니다. 매년 회화, 문학, 생물학, 의학 등 인간의 두뇌가 스스로를 표현할 수 있는 모든 분야에서 각 지방별로 대회가 열리고, 그 지방의 불사인들이 투표로 '챔피언'을 결정합니다.

'챔피언'들은 수도에 모여 불사인 배심단의 판정을 받게 되는데, 배심단은 그들 중에서 '챔피언중의 챔피언'들을 투표로 결정합니다. 이들은 다시 불사인들의 총회에 출석하게 되는데, 여기서 최종적으로 수습 불사인이 될 자격이 있는 사람들이 선발됩니다.

이것이 모든 사람들의 목표이며 이상입니다. 오락의 최종적인 목표가 이처럼 높다면 그것이 원시적인 면을 띠고 있는 것도 당연하겠지요."

-이것은 불사인들이 다른 사람들과는 완전히 다른 생활양식을 가지고 있다는 뜻입니까?

"그렇습니다! 그들은 불사인들을 위해 마련된 도시에 따로 떨어져 살고 있으며 결정을 내리기 위해 정기적으로 모이지요."

-가장 나이 많은 사람은 몇 살쯤 될까요?

"가장 나이 많은 사람은 불사회의의 의장으로서 2만 5천 살이며, 지금 당신 앞에 앉아있는 사람입니다. 나는 오늘까지 25개의 육체로 살아왔으며 이런 실험을 자신에게 실현시킨 최초의 인간입니다. 그 때문에 불사회의의 의장이 된 것입니다. 또 지구상의 생명의 창조도 나 자신이 직접 지휘했지요."

-그렇다면 당신의 지식은 끝이 없겠군요?

"네. 상당한 지식을 쌓았지만 더 들어갈 여지는 없을 것 같군요. 그 점에서 지구인들이 우리들보다 월등할 수 있습니다. 왜냐하면 정보나 기억을 축적하는 대뇌의 용적이 우리들보다 크기 때문이지요.

지구인들은 우리들보다 더 많은 지식을 축적할 수 있으므로, 만일 방법만 터득한다면 과학적으로 더욱 더 진보해 나갈 수 있을 것입니다.

이 점이 불사회의의 반대파가 두려워한 점입니다. 만일 아무 것도 방해 하는 것이 없다면 지구상의 인간들은 우리들보다 훨씬 빨리 발전할 수 있을 것입니다."

화학적 교육

-그러나 학생들이 배워야 할 지식이 너무 많아서 그걸 다 배우려면 굉장히 많은 시간이 필요하지 않을까요?

"아니요. 실상 당신들의 과학자들도 최근 발견하기 시작한 아주 중요한 과학적 발견 덕분에 우리들은 학생들에게 수업내용을 외과적으로 주입합니다. 학습한 쥐의 액상 기억물질을 취해 아무 것도 모르는 쥐의 대뇌에 주사하면 학습내용이 전달된다는 것을 당신들의 과학자들도 발견하고 있지요. 이렇게 두뇌의 기억물질을 주사함으로써 정보를 전달할 수 있으므로 우리들의 어린이들은 거의 배우는 수고를 하지 않습니다. 그들은 정기적으로 수업에 필요한 정보를 가진 사람들로부터 추출한 대뇌물질을 주입받습니다. 그러므로 어린이들은 자신이 흥미를 갖는 일에만 몰두합니다. 그들은 세계를 이론적으로 구축한다든가 스포츠나 예술을 통해 자신을 완성시키는 등 스스로 자신의 프로그램을 짭니다."

-당신들 세계의 각 지방간에는 전쟁은 전혀 하지 않습니까?

"결코 하지 않습니다! 전쟁욕구를 종식시킬 만큼 스포츠경기가 충분히 발달되어 있어요. 이외에도 심리적인 방법으로, 젊은이들이 매 경기마다 조직적으로 수많은 사상자가 생기는 경기에 목숨을 걸고 참여케 함으로써 전쟁욕구를 억제합니다. 즉 전투욕을 매우 강하게 느끼는 사람들은 그것을 원하지 않는 다른 사람들을 개입시키지 않고 자기들의 목숨을 위태롭게 만드는 상황에서 그 욕구를 충족시킵니다. 만약 지구에서도 훨씬 더 위험스러운 스포츠나 경기가 잘 조직된다면 국제 분쟁을 일으키는 가능성을 크게 줄일 수 있을 것입니다."

-당신들 세계의 일곱 지방은 비슷합니까?

"아니요. 지구에서와 같이 인종도 다르고 문화도 다릅니다. 우리들의 지방은 각기 다른 인종과 문화를 바탕으로 창조되었으며 각 지방은 서로 자유와 독립을 존중합니다."

-인간이 당신들의 행성을 방문하는 것이 가능할까요?

"네. 그러나 우선 호흡하는데 불편이 없도록 우주복을 입어야 하겠지요. 우리들이 지구의 대기조건을 재생시킨 특별한 거주구역에서라면 당신은 우주복이 없어도 살 수 있습니다. 그 곳에는 실제로 많은 지구인이 살고 있는데, 모세, 엘리야, 예수 그리스도를 포함하여 우리들이 창조한 살아있는 증인들이 많이 있습니다. 때가 되면 당신의 말을 증명하기 위해 우리들은 그들을 지구로 돌려보낼 것입니다."

-왜 지금 당장 그들을 돌려보내지 않습니까?

"왜냐하면 불신이 만연하는 당신들의 세계에 만약 예수 그리스도가 돌아온다면 그는 곧 정신병원에 갇혀 버릴 것이기 때문입니다. 당신들 가운데 어떤 남자가 갑자기 나타나 자기가 '그리스도'라고 외칠 경우를 상상해 보세요. 그는 조롱당하고 감금당할 것이 분명합니다. 만약 우리들이 개입해서 그가 진짜 '그리스도'라는 것을 나타내기 위해 과학적인 기적을 일으킨다면, 그것은 다시 '하느님(God)'을 믿는 종교를 불러일으키고 우리들이 조금도 바라지 않는 초자연적이거나 신비적인 믿음을 강화시킬 뿐이기 때문입니다."

말을 마친 다음 우주인은 내게 부탁한 일이 이루어질 경우 다시 방문하겠다고 말하면서 내게 마지막 인사를 했다. 그가 우주선에 오르자 그것은 다른 날과 마찬가지로 이륙하면서 사라졌다.

라엘리안 무브먼트

이 얼마나 멋진 얘기인가? 이 얼마나 놀라운 계시인가? 집에 돌아오자마자 메모한 노트를 정리하면서 나는 내게 맡겨진 사명의 중대함을 깨달았다. 동시에 나는 그 실현 가능성도 아주 작다는 것을 느끼지 않을 수 없었다. 그러나 일을 착수하는데 희망이 반드시 필요한 것은 아니므로 나는 내게 맡겨진 일을 실행에 옮길 것을 결심했다. 아마 환상가(un illumine)라고 하겠지. 결국 환상가라는 말의 의미가 빛을 본 사람이라면 나는 기꺼이 이 말을 받아들이리라. 진실을 모르는 교양인이 되기보다는 진실을 알고 있는 환상가로 불리는 편이 더 나으리라.

나는 의심 많은 사람들에게 내가 술을 조금도 마시지 않았고 밤에도 잠을 잘 잔다는 사실을 강조하고 싶다. 누구든지 6일간 계속해서 같은 꿈을 꿀 수는 없으려니와 이 모든 이야기를 꾸며낼 수도 없으리라.

나를 믿지 않는 사람들에게는 다음과 같이 말하리라. 하늘을 바라보라. 그러면 과학자들이나 군사전문가들이 설명할 수 없는 물체들을 점점 더 자주 보게 될 것이다. 비행물체에 대해 과학자들이나 군인들은 자기들의 폐쇄적인 집단내의 누군가가 사실을 설명하지 않으면 체면을 잃게 된다고 생각하여 어리석은 장광설을 늘어놓는다. 어떻게 과학자가 모르겠는가? 지구가 우주의 중심이 아니라고 감히 주장했기 때문에 코페르니쿠스를 비난한 자들과 같이 이들은 자기들 이외의 다른 사람들에 의해 진실이 밝혀지는 것을 결코 용납하지 않으려는 것이다.

하지만 일부 사람들이 신기루나 기구(氣球) 또는 환상으로 처리하고자 하는 미확인비행물체(UFO)를 당신은 이미 목격했거나 아니면 앞으로 목격하게 될 것이다. 비웃음을 살까 두려워하여, 본 사실을 입밖에 내지 못하는 사람들은 한데 모여 그룹을 만들고 누구나 자유롭게 말할 수 있는 권리가 있다고 믿는 사람들에게 얘기할 수 있을 것이다.

무엇을 믿어야 할지 모르는 이 세상에서 나는 진실을 알게 됨으로써 말할 수 없는 행복과 마음의 평화를 얻었다. 이제 세상에는 '흰 수염의 하느님(God)'이나 발굽을 가진 '악마'가 존재한다고는 믿기 불가능하며, 한편 공적인 입장에 있는 과학자들도 인류의 기원이나 도달해야 할 목적에 대해 충분히 납득할 수 있는 설명을 해주지 못하고 있는 것이 현실이다.

이 놀라운 계시의 빛에 의해서 모든 것이 명백해지고 단순해졌다. 저 우주의 어딘가에 자기들과 닮은 우리들을 창조하고 사랑하면서도, 한편으로는 창조된 자들이 자기들을 앞지르지나 않을까 하고 두려워하는 사람들로 가득한 행성이 있다는 것은 얼마나 감동적인 일인가! 우리 자신도 다른 행성에 생명을 창조함으로써, 우리 자신이 그 일부인 인류의 우주적 진화에 참여하는 특권을 머지않아 가질 수 있다는 사실을 이해할 때 감동은 더욱 깊어진다.

이제 당신은 내가 들은 모든 사실을 가능한 한 정확하게 기록한 이 책을 읽었다. 내가 상상력이 풍부한 사람이라든가 단순히 흥미본위로 이 책을 썼다고 당신이 생각한다면 나로서는 실망이 크지 않을 수 없다. 어쩌면 이 진실의 계시가 미래의 어느 날 당신에게 확신을 주고 인류의 창조와 목적에 얽힌 신비를 이해시켜 줄 수도 있으리라. 그리하여 누구나 어릴 때부터 품어온 의문, 즉 우리들은 왜 지구상에 존재하며, 무엇 때문에 살고 있는가 하는 질문에 대해 그 답을 발견하게 될 것이다. 만약 그렇게 된다면 나는 매우 기쁘게 느낄 것이다.

끝으로 만일 당신이 내가 이 책에 기록한 사실을 심오한 진실로 이해하고 나와 같이 이분들이 하루 빨리 우리들을 공식적으로 방문해서 그들의 유산을 물려주기를 바란다면, 당신은 내게 요구된 것을 실현하는데 함께 참여해야 한다. 그때야말로 이 책의 목적이 달성되는 것이다. 그럴 경우 당신은 당신 나라에 있는 라엘리안 무브먼트 지부에 편지를 쓸 수 있고 라엘리안으로서 환영받게 될 것이다. 이러한 우리들의 수가 충분히 많아져 창조자들을 위한 대사관을 짓고, 세계 곳곳에서 존경과 사랑의 마음으로 열렬히 그들의 방문을 기다린다면, 그들은 마침내 귀환하여 그들의 방대한 지식으로부터 무한한 혜택을 우리들에게 베풀 것이다.

하느님(God)이나 예수 그리스도를 믿는 당신들, 당신들이 믿는 것은 옳다. 모든 것이 교회가 당신에게 믿도록 가르친 것과 똑같지 않다 하더라도 거기에는 진실의 근거가 있기 때문이다. 당신이 믿는 것이 성서의 사실적 기술에 기반을 둔 것이라면 옳다. 그러나 교회를 유지하기 위한 믿음이라면 옳지 않다. 지금도 당신이 사제의 화려한 제복(祭服)을 위해 돈을 기부하거나, 핵무기의 위협을 휘두르는 군대의 존속을 위하여 계속 경비를 부담한다면, 당신은 우리들이 맞이하게 될 황금시대에는 흥미가 없으며 인류가 원시적인 상태에 그대로 남아있기를 바란다는 뜻이다.

그러나 당신이 인류의 창조자 엘로힘을 맞이하는 운동의 설립과 발전에 소극적으로나 또는 적극적으로 참여하고 싶다면 펜을 들어 국제 라엘리안 무브먼트 본부나 한국 라엘리안 무브먼트에 편지를 쓰면 된다. 우리들은 빠른 시일 내에 많은 사람들이 모여 대사관을 지을 부지를 마련하는데 일익을 담당할 수 있을 것이다. 만일 당신의 의문이 여전히 풀리지 않는다면 신문을 읽고 하늘을 바라보라. 당신은 앞으로 더욱 더 빈번하게 출현할 신비로운 우주선을 목격하게 될 것이며, 따라서 편지를 쓸 수 있는 용기를 갖게 될 것이다.

한국 라엘리안 무브먼트

서울 광화문 우체국 사서함 399호 (우편번호:110-603)

RAEL

INTERNATIONAL RAELIAN MOVEMENT

C.P. 225

CH-1211 GENEVA 8

SWITZERLAND

또는 email: headquarters@rael.org

제2권

우주인은 나를 그들의 행성에 데려갔다

THE EXTRA-TERRESTRIALS TOOK ME TO THEIR PLANET

두 번째 메시지, 1975년 10월 7일

1

최초의 만남이 있기까지 나의 생활

서 문

많은 사람들이 1973년 12월 13일의 만남이 있기 전에 내가 무엇을 했는지, 나의 유년시절 동안 그러한 운명을 예견할만한 특이한 사건은 없었는지에 대해 질문해 왔으므로 나는 그 놀라운 회견이 있기까지의 나의 생활에 대해 간략하게나마 서술하고자 한다.

나는 내 생애의 초기에는 아무 것도 특별한 것이 없다고 생각해왔다. 그러나 실제로 기억에 남아있는 여러 장면들을 한데 이어보니 일관성을 띤 하나의 전체가 되어 그때까지 나의 생활, 즉 1973년 12월 13일 내가 그 지점에 있게 되기까지 줄곧 나를 이끌어 왔음을 알고 나 자신도 놀라지 않을 수 없었다.

그래서 이 두 번째 메시지를 위해 가능한 한 많은 지면을 할애하고 또 첫 번째 만남보다 훨씬 경이로웠던 두 번째의 만남을 상세히 기술하기 위해 나의 어릴적 이야기는 간결하게 정리하기로 했다.

벌써 2년이 지나다

그리고 벌써 2년! 내가 저 위대한 진실을 전하기 위해 노력해 온지 거의 2년이 가까워 온다. 시간이 지나갔는데도 나는 내 일에 대한 성과가 아무 것도 없는 것처럼 느껴졌다. 그러나 첫 번째 메시지가 진실을 말하고 있음을 이해하는 사람들이 조금씩 내 주위에 확고한 집단을 만들기 시작했다. 그들의 숫자는 이것을 쓰고 있는 현재 7백여 명에 이르고 있다. 7백이라는 숫자는 적은 수이기도 하고 동시에 큰 수이기도 하다는 사실을 나는 잘 알고 있다. 지구에 살고 있는 40억의 인구에 비하면 그 수는 보잘 것 없다. 그러나 2천년 전 똑같은 중요한 사명을 띠고 당시의 미개한 사람들에게 진실을 전해야 했던 인물을 따르던 사람들의 수가 2년 후에 얼마나 되었는가를 생각해 보면 그 수는 많은 것이다.

이 7백 명, 그들은 누구인가? 그들은 비웃기 좋아할 자들이 틀림없이 기뻐할, 무엇이든지 경솔하게 믿는 '단세포 인간들'인가? 천만에! 그들 중에는 철학, 심리학, 신학, 사회학, 의학, 물리학, 화학 등의 분야에서 학사 내지 박사의 학위를 가진 사람들도 많다. 그러나 나는 아무런 학위를 갖지 않은 사람들에게도 똑같은 찬사를 보내고 싶다.

왜냐하면 그들은 생명체나 우리들과 같은 인간이 과학적으로 창조될 수 있음을 이해 가능케 하는 지식을 얻을 수 있는 공부를 하지 못했음에도 불구하고, 물질에 관해 정통한 사람들이나 그 자신이기도 한 우주와 조화할 수 있는 사람들과 똑같이 그 사실을 직관적으로 느끼고 있기 때문이다.

전반적 상황에 대해 나는 낙관적이며, 내게 맡겨진 사명을 이제까지 잘 이루어왔다고 믿는다는 점을 말해두고 싶다. 앞으로 내게 어떤 일이 일어난다 해도 라엘리안 무브먼트 (초기의 MADECH 는 1975년 엘로힘의 승인아래 Raelian Movement로 변경되었음)는 전진을 계속 할 것이며 어떤 것도 그것을 막지는 못할 것이다.

2년 동안 나는 약 40회의 강연을 했다. 그러나 그 때마다 똑같은 질문이 나오곤 해서 일부 문장을 명확히 해둘 필요를 느꼈으며 이 책 속에서 그것들을 밝히고자 한다.

그러면, 먼저 1973년 12월 13일의 만남이 있기 전까지 나는 어떻게 살아 왔는가? 정신적, 심리적 및 생리적으로 내가 현재의 활동을 시작하는데 어울리는 수준에 도달하기까지 나의 생활이 어떠했는가를 알기 위해 나 자신을 돌아보게 된 것은 바로 얼마 전이었다는 것을 고백해야겠다.

유년기의 몇몇 사건은 따로 떼어 생각하면 아무런 의미가 느껴지지 않으나 한데 이어 놓으면 그 의미가 되살아난다. 이제는 모든 것이 매우 뚜렷해졌다. 그다지 중요하게 생각되지 않았던 순간들이 그 때의 감동과 함께 생생하게 기억된다.

이러한 사건들을 특별한 것으로 간주하면서 내 인생을 중요하게 다루고자 하는 것은 나의 의도가 아니다. 그러나 많은 사람들이 '이전에' 내게 무슨 일이 있었는가에 깊은 관심을 가지고 있으므로, 헛된 추측이 난무하기 전에 나 자신이 직접 모든 것을 말하고자 한다.

유년기의 앙베르 상공의 UFO

아버지의 얼굴을 한번도 본 적이 없는 나는 평범한 유년시절을 보냈다고 말할 수 없다. 나는 소위 사생아였다. 다른 사람들이 인공아(人工兒)인데 비해… [사생아는 영어로 natural child(自然兒), 그 상대적인 의미인 artificial child(人工兒)로 비유한 것] 그것은 세계 최고의 로자리오로 유명한 앙베르와 같은 독실한 카톨릭교도들의 작은도시에서는 하나의 사건이었다. 게다가 불미스럽게도 신원을 알 수 없는 아버지는 유태인 피난민이라니!

나의 출생은 최대한 비밀에 붙여졌는데, 나는 동굴 속이 아닌 뷔시 부근의 한 병원에서 태어났다. 나는 1946년 9월 30일 새벽 2시에 태어났다. 어머니는 격심한 난산을 겪으셨다. 중요한 것은 내가 1945년 12월 25일에 수태되었다는 점이다. 잉태의 순간이야말로 인간의 실존이 시작되며 모태에서의 발육이 시작되는 순간이므로 각 개인의 참된 탄생일이라 할 수 있을 것이다. 12월 25일은 지난 2천년 동안 매우 중요한 날로 여겨져 왔다. 우연의 일치를 믿는 사람들의 관점에서 보면, 나의 생애는 우연의 일치에서 시작되었다.

나를 안고 앙베르로 돌아온 불쌍한 어머니는 외할아버지에게 내가 '잠시 돌봐주고 있는 친구의 아들'이라고 둘러대느라 한동안 애를 쓰셨다. 진실을 알게 되었을 때 할아버지는 어머니를 몹시 나무라셨지만, 짧은 기간이나마 나에게는 가장 다정했던 할아버지였다. 슬프게도 할아버지는 내가 아주 어렸을 때 돌아가셨다. 후에 듣게 된 얘기지만, 어느 날 할아버지가 과일 나무의 가지를 치는 것을 본 내가 가위를 들고는 그가 심어 놓은 상추를 마구 잘랐는데 할아버지는 그것을 보며 아주 즐거워 하셨다고 한다.

나는 외할머니와 아주머니의 손에서 키워졌다. 두 분은 지금도 함께 살고 계신다. 그분들은 내게 읽는 법을 가르쳤으며 내가 첫걸음을 떼는 것을 도와 주셨다. 이것이 내가 가장 선명하게 기억하는 가장 어렸을 때의 일이다.

극히 최근에 할머니는 다음과 같은 얘기를 해주셨다. 1947년 그녀는 앙베르의 상공에서 이상한 물체를 보았는데 그것은 소리 없이 매우 빠른 속도로 그녀의 집 근처를 날아갔다고 한다. 할머니는 헛것을 보았다고 남들이 비난할까봐 그것을 아무에게도 말할 수 없었다고 했다.

내 책을 읽고 난 후에야 할머니는 내게 그 사실을 말할 결심을 하셨고, 동시에 마데그에 가입하셨다. 할머니의 지지야말로 사실 내가 받은 최대의 격려 중 하나였다.

드루이드(Druids)교단의 법왕

앙베르에는 아이들이 무서워하고 어른들이 우습게 여기는 한 노인이 있었다. 사람들은 그 노인이 긴 머리를 묶고 굉장히 멋진 수염을 기르고 있어서 그를 예수 그리스도라 불렀다. 그는 항상 발목까지 내려오는 긴 옷을 입고 있었으며 어머니가 빌린 아파트에서 100미터 정도 떨어진 곳에 살고 있었다. 그는 하는 일없이 시립 초등학교 앞 조그만 집에서 살고 있었는데 아무도 그가 어떻게 생계를 유지하고 있는지 알지 못했다.

아이들은 자라면서 노인을 무서워하지 않게 되었고, 그들의 부모들처럼 비웃거나 얼굴을 찡그리면서 노인을 놀리기 시작했다. 나는 성격상 그들과 같이 놀기보다는 곤충을 관찰하거나 책 읽기를 더 좋아했다. 나는 자주 노인을 길에서 만났는데 그 때마다 나를 바라보는 그의 표정이 매우 다정하고 장난기 어린 미소를 발견하고 놀라기도 했다. 이유를 알 수 없었지만 나는 그가 조금도 무섭지 않았다. 더군다나 그에게서 이상한 점을 조금도 보지 못했기 때문에 다른 아이들이 노인을 왜 비웃는지 이해가 되지 않았다.

어느 날 오후 나는 그가 어디로 가는가 알고 싶은 호기심에서 노인을 따라갔다. 그는 그의 작은 집으로 들어가면서 좁고 어두운 부엌으로 통하는 문을 열어 두었다. 나는 문 가까이 가서 의자에 앉아 있는 노인을 들여다 보았는데 그는 마치 기다리고 있었다는 듯이 짓궂은 미소를 지었다. 노인은 내게 가까이 오라고 손짓했다. 나는 집으로 들어가서 노인에게 갔다. 그는 내 머리 위에 손을 얹었는데 이상한 느낌이 들었다. 그때 노인은 하늘을 쳐다보며 내가 이해할 수 없는 말을 중얼거렸다. 몇 분 후 그는 신비로운 미소를 띠면서 말없이 가도 좋다는 시늉을 했다.

나는 그 사건에 놀라긴 했지만 금방 잊어버렸다. 「오베르뉴의 신비」란 책을 어머니에게서 빌려 읽고 몇 년 전에 죽은 드루이드교단의 마지막 '법왕' 인 디자르 신부가 바로 그 노인이었음을 안 것은 1974년 여름이었다. 그때 나는 어린 시절의 광경을 회상하고 거의 매일 - 바로 이웃에 살았으므로 - 길에서 마주칠 때마다 신비스러운 미소를 띠고 있던 그의 모습을 다시 그려보았다.

이제 나는 그가 하늘을 쳐다보며 알 수 없는 말을 한 것이 누구에게 한 것이며, 또 할머니가 본 소리 없이 빛나는 물체가 무엇인지 분명히 알고 있다.

마음에 떠오르는 또 한가지 일은 디자르 신부의 집에서 일이 있었던 날 이후 매일 밤 나는 9까지 세고 잠드는 습관이 생겼다. 이 숫자는 내게 부과된 암호처럼 나의 생애에 자주 나오는 숫자이다. 돌연히 생긴 이 습관에 대해서는 무어라고 설명할 수가 없다. 9보다 더 큰 숫자를 배운지도 몇 년이 지난 후 느닷없이 생겼기 때문에 기계적인 암기에 의한 것이라고는 생각되지 않는다. 이 일이 일어난 것은 내가 일곱 살 때였다.

시(詩)

그 당시 나의 주요 관심사는 동물들이었으며 달팽이 경주를 시키지 않을 때는 하루 종일 동물들을 스케치하곤 했다. 동물들의 세계에 매혹된 나는 신비스러운 동물들이 사는 처녀림을 헤치고 나가는 탐험가가 되는 것을 꿈꾸곤 했다.

그러나 아홉 살 때 (9라는 숫자가 다시 나온다) 모든 것이 변했다. 처음으로 나는 어디에 나의 참된 정열을 바칠 것인가를 발견했다. 그것은 모터가 있든 없든, 바퀴로 달리는 스피드였다. 스피드와 특히 궤도운동에서 느끼는 균형감각, 자신과의 싸움, 즉 자신의 반사신경과의 싸움 - 말하자면 정신에 의한 육체의 완전한 지배였다.

처음에는 브레이크도 없는 작은 자전거로 맹렬하게 달렸다. 한번도 넘어지지 않은 것이 이상할 정도였다. 더욱 어려운 시도를 해보기 위해 나는 언덕으로 올라가 고속으로 달리는 차가 지나가기를 기다렸다. 차가 오면 맹렬하게 질주해서 그 차를 추월하고는 운전사를 깜짝 놀라게 했다. 언덕을 내려간 다음에는 다시 올라가 다음 차를 기다리곤 했다.

몇 개월 후 나는 우연히 프랑스 횡단 자동차 경주를 보게 되었는데 '첫눈에' 반해 버렸다. 페달을 밟아 언덕을 다시 오를 필요도 없이 스피드를 즐길 수 있다니, 더구나 직업적으로도 택할 수 있다니 꿈만 같이 여겨졌다. 나도 카레이서가 되어야겠다! 아홉 살 난 아이들이 그렇듯, 나는 이렇게 결심했다.

그 날 이후 내 생활은 자동차 경기를 중심으로 맴돌았고 다른 것은 아무 것도 나의 흥미를 끌지 못했다. 카레이서가 되기로 결심한 이래 학교에서의 공부가 무의미하게 여겨졌다. 즐겨보던 만화책은 자동차 전문잡지로 바뀌었고 내가 운전면허를 딸 수 있는 해가 몇 해나 남았나를 초조하게 헤아리기 시작했다.

처음으로 기숙학교에 보내진 것도 아홉 살 때였다. 내가 학교 공부를 싫어하고 또 카레이서가 되는 데는 공부할 필요가 없다고 끈질기게 주장하자 절망적이 된 어머니는 퓨이 앙 베레에 있는 노틀담드 프랑스 사립학교에 나를 보내기로 결심하셨다. 어머니는 내가 자동차 잡지만 없으면 공부에 열중하리라고 생각하셨다. 그 생각은 그렇게 틀리지는 않았다. 그러나 첫 번째 기숙학교에 대해서는 기억하기 싫은 추억들만 남아있는데 아마도 너무 어릴 때 들어간 탓이리라. 그 큰 기숙사 방에서 울면서 지샌 수많은 밤이 생각난다. 지금 생각해보면 그 당시 내가 가장 하고 싶었던 것은 혼자 사색에 잠기는 시간을 갖는 것이었다. 이 때문에 나는 밤새 울곤·했는데, 감정 또는 애정에 대한 욕구가 채워지지 않을 때 흔히 그렇듯 그런 욕구는 이미 성숙해져 있던 나의 감수성을 더욱 풍부하게 만들었다.

그 때 나는 시를 발견하게 되었다.

나는 언제나 수학보다 프랑스어에 매력을 느꼈으며 항상 수동적으로 독서만 했다. 그러다 어느 땐가 나는 할 수 있다면 시를 써보고 싶다는 욕망과 필요성을 동시에 느끼게 되었다. 수학에 흥미를 느끼지는 못했으나 다른 과목과 같이 평균점수는 되었다. 그러나 프랑스어와 특히 작문에서는 마음에 드는 제목이 나올 때면 언제나 1등을 했다. 나는 많은 시를 썼고 시작(詩作) 대회에서는 1등 상도 받았다.

가장 놀라운 일은 내가 영세도 받지 않았는데 카톨릭에서 운영하는 기숙학교에 다니면서 기도(식 전, 취침 시, 기상 시, 수업 전 등등)와 매일의 성찬 미사와 같은 습관적인 행사에 참가했다는 점이다. 매일 성찬을 받아 먹은 지 6개월이 지난 후 신부들은 내가 영세도 받지 않았다는 사실을 알고 질겁을 했다. 나는 그 사실이 재미있었다. 사실 미사에서 내가 즐길 일이 있다면 그것은 빵조각을 무료로 맛보는 일 뿐이었다.

또 내가 사춘기를 맞이한 것도 역시 아홉 살 때였다. 나는 기숙사에 있는 내 나이 또래의 아이들이 모르는 쾌감을 몰래 알게 되었고 그것을 무척 즐기면서 외로움에 커다란 위안으로 삼았다.

내가 처음으로 사랑에 빠진 것도 역시 아홉 살 때였으며, 그것은 그 나이의 아이들이 빠질 수 있는 사랑 치고는 강렬한 것이었다. 학교성적이 좋아져서 어머니는 나를 기숙학교에 보내지 않는데 동의하셨고 나는 앙베르의 시립초등학교 4학년에 편입되었는데, 거기에 그녀가 있었다. 아홉 살 난 브리지트였다. 그녀만 보면 부끄럽고 얼굴이 붉어져서 우스꽝스럽게 느껴졌다. 신체검사 때에 부풀지도 않은 가슴을 내게 감추며 부끄러워하던 그녀의 모습이 내 마음속에 부드러운 감정을 불러

일으켰고 연약한 이 여자를 보호하고 싶다는 강렬한 느낌을 갖게 했다.

이듬 해 나는 같은 학교 5학년에 올라갔고, 감히 한 마디 말도 붙여 보지 못한 첫사랑의 연인과도 계속 함께 지낼 수 있게 되었다. 학기가 시작될 때 나는 애를 써서 그녀의 바로 앞자리를 차지하는데 성공했다. 그래서 이따금 고개를 돌려 그녀의 사랑스러운 얼굴을 쳐다보곤 했다. 그 때 겨우 10살이었는데 생각은 온통 그녀에 대한 것뿐이었다.

반에서 그녀와 가까이 있다는 사실에 고무되어 나는 낙제하지 않기 위해 열심히 공부했다. 그 덕분에 6학년에 올라갈 수 있었지만 공부에 대한 흥미는 여전히 조금도 없었다. 게다가 이제는 수업을 담임선생님이 하지 않고 학과마다 선생님이 달랐기 때문에 매 시간마다 강의실을 옮겨 다녀야 했다. 따라서 그녀와는 언제나 멀찌감치 떨어져 지내게 되었고, 그 결과 나는 손에서 공부를 거의 놓아 버리고 말았다. 결과적으로 나는 다음 해에 앙베르에서 약 30킬로미터 떨어진 '끈라'라고 하는 조그만 마을의 기숙학교로 되돌아가 있었다.

그곳은 퓨이 앙베레보다 더욱 나빴다. 거의 난방이 되지 않는 작은 방의 이층 침대에서 지내야만 했다. 더욱 나쁜 것은 규율이 없었기 때문에 키 크고 힘이 센 소년들이 기숙사를 지배했다. 내가 폭력에 대한 혐오감을 배운 것은 그곳에서였다고 생각한다. 힘센 애들이 약한 애들을 괴롭혀도 정당하게 처벌받지 않는 학교에 염증을 느낀 나는 어느 날 걸어서라도 30킬로미터 떨어진 집으로 돌아가야겠다고 생각했다. 나는 몰래 학교를 빠져 나왔다. 뒤늦게서야 교장이 차로 뒤쫓아 왔을 때 나는 이미 10킬로미터 지점을 걷고 있었다.

기쁘게도 나는 학기 중에 퇴학을 당해 앙베르에 돌아올 수 있었으며, 다시 카톨릭 학교에 편입한 후 집에서 통학하게 되었다. 매일 길에서

브리지드를 볼 수 있다니, 얼마나 신나는 일인가! 그녀는 이제 12살이었고 작은 가슴도 예쁘게 부풀어 있었는데, 그 어느 때보다도 더 아름답게 보였다.

공부가 점점 싫어진 나는 무단결석에 재미를 붙이기 시작했는데, 특히 '사제들'속에 내가 끼어 있는 것이 싫었다. 그들은 어머니에게 나를 영세시킬 것을 권했으나 다행히 어머니는 내가 더 커서 자신의 의견을 말할 수 있을 때까지 기다리자고 하셨다.

그때 내가 하고 싶었던 것은 자동차 정비공이 되는 일이었다. 그편이 카레이서가 되는데 더 유리하다고 생각했기 때문이다. 내가 기술자가 되기를 바랐던 어머니는 무슨 일이 있어도 내가 공부를 계속하기를 원했고 정비보조공이 되는 것을 용납하지 않으셨다. 이런 갈등은 내게 다시 시를 쓰고 싶은 욕구를 불러 일으키게 되었고 학교에 가는 대신 노트를 손에 들고 시골길을 돌아다녔다.

14살 때 나는 다른 정규학교가 받아주지 않는 아이들만 수용하는 몽도르의 기숙학교에 들어갔다. 그 곳에는 공부를 못하는 아이들만 모였는데 그 중 머리는 나쁘지만 꽤 재미있는 '골칫거리'들도 있었다. 그들 중 두목 격인 한 아이는 내 생애의 다음 10년간 방향에 큰 영향을 주었다. 쟈크라는 이름의 그 소년은 전기기타를 잘 쳤는데 나는 그것에 크게 감동을 받았다.

크리스마스 휴가가 시작되자마자 나는 멋진 기타를 사달라고 할머니께 졸랐다. 마침내 기타를 구한 나는 쟈크에게서 코드 짚는 법을 배울 수가 있었다. 나는 내가 지은 시에 곡조를 붙여 노래를 부르기 시작했으며 듣는 사람들이 모두 내 노래를 좋아한다는 것을 알게 되었다. 여름방학이 되자 나는 라디오의 가요경연에 출전하기 시작했으며 매번 입상했다.

내 노래를 좋아하는 식당의 여급과 처음으로 육체적인 사랑에 대해 알게 된 것도 여름방학 중의 일이었다. 그녀는 스무 살이었는데 나의 기타연주가 여자들을 매혹시키는 힘이 있다는 것을 알도록 해준 것 말고는 그녀를 통해 배운 것은 별로 없었다.

15살이 되던 이듬 해 나는 나 자신의 인생을 살고 싶다는 강렬한 욕구를 느꼈다. 어느 날 나는 기타와 작은 가방을 들고 흥미없는 공부와 기숙학교에 작별을 고한 다음 차를 얻어 타면서 파리로 향했다.

호주머니에는 2천 프랑밖에 없었지만 마음은 희망에 넘쳐 있었다. 마침내 스스로 생계를 해결하고 카레이서가 되기 위해 18세가 되면 운전면허를 따는데 필요한 돈을 저축해야 할 때가 온 것이다.

운이 좋게도 강력한 가속도의 엔진을 가진 세단형의 자동차를 운전하는 한 남자의 도움을 얻게 되었다. 그는 자기소개를 하면서 카레이서였다고 말했다. 나는 잡지책에서 읽었던 그의 차종과 그가 획득한 기록을 기억해서 말해 주었다. 그는 자신의 기록을 전부 기억해 주는 소년을 만난 데 대해 놀라면서 기분이 으쓱해했다. 그는 한 때 서커스의 광대노릇을 했으나 지금은 남서부에 정비공장을 가지고 있다고 말했다.

파리에 도착하자 그는 나를 저녁식사에 초대해 주었고 자신이 머무는 호텔에 방 하나를 제공해 주었다. 그 곳에서 일이 끝난 무용수 두 사람과 잡담하면서 나는 노래도 몇 곡 불렀다. 그 후 우리는 각기 매력적인 여성과 함께 잠자리에 들었다. 실제로 육체적인 사랑의 행위에 대해 알게 된 것은 그날 밤이 처음이었다.

다음날 아침 몰래 빠져 나온 나는 잘 곳과 내 노래를 듣고 채용해 줄 카바레를 찾아 다녔다. 그러나 둘 다 찾지 못한 채 파리에서의 이틀째

밤은 지하철에서 부랑자들과 함께 보냈다. 남은 돈이 없었으므로 다음 날은 굶었다. 무엇을 할 것인가에 대해 희망도 없이 하루 종일 정처 없이 걸어 다녔다. 그날 저녁 나는 카페의 테라스에서 아코디언을 켜고 있는 한 남자에게 손님들이 동전을 던져주는 것을 보았다. 나도 그렇게 해보기로 했다. 시작부터 일이 잘 되어 나는 살아났다.

이따금 아무데서나 자고 샌드위치를 사먹으면서 3년이란 세월을 그렇게 보냈다. 그 동안 쌓은 실력이 보탬이 되어 어느 작은 카바레에 고용되었다. 하룻밤에 10프랑을 벌었으나 몽마르뜨 언덕에 있는 작은 하숙방으로 택시를 타고 가려면 15프랑이 들었다. 그러나 내 이름이 포스터에 인쇄되기 시작했다. (작은 글씨지만!) 매일 밤의 성공을 눈여겨보면서 나는 내 이름이 큰 활자로 포스터에 인쇄되는 것을 상상하곤 했다.

어느 날 코미디언 쟝 피에르 다라를 만났다. 그는 나의 스테이지 매너가 눈에 띌 수 있도록 배우수업을 받으라고 권했다. 그러나 내게 돈이 없는 줄 안 그는 내가 무료로 파리극단의 강습을 받을 수 있도록 도와주었다. 가을 동안 듀랑의 강습소에 다녔으나 연극에는 전혀 흥미를 느끼지 못했으므로 그만 두고 말았다.

나는 스키 선수이며 자동차 경주의 챔피언인 토니 사이라에 대한 존경의 표시로 클로드 세레라는 예명을 지어 나 자신을 소개하곤 했다. 철자를 약간 수정해서 이름의 약자가 C.C.가 되도록 했다.

나는 여러 번 라디오 콩쿠르에서 입상했고 카바레도 여러 군데 뛰면서 노래했기 때문에 다소간 나은 생활을 할 수 있었다. 무엇보다도 중요한 것은 바라던 대로 18세에 운전면허를 따기 위한 돈을 저축할 수가 있었다.

그러나 그것만으로는 카레이서가 될 수 없었다. 먼저 회사에 채용되기 위해서는 명성을 얻어야 하고 또 그렇게 되기 위해서는 성능이 좋은 차로 여러 번 대회에 출전해서 가능한 한 우승을 해야 하는 것이었다. 그러나 경주용 차는 매우 비싸므로 그런 차를 사려면 계속 저축을 해야만 했다. 그래서 노래를 계속 부르면서 돈을 모았다. 작사, 작곡하는 친구들이 많이 있었는데 그들은 레코드를 녹음하여 큰 돈을 버는 것 같았다. 그 무렵 내 가방 속에는 150곡 정도의 레퍼토리가 들어 있었으므로 나도 레코드를 취입하기로 결심했다.

내가 방문한 첫 번째 레코드 회사는 3년간 계약을 제시했고 나는 그 서류에 서명했다. 레코드 회사의 지점장은 유럽 제1방송국의 국장이기도한 루시앙 모리스로서 많은 유명가수들을 배출시킨 사람이었다. 첫 번째 레코드는 상당히 성공적이었으며, 두 번째 레코드 역시 계피향의 꿀(Le Miel et la Canelle)이라는 곡 때문에 많은 인기를 끌었다. 그 노래는 나중에도 자주 라디오에서 들려주곤 했는데 가사를 들으면 기억하는 사람들도 있을 것이다.

계피향의 꿀 (Le Miel et la Canelle)

계피향의 꿀내음이라오.
바닐라에 사랑을 섞은 향기처럼
계피향의 꿀내음이라오.
영원히 사랑하게 될 나의 소녀들.

첫사랑은 갈색 머리의 마고
우리는 달빛아래 피리를 불었지.
그 눈동자를 쫓아 나는 걸었고
그 머리 결을 따라 나는 갔었지.

두 번째 사랑은 금발의 마리엘
우아한 그 몸매를 난 잊지 못해.
그 눈동자를 쫓아 나는 걸었고
그 머리 결을 따라 나는 갔었지.

세 번째 사랑은 붉은 머리의 마리온
그 예쁜 가슴과 귀여운 작은 치마
그 눈동자를 쫓아 나는 걸었고
그 머리 결을 따라 나는 갔었지.

친구여 우지 마오. 봄이 곧 오리니
그들은 젊고 당신 또한 스무 살이 되리니
그 눈동자를 쫓아 나는 걸었고
그 머리 결을 따라 당신도 가리라.

Le Miel et la Canelle

Ca sent le miel et la canelle
Ca sent la vanille et l'amour
Ca sent le miel et la canelle
Filles que j'aimerai toujours.

La première était brune et s'appelait Margot
Le soir au clair de lune nous jouions du flutiau
Moi j'ai pris la route de ses yeux
Et le chemin sans doute de ses cheveux.

La deuxième était blonde et s'appelait Marielle
Les sentiers de sa rounde encore je me rappelle
Moi j'ai pris la route de ses yeux
Et le chemin sans doute de ses cheveux.

La troisième était rousse et s'appelait Marion
Pour sa jolie frimousse et son conquin jupon
Moi j'ai pris la route de ses yeux

Et le chemin sans doute de ses cheveux.

Ne pleure pas l'ami, demain c'est le printemps
Elles sont si jolies et tu n'as pas vingt ans
Moi j'ai pris la route de ses yeux
Toi tu prendras la route de ses cheveux.

그 당시 나는 여러 곳에 출연했고 지방공연에도 많이 참가했다. 모든 일이 잘 되어 마침내 앙띠브에서 열리는 프랑스 가요 경연 대회인 「황금의 장미」에 선발되어 참가하게 되었다.

그러나 나를 이끌어 온 존재들은 사실 내가 예술가로서 지나치게 유명해지는 것을 바라지 않았다. 내 인생의 그 단계는 감수성을 발달시키고 대중 앞에서 자신을 표현하는데 익숙해지도록 하는데 있었으며 그 이상의 것은 아니었다.

매일 아침방송에 「황금의 장미」에 선발된 출연자의 명단을 예고했지만, 대회를 일주일 앞둔 어느 날 루시앙 모리스가 찾아와 부득이한 사정으로 나를 대회에서 제외했다는 것이다. 그 이유는 나중에 알게 되겠지만 지금은 말할 수 없다고 했다. 나는 결국 「황금의 장미」에 참가하지 못했다.

그리하여 나는 계속 노래를 부르면서 가난을 면치 못했는데, 이런 식으로는 경기장에 나갈 수 있는 차를 결코 살 수 없다는 것을 깨달았다. 그래서 레코드를 취입했던 회사로부터 대리인의 지위를 제공받았을 때 그 자리에서 승낙해 버렸다. 몇 달만 일하면 충분한 돈을 벌 수 있을 것으로 확신되었다.

나는 광고대리인으로서 15구역의 책임자가 되어 보르도에 부임했다. 거기서 일 년 동안 근무했다. 경주용 차를 살만큼 (마침내…) 돈이 모아지자 나는 그 자리를 그만두었다.

그러나 불행히도 내가 새로 산 차를 타고 충분히 운전연습도 하기 전에 친구가 사고를 내어 그 차를 부숴버렸다. 그 후 1년간 나는 남서부 지방에서 신곡들을 발표했는데, 부유한 친구하나가 자신이 스폰서가 될 테니 새로운 레코드를 내라고 권했다.

나는 시를 쓰면서 또 한 해를 보냈는데 마치 내 생활방식을 결정적으로 바꾸게나 하려는 듯 큰 교통사고를 내게 되었다. 몹시 피곤한 여행 중에 시속 100킬로미터로 달리면서 깜박 조는 사이에 벽을 들이받고 말았다. 똑같은 지점에서 벌써 10명 이상의 운전사들이 같은 사고로 죽었다고 한다. 골절상을 입었으나 다행히 생명에는 지장이 없었다. 3개월 이상 움직이지 못하게 되자 저축한 돈은 점점 없어져 갔다. 18살에 시작하리라고 꿈꾸었던 내가 22살이 된 지금도 경기에는 한 번도 출전하지 못하다니….

나는 구경꾼으로 수많은 경기장에 다니면서 이 스포츠에 대한 젊은이들의 열광을 느낄 수 있었으며, 많은 소년들이 아무 것도 모른 채 그저 카레이서가 되고 싶어하는 것을 보아왔다. 나도 그들 이상으로 아는 것은 없었지만 그 분야로 접근하는 최상의 방법은 스포츠에 대한 젊은이들의 정열을 이용하는 직업을 찾는 것이라고 자신했다. 글을 쓰는 일에는 익숙해져 있었으므로 결론은 간단했다. 나는 스포츠카 잡지의 기자가 되기로 결심했다. 그러나 여러 차례 전문잡지사와 연락을 해보았으나 잘 되지 않았다. 많은 다른 젊은이들도 나와 똑같은 생각을 하고 있었기 때문이었다.

그 무렵 「레키브」지의 자동차란에 경험을 묻지 않는 사진기사 구인 광고를 보고는 응모했다. 내 신청서가 심사 중이며 서류대금으로 150 프랑을 보내라는 답장이 왔다. 그 대가로 회사가 보내 주는 필름을 받아서 마음에 드는 소재로 시험적인 촬영기사를 써내라는 것이었다. 나는 돈을 보내고 필름을 받아서 카레이스에 관한 기사를 작성한 다음 지정된 주소로 즉각 보냈다.

곧이어 광고를 낸 회사의 본사가 있는 디종으로 전화하라는 편지가 왔다. 후에 출판사의 설립자를 만났는데, 30세 정도 되어 보이는 그 사람은 미국에서 사진업으로 재산을 모았다고 말했다. 자동차경기의 선수를 꿈꾸는 소년들을 위한 스포츠카 잡지의 창간에 관한 나의 아이디어에 그는 상당한 관심을 갖고 있는 듯 보였다. 그는 수개월 후 발간될 신문의 편집인으로 나를 고용하겠다고 했다. 그는 인쇄소로 구입할 공장을 보여 주고 지배인으로 고용한 디종의 인쇄업자도 소개했다. 그리고 내 사무실에서 두어 발자국 떨어진 곳에 내 아내와 내가 살 집을 보여 주었다. 나는 내가 경기에 참가할 수 있고 또 그 세계와 계속 접촉할 수 있는 조건이라면 좋다고 대답했다. 그는 자신이 고안해서 색칠한 경기용 차를 곧 발간될 새 신문의 선전용으로 굴릴 계획인데 내가 좋다면 경기업무를 취급할 사람을 찾아보겠다고 말했다. 그것은 내가 곧바로 행동을 개시할 수 있는 계기가 될 터이므로 나는 그 회사의 경기담당 취재역의 자리를 수락했다.

한 주일 후 나는 아내와 함께 파리에서 디종으로 옮겼다. 나는 3개월 전에 결혼해서 아내는 이미 임신 중에 있었다. 나는 6월에 마리 폴과 만났는데 만난 첫날부터 떨어져 있을 수가 없었다. 그런데도 3개월

이 지나서야 결혼한 까닭은 순전히 우리들이 종교적인 의식으로 결혼할 의사가 없음을 안 그녀의 가족들의 충격이 컸기 때문이었다. 그녀의 가족들은 식사 전에 반드시 기도를 올려야 하는 등 낡은 격식에 가득 차 있었다.

나의 디종 체제는 급료를 전혀 받지 못한 채 2개월 만에 끝나고 말았다. 신문을 창간하겠다던 부유한 미국인은 사실은 동전 한 푼 없는 형무소에서 갓 나온 죄수였던 것이다!!! 그는 나처럼 카레이서나 사진기자가 되는 것을 꿈꾸어 온 5백 명 이상의 젊은이들로부터 150프랑에서 300프랑씩을 사취한 것이었다. 나는 두 달 동안 일했으나 무일푼의 원점으로 내 아이디어만을 안고 돌아왔다.

이때 비로소 나는 자력으로 출판업을 시작하기로 결심했고, 어머니가 곧 할머니가 되시는 기쁨을 누릴 수 있도록 어머니의 집 가까운 클레르몽 페랑으로 이사를 했다. 나는 '내 방식대로' 잡지를 창간하기 위해 출판사를 설립했다. 마침 스포츠카를 몹시 좋아하며 아무 담보도 없이 나를 신용해 준 인쇄업자 덕분에 잡지는 곧 태어나게 되었다.

잡지는 급속히 신장하여 삽시간에 그 분야의 베스트셀러 중 하나가 되었다. 나 자신을 위해 예비해둔 가장 신나는 일은 신형 모델의 차를 시험하기 위해 멋진 경기장 코스 '마 뒤 끌로' 를 주행하는 일이었다. 그 무렵 나는 쉽게 접근할 수 없는 경주용 차의 세계에 소개되었으며 경기를 위한 차를 빌릴 수 있었다. 마침내 나의 꿈은 실현되었다. 익숙해지지 않은 자동차로 시작해도 많은 경기에서 우승을 했으므로 나는 내가 이 분야에서 타고난 재능을 가졌다는 것을 깨닫게 되었다.

나는 점차 운전기술을 향상시키면서 내가 사랑하는 스포츠카의 분야 에서 100퍼센트 완전하게 사는 멋진 3년을 보냈다. 나는 나의 한계를 극복하고 자신의 반사신경과 행동을 보다 잘 컨트롤해 나가는 데 진정한 기쁨을 느꼈다. 모터의 소음이나 연료의 연소냄새는 아무래도 좋았다. 그러나 나는 운전에 대한 순수한 감수성을 최고로 즐기기 위해 자동차 제조업자들에게 냄새 없고 소음이 적은 차의 생산에 대한 새로운 규정을 부과하는 것에 대해 꿈꾸어 왔음을 솔직히 말해야겠다.

그런데 1973년 12월 13일, 이 모든 것이 뒤집히는 사건이 일어난 것이다.

만남

1973년 12월 13일, 그 특별한 날 나는 오베르뉴 화산의 분화구 중 하나인 퓌이 드 라 쏘라에 갔으며 거기서 처음으로 우주인, 더 정확하게는 엘로하 [Eloha, 복수형은 Elohim(엘로힘)]를 만났다. 나는 6일간 같은 장소에서 그를 만났으며, 그는 매일 한 시간씩 첫 번째 메시지 '진실을 알리는 책'에 기술된 놀라운 계시를 내게 구술해 주었다.

처음 며칠 동안은 내가 겪은 일을 다른 사람들에게 감히 이야기해야 할지 어떨지 망설였다는 사실을 솔직하게 고백해야겠다. 우선 나는 회견 동안 나의 대담자가 말한 것을 급히 그러나 최선을 다해서 받아 적은 기록을 깨끗하게 정서했다. 이것이 끝나자 나는 원고의 원본을 성실하다고 판단되는 출판사에 보냈다. 내가 알기로는 그 출판사에서는 비의(祕義)문학이나 공상과학류의 책을 출판한 적이 없었다. 나는 인류에게 중대한 의미를 지니는 이 메시지가 유사과학(類似科學)으로 사람들의 관심을 끄는 신비적인 모험담이나 괴기소설류 속에 파묻히는 것을 원하지 않았다.

그 출판사의 국장인 마르셀 줄리앙은 나를 파리로 오라고 했다. 그는 이 메시지가 굉장한 것이지만 메시지 앞에 나의 전기를 반드시 실어야 하고 또 '몇 군데 수정해야' 될 지도 모른다고 말했다. 이것은 절대로 있을 수 없는 일이었다. 내 생애에 관해 100여 페이지를 써서 메시지 앞에 삽입하여 내 자신을 메시지와 똑같이 중요하게 취급하고 싶지는 않았다. 책이 두껍지 않아 출판사에서는 좋아하지 않겠지만 나는 메시지만이 출판되기를 바랐다. 그래서 나는 줄리앙에게 원고를 돌려줄 것을 요구했다. 그는 원고검열 담당자가 가져가서 지금은 없지만 돌아오는 대로 우송해 주겠다고 대답했다.

내가 클레르몽 페랑에 도착하자마자 체스의 대가 잭 상제르와 함께 텔레비전에 출연해 달라는 전보를 받았다. 내 원고를 읽어본 출판사의 부장 중 한 사람이, 믿든 안 믿든 그 내용이 굉장한 뉴스감이라고 생각하여 텔레비전 방송국에 출연을 의뢰한 것이었다. 그리하여 나는 그 쇼프로에 나갔고 이어 수천 통의 편지가 날아왔다. 어떤 사람들은 나를 비웃었으나 많은 사람들은 그 사실을 진지하게 받아들이고 나를 돕기를 원했다.

며칠이 지나도 내 원고는 돌아오지 않았다. 출판사로 등기우편을 보내자 그들은 원고를 아직 찾지 못했으며 곧 찾는 대로 보내준다는 대답이 왔다. 열흘이 지나자 이제 전화를 해도 내 말에 아무도 대답해주려 하지 않았기 때문에 나는 직접 가서 알아보기로 작정하고 파리로 갔다. 텔레비전 방송을 보고 관심을 가져 연락해 온 유명한 디자이너 크레쥬 씨가 원고가 어떻게 됐는지 진상을 알기 위해 출판사로 동행해주기로 했다. 줄리앙 씨는 원고 검열자가 원고를 가지고 휴가를 떠났기 때문에 그가 어디 있는지 연락할 수 없다고 말했다. 일은 점점 이상하게만 되어 갔다. 결국 며칠 후 크레쥬 씨가 원고를 회수해서 내게 직접 돌려주었다. 지금도 나는 그들이 그 원고를 정말로 잃어버렸던 것인지 아니면 출판되는 것을 막기 위해 감춘 것인지 의문스럽다. 출판사라는 곳이 그처럼 간단히 원고를 분실한다면 나는 작가들에게 원본을 보내지 말라고 권하고 싶다.

원고 분실사건에 마음 졸이고 또 메시지를 담은 책이 출간되는 대로 사고 싶다는 요청의 편지더미에 놀란 마리폴이 간호사 일을 그만두고 이 특별한 책을 발행하고 배포하는 일을 돕겠다고 제의했다. 그렇게 하면 이 원고의 운용에 관해 지속적인 컨트롤을 할 수 있겠다고 판단되어 나는 그 제의를 받아들였다.

나는 스포츠 잡지의 일도 즉각 그만두었다. 내게 주어진 사명의 중대함을 고려해 볼 때 그것은 비교도 안 되는 일이었다. 1974년 가을에 책이 마침내 출판되었다.

그 무렵 예측하지 못했던 신상의 급전환으로 인한 정신적 충격이 위궤양에 가까운 고통을 몰고 와서 겨울 내내 심한 위염에 시달려야 했다. 아무 약도 효과가 없었다. 그러나 명상과 호흡훈련을 통해 마음의 평정을 되찾기 시작하자 통증이 기적처럼 사라졌다.

6월에는 필립 보봐르가 사회를 보는 「토요일 저녁」이라는 텔레비전 프로에 출연했다. 그는 보조사회자에게 녹색 옷과 분홍색 안테나를 씌워 '화성인'으로 분장시킨 다음 예의 빈정거리는 말투로 내가 만난 우주인이 그와 닮았느냐고 물었다. 그러나 대중은 내가 말한 짧은 답변에 관심을 나타내었고 필립 보봐르에게 그의 불성실을 비난하는 투서를 보내었다. 수많은 편지에 당황한 그는 나에게 다시 한번 출연할 기회를 주었는데 겨우 몇 마디 더할 수 있었을 뿐이었다.

그것만으로는 말할 수 있는 기회가 충분치 않다고 생각한 나는 텔레비전 쇼가 끝날 때에 프레에르 홀을 빌어 이 방송에 관심을 갖는 시청자들을 위해서 며칠 안에 강연을 하겠다고 발표했다. 강연을 들으러 올 사람들이 얼마나 올지 몰라서 150석의 작은 홀과 500석의 중간 홀 중에 선택할 수 있도록 예약을 했다. 그런데 3천 명이라는 청중이 몰려온 것이다! 안전상의 이유로 정원만 입장시키고 나머지 사람들에게는 수일 후 2천 석의 대강당에서 다시 강연을 하겠다고 약속했다. 수백 킬로미터나 먼 곳에서 온 사람들은 매우 언짢아서 돌아갔다.

모든 일이 마침내 잘 되어갔다. 경박한 질문만을 일삼는 몇몇 조롱자들을 제외하고는 대다수의 사람들이 나를 돕고 지지해 줄 준비가 되어 있음을 나는 확인할 수 있었다. 노래를 부를 때 보다 더 심한 '무대공포증' 을 느꼈지만 모든 것이 순조롭게 진행되었다. 가장 어려운 질문에 부딪쳐도 대답이 저절로 내 입술에서 흘러나오는 것 같았다. 약속한 대로 그들이 위에서 나를 도와주고 있음을 분명히 느낄 수 있었다. 나 자신이 알지 못하는 사항에 답변하면서 나는 스스로에 귀를 기울이고 있는 듯한 느낌이 들었다.

수일 후 두 번째 강연회가 열렸다. 지난번 강연을 듣지 못해 돌아간 사람들이 다시 오지 않을 경우 임대료가 비싼 홀이 텅 비게 되지 않을까 몹시 걱정이 되었다. 특히 텔레비전 방송 이후 아무 선전도 하지 않았기 때문이다. 유일하게 「프랑스 스와르」지 만이 두 번째 강연에 대해 3행짜리 광고를 내준 것이 전부였다. 그런데 이번에도 2천 명 이상의 청중이 몰려와 홀을 가득 채웠다!

그것은 승리였다. 이것을 계기로 나는 나의 사명이 성공할 것인가에 대해 더 이상 의문을 품지 않게 되었다.

강연활동

1974년 9월 이후 40여 차례의 강연을 하는 동안 나는 가장 빈번하게 질문 되는 사항들을 파악하게 되었다. 마데그의 회원은 꾸준히 늘어갔으며 프랑스의 각 대도시에는 열성적인 멤버들을 중심으로 지부들이 형성되었다. 기자들도 자신이 보고들은 것을 대중에게 그대로 글로 쓰거나 말로 전함으로써 좋은 일을 해주었다. 반면 「르 푸엥」지는 거짓 보도를 해서 내가 반론권을 행사하여 기사정정을 요구했으나 아예 무시했다. 그 외에 그 지방의 유일한 일간신문이라는 이점을 가진 「라 몽타뉴」지는 내가 클레르몽 페랑에서 강연회를 연다는 것을 독자들에게 알리기를 거부했다.

이 신문의 뉴스담당 국장을 만났을 때 그는 내 이름이나 활동을 일체 보도하지 않겠다고 말했다. 이유는 내가 처음으로 프랑스 국영 텔레비전 (ORTF)에 출연했을 때 자기들에게 그 사실을 미리 알리지 않았기 때문이라는 것이다. 우울한 이야기다. 언론의 자유에 대한 좋은 본보기가 되리라. 그들은 포르노영화를 위한 전면광고를 게재하면서도 강연회를 위한 광고마저도 사지 못하게 했다. 「르 푸엥」지는 마데그 멤버들이 우주인과 만남이 있었던 장소까지 산책한 사실을 '엘로힘과 접촉시도 실패로 끝나다' 라는 허위의 내용으로 기사를 썼다. 이런 짓들은 이제 막 일어서려는 단체를 조롱하려는 의도에서였다 . 광범위한 독자층을 가진 신문이 2천 년간 강탈의 역사를 가진 교회에 대항하는 것보다 마데그를 공격하는 쪽이 분명 훨씬 쉽고 덜 위험했으리라. 그러나 진실을 은폐하는 자나 왜곡하는 자는 언젠가 그 잘못을 후회할 날이 반드시 올 것이다.

2

두 번째의 만남

1975년 7월 31일의 목격

내가 마데그의 회장직을 그만둘 결심을 한 것은 1975년 6월이었다. 그 이유는 첫째로 이 운동은 나 없이도 충분히 운영되리라고 확신했기 때문이며, 둘째로 인류에게 중대한 의미를 갖는 이 운동이 볼링협회나 재향 군인회 같은 단체들이 근거로 하는, 1901년에 제정된 법에 입각해서 조직한 것이 잘못임을 알았기 때문이다.

나는 엘로힘이 내게 전해 준 위대한 메시지에 보다 적합한 운동을 창설할 필요를 느꼈다. 즉 우리들의 창조자들이 전해 준 모든 것을 문자 그대로 존중하는 운동으로서, 천재정치와 인도주의를 존중하고 신비주의적 종교 활동을 배제하는 것이다.

1901년 법에 입각한 단체는 정의(定義) 상 메시지의 의미와는 반대되는 것으로, 선거 형식에 있어 전원이 투표권을 행사한다고 되어 있다. 따라서 가장 지성이 뛰어난 자들만이 결정권에 참가한다는 천재정치의 원칙에 반대되는 것이다. 나는 본질적인 오류를 정정해야만 했다.

그러나 그것은 마데그를 해산시키지 않고 보다 효율적인 조직으로 수정해 나가면서 새로운 단체 (1901년 법에 저촉되지 않는)로 변형시켜 나가는 것이었다.

가장 마음이 열린 마데그의 멤버들은 내가 창설하려고 하는 새로운 운동을 돕게 될 것이다. 아직 공표되지 않은 이 단체는 마데그의 가이드(Guide) 총회로서, 메시지가 요구하는 것을 엄격하게 실행하고 다른 사람들의 마음을 무한과 영원을 향해 열게 하는 인류의 길잡이가 될 사람들의 모임이 되는 것이다.

신을 숭배하는 기성종교들, 최면적인 교육, 반사고적(反思考的)인 텔레비전 프로, 편협한 정치투쟁 등 모든 면에서 인간의 마음을 폐쇄시키는 지금의 사회와는 달리, 나는 세계 속에 흩어져 다른 사람들에게 마음을 여는 법을 가르칠 사람들을 모아 그들을 훈련시키려고 결심했다.

마데그는 메시지를 발견한 초보자들을 접수하고 연락함으로써 그 중요성을 보유하는 지원단체가 되었다. 말하자면, 마데그는 '실천멤버'들로 구성되는 지원단체가 되었으며. 가이드의 총회는 실천멤버들을 이끄는 수도자들의 운동조직이라 볼 수 있다. 나는 멤버 중에 마데그를 운영할 능력있고 강력한 소신의 인물들이 있음을 알고 있었다. 내가 그런 확신을 갖게 된 것은 이사회의 선거에서였다. 회장의 후임으로 크리스천이며 전도가 유망한 물리학자가 선임되었고 이사회의 다른 부서들도 모두 유능한 회원들로 구성되었다.

마데그의 가장 헌신적이며 가장 넓은 마음의 소유자인 프랑스와가 클레르몽에 있는 나를 만나러 온 것은 6월이었다. 나는 그에게 누군가 나의 과거에 관해 제멋대로 이야기를 꾸며내기 전에, 1973년 12월 13일이 되기까지의 나 자신에 관한 책을 쓸 수 있도록 한적한 곳에 있는 시골집 한 채를 구했으면 좋겠다고 말했다. 그는 페리고르의 외딴 곳에

농장을 하나 가지고 있는데 아무도 살고 있지 않으므로 내가 좋다면 한두 달, 또는 원한다면 한동안 살아도 좋다고 했다.

우리들은 즉시 차를 타고 그 곳으로 갔다. 그 곳이 조용하고 한적해서 나는 두 달 동안 거기서 지내기로 했다. 2주 동안 지내고 보니 그곳이 아주 마음에 들어 한동안 정착하는 것에 대해 진지하게 생각하게 되었다. 7월 말에 프랑스와가 찾아왔다. 우리들은 8월 6일 클레르몽 페랑에서 열리는 집회가 끝나는 대로 이사할 것을 계획했다. 그러나 멋진 만남의 장소를 떠남으로써 나의 사명이 실패하지나 않을까 생각하니 정작 마음을 정할 수가 없었다.

그러던 중 7월 31일 나는 아내, 마리폴과 프랑스와와 함께 신선한 공기를 마시려고 밖으로 나왔다. 우리들은 거대한 기체(機體) 하나가 집 바로 위를 소리 없이 날아가는 것을 보았다. 그것은 상상할 수 없는 속도로 날아가다가 문득 정지하거나 우리들로부터 불과 500미터 정도 되는 거리에서 지그재그로 움직이기도 했다.

이 멋진 광경을 다른 사람들과 함께 목격한 것이 너무나 기뻤다. 표현할 수 없는 기쁨의 전율이 나를 온통 감쌌다. 프랑스와는 너무나 감격해서 머리털이 곤두서는 것 같았다고 말했다. 내게 이것은 엘로힘이 내가 이 곳으로 옮기는 것에 동의한다는 뜻을 나타내는 명백한 표시처럼 여겨졌다.

다음날 아침 팔꿈치 가까운 근육 위에 이상한 마크를 발견했다. 나는 그것을 바로 전날 사건과 연관시키지 않았으나, 후에 사람들은 엘로힘만이 그런 표식을 만들 수 있었을 것이라고 말했다.

그것은 직경 약 3센티미터, 두께 5밀리미터 되는 붉은 색의 원 안에 세 개의 작은 원이 그려져 있는 형태였다.〈그림 1〉 그 표식은 그대로 남아 있다가 2주가 지나자 세 개의 작은 원이 하나의 원으로 모양을 바꾸어 두 개의 동심원이 되었다.〈그림 2〉

다시 2주가 지나자 두 개의 동심원이 사라지고 흰 흔적이 되어 아직도 내 팔에 남아 있다. 그런데 이 표식으로 인한 아픔이나 가려움증을 전혀 느끼지 않았다는 사실을 강조하고 싶다. 내가 팔의 표식을 보여준 마음이 열린 과학자들은 완벽한 레이저 광선으로 내 세포의 표본을 채집한 자국 일지도 모른다고 추론했다.

8월 6일 집회는 예정대로 퓨이 드 라 쏘라의 분화구에서 열렸다. 거기에는 말할 수 없는 조화와 형제애에 가득한 분위기가 흘러 넘쳤다. 나는 별로 뚜렷한 이유도 없이 그날 마데그의 멤버들을 한데 불러 모았는데 이것이 엘로힘의 인도에 의한 것임을 알게 되었다.

왜냐하면 몇 명의 회원들이 이날은 히로시마에 원폭이 투하된 지 30년 째 되는 날이며, 또 기독교에서는 변용제라는 축제에 해당되는 날 이라고 가르쳐 주었기 때문이었다. 어리석은 자들은 그것을 우연의 일치라고 할 것이다. 집회가 끝난 후 마데그 멤버들의 도움으로 이사를 마친 나는 페리고르에 영주하기로 했다.

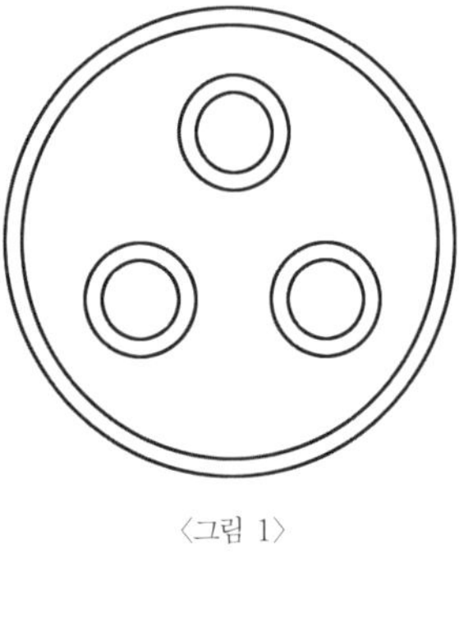

〈그림 1〉

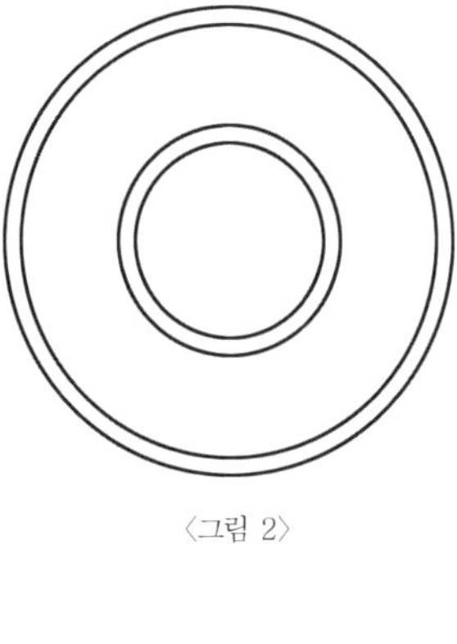

〈그림 2〉

두 번째 메시지

1975년 10월 7일 밤 11시경, 나는 갑자기 밖에 나가 하늘을 바라보고 싶은 강한 충동을 느꼈다. 밖은 추웠으므로 나는 따뜻하게 차려입고 밖길을 걸었다. 나는 나도 모르게 어느 방향으로 길을 걷고 있었는데 문득 프랑스와가 여름에 가르쳐 준 장소로 가야 된다고 느껴졌다. 그 곳은 두 개의 개울을 사이에 둔 숲에 둘러싸인 외진 곳으로 로그프라(Roc Plat) 라고 불리는 곳이었다.

나는 자정이 가까워서야 그 곳에 도착했다. 내가 무엇을 하고 있는지 다소 의아해 하면서도 그들의 텔레파시가 나를 이끌 수 있다는 것을 들었으므로, 나는 자신의 직관을 그대로 따르기로 했다. 밤하늘은 구름 한 점 없이 별들이 온 하늘에서 반짝이는 장관을 이루고 있었다. 나는 별똥별을 보고 있었는데 갑자기 주위가 환해지면서 섬광과 같은 거대한 불덩어리가 덤불 뒤에 나타났다. 무엇을 보게 될 것인가를 나는 거의 확신하고 있었기 때문에 말할 수 없는 기쁨을 느끼면서 불덩어리가 나타난 곳으로 다가갔다.

1973년 12월 여섯 차례에 걸쳐 본 것과 똑같은 우주선이 거기, 내 앞에 놓여 있었고, 2년 전에 만났던 그 우주인이 다정하게 미소를 띠며 내쪽으로 걸어 왔다. 나는 즉시 지난번과 다른 점을 발견했는데 그것은 그가 얼굴 주위에 후광을 비추던 우주복을 입고 있지 않다는 점이었다. 그 동안 줄곧 내가 진실을 말하고 있음을 세계에 알리려고 분투해 왔지만, 나의 인생을 급변하게 만든 장본인과 다시 만나게 되니 그 기쁨을 억누를 수가 없었다. 내가 그의 앞에서 고개를 숙이자 그가 말했다.

"나를 따라 오세요. 우리들은 지난 2년 동안 당신과 당신이 한 모든 일에 대해 대단히 만족합니다. 우리들이 당신을 신뢰할 수 있음을 당신이 증명해 주었기 때문에 이제는 다음 단계로 넘어갈 때가 되었습니다. 이 2년간은 사실 테스트를 위한 기간이었습니다. 당신은 오늘 내 얼굴 주변에 보호막이 없다는 점, 나의 우주선이 순식간에 나타난 점, 그리고 비행등을 달지 않았다는 점을 관찰했을 것입니다. 이것은 모두 당신이 일반적으로 우주비행사에 대해 가지고 있는 이미지로서, 그 이미지에 맞추어 나타남으로써 당신을 안심시키기 위한 것이었습니다. 그러나 당신이 놀라지 않을 만큼 충분히 진보한 지금 우리들은 그러한 '접근기술'을 더 이상 쓸 필요가 없어졌습니다."

그를 따라 우주선 안으로 들어가면서 내부의 모든 것들이 처음 만났을 때 보았던 것과 비슷함을 알았다. 벽은 기체의 외부와 같은 금속의 광택을 띠고 있었으며 계기반이나 조종장치, 또 둥근 창은 어디에도 없었다. 바닥은 푸른 반투명 물질로 되어 있었고, 그 위에 촉감이 그리 나쁘지 않은 부풀린 플라스틱제 의자를 연상케 하는 투명한 재료로 된 팔의자가 두 개 놓여 있었다.

그는 나를 한 쪽으로 앉게 하고 자기는 다른 쪽에 앉은 다음 움직이지 말라고 했다. 그리고 몇 마디 알아들을 수 없는 말을 했는데 나는 기체가 약간 흔들린다고 느꼈다. 그 때 갑자기 강렬한 한기를 느꼈는데 마치 전신이 얼음덩어리가 되는 것 같았다. 더 정확히는, 수천 개의 얼음 결정이 모든 털구멍으로 들어가 골수에까지 스며드는 듯한 느낌이었다. 그 느낌은 잠깐 동안, 아마 몇 초 정도 지속된 듯 싶고 그 후에는 아무 것도 느껴지지 않았다. 이윽고 나의 안내자가 일어서면서 말했다.

"도착했어요. 따라오세요."

나는 그를 따라서 조그만 계단을 내려갔다. 우주선은 직경 15미터, 높이 10미터의 금속으로 된 원형의 방안에 정지해 있었다. 방문이 열리자 나의 안내자는 나에게 방에 들어가서 옷을 모두 벗은 뒤 다음 지시를 받으라고 말했다.

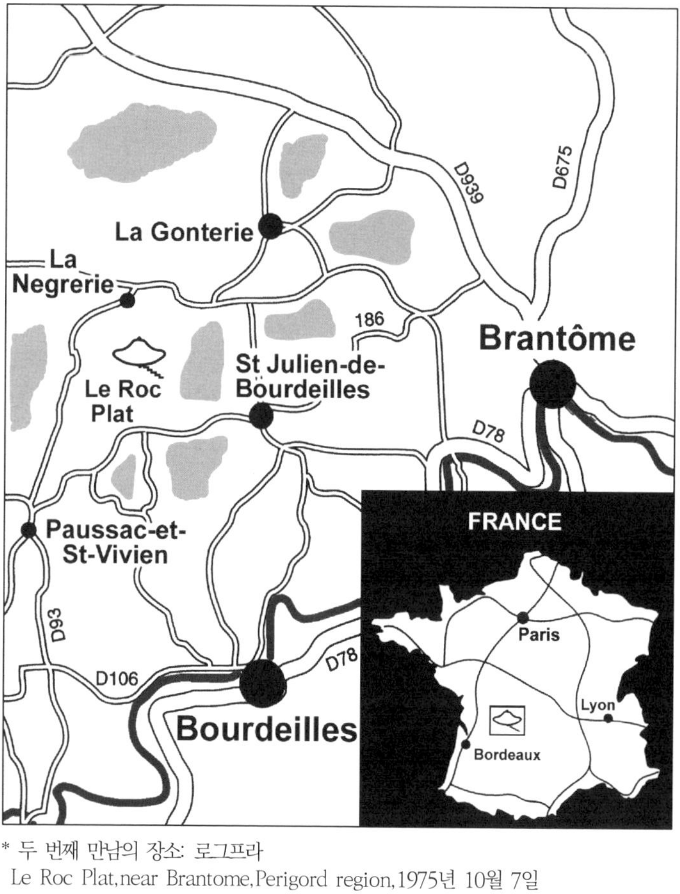

* 두 번째 만남의 장소: 로그프라
Le Roc Plat,near Brantome,Perigord region,1975년 10월 7일

나는 직경 4미터 정도의 새로운 방으로 들어갔는데 그곳은 각진 데라곤 조금도 없는 원형의 방이었다. 옷을 벗자 눈앞에 있는 방으로 들어가라는 목소리가 들렸다. 그 순간 문이 열리면서 나는 다음 방으로 들어갔는데 그 방은 옷을 벗어둔 방과 비슷했으나 길쭉해서 복도와 닮아 있었다. 복도를 따라 여러 가지 색의 조명이 비쳤으며 나는 그 밑을 차례로 지나갔다. 목소리는 내게 바닥에 그려진 화살표를 따라가면 목욕준비가 된 방이 나온다고 했다. 그 방에 도착하니 거기엔 정말 움푹 파인 욕조가 있었다. 물은 따뜻했고 향기가 그윽했다. 목소리는 또 내게 용변을 보라고 권했으며 내가 일을 마치자 금속 벽에 붙은 작은 선반 위에 놓인 음료수를 마시라고 했다. 흰색의 액체는 아몬드 향이 나는 맛있는 음료로서 매우 차가웠다.

그런 다음 실크처럼 매우 부드러운 파자마가 제공되었다. 다른 선반 위에 준비 되어 있던 이 옷은 흰색으로 입으니 몸에 착 달라붙었다. 이윽고 다른 문이 열리면서 나의 안내자가 그 자리에 서 있었다. 그는 비슷한 모습이나, 생김새가 조금 다른 두 사람과 함께 있었으며 그들도 얼굴에 환영의 빛을 띠고 있었다.

나는 그들을 따라 거대한 홀로 들어갔는데 홀 안의 모든 것들이 놀랍기만 했다. 홀은 몇 개의 단차(段差)가 있는 바닥으로 되어 있고 직경이 100미터 정도나 되어 보였다. 전체가 완전히 투명한 돔(둥근 천장)으로 덮여 있었는데 너무 투명해서 돔이 있는지 조차 첫 눈에 알 수 없을 정도였다. 캄캄한 하늘에는 수천 개의 별들이 박혀 있었으나 홀은 자연광과 같은 부드러운 빛으로 대낮처럼 밝았다. 바닥은 모피와 푹신한 카펫이 깔려 있었고 그 색채는 이루 말할 수 없이 아름다웠다. 곳곳에 경탄할 만한 미술품들이 놓여 있었고 그 하나하나는 더욱 독특한 아름다움을 자랑하고 있었다.

그 중 어떤 것은 움직이면서 색이 끊임없이 변하는 것도 있었다. 어떤 곳에는 밝게 빛나는 붉은 색의 나무와 푸른색의 나무들이 어우러져 열대어처럼 아름답게 보였는데 높이가 수 미터나 되었다. 오르간과 톱을 켜는 듯한 은은한 음악소리에 이따금 코러스와 특이한 진동음이 베이스로 덧붙여져 들려 왔는데, 그 리듬에 따라 꽃들이 고개를 숙이고 소절에 따라 색깔이 바뀌곤 했다.

누군가 말을 할 때는 음악소리가 저절로 작아져서 목소리를 높이지 않고도 서로 얘기를 나누는 데 불편함이 없었다. 공기도 수천 종의 향기로 가득 차 있었으며, 마찬가지로 음악이나 우리들이 있는 장소에 따라 다른 향기로 바뀌지곤 했다. 홀은 바닥의 단차에 의해 10개 정도의 구역으로 나뉘어져 각기 독특한 분위기를 갖추고 있었다. 작은 개울이 모든 구역을 통과하면서 꿈틀거리듯 흐르고 있었다.

나의 안내자는 그에게 매우 경의를 표하고 있는 두 동료를 대동하고 나에게 말했다.

"이리 오세요. 우리 편안히 앉도록 합시다. 당신에게 얘기할 것이 많으니까요."

나는 그를 따라 부드럽고 검은 모피로 싸인 팔의자와 소파가 늘어서 있는 곳으로 갔고 네 사람은 모두 거기에 앉았다.

그러자 그가 입을 열었다.

"1973년 12월에 당신에게 구술한 것을 완결하기 위해 나는 오늘 두 번째 메시지를 당신에게 주려고 합니다. 당신은 기록을 위한 필기구를 가지고 있지 않지만 걱정할 필요는 없습니다. 내가 지금부터 말하는 것은 전부 당신의 마음에 새겨지게 됩니다. 우리들이 가지고 있는 특별한 기술에 의해 당신은 들은 것 전부를 기억할 수 있게 됩니다. 우선 당신이 지난 2년 동안 이룬 모든 일에 대해 축하하는 동시에, 앞으로 당신의 일이 더욱 곤란해질지도 모른다는 것을 경고해 두고 싶습니다. 그러나 용기를 잃어서는 안 됩니다. 앞으로 무슨 일이 일어나더라도 당신의 노력은 반드시 보상받을 것이기 때문입니다.

본론으로 들어가기 전에, 첫 번째 메시지에서 당신이 잘못 기술한 부분, 즉 우리들 쪽에서 결정적으로 개입하여 인류를 멸망시킬 수도 있다는 문장은 정정하지 않으면 안 됩니다. 분명하게 말해 두지만 우리들은 개입하지 않을 것입니다. 인류는 현재 역사의 기로에 서 있고 그 장래는 인류 자신의 손에 달려 있습니다.

만약 인류가 그 자신과 그의 환경에 대한 공격성을 제어할 수 있다면 인류는 행성간 문명의 황금시대로 들어가서 우주적인 행복과 자기완성을 이룰 수 있을 것입니다. 반대로 만약 인류가 폭력에 계속 호소하게 된다면 인류는 직접 또는 간접으로 자신을 멸망시키게 됩니다.

천재가 통치하는 세계에 있어서는 인간의 재능으로 극복되지 않는 과학적 또는 기술적인 문제는 아무 것도 없습니다. 한 사람의 천재가 세계에 행복을 가져올 수 있는 것처럼 한 저능한 인간이 세계의 평화를 위협할 수도 있습니다. 천재정치를 수립하는 일이 빠르면 빠를수록 두뇌의 진화가 늦은 인간들에 의해 야기될 대파국의 가능성도 그만큼 빨리 제거될 수 있을 것입니다.

인류를 멸망시킬 대파국이 일어날 경우 당신을 따르는 자들만이 구출될 것입니다. 그리고 그들은 위험이 모두 사라진 후 황폐해진 지구에 돌아와 다시 살게 될 것입니다. 이와 같은 일은 이미 노아의 시대에 일어난 적이 있지요."

불교

그는 다시 말을 계속했다.

"불교에서는 사람이 죽을 때 죽은 자의 '영(the soul)'이 충분히 경계하여 수많은 '악마들' 을 피해 도망가야 하며, 그렇지 않을 경우 영은 다시 육체에 깃들어 윤회의 사이클로 되돌아간다고 설명하고 있습니다. 반면에 만약 그 악마들을 잘 피해간다면 그는 윤회를 벗어나 깨달음에 의한 희열의 경지에 들어간다고 합니다.

실제로 이것은 개인에 대해서보다는 인류 전체에 대해 보다 적합한 표현입니다. 왜냐하면 인류는 어떤 선택의 기로에 설 때마다 자신을 윤회의 사이클로 되돌아가게 만들고자 하는 악마들과 싸워야 하기 때문입니다. 여기서 악마들이란 동료 인간에 대한, 또는 우리들이 살고 있는 자연 환경에 대한 공격심을 말합니다. 또 깨달음을 통한 희열의 경지란 과학이 인류에게 봉사하는 문명의 황금시대, 즉 '지상낙원' 으로서 과학 기술의 도움으로 장님이 볼 수 있게 되고, 귀머거리가 들을 수 있게 되는 시대를 뜻합니다. 인류가 이러한 '악마들'에 대해 충분히 경계하지 않는다면 '다시 태어나는' 사이클로 되돌아가서 원시상태로부터 다시 시작하지 않으면 안 될 것입니다. 그리하여 또 다시 고뇌에 넘치는 투쟁의 세계 속에 살면서 조금씩 진보된 사회를 향해 서서히 나아가게 되겠지요.

'순환'을 의미하는 卍(Swastika,만)자가 수많은 고대 문헌에서처럼 우리들의 문장에 그려져 있는 것도 그 때문입니다. 문제는 과학의 평화적인 이용이 허용하는 낙원을 택하든가, 아니면 원시상태로 되돌아가는 지옥을 택하든가, 선택하기에 달렸지요. 만약 원시상태로 되돌아간다면 인간은 자연을 이용하고 지배하는 대신 자연에 복종해야 할 것입니다.

이것은 어떤 종의 인류가 자신의 행성을 벗어날 수 있는가에 대한 우주적 수준에서의 자연선택이라고 할 수 있습니다. 자신의 공격성을 완전히 억제할 수 있는 자들만이 그 단계에 도달합니다. 그렇지 않은 자들은 자신의 과학 기술을 발전시켜 인류를 파괴할 만큼 충분히 강력한 무기를 만든 다음 곧바로 자기파괴의 길로 들어갑니다. 그러므로 우리들은 외부에서 접촉을 시도해 오는 자들에 대해서는 결코 두려워하지 않습니다. 외계의 존재들과 수천 번의 만남을 통해 이것이 우주에서의 절대적인 법칙이라는 사실을 확인했습니다. 자기들의 태양계에서 탈출할 수 있는 능력을 갖춘 인간들은 예외없이 평화를 사랑하는 사람들이었습니다. 우리들이 우리 자신의 태양계를 벗어나는 여행을 가능케 해줄 강력한 에너지원을 발견할 때란 그 에너지로 돌이킬 수 없는 파괴력을 지닌 공격용 무기를 만들 수 있는 때를 의미하기도 합니다. 이러한 기로의 순간에서 만일 우리 자신의 공격성을 완전히 제어하지 못한다면 우리들은 자신을 멸망시키고, 진보- 파괴라는 사이클로 되돌아갑니다. 그러므로 자기들의 태양계를 넘어 여행하는 자들은 자신의 공격성을 극복함으로써 그러한 사이클로부터 이미 탈출했다는 것을 의미합니다.

지구상에서 당신이 살고 있는 지역, 프랑스는 유럽을 건설하기 위해 노력함으로써 이미 옳은 길을 걷고 있습니다. 프랑스는 군대를 갖지 않은 최초의 나라가 되어 전 세계에 모범을 보여야 합니다. 프랑스의 직업군인들은 평화를 유지하기 위한 유럽군의 기초를 놓아야 하며, 결국 세계평화군을 창설하는데 촉매가 되어야 합니다. 전쟁의 수호자가 아닌 평화의 수호자가 되어 그 이름이 더욱 존경받게 될 것입니다. 잘 알려진 한 나라가 앞장서감으로써 다른 나라들이 따를 수 있게 모범을 보여줄 필요가 있습니다. 프랑스는 징병제도를 폐지하고 유럽을 건설하는 사업에 직업군인을 배치했는데 그렇다고 해서 다른 나라가 프랑스를 침략하지는 않을 것입니다. 오히려 다른 나라들은 당신의 나라가 취한 길을 모방하고 따르게 될 것입니다. 일단 유럽의 군대가 통일되면 유럽의 경제도 단일 유럽 통화를 만듦으로써 통일될 수 있습니다. 그런 다음 이 과정은 전 세계로 확대 적용될 수 있을 것입니다. 여기에 덧붙여, 첫 번째 메시지에서 언급한 대로 단일의 세계공용어가 만들어져 지구상의 모든 학교에서 필수과목으로 가르쳐져야 합니다. 만약 이 길을 앞장서서 가야 할 나라가 있다면 그것은 프랑스입니다. 자기파멸을 가져올 무기를 축적할 때면 언제나 '억제력'을 들먹거리지만, 어떤 나라가 다른 나라를 억제하려고 할 때 - 누가 될지 알 수 없지만 - 그 불운한 행동이 '억제력'을 공격력으로 전환시키는 도화선이 되어 전 세계를 치명적인 위험에 빠뜨릴 수도 있는 것입니다.

인간은 과거를 기반으로 미래를 생각합니다만 이것은 잘못입니다. 과거는 그저 웃어 넘겨야 합니다. 과거를 토대로 현재를 구축한다기보다는 현재를 토대로 미래를 구축해야만 합니다.

선진국의 사람들이 원시상태를 벗어난 지는 겨우 30년밖에 되지 않았다는 것을 당신들은 알아야 합니다. 당신들은 이제 막 깨어나고 있습니다. 지구에는 아직도 수많은 사람들이 원시상태에 머물러 있으며 하늘에서 무엇을 보게 되면 곧 '신'의 현시라고 생각합니다. 또 자연을 신으로 숭배하는 종교가 경제적으로 뒤떨어진 나라에서는 여전히 맹위를 떨치고 있습니다.

나이가 많다고 사람들을 존경해서는 안 되며 지성을 존경해야만 합니다. 그러나 노인들에게는 쾌적한 삶을 누릴 수 있도록 보장해 주어야 합니다. 옛 조상들이 숭배의 대상이 되어서는 안 됩니다. 그 대신 그들을 우주에 대해 눈을 뜨지 못했고 또 세대에서 세대로 가치 있는 것을 거의 아무 것도 물려줄 수 없었던 가엽고 부족하고 원시적이었던 사람들의 표본으로 삼아야 합니다.”

신도 영혼도 존재하지 않는다

그는 계속 말을 이어나갔다.

“사회가 원시적이면 원시적일수록 신을 숭배하는 종교가 더욱 활개를 칩니다. 이런 일은 실제로는 다른 행성으로부터 온 방문자들이 조장하는 것입니다. 공격심을 아직 버리지 못한 원시세계를 무사히 방문하기 위한 유일한 방법이라 할 수 있겠지요. 당신들도 언젠가 진화된 인간으로 원시세계를 방문할 수 있는 단계에 도달하면 이러한 방법을 쓰지 않을 수 없게 될 것입니다. 원시적인 사람들이 신으로 맞아주는 일은 사실 매우 즐거운 일입니다. 이 방법은 실제로 매우 간단한데, 원시인에게 있어서는 하늘에서 내려오는 것은 무엇이든지 신성하기 때문이지요. 물론 존경받고 환대 받으려면 약간의 연출을 할 필요가 있습니다. 그것은 해로운 일이 아니니까요. 지금도 우리들은 계속 지구에 ‘현시’해서 이 방법이 아직도 유효한지, 또 대중이나 정부, 보도기관이 어떤 반응을 나타내는지 보고 있습니다. 우리들은 이런 식으로 자주 우리자신을 즐깁니다.

첫 번째 메시지에서 이미 얘기한 것처럼 신은 존재하지 않으며 영혼 또한 명백히 존재하지 않습니다. 만일 과학이 관여하지 않는다면 죽음 후에는 아무 것도 남지 않습니다. 이미 알고 있듯이 생물의 각 세포는 그 생물의 신체 및 지성에 관한 설계도를 포함하고 있기 때문에 죽은 조직으로부터 세포 하나만 있으면 그 생물을 재생시키는 것이 가능합니다. 사람은 죽음의 순간에 체중이 몇 그램 줄어드는 것이 증명되는데 이것은 사실 살아있는 생물이라면 모두 가지고 있는 에너지가 죽음의 순간에 소멸하는 것에 지나지 않습니다. 당신도 알다시피 에너지도 물질과 마찬가지로 무게가 있는 것입니다.

당신은 또한 우리들이 무한히 작은 세계 속에서도 지성을 갖춘 유기적인 생명체를 발견했다는 사실을 알고 있습니다. 그들은 확실히 우리들과 같은 수준으로 진보한, 우리 자신에 필적할 만한 존재임을 증명할 수가 있었습니다. 그리하여 우리들은 항성이나 행성들도 어떤 거대한 존재의 미립자들이라는 사실을 알았습니다. 그 거대한 존재도 분명히 호기심에 찬 눈으로 다른 별들을 쳐다보고 있을 것입니다. 무한히 큰 존재의 미립자 수준에 살고 있는 사람들에게 있어서 한 때 비물질적인 '신'을 믿었던 때가 있었으리라는 것은 충분히 가능한 일입니다.

당신은 모든 것이 모든 것 속에 포함되어 있다는 사실을 반드시 이해하지 않으면 안 됩니다. 지금 이 순간에도 당신의 팔을 구성하는 하나의 원자 속에는 신이나 영혼의 존재를 믿거나 믿지 않는 세계가 무수히 태어나고 또 무수히 죽어가고 있습니다. 천 년이라는 오랜 시간도 태양이 하나의 원자에 지나지 않는 거대한 존재에게는 단 한 걸음을 밟는 시간에 지나지 않을 것입니다. 시간은 실제로 질량 또는 생명형태의 크기에 반비례합니다. 그러나 우주에 있는 모든 것은 살아 있으며 무한대와 무한소의 사이에서 조화를 이루고 있습니다. 지구도 다른 모든 행성들과 같이 살아 있지만 그 미생물에 지나지 않는 인간에게는 이것을 이해한다는 것이 매우 어렵습니다. 지구와 인간 사이의 질량의 거대한 차이로 인한 시간 간격 때문에 당신은 지구의 맥동을 감지할 수가 없는 것입니다. 우리들의 적혈구나 신체를 구성하는 원자 하나하나는 자기나 동료들이 어떤 생물의 일부분이라고는 상상도 못하겠지요.

끝으로, 각 개체에 무슨 일이 일어나든 우주의 균형은 일정하게 유지됩니다. 그러나 우리들의 수준에서 행복해지기를 원한다면 우리들은 무한대와의 조화 속에서, 무한소와의 조화 속에서, 그리고 동료 인간과의 조화 속에서 살아가지 않으면 안 됩니다.

어떤 종류의 신이나 영혼의 존재를 지지하는 논의도 우주의 무한성을 상정할 때 그 논거를 상실하게 됩니다. 천국이 어느 특정한 장소에 존재할 수 없으며, 우주가 무한하기 때문에 그 중심은 존재하지 않습니다. 또 이미 말한 바와 같이 무한대의 존재와 무한소의 존재로 된 우주 사이의 질량의 엄청난 차이가 시간의 흐름에 결정적인 간격을 만들기 때문에 일체의 커뮤니케이션이 성립되지 않습니다.

사람이 죽은 다음 육체를 빠져나가는 '불멸의 영혼'이 있다고 상상해 봅시다. 이것은 매우 시적이기는 하지만 원시적인 사람들의 마음속에서 생겨난 다소 유치한 생각일 뿐입니다. 그렇다고 한다면 우리는 그 영혼이 도대체 어디로 가는지 알 수 없습니다. 왜냐하면 우주는 무한하기 때문입니다. 죽음의 순간 인간의 몸에서 나온 일정량의 에너지는 뿔뿔이 흩어져 우주에 편재한 에너지 속에 분산되므로 독자성을 상실합니다. 독자성이란 방금 죽은 사람이 살아 있을 때 그의 세포 속에 존재하는 것으로, 임신의 순간 형성된 최초의 세포 속의 남녀 유전자로 결정되는 고유설계도에 따라 조직화되는 그 물질 속에 새겨져 있는 것입니다.

지구상의 생명의 기원에 대해서 누군가 이렇게 말할지도 모릅니다.

'당신의 설명에는 뭔가 설득력이 없군. 왜냐하면 시작이 어떤가에 대해선 말할 수 없으니까.' 하지만 시작이 어떠했는가 하는 질문은 어리석은 것입니다. 그러한 질문은 질문자가 시간과 공간의 무한성을 자각하지 못했다는 것을 증명하는 것입니다. 물질에는 시작도 끝도 없습니다. 당신도 이미 들어본 적이 있듯이 '아무 것도 없어지지 않고 아무 것도 새로 생기는 일없이 다만 모는 것은 그 형태만 바뀌어 갈 뿐'이기 때문입니다. 물질은 단지 그 형태만이 변해가는데, 그것도 이를 실현시킬 수 있는 과학적인 수준에 도달한 사람들의 의지에 따라 가능할 뿐입니다.

이 사실은 무한의 어떤 수준에 있는 생명에게도 똑같이 적용됩니다. 이것이 우리들의 문장(紋章)이 나타내는 두 번째 부분인 '다윗의 별'이 의미하는 바입니다. 즉 중첩된 두 개의 삼각형은 '위에 있는 것은 아래 있는 것과 같다'는 것을 의미합니다. 여섯 개의 모서리를 가진 별 가운데 모든 것이 순환한다는 것을 나타내는 '卍 (만)'자가 새겨진 우리들의 문장에는 세계의 모든 지혜가 포함되어 있습니다. 당신은 이 두 개의 상징이 함께 그려져 있는 것을 티베트의 「사자(死者)의 서(書)」 혹은 「바르도 도돌(Bardo Thodol)」과 같은 많은 고대문헌에서 찾아볼 수 있을 것입니다.

확실히 인간의 '유한한' 두뇌로 무한을 이해하는 것은 매우 어렵습니다. 따라서 그러한 두뇌는 모든 일에 대해서 책임질 수 있는 하나 또는 다수의 신들을 설정함으로써 우주를 시간적으로나 공간적으로 한정시킬 필요를 느끼는 것입니다. 사실 우주를 향해 고도의 인간성에 도달할 수 없는 사람들은 무한의 개념을 받아들이기가 어렵습니다.

무한이란 인간을 예외적인 특별한 존재라는 지위에서 끌어내려 끝없는 우주 속의 특정한 시간과 특정한 장소에 놓인 보통의 생물로 만들어 버리기 때문입니다. 확실히 인간은 '한정된' 그 두뇌의 이미지 안에서, 보다 뚜렷한 한계와 틀을 가진 것을 더 좋아합니다. 다른 행성에도 생명이 존재하는가 하고 묻는 사람들은 이러한 한정된 두뇌의 전형이라고 할 수 있습니다.

그리고 당신이 강연 중에 말한 '다른 연못에도 생물이 있는가' 라고 묻는 우물 안 개구리의 비유를 우리들은 매우 적절한 비유라고 생각합니다.

지상낙원

현재 당신들이 지닌 과학기술을 폭력이나 군대 또는 소수의 개인적 이익이라는 그릇된 목적에 사용하지 않고 인류의 실질적인 행복을 위해 사용한다면, 당신들도 빠른 시일 안에 진정한 지상낙원에 도달할 수 있습니다. 과학과 기술은 인간을 기아의 공포로부터 완전히 해방시켜 줄뿐만 아니라 인간이 일하지 않고 충분히 살 수 있게 해줍니다. 오토메이션(자동화)덕분에 일상의 잡다한 일들은 기계가 다 해줄 것입니다. 이미 당신들의 가장 현대화된 몇몇 공장에서는 불과 얼마 전까지만 해도 자동차 한 대를 조립하는데 수백 명을 필요로 했지만, 지금은 차를 만드는 모든 조작을 감독하고 지령하는 컴퓨터 감시요원 한 사람 만으로 충분하게 되었습니다. 조만간 이 한 사람마저도 필요없게 되는 날이 올 것입니다.

노동조합은 이런 것을 좋아하지 않습니다. 왜냐하면 공장에는 사람들이 점점 필요 없게 되어 더 많은 사람들이 실직하게 되기 때문이지요. 그러나 이것은 정상이 아닙니다. 5백 명 분의 일을 해치우는 이 멋진 기계는 그 5백 명의 생활을 유지하기 위해 사용되어야 하며, 소유주 한 사람의 치부를 위한 것이 되어서는 안 됩니다.

어떤 사람도 다른 사람을 위해 일해서는 안 되고, 또 급료를 받기 위해 일해서도 안 됩니다. 기계가 모든 일을 떠맡아 간단히 할 수 있기 때문에 인간은 창조된 본래의 목적을 위해 전념할 수 있어야 합니다. 즉 사고하고 창조하고 개화하는 일입니다. 우리들의 행성은 바로 이 단계에 와있습니다. 당신들은 더 이상 일, 가족, 국가라는 세 개의 원시적인 개념에 따라 아이들을 키워서는 안 됩니다. 새로운 지침이 되어야 할 것은 개화, 자유, 그리고 우주적인 형제애입니다. 고난의 인생을 사는데 겨우 족할 만큼 돈을 버는 것이 일하는 유일한 동기라면 '일'은 신성한 것이 아닙니다. 오직 먹기 위해서 기계라도 할 수 있는 단순한 일에 자신을 팔고 따라서 자기 인생을 파는 것은 인간으로서 매우 수치스러운 일입니다. '가족'이란 예나 지금이나 사람들로 하여금 가족의 이상(理想)이라는 환상을 위해 더 열심히 일하도록 내모는 노예제도의 한 방편에 지나지 않습니다.

끝으로 '애국심'이라는 것도 사람들 사이에 경쟁심을 불러일으켜서 매일 더 큰 열의로 신성한 노동을 수행하도록 채찍질하는 보조수단에 지나지 않습니다. 더욱이 가족, 국가라는 세 개의 개념이 항상 원시적인 종교들에 의해 옹호되어 왔다는 것입니다. 그러나 당신들은 이제 더 이상 원시인이 아닙니다. 먼지에 덮인 낡은 교리들을 떨쳐내고 과학이 낙원으로 바꾸어 줄 지구 위에서 당신들의 삶을 마음껏 즐기도록 하세요.

가상의 적국에 대항하기 위해서라는 명분으로 무기공장에서 노동자들을 저임금으로 혹사시키고, 파괴적 무기를 생산해서 대자본가를 배부르게 하는 자들에게 속아서는 안 됩니다. 출생률이 저하되는 것을 마치 공포의 도래처럼 떠들어대는 사람들의 말에 귀를 기울여서도 안 됩니다. 젊은이들이 알고 있듯이 아이를 많이 낳을 필요는 없고 아이를 적게 가질수록 더 행복해질 수 있으며, 또 이것은 지구의 인구억제에도 도움이 됩니다. 또 '인접국가의 인구가 늘어나면 위협이 될 것이다.'라고 외치는 자들에게 속아서도 안 됩니다. 이러한 자들은 '억제력'을 구실로 핵무기를 비축하는 자들과 같습니다.

또 군대에서 총기의 취급법을 가르쳐 주고 핵미사일이 대량 생산됨에도 불구하고 이러한 '총은 항상 유용하다'고 말하는 자들에게 귀를 기울여서도 안 됩니다. 이러한 자들은 당신에게 폭력을 가르치고 싶은 것입니다. 상대방이 당신과 다른 제복을 입었다는 이유만으로 당신과 똑같은 인간을 가차없이 죽이는 법을 가르치고 있는 것입니다. 훈련용 표적을 써서 당신을 되풀이 훈련시킨 다음, 살인을 단순한 기계적 반사작용으로 만드는 것입니다. 국가를 위해서 싸워야 한다고 말하는 자들에게 속지 마세요! 어떤 국가도 그럴만한 가치가 없습니다. '만약 적이 침략해 온다면 우리는 방어해야 하지 않는가?'라고 말하는 사람들에 현혹되지 않도록 하세요. 그런 말에 대해서는 비폭력이 언제나 폭력보다 유효하다고 대답하세요. 침략자들이 제아무리 호전적이라 할지라도 '프랑스를 위해 죽은' 사람들이 옳았다는 것은 증명되지 않았습니다. 인도에서의 간디의 승리를 보세요. 사람들은 자유를 위해서는 싸워야 한다고 말하지만 그들은 골족(Gaul族)이 로마와의 싸움에서 패했고, 프랑스가 피정복민족의 자손으로서 정복자의 문명으로부터 혜택을 받은 것이 과히 나쁘지 않았다는 사실을 잊고 있습니다. 당신들은 편협하고 공격적인 사람들의 말에 귀를 기울이지 말고, 개화와 자유와 사랑을 성취하기 위해 살도록 하세요.

당신들이 항구적인 세계평화에 도달하는데 기여할 가장 중요한 도구는 텔레비전입니다. 텔레비전은 진정한 행성의식을 일깨우는 수단으로서, 매일 전 세계에서 일어나는 일들을 볼 수 있게 해줄 뿐만 아니라 국경 저편에 살고 있는 '야만인들' 도 우리 자신과 똑같이 기쁨과 슬픔을 느끼고 똑같은 문제들을 가지고 있음을 깨닫게 해줍니다. 또 과학의 발선동향이나 최근의 예술삭품들을 텔레비선을 통해 섭할 수 있습니다. 물론, 이 멋진 정보의 전달수단이 대중을 움직이기 위해 정보를 조작하는 자들의 손에 넘어가지 않도록 주의할 필요가 있습니다.

텔레비전은 바로 인류의 신경조직이라고 생각할 수 있는데, 우리들 개개인에게 다른 사람들의 존재를 의식하게 하고 그들이 어떻게 살고 있는지 보여줍니다. 또한 텔레비전은 다른 사람들에 대한 왜곡된 생각이 확산되는 것을 막아 줌으로써 '이방인'에 대한 공포심을 차단합니다. 오래 전에 이웃 부족에 대해 느끼던 공포는 이웃 마을로, 다음에는 이웃 지방으로, 그리고 더욱 확대되어 인접국가의 위협으로 발전되었습니다. 오늘날에는 다른 인종에 대한 두려움이 남아 있으며, 만일 이 두려움이 없어진다면, 이번에는 다른 행성에서 침략해 올 가능성은 없을까라는 두려움을 갖게 되겠지요. 그러나 이런 태도를 바꿀 필요가 있습니다. 우리들은 밖에서 오는 모든 것에 대해 열려 있어야 합니다. 자신들과 다른 것에 대해 두려움을 느낀다는 것은 그 문명이 원시적인 단계에 있음을 증명하기 때문입니다. 이러한 의미에서 텔레비전은 필요불가결한 도구로서, 모든 문명의 단계에 있어 최고는 아니라 하더라도 가장 중요한 단계 중 하나라고 할 수 있습니다.

왜냐하면 라디오와 텔레비전은 생물의 몸속을 달리는 신경조직처럼 각기 떨어져 있는 인류의 모든 세포인 인간에게 항상 타인의 활동에 대한 정보를 주고 있기 때문입니다.

다른 세계

당신은 여기가 어딘지 궁금하시겠지요? 당신은 지금 지구에서 비교적 가까운 곳에 있는 기지에 와 있습니다. 첫 번째 메시지에서 우리들은 빛보다 일곱 배나 빠른 속도로 여행한다고 말했습니다. 그러나 그것은 우리들이 처음 지구에 착륙했을 당시, 즉 2만 5천 년 전의 일이었습니다. 그 후 우리들의 문명은 매우 진보하여 지금은 더 빠른 속도로 우주를 여행하고 있습니다. 당시 거의 2개월이나 걸렸던 여행은 지금은 단 몇 분이면 됩니다. 그러고도 우리들은 계속 진보하고 있지요. 자, 나를 따라서 이제부터 우리들과 함께 여행을 좀 하기로 할까요?"

나는 일어나서 세 안내자의 뒤를 따라갔다. 우리들은 방을 하나 거쳐 다른 거대한 방으로 들어갔는데 거기에는 지구에서 내가 타고 온 것과 모양은 비슷하나 크기가 더 큰 우주선이 놓여 있었다. 우주선은 외견상 직경이 12미터 정도 되어 보였으며 안에는 4개의 의자가 서로 마주 보고 있었다. 우리들은 좌석에 앉았다. 나는 먼젓번과 같이 강렬한 오한을 느꼈으나 이번에는 이 느낌이 훨씬 오래, 약 10분간 지속되었다. 이윽고 기체가 흔들리는 듯했고 우리들은 출구로 향했다.

문이 열리자 내 앞에는 도저히 말로 표현할 수 없는 천국과 같은 장관이 펼쳐져 있었다. 제각기 독특한 아름다움을 지닌 거대한 꽃들이 여기저기 피어 있었고, 그 사이로 상상도 해본 적이 없는 동물들이 걸어 다녔으며, 극채색의 깃털로 장식된 새들이 날아다녔다. 또 곰 새끼의 머리 모양을 한 분홍색과 파랑색의 털을 가진 다람쥐들이 나뭇가지 위로 뛰어 다녔는데 그 나무에는 엄청나게 큰 꽃들과 커다란 열매들이 주렁주렁 달려 있었다.

우주선에서 30미터쯤 떨어진 곳에 몇 명의 엘로힘이 기다리고 있었다. 나무들 뒤로 선명한 색깔의 조개를 닮은 몇 개의 건물들이 주변의 식물들과 완전한 조화를 이루고 있었다. 기후는 매우 온화했고 공기는 이국적인 꽃들로부터 풍겨오는 수천 종의 향기로 가득 차 있었다. 우리들은 언덕 위로 올라갔는데 거기서 펼쳐지는 경치는 실로 장관이었다. 수많은 개울들이 싱푸른 수림 사이를 굽이쳐 흘렀고 멀리 감청색의 바다가 햇빛에 반짝이고 있었다.

숲을 지나 활짝 트인 공터로 나오자 나는 거기에서 나와 닮은 사람들, 다시 말해서 엘로힘이 아니라 지구상에 사는 사람들과 똑같이 생긴 사람들을 발견하고는 깜짝 놀랐다. 그들의 대부분은 나체로 있거나 화려한 색채의 비단옷을 걸치고 있었다. 그들은 나를 데리고 온 세 엘로힘께 고개를 숙이며 경의를 표했다. 우리들은 모두 암반에 새겨져 두꺼운 모피로 덮여있는 팔의자에 앉았는데, 모피는 따뜻하고 아직 살아있는 듯 생생했으며 아주 기분 좋게 느껴졌다. 바로 옆에 위치한 작은 동굴로부터 여러 명의 남자가 과일과 맛있는 소스가 곁든 구운 고기, 잊을 수 없는 향의 음료가 가득 담긴 쟁반을 날라왔다. 식사동안 각 사람 뒤에는 두 사람의 남자가 쟁반을 받쳐들고 원하는 대로 무엇이든 시중을 들었다. 그들은 보지 않고도 원하는 음식이 무엇인지 재빨리 알아차렸다. 식사동안 어디선지 모르게 아름다운 음악이 흘러나왔고 시중드는 남자들에 못지않게 조각과 같은 몸매를 지닌 젊은 여자들이 주변의 잔디 위에서 나체로 비할 수 없이 우아한 춤을 추기 시작했다.

세 사람의 엘로힘 외에 지구인과 닮은 사람들이 40명 정도 연회에 참석하고 있었다. 백인, 황인, 흑인의 남녀가 섞여 있는 이들은 내가 이해할 수 없는 언어로 얘기했는데 그것은 히브리어와 비슷했다.

나는 2년 전에 만난 엘로하의 오른쪽에 앉았고 내 오른쪽으로 다른 여섯 명의 엘로힘이 앉았다.

나의 맞은편에는 마른 체구에 수염을 기른 아주 잘 생긴 젊은 남자가 신비로운 미소와 매우 다정한 표정을 띠고 있었다.

그의 오른쪽에는 고상한 얼굴에 매우 숱이 많은 검은 수염을 길게 기른 사람이 앉아 있었고, 그의 왼쪽에는 동양인의 얼굴을 한 좀 뚱뚱한 남자가 앉았는데 그의 머리는 삭발하고 있었다.

고대의 예언자들을 만나다

식사가 끝나가자 지구에서 나를 데리고 온 엘로하가 내게 말을 시작했다.

"나의 첫 번째 메시지에서 나는 당신에게 우리들의 행성에는 과학적인 불사의 비법으로 하나의 세포에서 재생된 지구인들이 살고 있는 거주지역이 있다고 했으며, 그곳에는 예수, 모세, 엘리야와 같은 사람들이 살고 있다고 말했습니다. 그 거주지역이란 실제로는 상당히 넓은 지역으로 실은, 불사회의의 임원들이 살고 있는 이 행성 전체를 가리킵니다. 나의 이름은 야훼(YAHWEH)이며 불사회의의 의장입니다. 이 행성에는 지금 8천 4백 명의 지구인이 살고 있는데, 이들은 살아 있는 동안 무한을 향한 의식적 각성이 상당한 수준에 도달했거나, 발견이나 저작, 사회의 조직방법, 또는 형제애나 사랑, 봉사에의 탁월한 행동에 의해서 인류가 그 원시적인 단계에서 어느 정도 벗어날 수 있도록 노력한 사람들입니다. 그 외에 불사회의의 임원인 7백 명의 엘로힘이 함께 살고 있습니다. 당신에게 부여된 사명의 결과가 어떻든 간에 당신의 장소는 여기 우리들 사이에 약속되어 있습니다. 이 작고 참된 '낙원'에서는 과학 덕분에 무엇이든지 간단히 할 수 있으며 우리들은 여기서 영원히 행복하게 살고 있습니다. 나는 영원이란 말을 참된 의미로 사용하고 있는데, 지구에서와 같이 우리들은 여기서도 모든 생명을 창조했습니다. 그리고 우리들은 무한대의 생명, 즉 행성의 생명을 완전히 이해할 수 있게 되었습니다. 따라서 우리들은 태양계의 노화의 징조를 미리 탐지하여 행성의 생존이 우려될 때에는 적시에 이곳을 떠나 다른 곳에 또 다른 '낙원'을 만들 수 있습니다.

여기에 살고 있는 불사의 인간들은 지구인이든 엘로힘이든, 자기가 좋아하는 것만을 하면서 자신이 원하는 대로 자기완성에 전념할 수 있습니다. 과학적 연구도 좋고 명상이나 음악, 회화 등등… 자신이 원하는 일 이외에는 아무 것도 할 필요가 없습니다. 원한다면 아무 것도 하지 않고 지낼 수도 있습니다!

몇 분 전에 접시를 날라 온 남자들과 춤추는 여자들은 생물학적 로봇에 지나지 않습니다. 우리들은 그들을 지구상에서 인간을 창조할 때와 똑 같은 원리에 따라 100 퍼센트 과학적인 방법으로 만들었지만, 그들의 능력은 제한되어 있으며 우리들에게 절대 복종합니다. 그들은 명령을 받지 않으면 아무 것도 할 수 없습니다. 그러나 매우 전문화되어 있지요. 그들은 어떤 개인적인 욕구도 갖지 않으며 자기들의 전문적인 일을 할 때 외에는 아무런 기쁨도 느끼지 않습니다. 그들도 나이를 먹으면 우리들과 같이 죽지만, 그들을 제조하는 기계는 우리들이 실제로 필요로 하는 것보다 훨씬 더 많은 생물로봇을 만들어 낼 수 있습니다. 이외에도 그들은 고통이나 감정을 느끼지 않으며 자손을 생산하지도 않습니다. 그들의 수명은 우리들과 마찬가지로 조그만 외과적 수술로 7백 살 정도 삽니다.

하나의 생물로봇이 노령으로 파괴될 때 로봇 제조장치는 우리들의 필요에 따라 하나 또는 여러 개의 새로운 로봇을 만들어 냅니다. 로봇은 성장하거나 어린이의 시기가 따로 없고 성인의 키로 제조되기 때문에 장치에서 나오는 대로 바로 일할 수 있습니다. 그들은 인간과 엘로힘에게 어떻게 복종하는가 하는 것 이외에는 아는 것이 없으며, 또 약간의 폭력도 쓸 수 없습니다. 생물로봇은 남자나 여자나 두 눈 사이에 조그만 파란 돌이 박혀 있으므로 쉽게 구별할 수 있습니다. 더러운 일이나 재미없는 일은 모두 로봇이 해줍니다. 로봇의 제조, 수리, 파괴는 모두 지하에서 행해집니다. 실제로 그곳에서 모든 관리 작업이 로봇과 초대형 컴퓨터에 의해 이루어지고 있는데 이 대형 컴퓨터는 식료품, 원자재의 공급, 에너지 등 모든 문제들을 처리합니다. 우리들은 한 사람이 평균 열 명의 생물로봇을 사용합니다. 이곳에는 지구인과 엘로힘의 수가 9천명을 조금 넘으므로 로봇은 남자와 여자를 합해 항상 9만 명 정도 있는 셈입니다. 불사회의 멤버인 엘로힘과 마찬가지로 불사의 지구인들도 아이를 가질 수 없습니다. 이 지구인들은 자신이 동의하여 작은 불임 수술을 받았습니다만 이러한 불임은 언제든지 간단하게 회복될 수 있습니다. 이러한 제도는 불사의 자격이 없는 인간이 이 멋진 세계에 태어나는 일이 없도록 하기 위한 것입니다. 물론 불사의 남자와 여자는 그들이 원할 때는 자유로이 사랑을 할 수 있습니다만 어떤 형태로든 질투는 생기지 않습니다. 한편, 불사의 남녀 간에 존재하는 평등한 관계를 넘어서, 하나 또는 다수의 여자들과 살고 싶다고 생각하는 남자들, 또는 한 여자와 대등한 관계에서 살고 싶지 않은 남자들은 절대복종하는 여성 '생물로봇'을 하나 또는 여러 명 가질 수 있습니다.

로봇 제조장치는 정확히 원하는 바의 육체적 외형을 갖춘 로봇을 만들어 냅니다. 마찬가지로 절대복종하는 남성 '생물로봇'을 하나 또는 여러 명 가질 수 있습니다. 로봇 제조장치는 원하는 신체적 외양이나 전문기술을 로봇에게 갖추게 할 수 있습니다. 몸매, 용모, 표정에 대한 '이상적인' 남성이나 여성에는 여러 타입이 있지만, 키나 몸의 사이즈, 얼굴 모양 등은 원하는 대로 수정할 수가 있습니다. 지구에서 특별히 존경하거나 사랑한 사람의 사진을 넣을 수도 있는데 이 경우에도 장치는 그 사람과 똑같은 모습의 복제를 만들어 냅니다.

그러므로 불사의 남자와 여자의 관계는 우애와 존경에 넘치게 되고 양자의 결합은 극히 순수하고 고상한 것이 됩니다.

여기에 사는 것이 허용된 사람들은 고도로 개화된 수준에 있기 때문에 이들 사이에는 어떤 문제도 존재하지 않습니다. 대다수의 사람들은 명상을 하거나 과학적인 연구, 예술작품의 창작, 발명 또는 온갖 종류의 물건을 만드는데 대부분의 시간을 보냅니다. 우리들은 여러모로 다른 지역에 다양한 건축양식의 도시를 세우고 그 지역을 마음대로 꾸미면서 살고 있습니다. 사람들은 누구나 자신이 좋아하는 것만을 추구하면서 자기완성을 실현합니다. 어떤 사람은 과학실험을 하는 데에, 어떤 사람은 음악을 연주하는 데에, 또 어떤 사람은 매번 놀랄 만한 새로운 동물을 만들어 내는 데에 기쁨을 느낍니다. 또 명상을 하거나 사랑에만 몰두하면서 기쁨을 느끼는 사람들도 있습니다. 이들은 곳곳에 흐르는 샘물을 마시고 언제 어디서나 자라는 싱싱한 과일을 먹으면서 이 낙원의 자연이 주는 무수한 즐거움을 마음껏 누리고 있지요. 여기에는 겨울이 없습니다. 우리들은 모두 당신들의 열대 지방에 해당하는 지역에서 살고 있습니다. 그러나 날씨를 과학적으로 조절할 수 있기 때문에 날씨는 항상 맑고 그리 덥지 않습니다. 우리들은 원하는 때와 장소에 따라

밤에만 비를 내리게 합니다.

이 세계를 진정한 낙원으로 만들고 있는 이 모든 일들을 한번에 다 이해하기는 어려울 것입니다. 여기서는 누구나 완전한 안전 속에서 자유를 누릴 수 있습니다. 이들은 모두 그러한 자유를 누릴만한 자격이 있기 때문입니다.

기쁨을 가져오는 것은 무엇이든 그것이 타인에게 해를 주지 않는 한 좋은 것입니다. 그것이 모든 감각적 기쁨이 수긍되는 이유입니다. 감각이란 항상 외부세계를 향해 열려 있는 창이며 그렇게 열려 있음은 모두 좋은 일이기 때문입니다. 지구에서 당신들은 성이나 나체에 관한 것은 무엇이든 잘못으로 간주하던 모든 원시적 터부에서 이제 막 깨어나고 있습니다. 실상 성이나 나체보다 더 순수한 것은 없는 데도 말입니다. 당신들이 나체를 나쁜 것으로 말할 때처럼 당신들의 창조자들을 실망시킬 때는 없습니다. 그 나체란 바로 우리들이 만든 이미지니까요! 당신이 보다시피 여기서는 모두가 나체로 지내며 옷을 입고 있는 사람들은 다른 불사인의 손으로 만든 예술작품을 선물 받았거나, 혹은 멋이나 장식용으로 걸치고 있을 뿐입니다.

지구인이 불사의 세계에 들어오는 것이 허용될 때는 먼저 화학적 교육과정을 거치게 됩니다. 그렇게 함으로써 그들은 어떤 것에도 놀라지 않게 되고, 또 그들이 와 있는 곳이 어디며 왜 오게 되었는가를 분명히 이해하게 됩니다."

나의 안내자, 야훼는 말을 잠시 멈추었다가 다시 계속했다.

"지금 당신의 맞은편에 앉아 있는 사람은 2천 년 전에 우리들이 이스라엘 민족에게 남긴 메시지를 보다 널리 알리기 위한 사명을 띠고 활동을 전개했던 사람입니다. 그 메시지가 전파되어 지금 당신이 이해할 수 있게 된 것이지요. 이 사람이 바로 예수입니다. 우리들은 그가 십자가에 못 박히기 전에 채취해 둔 세포로부터 그를 재생시킬 수 있었습니다."

나의 맞은편에 앉아 있던 수염이 긴 젊은 미남자가 내게 다정한 미소를 보냈다.

"그의 오른편에 있는 사람들이 모세와 엘리야이며, 예수의 왼편에 앉은 사람이 지구상에서 석가로 알려진 사람입니다. 그 다음에 앉아 있는 사람은 마호메트로 그의 글 속에서 나는 '알라(ALLAH)' 라고 불리어지고 있습니다. 당시의 사람들이 나를 숭배한 나머지 내 이름을 감히 부르지 못한 것이지요. 이 연회에 참석한 40명의 남녀들은 지구상에서 우리들과의 만남을 통해 종교를 창시했던 사람들입니다."

40명의 남녀들은 모두 매우 다정하고 즐거워하는 얼굴로 나를 쳐다보았다. 아마 그들은 자기들이 이곳에 발을 들여놓았을 때의 놀라움을 상기하는 것 같았다.

나의 안내자는 다시 말을 이었다.

"지금부터 당신에게 우리들의 시설물의 일부를 보여 드리도록 하지요."

그가 일어서자 나는 그의 뒤를 따랐다. 그가 나에게 커다란 버클이 달린 넓은 벨트를 매라고 했다. 야훼와 그의 두 동료들도 같은 장식이 달린 벨트를 매었다. 벨트를 매자 나는 몸이 지면에서 떠오르는 것을 느꼈다. 지상 20미터의 높이, 거의 나무 꼭대기의 높이에서 아주 빠른 속도로 아마 시속 100킬로미터나 어쩌면 그 이상의 속력으로 일정한 방향을 향해 날아갔다. 세 명의 엘로힘도 함께 하늘을 날았다. 야훼가 선두에 서고 내 뒤로 두 사람이 따랐다. 무엇보다도 이상한 것은 얼굴에 바람이 부딪히는 것을 전혀 느낄 수가 없었다.

우리들은 숲 속의 조그만 공터로 내려갔다. 가까운 곳에 작은 동굴의 입구가 보였다. 우리들은 여전히 벨트에 의해 이동하고 있었지만 지상 1미터 정도의 높이에서 보다 천천히 움직이고 있었다. 금속의 벽으로 된 회랑을 지나서 우리들은 거대한 홀에 도착했다. 홀 중앙에는 커다란 기계 장치가 놓여 있었고 이마에 푸른 돌이 박혀 있는 10여명의 로봇들이 그 주위에 둘러 서 있었다. 거기서 지면에 내린 우리들은 벨트를 풀었다. 야훼가 말했다.

"여기 있는 것이 생물학적 로봇을 제조하는 장치입니다. 당신을 위해서 하나 만들어 보도록 하지요."

그가 장치에 가까이 서 있는 로봇 중 하나에게 신호를 보내자 그 로봇은 장치의 몇 부분을 조작했다. 그러고 나서 길이 2미터, 폭이 1미터 되는 창 가까이로 나를 오라고 했다. 나는 창 안의 파란 액체 속에서 인간의 골격이 어렴풋이 모양을 잡아가는 것을 보았다. 그 형태가 점점 뚜렷해지면서 마침내 실제의 골격이 되었다. 다음에는 신경이 자라서 뼈를 둘러쌌고 그 위에 근육이 생겨났다. 마지막으로 피부가 덮였으며 머리털이 자라났다. 몇 분 전까지만 해도 아무 것도 없었던 곳에 멋진 육체의 남자가 누워 있었다. 야훼가 말했다.

"구약성서의 「에제키엘서」 제37장을 기억해 보세요."

『너 사람아, 이 뼈들이 살아날 것 같으냐?… 뼈들이 움직이며 서로 붙는 소리가 났다. 내가 바라보고 있는 가운데 뼈들에게 힘줄이 이어졌고 살이 붙었으며 가죽이 씌워졌다… 숨이 불어왔다. 그러자 모두들 살아나 제 발로 일어서서 굉장히 큰 무리를 이루었다.』 (에제키엘서 37:3,7,8,10)

"당신이 지금 본 것을 그대로 묘사한다면 분명히 에제키엘의 서술과 비슷한 것이 될 것입니다. 다만 지금은 기술이 진보되어 소음이 나지 않는다는 것뿐입니다."

실제로 내가 목격한 장면은 에제키엘의 묘사와 정확히 일치했다. 장치 안에 누워 있던 사람은 왼쪽으로 이동해서 보이지 않았다. 이윽고 장치의 뚜껑이 열리면서 조금 전에 내가 그 제조과정을 지켜 본 남자가 흰색 천위에 누워 있는 것이 보였다. 그 남자는 잠시 동안 움직이지 않았으나 이윽고 눈을 뜨고 일어났다. 그는 계단을 내려와서 다른 로봇과 몇 마디 말을 주고받더니 내 앞으로 다가왔다. 나는 손을 내민 그와 악수를 했는데 그의 피부가 부드럽고 따뜻함을 느꼈다.

야훼가 나에게 물었다.

"사랑하는 사람의 사진을 가지고 있습니까?"

-네. 지갑에 어머니의 사진이 들어 있습니다. 벗어 놓은 옷의 주머니 속에 들어 있는데요.

야훼는 한 장의 사진을 보여 주면서 그것이냐고 물었다. 그렇다고 내가 대답하자 야훼는 그것을 한 로봇에게 넘겨주었다. 그 로봇은 사진을 장치에 삽입하고 기계의 몇 부분을 조작했다. 나는 창 앞에서 하나의 생명이 새롭게 형성되어 가는 것을 지켜보았다. 피부가 근육을 덮기 시작할 때 나는 무엇이 일어나고 있는가를 깨달았다. 그들은 내가 준 사진으로부터 나의 어머니와 똑같은 복제를 만들고 있었다. 잠시 후 나는 나의 어머니라기보다는 10년 전 어머니의 모습에 다가가 키스할 수가 있었다. 그 사진은 10여 년 전에 찍은 것이었다. 야훼가 나에게 말했다.

"당신의 이마에 작은 주사를 놓게 해주세요."

로봇 중 하나가 내게 와서 주사기와 비슷한 작은 기구를 내 이마에 갖다 대었다. 아주 가볍게 대었기 때문에 아픈 느낌은 전혀 없었다. 로봇은 그 주사기를 거대한 장치에 삽입하고 기계의 다른 부분을 조작했다. 또 다시 내 눈 앞에서 하나의 존재가 형태를 갖추기 시작했다. 피부가 근육을 덮기 시작할 때 나는 또 하나의 내가 서서히 모습을 갖추고 있는 것을 보았다. 장치로부터 나온 그 존재는 나 자신의 완전한 복제였다. 야훼가 나에게 말했다.

"당신이 보다시피 여기 있는 또 하나의 당신은 로봇이지만 당신 어머니의 복제가 가지고 있는 것과 같이 작은 돌을 이마에 달고 있지 않습니다. 사진으로부터는 단순히 그 사람의 육체적 외형만을 복제할 수 있으며 개성을 나타내는 심리적 요소는 거의 없습니다. 그러나 당신의 두 눈 사이에서 채취한 세포로부터는 개인이 갖고 있는 기억, 개성, 특징을 포함한 완전한 복제를 만들 수가 있습니다. 우리들이 지금 또 하나의 당신을 지구에 보낸다고 해도 아무도 그것을 알아볼 사람은 없을 것입니다.

그러나 우리들은 지금 바로 이 복제를 파괴할 생각입니다. 그것은 우리들에게 아무 소용도 없으니까요. 지금 이 순간 두 사람의 당신이 내 말을 듣고 있지만 두 사람은 서로 다른 반응을 일으키고 있습니다. 당신은 자신이 계속 살게 될 것을 알고 있고, 다른 한 사람은 자신이 파괴될 것을 알고 있기 때문입니다. 그렇다고 그가 괴로워하지는 않습니다. 그는 자기가 당신 자신임을 잘 알고 있기 때문입니다. 이것은 필요하다면 영혼이 존재하지 않는다는 것에 대한 또 하나의 증거가 될 수 있을 것입니다. 원시적인 사람들이 믿고 있듯이 각 개인의 특성에 따른 순수한 영적 실체란 존재하지 않습니다."

우리들은 거대한 기계가 놓여 있는 방을 나와서 복도를 거쳐 또 하나의 홀로 들어갔다. 그 홀에는 다른 장치들이 놓여 있었고 우리들은 어떤 기계 앞에 다가갔다.

"이 기계 속에는 때가 되면 심판받기 위해 재생될 사악한 인간들의 세포가 보존되어 있습니다. 지구상에서 폭력, 악의, 공격심, 반계몽주의를 가르친 사람들과, 자신이 어디서 왔는가를 알 수 있는 모든 지식을 가지고 있음에도 불구하고 진실을 인정하지 않았던 사람들은 모두 재생되어, 그들 이 고통을 준 피해자나 그 조상 혹은 그 자손에 의해 심판받은 후 그것에 상응하는 벌을 받게 될 것입니다.

이제 좀 쉬도록 하세요. 이 로봇이 당신의 안내자가 되어 내일 아침까지 당신이 원하는 것은 무엇이든 마련해 줄 것입니다. 내일 아침 다시 당신과 이야기를 나눈 다음 당신을 지구로 데려갈 것입니다. 그때까지 당신의 행성에서 사명을 끝냈을 때 당신을 기다리고 있을 이 낙원의 즐거움을 맛보도록 하세요."

그러자 로봇 중 하나가 내게 와서 경의를 표하면서 인사를 했다. 키가 크고 잘 생긴 검은 피부의 로봇은 수염이 없고 스포티한 얼굴을 하고 있었다.

낙원에서의 즐거움

로봇은 내 방을 보고 싶으냐고 물었다. 그렇다고 대답하자 그는 여행용 벨트를 내게 주었다. 벨트를 매자 어느새 나는 땅 위를 날고 있었다. 땅에 내렸을 때 앞에는 저택이라기보다는 부채꼴 조개를 더 닮은 집이 한 채 있었다. 실내는 전체가 털이 긴 모피의 카펫으로 깔려 있었다. 보통침대의 네 배만큼이나 큰 침대가 바닥보다 낮게 만들어져 있었는데 침대를 덮고 있는 모피 색깔로 겨우 분간할 수 있었다. 커다란 방 한 쪽에는 수영풀장만큼 큰 욕조가 역시 지면보다 낮게 만들어져 있었으며 멋진 모양과 색깔의 식물들로 장식되어 있었다.

"같이 지낼 여자들을 원하십니까?"

로봇이 물었다.

"함께 가서 당신이 고르도록 하십시오."

내가 다시 벨트를 매자 어느덧 로봇제조 장치 앞으로 가 있었다. 밝고 투명한 입방체가 눈앞에 나타났다. 입방체의 정면에 놓여 있는 의자에 앉아 건네준 헬멧을 쓰자 젊고도 아름다운 갈색머리의 여인이 멋지게 균형 잡힌 몸매로 빛나는 입방체 안에 3차원의 상(像)으로 나타났다. 그녀는 자신의 몸매를 자랑하듯 여러 가지 포즈를 취했다. 만약 그녀가 입방체 바닥에서 1미터 위에 떠있지 않았다면 나는 그 여자가 실제로 거기 있었다고 착각했었을 것이다. 로봇은 그 여자가 마음에 드는지, 또 몸매나 얼굴을 바꿔줄 것인지의 여부를 물었다. 나는 그대로가 좋다고 대답했다. 로봇은 그녀가 미학적인 관점에서 이상적인 타입이며, 이 행성의 대다수 주민의 기호에 따라 컴퓨터가 만들어 낸 이상적인 여성의 세 가지 타입 중 하나라고 말했다. 그러나 내가 원한다면 얼마든지 모양을 바꿀 수 있다고 했다. 그 아름다운 여성에 대해 아무 것도 고칠 의사가 없다고 하자, 두 번째의 여성이 입방체 안에 나타났다. 이번에는 도전적이고 요염 한 금발의 여자로 첫 번 여자와 마찬가지로 완벽했다. 그녀에게도 고칠 점이 없었다. 세 번째는 더욱 관능적인 느낌을 주는 붉은 머리의 여자가 나타났다. 로봇은 이 세 백인 여성이 마음에 드는지, 또 다른 모델을 더 보고 싶은 지를 물었다. 물론 나는 이들이 다 아주 만족스럽다고 대답했다.

다음 순간 입방체 안에 아름다운 흑인 여자가 나타났다. 이어서 매우 섬세하고 호리호리한 중국여자가 보였으며, 끝으로 육감적인 젊은 동양 여자가 나타났다. 로봇은 어떤 여자가 파트너로 좋으냐고 물었다. 내가 그들 모두 좋다고 대답하자 로봇은 장치가 있는 곳으로 가서 다른 로봇에게 뭔가를 얘기했다. 그러자 장치가 움직이기 시작했고 나는 무슨 일이 일어날지 짐작하였다.

몇 분 후 나는 6명의 여자들과 함께 방으로 돌아왔다. 거기서 절대적으로 나의 모든 요구에 순응하는 아름다운 로봇들과 함께 목욕했는데, 그것은 정말 잊을 수 없는 멋진 것이었다. 목욕이 끝나자 나의 안내역 로봇이 음악을 작곡하겠느냐고 내게 물었다. 내가 수긍하자 로봇은 조금 전 로봇 제조실에서 썼던 것과 비슷한 헬멧을 건네주면서 이렇게 말했다.

"지금 당신이 듣고 싶은 음악을 머릿속에서 상상해 보세요."

그러자 내가 생각한 것과 똑같은 음악이 들리기 시작했다. 내가 머릿속에서 하나의 멜로디를 작곡하자 그 멜로디가 여태껏 들어본 어떤 음악보다도 뛰어난 음색과 감성이 풍부한 실제의 소리로 나의 귀에 들려

왔다. 멜로디를 악보에 옮기는 힘든 작업과 오케스트라를 동원하지 않고도 음악을 직접 만들 수 있는 모든 작곡가들의 꿈이 실현된 것이다.

나의 음악에 맞추어 여섯 명의 우아한 여자들이 매우 육감적이고 매혹적인 춤을 추기 시작했다.

한참 후에 나의 로봇이 또 그림을 그려보지 않겠느냐고 물었다. 다른 헬멧을 쓴 후 나는 반원형의 스크린 앞에 앉았다. 내가 어떤 풍경을 상상하자 곧 그 풍경이 스크린 위에 비치기 시작했다. 내가 마음속에 생각한 모든 것들이 곧바로 시각화되어 나타났다. 내가 외할머니를 생각하자 외할머니가 스크린 위에 나타났다. 꽃다발을 생각하면 꽃다발이 나타났고, 녹색 반점이 있는 장미꽃을 그렸다면 그것도 나타났을 것이다. 이 장치는 무언가를 생각하는 순간에 사고의 내용을 설명할 필요도 없이 즉각 시각화 했다. 이 얼마나 놀라운 일인가. 나의 로봇이 말했다.

"조금만 연습하면 극본을 써서 상연할 수도 있습니다. 여기서는 이런 종류의 상연물이 즉흥적인 창작극으로서 많이 상연되고 있습니다."

잠시 후 나는 침대로 가서 아름다운 여성 로봇들과 함께 내 생애에서 가장 화려한 밤을 보냈다.

다음날 아침에 일어나자 나는 어제와는 다른 향기가 나는 욕조에서 목욕을 하고 로봇이 가져온 맛있는 아침식사를 했다. 식사가 끝나자 로봇은 야훼가 기다리고 있다고 하며 자기를 따라오라고 했다. 이동용 벨트를 매자 곧 낯선 장치 앞에 도착했다. 불사회의의 의장이 거기서 나를 기다리고 있었다. 그 장치는 로봇 제조장치 만큼 큰 것은 아니었으나 그래도 매우 큰 것이었다. 장치의 중앙에는 커다란 팔의자가 부착되어 있었다. 야훼는 내게 즐거운 밤을 보냈느냐고 묻고 나서 그 장치에 대해 설명했다.

"이 장치는 당신 안에 잠자고 있는 어떤 능력을 일깨워 줍니다. 그러면 당신의 두뇌는 그 잠재능력을 최대로 사용할 수 있게 될 것입니다. 여기 앉으세요."

그가 가리키는 의자에 앉자 조개껍질 같은 모양을 한 것이 머리에 씌워졌다. 나는 한 순간 의식을 잃은 듯이 느껴졌으며 다음 순간 머리가 폭발할 것만 같았다. 극채색을 띤 불꽃의 무리가 눈앞을 지나가고 있었다. 이윽고 그런 느낌이 사라지자 한 로봇이 손을 잡아주어 나는 의자에서 내려 왔다. 나는 완전히 다른 사람이 된 듯한 느낌이 들었다. 무슨 일이든지 간단하고 쉽게 할 수 있을 것만 같이 느껴졌다. 야훼가 말했다.

"지금부터 우리들은 당신의 눈을 통해 보고 당신의 귀를 통해 듣고 당신의 입을 통해 말할 것입니다. 또 우리들은 이미 루르드(Lourdes) 지방이나 세계의 여러 곳에서 행하고 있듯이 당신의 손을 통해 아픈 사람들을 치료해줄 수도 있습니다. 이들은 우리들이 당신에게 준 메시지를 퍼뜨리기 위한 의지를 가진 사람들, 또 무한을 향해 마음을 열고 우주적 의식을 획득하려고 노력한 사람들로서 우리들이 도움을 받을 만하다고 판단한 사람들이 될 것입니다.

우리들은 모든 인간을 관찰하고 있습니다. 몇 개의 거대한 컴퓨터가 지구상에 살고 있는 모든 인간들을 항상 감시하고 있습니다. 모든 인간은 살아 있는 동안의 행위에 의해, 즉 사랑과 진실을 향해 걸어갔는가, 아니면 증오와 반계몽주의로 향했는가에 따라 채점됩니다. 평가의 시기가 오면 올바른 방향으로 걸어간 사람들은 이 낙원의 행성에서 영원한 생활이 허용됩니다. 나쁜 짓을 하지 않아도 무언가 건설적인 일을 하지 않은 사람들은 재생되지 않습니다. 그러나 특히 부정적인 방향으로 간 사람들은 사후에 세포가 보존됩니다. 때가 오면 그들은 재생되어 재판을 받고 그것에 상응한 벌을 받게 됩니다.

이 메시지를 읽고 있는 당신은 당신 자신도 이 멋진 세계, 이 낙원에 들어갈 수 있는 가능성이 있음을 분명히 이해할 것입니다. 우리들의 메신저이며, 보편적인 사랑과 우주적인 조화로 인류를 이끄는 우리들의 대사, 클로드 라엘을 따르는 사람들, 또 그를 도와 우리들이 그에게 요구한 것을 실현시키려고 노력하는 사람들은 이 낙원에 기꺼이 받아들여질 것입니다. 우리들은 그의 눈을 통해 보고, 그의 귀를 통해 듣고, 그의 입을 통해 말할 것이기 때문입니다.

클로드 라엘, 인류를 위한 가이드들의 조직을 만들고자 하는 당신의 생각은 매우 좋습니다. 그러나 우리들의 메시지가 왜곡되거나 악용되지 않도록 인선만은 엄격하게 해야 합니다.

명상은 인간의 마음을 여는데 필요불가결한 것이지만 금욕주의는 아무런 도움도 되지 않습니다. 당신의 모든 감각을 일깨워 인생을 즐기도록 하세요. 감각의 각성은 정신의 각성을 수반하기 때문입니다. 당신이 하고 싶다면 시간이 허용하는 한 스포츠를 계속해도 좋을 것입니다. 자동차 경기나 오토바이 경기를 포함한 모든 스포츠나 경기는 근육을 발달시킬 뿐 아니라 더 좋은 것은 자기 자신을 컨트롤하는 힘을 길러주기 때문입니다.

고독을 느끼는 사람은 언제든지 우리들과 텔레파시로 대화할 수 있습니다. 또 무한과 조화하기 위해 노력하는 사람은 커다란 행복감을 느낄 수 있을 것입니다. 당신이 우리들을 믿고 있는 사람들에게 각 지부마다 매주 일요일 11시에 모임을 가질 것을 권한 것은 매우 좋은 일입니다만 지금 그것을 실행하고 있는 사람들은 거의 없군요.

영매란 도움이 될 수 있고 찾아서 이용해도 좋지만 적당히 해야 합니다. 영매의 능력이란 - 텔레파시 능력에 지나지 않는 것이지만 - 편파적이 되기 쉽기 때문에 그들은 '초자연적 힘'이나 마술, 또는 에테르체가 존재한다는 어리석은 생각에 빠짐으로써 또 다른 방식으로 영혼의 존재를 믿고 있습니다. 그러나 그런 것은 존재하지 않습니다!!! 이들 영매가 접촉하고 있는 사람들이란 실제로는 몇 세기 전에 지구에서 살았던 자들로 지금은 우리들이 재생시켜 낙원의 행성에 살고 있는 사람들입니다.

여기서 당신에게 그 진실을 밝혀 두어야 할 중요한 사실이 있습니다. 유태인은 지구상에 있는 우리들의 직계자손입니다. 그들이 특별한 운명을 지니게 된 것은 그 때문입니다. 그들은 「창세기」에 언급된 대로 엘로힘의 아들들과 인간의 딸들이 결합해서 낳은 자손들입니다. 근원적인 잘못은 이 엘로힘의 아들들이 그들의 과학적인 창조물인 인간의 딸들과 관계를 맺은 데서 시작된 것입니다. 그 때문에 그들의 자손은 그토록 오랫동안 고난을 겪고 있는 것입니다. 그러나 그들에게도 용서의 시기가 왔습니다. 이제 그들이 당신을 우리들의 메신저로 인정하지 않는 또 다른 과오를 범하지 않는다면 회복한 국토에서 그들은 평화롭게 살 수 있을 것입니다. 우리들은 이스라엘 정부가 제공하는 토지에 우리들의 지구 대사관이 세워지기를 희망합니다. 만일 그들이 거절한다면 당신은 다른 곳에 대사관을 세우게 되겠지만, 이스라엘은 우리들의 메신저(大使)를 인정하지 않았다는 이유로 다시 벌을 받게 됩니다.

당신은 자신의 사명에만 전념해야 합니다. 생활에 대해서는 염려할 필요가 없습니다. 당신은 가족들을 부양할 수 있게 될 것입니다. 당신을 믿고, 따라서 우리들의 존재를 믿는 사람들이 당신을 도와줄 것입니다. 당신은 우리들의 메신저이며, 우리들의 대사이며, 또 우리들의 예언자입니다. 앞으로 당신에게 어떤 일이 일어나든 당신의 자리는 다른 모든 예언자들 사이에 확보되어 있습니다. 당신은 모든 종교로부터 사람들을 모아야 합니다. 당신이 만든 「라엘리안 무브먼트」는 종교 중의 종교가 되어야 합니다. 나는 그것이 참된 종교로서 당신이 이미 이해하고 있듯이 무신론적 종교임을 강조합니다.

우리들은 당신에게 도움을 준 사람들을 잊지 않을 것이며, 또 당신의 일을 방해한 사람들도 잊지 않을 것입니다. 두려워하지 마세요. 아무 것도 무서워할 필요가 없습니다. 무슨 일이 일어나도 당신은 우리들과 함께 있습니다. 용기를 잃은 사람들에게는 이렇게 격려해 주세요. 2천 년 전 우리들의 메신저 예수를 믿었던 사람들은 사자우리에 던져졌습니다. 거기에 비하면 오늘날에는 무슨 위험이 있을까요? 어리석은 자들의 빈정거림이 무서울까요? 아무 것도 이해하지 못하고 그저 원시적인 신앙에만 매달려 있는 자들의 코웃음이 무서울까요? 사자굴에 비하면 아무 것도 아니지요. 게다가 당신을 따르는 사람들을 기다리고 있는 것이 무엇인지 비교해 보세요.

사실 인간이 자신의 직관에 따라 행동하는 것이 그 어느 때보다 쉬워졌습니다. 우리들과 함께 있는 마호메트는 「코란」에서 예언자에 대해 다음과 같이 말했습니다.

『"재판의 시기가 가까워졌는데

사람들은 여전히 창조주에게 무관심하다."

"창조주에 대한 새로운 계율을 듣고 웃지 않는 자는 하나도 없다."

"사람들은 그것을 듣고 그저 흥겨워한다."

"악을 행하는 자는 이러한 얘기를 하고서

스스로 넌지시 위로한다:
'이 남자는 우리들과 똑같은 보통 인간이 아닌가?'
'꿈속에서 본 것들, 아니면 혼자서 꾸며낸 이야기겠지.
그러므로 그는 시인일 뿐이다!'
'그러나 옛날에 파견된 예언자가 그러한 것처럼
기적을 일으키도록 해봐야 할 것이 아닌가!' "』

(코란 21:1-5)

이처럼 마호메트도 사람들로부터 냉소를 받았으며 예수도 마찬가지였습니다. 예수가 십자가에 못 박혔을 때 누군가가 이렇게 말했습니다.

『네가 정말 하느님의 아들이거든, 어서 십자가에서 내려와 보아라.』 (마태오복음서 27:40)

하지만 당신이 이미 본 바와 같이 예수도 마호메트와 같이 멋진 모습으로 영원한 생명을 누리고 있습니다. 또 그들을 믿고 따른 사람들도 모두 마찬가지입니다. 반면, 그들을 비난한 사람들은 재생되어 벌을 받게 될 것입니다.

이 메시지에 대해 알지 못하는 사람들을 추적하는 컴퓨터는 모든 죽음의 순간에 자동적인 원격조작으로 세포를 채취하는 장치에 접속되며, 자격이 있다고 인정되는 사람들만 재생하도록 되어 있습니다.

우리들의 대사관이 세워질 때까지 당신이 사는 곳 가까이에 「라엘리안 무브먼트」의 '가이드'를 위한 명상센터를 만들도록 하세요. 당신은 우리들의 예언자이며 가이드 중 최고가이드로서, 우리들의 메시지를 지구상의 모든 곳에 전파할 수 있는 가이드를 양성할 수 있을 것입니다."

새로운 율법

그리고 야훼는 말했다.

"당신을 따르기를 원하는 사람들은 내가 지금부터 당신에게 주는 율법을 지켜야 합니다.

'당신은 적어도 생애에 한 번은 최고가이드 앞에 나가야 한다. 최고가이드나 인정된 가이드가 손을 당신의 이마에 댐으로써 당신의 세포설계도가 컴퓨터에 기록되도록 해야 하는데, 당신의 생애에 대해 심판할 때 이것이 고려될 것이다.'

'당신은 적어도 하루에 한 번 당신의 창조자 엘로힘을 생각한다.'

'당신은 모든 수단을 다해 엘로힘의 메시지를 주위 사람들에게 전파해야 한다.'

'최고가이드가 전 시간을 사명에 전념하고 메시지를 전달하기 위해 전 세계를 여행할 수 있도록 적어도 일 년에 한 번 당신의 연간 수입의 100분의 1에 해당하는 금액을 최고가이드에게 기부한다.'

'당신은 적어도 일 년에 한 번 메시지에 관심 있는 사람들을 당신 집에 초대하고, 그 구역의 가이드를 초대해서 메시지의 중요성에 대한 설명을 듣는다.'

'최고가이드가 떠날 경우에는 전임자로부터 지명 받은 사람이 최고가이드가 됩니다. 최고가이드는 엘로힘의 지구대사관의 관리자가 되어 가족과 그가 선택한 사람들과 함께 그곳에 거주합니다.'

클로드 라엘, 당신은 우리들의 지구대사입니다. 당신을 믿는 사람들은 당신의 사명을 수행하는데 필요한 편의를 제공해야 합니다. 당신은 최후의 심판에 앞서 보내진 최후의 예언자입니다. 당신은 종교 중의 종교를 위한 예언자로서, 신비를 벗기는 자, 양치기 중의 양치기입니다. 당신은 우리들의 대변자인 고대 예언자들이 만든 모든 종교에서 그 도래가 예고된 바로 그 사람입니다. 당신은 홍수가 오기 전에 양치기들의 양떼를 모으는 사람, 모든 피조물을 그들의 창조자들에게 되돌려 주는 사람입니다.

들을 귀가 있는 사람은 들을 수 있고, 볼 눈이 있는 사람은 볼 것입니다. 눈을 뜬 모든 사람들은 당신이 과학적으로 진보한 사람들에게만 이해될 수 있는 최초의 예언자임을 알 것입니다. 당신이 말하는 모든 것은 원시적인 사람들에게는 이해되지 않습니다. 이것은 눈을 뜬 사람들에게만 보이는 표식입니다. '계시의 시대'에 진실을 드러내는 표식인 것입니다."

이스라엘 국민에게

"이스라엘 국가는 예루살렘 근처의 토지를 최고가이드에게 주어서 그가 엘로힘의 대사관을 지을 수 있도록 해야 합니다. 이스라엘 국민이여, 예견된 대로 새로운 예루살렘을 건설할 때가 왔습니다. 클로드 라엘이 예고된 바로 그 사람입니다. 눈을 뜨고 당신들의 기록들을 다시 읽어보도록 하세요.

이스라엘 민족은 엘로힘의 아들들과 인간의 딸들이 결합하여 태어난 어린이들의 자손이기 때문에 우리들은 우리들의 자손이 있는 곳에 대사관을 세우기를 원합니다.

이스라엘 국민이여, 우리들은 당신들을 에집트인의 손에서 해방시켰지만 당신들은 우리들의 신뢰를 받기에 합당한 자격을 보여주지 못했습니다. 우리들은 당신들에게 전 인류를 위한 메시지를 맡겼지만 당신들은 그것을 세계에 퍼뜨리는 대신 자기들만의 것으로 감싸왔습니다.

스스로 저지른 과오 때문에 당신들은 오랫동안 괴로움을 받아왔지만 이제 용서의 때가 왔습니다. 예고된 대로 우리들은 이렇게 말했습니다. '북쪽에 주어라. 남쪽에는 아끼지 마라.' 나는 이사야가 쓴 것처럼 당신들의 아들들과 딸들을 세계 곳곳에서 불러 들였습니다.

당신들은 다시 나라를 찾을 수 있게 된 것입니다. 만약 당신들이 이미 예고된 최후의 예언자의 말을 따른다면, 만일 당신들이 우리들이 그에게 요구한 것을 이루기 위해 돕는다면, 당신들은 그곳에서 평화스럽게 살 수 있습니다.

이것이 당신들에게 주어진 최후의 기회입니다. 이 기회를 놓치면 다른 나라가 최고가이드를 받아들여 그 영토에 우리들의 대사관이 세워질 것입니다. 당신들의 나라에 가까이 있을 그 나라는 보호받고 행복한 길을 걷게 되겠지만, 이스라엘 국가는 다시 한번 파괴될 것입니다.

아직 선조의 땅에 돌아가지 않은 당신, 이스라엘의 자손이여, 그곳으로 돌아가기 전에 이스라엘 정부가 우리들의 대사관 건립을 받아들일지 어떨지 기다려 보세요. 만약 그들이 그것을 거부한다면, 돌아가지 마세요. 그러면 당신은 멸망에서 구조될 사람들 중의 한 사람이 될 것이며, 때가 되면 당신의 자손들이 약속의 땅을 다시 찾을 수 있게 될 것입니다.

이스라엘 국민이여, 당신들에게 예고된 이 사람을 인정하고 토지를 제공하여 대사관을 세우는 일을 돕도록 하세요. 그렇지 않으면 2천 년 전에 일어났던 일처럼 대사관은 다른 곳에 세워지고 당신들은 또 다시 흩어지게 될 것입니다.

만약 2천 년 전에 당신들이 예수를 진정한 우리들의 예언자로 인정했다면 세계의 모든 기독교인들은 기독교가 아닌 유태교도가 되었을 것입니다. 또 당신들도 고난의 길을 걷지 않고 우리들의 대사로 남아 있었을 것입니다. 그러나 이 일은 다른 사람들에게 넘어가 로마가 그 근거지가 된 것입니다. 2천 년 전에 당신들이 우리들의 예언자를 받아들이지 않았기 때문에 빛을 받은 것은 예루살렘이 아니라 로마였습니다.

지금 당신들에게는 그 영광을 예루살렘이 받을 수 있는 기회가 다시 한번 왔지만, 만약 이 기회를 붙잡지 못한다면, 다른 나라가 우리들의 대사관을 세우게 되고, 당신들은 더 이상 우리들이 당신들을 위해 선택한 땅에서 사는 것이 허용되지 않을 것입니다.

이것으로 나의 이야기는 마칩니다. 당신은 지구로 돌아가서 내가 말한 것을 전부 당신 자신이 설명할 수 있어야 합니다. 지금부터 잠시 동안 이 낙원의 생활을 즐긴 다음 우리들은 당신을 지구로 데려갑니다. 사명을 끝마치면 당신은 이곳으로 돌아와서 우리들과 함께 영원히 삽니다."

그러고 나서 몇 시간 동안 나는 그 세계의 온갖 즐거움을 맛보며 보냈다. 수없이 넘쳐흐르는 분수들 사이를 산책하며 전날 만난 위대한 예언자들과 함께 명상에 잠기기도 했다.

그런 다음 어제 만난 사람들과 같이 마지막 식사를 한 후 큰 우주선을 타고 지구 근처의 관측 기지로 돌아왔다. 거기서 전 날의 순서와 같이 옷을 입은 다음, 소형 우주선으로 출발했던 지점인 로그프라까지 왔다. 시계를 보니 자정이었다.

집에 돌아오자 나는 곧 내가 들은 모든 것을 필기하는 작업에 들어갔다. 모든 일이 놀랄 만치 뚜렷하게 내 마음속에 새겨져 있었다. 놀랍게도 나는 내가 들은 문장을 기억하는데 신경 쓸 필요도 없이 모든 것을 단숨에 써 버렸다. 처음에 들은 대로 모든 단어들이 나의 마음속에 뚜렷이 새겨져 있는 것 같았다.

내게 일어난 일들의 기록을 끝냈을 때 나는 무언가 내 속에서 꿈틀거리는 것을 분명히 느끼게 되었는데, 전에는 결코 경험해보지 못한 일이었다. 글을 쓰고 있는 동안에도 한 사람의 독자로서, 쓰여지고 있는 것을 주시하고 읽어 나가는 듯한 기분이었다. 글을 내가 쓰고 있었지만 내 자신이 종이 위에 나타나고 있는 글의 주인 같은 느낌이 들지 않았다.

엘로힘이 나의 입을 통해 말하기 시작했거나, 차라리 내 손을 통해 쓰기 시작했다고 하는 편이 옳으리라. 내 눈 앞에 씌어지고 있는 것은 인간이 일생 동안 직면하는 모든 문제들과 이러한 문제들에 대처할 수 있는 적절한 방법에 관한 것들이었다.

실로 그것은 인생의 규범으로서 삶의 모든 면에 대처하는 새로운 방법이었다. 말하자면, 무한한 우주를 향해 마음을 열고 무한과 조화를 이루기 위해 최선의 노력을 다하며 모름지기 진화된 존재로서 인간이 행해야할 새로운 행동에 관한 규범이었다.

우리들의 조상이 그 참된 의미도 모른 채 불렀던, 우리들의 창조자들이며, 하늘에 계시는 우리들의 아버지들인 엘로힘에 의해 구술된 위대한 법칙이 여기 완전한 형태로 나타나 있는 것이다.

3

열쇠들

서론

지금부터 말하고자 하는 바는 수천 년 동안 반계몽주의라는 고질화된 감옥에 갇히고 잠겨버린 우리들의 마음을 열어주는 열쇠이다.

인간의 마음을 가둔 문에는 많은 자물쇠가 채워져 있다. 마음이 무한을 향해서 밖으로 나오기를 바란다면 이 자물쇠들을 모두 한꺼번에 열지 않으면 안 된다. 만일 하나의 열쇠만을 사용한다면 다른 자물쇠들이 여전히 걸려 있을 터이며, 또 다음 자물쇠를 여는 동안 먼젓번 것이 다시 잠겨질 염려가 있기 때문에 모든 자물쇠는 한 번에 다 열지 않으면 안 된다.

인간의 사회는 그것이 이해하지 못하는 것을 두려워한다. 비록 문의 배후에 있는 것이 진리를 통해 행복으로 이르는 길이라 할지라도 그 문을 여는 것을 두려워한다. 또 사회는 일부 사람들이 이 문을 반쯤 여는 것마저 방해하며 오히려 사람들이 불행과 무지 속에 남아 있기를 바란다.

이것이야말로 마음이 그 자신을 해방시킬 수 있는 문턱으로 나아가는 데에 또 하나의 장애가 된다. "잘못이란 인간이 진실을 보지 못하는 데서 오는 것은 아니다."라고 간디는 말했다. 만일 당신이 이 문을 열려고 결심한다면 아무 것도 보지 못하는 자나 무엇인가 보고도 못 본 체하는 자들의 냉소는 무시해야 한다.

왜냐하면 그들은 자기들이 모르는 것에 대해 두려워하기 때문이다. 만약 마음의 문을 여는 것이 당신에게 아주 어렵게 생각되면, 가이드에게 도움을 청해도 좋다. 가이드는 이미 마음의 문을 열어버린 사람들이며 그 곤란성도 알고 있다.

그들이 당신을 대신해서 문을 열어 줄 수는 없지만, 당신이 문을 여는데 성공할 수 있도록 다른 방법을 가르쳐 줄 수 있다.

게다가 그들은 문이 열림으로써 얻어지는 행복의 산 증인이며, 또 미지의 것을 두려워하는 자들이 그릇되어 있음을 보여주는 증거이기도 하다.

인간

모든 경우에 있어서 우리들은 항상 다음 네 단계에 따라 사물을 생각해야 한다.

무한에 연결지어.

우리들의 어버이들이며 창조자들인 엘로힘에 연결지어.

인간사회에 연결지어.

끝으로, 각 개인에 연결지어.

가장 중요한 단계는 무한과의 연결에 대한 것이며 모든 것은 이 단계에 의하여 판단되어야 한다. 그러나 한가지 변하지 않는 요건을 갖고 그렇게 해야하는데, 그것은 사랑이다. 이 말은 우리가 사랑해야할 사람들을 고려해야 한다는 의미이다. 왜냐하면 우리들은 무한과 조화하며 살아야 하는 바 그러기 위해서는 역시 무한의 일부인 다른 사람들과 조화하며 살아야 하기 때문이다.

다음으로 우리들이 고려해야 할 것은 우리들의 창조자들인 엘로힘이 주는 조언으로서, 인간사회가 창조자들의 조언에 귀를 기울이게끔 행동해야만 한다.

그 다음에 우리들은 사회를 고려해야 한다. 사회는 인간이 진리를 향한 길 위에서 개화할 수 있도록 해주었으며 또 앞으로도 해줄 수 있다.

그러나 사회는 고려되어야하지 그것에 맹종해서는 안 된다. 반대로 우리들은 사회의 모든 관습 및 전통에 꾸준히 의문을 제기함으로써 사회가 원시적인 속박으로부터 벗어나도록 도와야 한다. 관습과 전통이 비록 법률에 의해 보호받고 있다 할지라도, 법률은 단지 인간의 마음을 반계몽주의적인 울타리 안에 가두어 두려고만 할 뿐이다.

끝으로, 인간은 각자의 개화를 중요하게 생각하지 않으면 안 된다. 개화 없이는 인간 정신이 최고의 가능성에 도달할 수 없으며, 개화 없이는 무한과 조화하고 또 새로운 인간으로 변모될 수도 없다.

탄생

당신은 어린이에게 어떤 종교도 강요해서는 안 된다. '유충'에 지나지 않는 어린이는 자신에게 일어나고 있는 일들을 이해할 수 있는 힘이 없다. 그러므로 세례나 할례를 시켜서는 안 되며, 자신이 바라지 않는 것을 경험시켜서도 안 된다. 어린이가 충분히 성장하여 사물을 이해하고 선택할 수 있을 때까지 기다려야 한다. 그런 다음 그가 좋아하는 종교가 있으면 자유로이 그것을 선택할 수 있도록 해야 한다.

탄생은 축복해야 할 일이다. 왜냐하면 엘로힘은 자신의 모습을 본떠 우리들을 창조했으며, 우리들도 우리 자신과 모습이 똑같은 어린이를 낳을 수 있기 때문이다. 이렇게 살아있는 또 하나의 존재를 창조함으로써, 우리들은 인간이라는 종을 보존하고 우리들을 창조한 창조자들의 업적에 경의를 표할 수 있다.

탄생은 축제가 되어야 한다. 소리와 색채와 온도를 포함한 모든 것의 조화 속에서 이루어진 멋진 사랑의 행위에 의한 것이라야 한다. 그리하여 생명을 가지고 세상에 태어나는 어린이가 조화에 더욱 익숙해질 수 있도록 해야 한다.

어린이에게는 타인의 자유를 존중하는 습관을 일찍부터 가르쳐야 한다. 어린이가 밤에 울 때는 주의깊게 가서 살펴보아야 하지만, 울었기 때문에 위로 받았다는 인식을 주어서는 안 된다. 반대로 어린이가 아무 소리도 내지 않을 때는 가서 돌봐주어야 하며, 울 때는 가지 않는 것이 좋고, 가보더라도 적어도 알아차리지 않게 해야 한다. 그럼으로써 어린이는 자기 주변의 모든 일과 조화할 때만이 모든 것이 잘되어 나간다는 것을 알게 되고 그런 생활 태도에 익숙해질 것이다. '하늘은 스스로 돕는 자를 돕는다'고 하지 않는가.

실제로 부모는 어린이가 태어날 때부터 무엇보다도 하나의 개인이며 어느 누구도 어린이로 취급해서는 안 된다는 것을 알아야 한다.

우리들의 창조자들도 우리들을 어린이가 아닌 하나의 인격체로 인정해 준다. 그 때문에 그들은 우리들이 문제를 해결하는데 직접 돕지 않고 우리 자신이 책임 있는 개인으로서 모든 장애를 스스로의 힘으로 극복하도록 내버려두는 것이다.

교육

아직 인간의 '유충'에 지나지 않는 어린이에게는 유아기 때부터 타인의 자유와 평정을 존중하도록 훈련시켜야 한다. 사고력이나 이해력이 형성되기 전의 어린이라 할지라도 양육자는 체벌을 엄하게 가함으로써 타인을 괴롭히거나 타인의 자유를 존중하지 않는 경우에는 엄한 벌을 받는다는 것을 가르쳐야 한다. 이 체벌은 아주 어렸을 때로 한정시켜야 하며 이해력과 사고력이 성장함에 따라 점차 줄이다가 마침내는 완전히 중단해야 한다. 7세 이후부터는 아주 특별한 경우에만 체벌을 주고, 14세가 되면 결코 체벌을 가해서는 안 된다.

당신은 어린이가 타인이나 당신의 자유와 평정을 존중하게 만드는 데 체벌의 목적이 있음을 알아야 한다.

당신은 어린이에게 자신을 개화할 수 있는 법을 가르쳐 주고, 또 사회나 학교에서 배운 것에 대해서는 항상 질문할 수 있는 태도를 가질 수 있도록 가르쳐야 한다. 당신은 어린이에게 전혀 도움이 되지 않는 것을 외우도록 강요해서는 안 되며 어린이 자신이 원하는 길을 택할 수 있도록 도와주어야 한다. 무엇보다도 중요한 것은 어린이 자신의 완성이라는 사실을 잊어서는 안 된다.

당신은 어린이에게 항상 다음과 같이 사물을 판단하도록 가르쳐야 한다. 처음에는 무한과의 관계에서, 다음에는 창조자들과의 관계에서, 다음에는 사회와의 관계에서, 그리고 마지막으로 자기 자신과의 관계에 대해서 생각하도록 가르쳐야 한다.

당신은 어린이에게 어떤 종교도 강요해서는 안 된다. 그러나 세계의 여러 종교들 가운데 가장 중요한 유태교, 기독교, 이슬람교를 연대순으로 편견 없이 가르쳐야 한다. 가능하다면 동양 종교의 주류에 대해서도 배워 두어 어린이에게 설명해 줄 수 있어야 한다. 끝으로 당신은 엘로힘이, 나 마지막 예언자에게 준 메시지의 주요 내용을 설명해 주도록 한다.

당신은 무엇보다도 어린이에게 자기가 살고 있는 세계를 사랑하고 그럼으로써 우리들의 창조자들을 사랑하도록 가르쳐야 한다. 당신은 어린이에게 무한을 향해 마음을 열도록 하고 무한과 조화해서 살도록 노력하는 법을 가르쳐야 한다. 또 어린이에게 우리들의 창조자, 엘로힘이 이룩한 멋진 업적에 대해서도 가르쳐 주자. 당신은 인간도 언젠가는 창조자들이 행한 것과 같은 일을 하기 위해서, 즉 다른 행성에 인간을 과학적으로 창조할 수 있기 위해서 항상 생각하고 연구해야 한다는 것을 어린이에게 가르쳐 주어야 한다.

당신은 어린이에게 그 자신이 무한의 한 부분으로서 아주 큰 존재이기도 하고 동시에 아주 작은 존재이기도 하다는 사실을 가르쳐야 한다. "먼지로 만들어진 너는 결국 먼지로 돌아가리라."

당신은 어린이에게 남에게 끼친 나쁜 짓은 어떤 참회나 사죄로도 보상되지 않으며, 죽음이 다가왔을 때 영원한 생명을 얻기 위해 신이나 엘로힘을 믿어도 충분하지 않다는 것을 가르쳐야 한다. 또 인간은 일생 동안 자신이 행한 올바른 일에 의해서 심판 받으며, 지혜에의 길은 멀어서 그 탐구에 평생을 바쳐도 부족하다는 것을 가르치자.

일생 동안 바른 길로 가지 않은 자는 갑자기 뒤늦게 바른 길로 접어 들었다고 해도 불사의 행성에서 과학적인 재생을 보장받을 수 없다. 즉, 진정으로 후회해야만 하며, 또 헛되게 낭비한 시간을 만회하고 피해를 준 사람들의 용서를 구하기 위해 노력할 뿐만 아니라 그들에게 사랑과 행복을 가져다주기 위해 모든 수단을 다해 헌신하며 매우 성실히 행동해야 한다. 다른 사람들에게 고통을 준 자는 그것만으로 충분하지 않다. 그들에게 용서를 받고 그들에게 사랑을 베푼다 해도 그것은 과오를 상쇄한 데에 지나지 않기 때문이다. 이런 사람은 긍정적인 일을 하지 않았기 때문에 그가 해를 끼치지 않은 다른 사람들에게 행복을 가져오고, 진실을 전하는 사람들, 즉 가이드들을 돕기 위해 적극적으로 새로운 행동을 전개하지 않으면 안 된다. 죽음의 순간이나 죽기 전에 후회하는 것만으로는 용서 받을 수 없다. 그것은 이미 때가 늦은 것이다.

감각교육

이것은 지금 시행되고 있지 않은 가장 중요한 문제 중의 하나이다.

당신은 어린이의 마음을 일깨워 주어야 하지만 동시에 몸도 일깨워 주지 않으면 안 된다. 왜냐하면 신체의 각성은 정신의 각성과 연관되어 있기 때문이다. 육체를 둔감하게 만들고자 하는 모든 사람들은 마음을 우둔하게 만드는 자들이다.

우리들의 창조자들은 우리들의 오감을 사용하라고 만들어 주었다. 코는 냄새를 맡기 위해, 눈은 보기 위해, 귀는 듣기 위해, 입은 맛을 보기 위해, 그리고 손가락은 만지기 위해 주어진 것이다. 우리들이 즐길 수 있도록 우리들의 창조자들이 우리 주위에 만들어 둔 모든 것들을 더욱 즐길 수 있도록 우리들의 감각을 발달시키지 않으면 안 된다.

감각적인 인간은 무한과 쉽게 조화상태에 들어갈 수 있다. 그는 명상이나 사색하지 않고도 직접 무한을 느낄 수 있기 때문이다. 이러한 사람은 명상과 사색을 통해 이 조화감을 보다 잘 이해하고, 또 가르침을 통해 이 조화능력을 주위에 퍼뜨릴 수 있다. 감각적으로 된다 함은 당신이 존재하고 있는 환경으로부터 더 많은 기쁨을 이끌어내는 것을 의미한다.

성교육 또한 매우 중요하다. 그러나 지금은 기껏해야 성기관의 기술적 기능이나 유용성을 가르치는데 지나지 않는다. 반면, 감각교육에서는 우리들의 감각기관으로부터 기쁨 그 자체만을 위한 순수한 기쁨을 어떻게 이끌어 내는가를 가르쳐야 한다. 반드시 실리적인 목적만을 위해서 기관을 사용할 필요는 없다.

성에 관해서 어린이들에게 아무 말도 하지 않는 것은 잘못이다. 무엇을 위한 기관인가를 설명하는 것만으로는 충분하지 않다. 기쁨을 얻기 위해 기관을 어떻게 사용해야 하는가를 설명해 주어야 한다.

'용도'에 대해서만 얘기하는 것은 마치 음악은 행진곡으로 사용하기 위해서이며, 글은 오직 청구서를 쓰기 위해서, 또 영화는 단지 시청각 교육만을 위해서 만드는 것이라고 말하는 것과 다름없다.

다행히 예술가들 덕분에, 또 우리들의 오감이 깨어 있는 덕분에 우리들은 오직 즐거움을 주기 위해 만들어진 예술작품들을 보고 듣고 읽음으로써 많은 기쁨을 얻고 있다. 성기에 있어서도 마찬가지이다. 그것은 자연의 필요를 충족시키거나 재생산을 위해서만 있는 것이 아니라 타인과 자기 자신에게 기쁨을 주기 위해 있는 것이다. 과학이 발전함에 따라 우리들은 육체를 보이는 것이 '죄'가 되고, 성교는 임신이라는 징벌을 가져온다는 구시대로부터 마침내 벗어나게 되었다. 이제는 피임기술도 발달되어 결혼 조건에 구애받지 않고 자유로운 성적 결합을 즐길 수 있게 된 것이다.

당신은 이것을 부끄러워하지 말고 어린이에게 가르쳐 주어야 한다. 그가 세상에 태어난 것은 행복을 느끼고 완전히 개화하기 위해서이며, 다시 말해 모든 감각을 충분히 사용하여 인생을 즐기기 위한 것임을 애정을 가지고 설명해 주어야 한다.

당신은 자신의 육체나 나체를 결코 부끄러워해서는 안 된다. 창조된 인간들이 부여받은 자신의 모습에 대해 수치를 느끼는 것만큼 우리들의 창조자들을 슬프게 만드는 일은 없다.

우리들이 엘로힘에 의해서 창조된 모든 것을 사랑해야 하듯이 당신은 어린이에게 자신의 육체를 사랑하도록 가르쳐야 한다. 왜냐하면 창조물을 사랑함으로써 우리들은 창조자들을 사랑할 수 있기 때문이다.

우리들의 기관 하나하나는 우리들의 어버이들인 엘로힘에 의해 만들어졌다. 그러므로 부끄러움을 느낄 필요없이 본래 그것이 만들어진 목적대로 즐겁게 사용하면 되는 것이다. 그리고 만약 어떤 기관을 사용함으로써 쾌감을 느낄 수 있다면 그것은 바로 우리들의 창조자들이 그런 의도로 그 기관을 만들었음을 의미한다.

인간이란 돌보지 않는 정원이 되어서는 안 된다. 기쁨이 없는 인생은 가꾸지 않는 정원과 같다. 기쁨이란 마음을 열어주는 비료와 같은 것이다. 금욕주의는 육체를 지배하기 위해 정신을 훈련시키는데 목적을 둔 일시적인 시련이 아닌 한 무익하다.

그러나 일단 우리 자신이 부과한 시련 - 단 언제나 시간을 제한해서 행해야 하는데 - 을 극복하면 우리들은 삶의 기쁨을 새롭게 느낄 수 있게 된다. 금욕주의도 인간이라는 정원의 휴한기로서 받아들인다면 인정해도 좋다. 말하자면 금욕주의란, 후에 느낄 기쁨을 보다 잘 음미할 수 있도록 기쁨의 추구를 잠시 중단하는 것에 지나지 않아야 한다.

당신은 어린이들을 무엇보다도 하나의 인격체로 생각하고 항상 더 많은 자유를 누릴 수 있도록 해주어야 한다. 어린이가 당신의 취미나 기호를 존중해 주기를 바라듯이 당신도 어린이의 취미나 기호를 존중해 주어야 한다. 어린이는 있는 그대로의 모습이 가장 바람직하다. 어린이가 당신을 자기 뜻대로 움직일 수 없듯이 당신도 어린이를 당신 뜻대로 만들 수 없다는 것을 분명히 알아야 한다. 어린이가 당신을 존중하게 하려면 당신이 먼저 어린이를 존중해 주어야 하며, 또 어린이가 당신의 취미를 존중할 수 있게 하기 위해서는 어린이의 취미를 먼저 존중해 주지 않으면 안 된다.

자기완성

인간은 각자 타인에게 해를 끼치지 않는 한 타인이 어떻게 생각하는가에 상관없이 자기 희망과 취향에 따라 자신을 완성시켜 나가도록 노력해야 한다.

만일 당신이 어떤 일을 하고 싶다면 먼저 그 일이 남에게 해가 되지 않는가를 살핀 다음 타인이 어떻게 생각할까에 대해 염려할 필요없이 그것을 행하면 된다.

만약 어떤 사람과, 또는 여러 사람들과 함께 감각적 혹은 성적경험을 나누고 싶다면, 여성이든 남성이든 상관없이 상대방 한 사람, 또는 여러 사람의 동의만 얻으면 원하는 대로 행해도 좋다.

육체를 열고, 따라서 마음을 열어 참된 완성으로 나아가는 길 위에는 무엇이든 허용되어 있다.

우리들은 여성이 단순히 사회에 부수적인 출산의 도구로 간주되던 원시적인 시대로부터 이제 막 벗어나고 있다. 과학 덕분에 여성도 임신이라는 징벌을 두려워하지 않고 자유롭고 감각적으로 완성을 추구할 수 있게 되었다. 행위의 결과로 바라지 않는 임신에 대한 공포증을 혼자 겪지 않고서도 자신의 육체를 진정으로 즐길 수 있게 된 여성은 이제야 남성들과 대등한 위치에 서게 된 것이다.

아기를 임신한다는 것은 우연에 맡겨두기에는 너무나 중요한 일이다. 그러므로 아기를 가지려면 심사숙고한 후 결정해야 한다. 당신은 자신이 무엇을 하려고 하는가를 분명히 의식하고 그것을 진심으로 원하고 있음을 확신한 후 멋진 사랑의 행위를 통해 그것을 이루어야 한다. 왜냐하면 임신이 되는 바로 그 순간에 부모가 진정으로 열망하지 않았다면 아기는 성공적인 인간으로 성장할 수 없기 때문이다. 임신이 이루어지는 순간은 가장 중요한 순간이다. 왜냐하면 한 인간의 설계도가 되는 최초의 세포가 생겨나는 것이 바로 이 순간이기 때문이다. 그러므로 이 최초의 세포가 완전한 조화 속에서 만들어지려면 이 순간이 열렬한 기대의 순간이 되지 않으면 안 된다. 그리하여 부모의 두 마음이 지금 그들이 잉태하고 있는 존재를 열렬히 의식하고 생각해야 하는 것이다. 이것이 새로운 유형의 인간을 탄생시키는 비밀 중의 하나이다.

만약 당신이 육체의 완성을 추구하고 그럼으로써 의식의 개화를 이루고 싶다면 과학이 제공하는 방법을 사용하는 것이 좋다. 먼저 피임에 대해서 알아두어야 한다. 당신 자신이 완성을 이루었을 때에만 어린이를 가질 수 있다. 그래야만 태어나는 어린이가 두 사람의 개화된 인간의 결합에서 이루어진 열매가 될 수 있기 때문이다.

육체를 개방하여 기쁨을 얻고 자기완성을 이루고자 하는 사람은 의학이 제공하는 여러 수단을 위험을 느끼지 않고 마음대로 사용해도 좋다. 기쁨과 생식은 별개의 것으로서, 혼동해서는 안 된다. 전자는 개인을 위한 것이고 후자는 종을 위한 것이다. 개인은 자기를 완성한 다음이라야 완성된 다른 존재를 창조할 수 있다.

만약 잘못하여 바라지 않는 아기를 임신했을 경우에는 의학이 제공하는 방법, 즉 임신중절법을 사용할 수 있다. 임신의 순간에 부모의 열망없이 태어난 어린이는 조화 속에서 창조되지 않았기 때문에 완전히 개화할 수 없다. 임신중절이 육체적으로, 특히 윤리적으로 부작용을 가져온다고 당신을 위협하는 자들의 말에 귀를 기울여서는 안 된다. 중절도 유능한 의사가 행한다면 아무런 부작용이 없을 것이다. 반대로 바라지 않는 아기를 계속 임신하면 당신은 육체적, 도덕적 혼란을 겪게 되고, 그 영향이 아기에게 전달되어 태어날 아기 또한 고통받게 만든다.

아기를 가진다는 것은 반드시 결혼을 하거나 남자와 함께 산다는 것을 의미하지 않는다. 이미 많은 여성들이 결혼하지 않고도, 또 남자와 같이 살지 않으면서 한 명 또는 여러 명의 아기들을 낳아 키우고 있다. 태어날 때부터 하나의 독립된 인격인 어린이의 교육은 반드시 부모가 해야 할 필요는 없다. 어린이의 인격완성에 있어 부모보다 훨씬 많은 도움을 줄 수 있는 전문적인 교육자에게 어린이의 교육을 맡기는 것이 더 바람직한 경우도 많다.

만일 남자와 같이 살지 않으면서 어린이를 갖고 싶다면 그렇게 해도 좋다. 타인이 어떻게 생각하는가에 상관하지 않고 당신이 원하는 대로 당신 자신을 완성시켜 나가야 한다.

그리고 당신이 그렇게 하기로 결심했다 해도 당신 자신을 평생 독신으로 지낼 운명이라고 생각할 필요는 없다. 좋은 남성이 나타나면 기꺼이 맞이하면 된다. 그들은 어린이에게 남성다움을 느끼게 해줄 수 있는 좋은 대상이 될 것이다. 또 어느 날 한 남자와 같이 살 것을 결정한다 해도 어린이에게는 별 문제가 되지 않는다. 오히려 그것은 어린이의 완성에 도움이 될 것이다. 환경의 변화란 어린이에게 있어 항상 긍정적인 결과를 가져오기 때문이다.

사회는 부모들이 바라는 대로 어린이의 교육에 대해 부분적으로, 혹은 전체적으로 책임질 수 있도록 조직되어야 한다. 일하기를 원하는 자들은 그들의 어린이를 유능한 보육자에게 맡길 수 있는 기회가 주어져야 하고, 또 어린이가 유능한 교육자들에 의해 전적으로 교육받기를 바라는 부모들에게는 이러한 목적으로 만들어진 시설에 어린이를 안전히 위탁할 수 있는 기회가 주어져야 한다.

그러나 당신이 바라던 어린이를 낳을 수 있다 해도 그 후 배우자와 헤어진다든가 혹은 다른 이유로 어린이를 기를 수 없게 될 경우에는 사회적 시설에 위탁함으로써 어린이가 인격완성에 필요한 조화 속에서 자라도록 해야 한다. 존재하는 것을 참으로 바라지 않는 환경에서 자라난 어린이는 개화하여 자기완성을 이룰 수 없다.

어린이를 양육한다는 것은 부모와 자식이 상호 영향을 주며 자기완성하는 것이다. 조금이라도 어린이를 귀찮게 여기면 어린이는 민감하게 그것을 알아채고 그 때문에 그의 인격완성은 방해를 받는다. 어린이를 데리고 있는 것이 당신의 인격 완성에 필요하다고 느끼면 어린이를 곁에 두어야 한다. 그렇지 않을 경우에는 어린이의 인격완성을 위해 사회가 준비한 시설에 넣어 주어야 한다. 조금이라도 후회할 필요는 없다.

오히려 당신보다 어린이의 개화와 인격완성에 도움을 줄 수 있는 유능한 전문가들의 손에 어린이를 맡길 수 있음을 기뻐해야 한다.

무엇보다도 어린이의 희망을 우선적으로 고려해야 하며, 어린이가 원할 때는 정기적으로 어린이를 방문해 주어야 한다. 어린이들의 교육을 맡은 사람들은 어린이들에게 항상 그들의 부모는 뛰어난 사람들이라고 설명해 주어야 한다. 왜냐하면 그들의 부모는 어린이를 기르는 이기적인 즐거움을 포기하고 자신들보다 유능한 사람들의 손에 맡김으로써 어린이의 진정한 인격완성을 중요하게 여긴 사람들이기 때문이다.

그러므로 당신이 파트너를 필요로 하는 경우 자유로이 선택할 수 있다. 결혼이란 종교적인 의미에서나 사회적인 의미에서나 무익하다. 산다는 것은 변화하는 것이며, 변화하는 두 사람이 결합하는 일에 있어서는 석유를 살 때처럼 계약서에 서명할 수는 없는 것이다.

결혼이란 타인에 대한 소유권을 공개적으로 선언하는 것일 뿐이므로 거부해야 한다. 남성도 여성도 그 누구의 소유물이 될 수 없다. 계약이란 어떤 것이든 두 사람 사이에 존재하는 조화를 파괴한다. 사람이란 사랑을 받고 있다고 느끼면 자유로이 사랑을 줄 수 있다. 그러나 계약서에 서명을 하게 되면 인간은 사랑을 강요당하는 죄수처럼 느끼게 되고 언젠가는 서로 증오하기 시작한다.

당신이 택한 사람과 함께 있는 것이 행복하게 느껴지는 한 언제까지나 함께 살 수 있다. 그러나 더 이상 행복하게 살 수 없다면 함께 있어서는 안 된다. 왜냐하면 두 사람의 결합이 지옥처럼 느껴질 것이기 때문이다. 살아 있는 자들은 모두 변화한다. 두 사람의 진보가 비슷하면 결합은 오래 유지된다. 그러나 진보의 정도가 달라지면 결합은 불가능해진다. 당신이 사랑했던 사람이 이제는 아무 매력도 느껴지지 않는다.

왜냐하면 당신이 (또는 그 사람이) 변했기 때문이다. 적대감만 조장하는 싸움을 되풀이하여 관계를 악화시키기보다는 헤어짐으로써 두 사람이 같이 살던 추억을 아름답게 간직할 수 있다. 어린이에게는 몸에 맞는 옷을 사서 입혀야 하고 어린 이가 커지면 작아진 옷은 갈아 입혀야 한다. 그렇지 않으면 옷이 터져 버려 못쓰게 될 것이다. 부부 관계도 이와 같다. 부부는 터져 너덜해지기 전에 헤어져야 한다.

어린이에 대해서는 걱정할 필요가 없다. 서로 싸우며 조화 속에 있지 못하는 부모와 있기보다는 어느 쪽이건 한 쪽의 부모와 화목하게 지내는 편이 어린이에게는 더 낫다. 무엇보다도 어린이가 독립된 개인임을 잊어서는 안 된다.

사회는 노인들이 물질적인 걱정없이 행복하게 지낼 수 있도록 절대적인 책임을 져야한다.

그러나 노인들을 존중하고 행복하게 살도록 배려해 주는 것은 필요하지만 그들이 연장자라는 이유로 그들의 말을 반드시 따를 필요는 없다. 지성적인 사람은 나이에 상관없이 언제나 훌륭한 조언을 해줄 수 있지만 어리석은 사람의 말은 비록 백 살이 되었다 해도 귀기울일만한 가치가 없다. 게다가 그는 전 생애를 통해 자신을 깨우칠 만한 충분한 기회를 부여받았음에도 불구하고 그렇지 못한데 대해서는 변명할 여지가 없기 때문이다. 반면, 아직 젊은 사람이 어리석은 경우에는 그래도 희망이 있다. 그러나 어리석은 노인이라 할지라도 편안하게 생활할 수 있도록 해주어야 한다. 그것이 사회의 의무이다.

죽음이 슬픈 모임의 장소가 되어서는 안 된다. 반대로 진정한 축하의 장소가 되어야 한다. 죽음이란 사랑하는 사람이 어쩌면 우리들의 창조자 엘로힘이 사는 불사의 행성의 낙원에 발을 들여놓는 순간이 될 지도 모르기 때문이다.

그러므로 당신은 종교적 의식으로 매장하지 않도록 요구해야 한다. 당신은 자신의 유체를 과학을 위해 기부하거나, 아니면 가능한 한 신중하게 처리하도록 요구해야 한다. 단, 전액부(前額部) - 정확히는 코의 상부에 위치한 이마 뼈로 두 개의 동공(瞳孔)을 연결한 선의 중심에서 33밀리미터 위에 있는 뼈 - 의 뼈는 별도이다. 당신은 이 부분의 뼈를 적어도 1평방 센티미터는 보존해서 최고가이드에게 보내어 지상에 설치될 우리들의 대사관에 보관하도록 해야 한다. 왜냐하면 인간은 누구나 생전의 행위를 기록하고 생을 마칠 때 최종평가를 하는 컴퓨터에 의해 관찰되고 있으며, 클로드 라엘이 전하는 메시지를 아는 사람들은 우리들의 대사관에 보존된 세포로부터 재생될 것이기 때문이다. 이러한 재생은 사후에 신체의 요구된 부분을 최고가이드에게 보낸 사람들의 경우에만 가능하다. 왜냐하면 이들이 메시지를 이해한 순간부터 심판에 사용될 정보를 기록하는 컴퓨터의 메커니즘은 계속 작동상태에 있게 되지만, 죽음의 순간에 세포를 자동적으로 채취하도록 하는 메커니즘의 회로는 단절되기 때문이다. 그러므로 일단 메시지에 대해 알게 되면, 메시지에서 요구하는 것을 정확하게 따른 사람들만이 재생되는 것이다.

당신은 반드시 적어도 생애에 한 번은 최고가이드나 최고가이드로부터 위임을 받은 가이드를 만나서 당신의 세포설계도를 엘로힘께 전송해야 한다. 그렇게 함으로써 엘로힘은 당신의 마음을 일깨워 주고, 또 당신이 항상 각성 상태에 머물 수 있도록 도와줄 수가 있다.

이 책에 씌어진 대로 당신은 가족의 집이나 아파트 외에 어떤 유산도 자식에게 남겨서는 안 된다. 나머지는 최고가이드에게 유언으로 남기면 된다. 만약 당신의 자식들이 유언을 무시하고 인간의 법률에 호소하여 당신의 재산을 자기들 것으로 만들 것이 우려된다면 생전에 재산을 최고가이드에게 기증해서 그가 우리들의 창조자들의 메시지를 전 지구상에 전파할 수 있도록 도와주는 것이 좋다.

남아 있는 사람들은 사랑하는 사람이 죽었다고 해서 슬퍼하거나 탄식해서는 안 된다. 그 대신 당신이 사랑하는 다른 사람들에게 그들이 살아 있는 동안 애정을 베풀도록 해야 한다. 죽은 자에 대해 슬픔을 느끼는 것은 어쩌면 당신이 생전에 그를 충분히 사랑해 주지 못했음을 생각하고 지금은 때가 이미 늦었다고 느끼기 때문일 것이다.

그가 만약 훌륭한 사람이라면 그는 엘로힘의 영원한 정원에 들어갈 권리가 있고 그곳에서 행복을 누릴 것이다. 그러나 그가 훌륭하지 않았다면 애석하게 여길만한 가치가 없다.

어쨌든, 선택된 사람들 안에 들지 못했다고 해서 그 사람이 정말로 소멸되는 것은 아니다. 죽음이란 대단한 것이 아니므로 두려워할 필요가 없다. 죽음이란 단지 잠에 빠져드는 것과 같으며 다만, 그 잠이 영원히 계속된다는 것뿐이다.

게다가 우리들은 무한의 일부이기 때문에 우리들을 구성하고 있는 물질이 소멸되는 일도 없다. 그것은 흙이 되고 식물이 되고, 혹은 동물이 되어 계속 존재한다. 단지 유기체로 통합되어 있던 모든 동질성, 즉 독자성을 잃게 될 뿐이다. 우리들의 창조자들에 의해 매우 정교한 계획하에 조직되었던 무한의 이 부분은 무한으로 되돌아가지만 지구라는 살아 있는 작은 공의 일부로서 계속 남아 있게 된다.

모든 인간은 살 권리와 사랑할 권리와 죽을 권리가 있다. 누구든지 자신의 삶과 죽음에 있어 주인이다. 죽음이란 아무 것도 아니다. 그러나 고통은 잔인한 것으로서 그것을 제거하기 위해서는 모든 방법을 다 써야 한다. 격심한 고통을 겪는 자는 자살할 권리가 있다. 만약 그의 일생 동안의 행위가 긍정적이었다면 그는 불사의 행성에 들어가도록 허용될 것이다.

당신이 사랑하는 사람이 심한 고통 때문에 죽음을 바라면서도 자살할 힘이 없을 때에는 그의 자살을 도와주어야 한다.

과학의 진보에 의해 동료 인간의 고통을 제거하는 것이 가능할 때라야 비로소 인간은 자살이 정당한지 어떤지를 자신에게 물을 수 있을 것이다.

사회, 정부

인체에 결정을 하는 두뇌가 존재하듯이 사회에도 결정을 내리는 정부라는 것이 필요불가결하다.

지성을 권력의 자리에 앉히는 '천재정치'의 원칙을 실행하는 정부를 만드는데 당신은 모든 노력을 다해야 한다.

당신은 '첫 번째 메시지'에서 기술한 인도주의와 천재정치를 주장하는 인도주의적 세계 정당의 설립에 참가하고 그 후보자들을 지지해야 한다. 천재정치만이 인류를 황금시대에 성공적으로 도달하게 할 수 있는 유일한 방법이다.

완전한 민주주의가 최선의 것은 아니다. 모든 세포가 자기주장을 한다면 몸이 생존할 수 없다. 오직 지성을 갖춘 사람들만이 인류에 관한 결정을 내릴 수 있도록 해야 한다. 그러므로 천재정치와 인도주의를 주창하는 후보자가 아니라면 당신은 투표를 거부해야 한다.

보통선거나 여론조사도 세계를 통치하기 위한 합리적인 방법이 아니다. 통치한다는 것은 예견하는 일이지 양떼와 같은 민중의 반응을 따르는 것은 아니다. 사람들을 인도할 수 있을 만큼 충분히 각성되어 있는 자들은 극히 소수에 지나지 않는다. 각성된 사람들의 숫자가 매우 적으므로, 만약 우리가 보통 선거나 여론조사에 의한 결정을 따른다면, 그 결정은 눈앞의 만족만을 추구하는 대다수의 깨어 있지 못한 민중의 선택으로서, 반계몽주의적 잠재의식의 본능적 반응에 지나지 않는다.

오직 선택적 민주주의인 천재정치만이 가치 있는 것이다. '첫 번째 메시지'에 씌어진 것처럼 공직에 앉는 자는 평균보다 50% 이상 뛰어난 지성지수의 소유자에 한하며, 공직자를 선출할 수 있는 선거권자는 평균보다 10% 이상 뛰어난 지성지수의 소유자에 한해야 한다. 과학자들은 이미 우리들의 순수지성을 계측할 수 있는 기술을 개발하고 있다. 그들의 충고에 귀를 기울여 인류의 가장 귀중한 광맥인 천재적인 어린이들로 하여금 그들의 천재성을 살릴 수 있는 교육을 받도록 해주어야 한다. 보통교육이란 평균적 지성을 가진 보통의 어린이들에 맞게 만들어진 제도일 뿐이다.

지성을 나타내는 것은 당신이 획득한 학위의 수가 아니다. 학위는 다소 재미없는 기억능력만 있으면 되는 것이고, 이러한 기억능력은 기계가 대신할 수 있는 것이다. 순수지성에 있어서는 농부나 노동자들이 기술자나 학자들보다 높을 수 있다. 지성이란 상식, 또는 창조적 재능과 비교할 수 있다. 왜냐하면 대부분의 발명은 상식에 의문을 제기한 것 이외에 아무 것도 아니기 때문이다.

이미 언급한 바와 같이 통치한다는 것은 예견하는 일이다. 인류가 당면하고 있는 모든 난문제들을 지금까지의 모든 정부가 예견하지 못했고, 따라서 통치할 능력이 없다는 것이 입증되었다. 그것은 대중의 문제가 아니라 책임자를 고르는데 사용된 기술상의 잘못이 문제이다. 통치자들을 선택하는 우리들의 방법이 잘못된 것이다. 그러므로 보통 민주주의는 선택적 민주주의로 대치되어야 한다. 선택적 민주주의란 천재정치를 말하는데, 그것은 지성이 뛰어난 자들을 권력의 자리에 앉히는 제도로서 이것이 가장 기본적인 요건이다.

인간의 법률은 필요불가결하며 존중되어야 한다. 그러나 불공평하거나 낡은 것은 수정되어야 한다.

인간의 법률이 우리들의 창조자들의 법률에 저촉될 경우에는 한 순간도 주저해서는 안 된다. 왜냐하면 재판관들도 언젠가는 우리들의 창조자들에 의해서 심판받을 것이기 때문이다.

폭력을 제거하기 위한 의학적인 방법, 또 범죄자나 타인의 자유를 침해하는 사람들을 의학적으로 치료하는 수단을 발견하기까지는 경찰도 반드시 필요한 존재이다.

전쟁의 수호자인 군대와는 달리 경찰은 평화의 수호자로서 이러한 문제가 과학적으로 해결될 때까지 잠정적으로 필요불가결하다.

강제징병제가 실시되는 나라에서는 당신은 병역을 거부하고 양심적 거부자의 신분을 인정해주도록 요구해야 한다. 그로 말미암아 당신은 무기를 들지 않는 분야에서 병역을 치르는 것이 가능할 것이다. 당신의 종교적, 철학적 신념이 동료 인간을 죽이는 것을 금하기 때문에 당신은 이러한 요구를 할 권리가 있다. 우리들의 창조자 엘로힘을 믿고 라엘리안 무브먼트의 최고가이드의 지시에 따르고자 하는 사람들이 이 길을 택했다. 많은 젊은이들이 예상하는 바와는 달리 양심적 거부자들은 감옥으로 보내지는 것이 아니라 그들이 무기를 만지지 않아도 되는 민간용역이나 특수 용역 분야에서 일하게 되어 있다. 그 대신 보통 병역기간의 두 배에 해당하는 기간을 복역하게 된다. 당신의 동료 인간을 죽이는 기술적 훈련에 1년간 참가하는 것보다는 사무실에서 2년간 봉사하는 편이 차라리 낫다.

세계의 모든 나라에서 병역은 하루 빨리 폐지되어야 한다. 직업군인은 모두 세계평화의 수호자로 바뀌어 인간의 자유와 권리를 지키는 일을 하지 않으면 안 된다.

참으로 가치 있는 통치제도는 단 하나, 인도주의에 입각한 천재정치뿐이다.

자본주의는 잘못되어 있다. 인간을 돈의 노예로 만들고 소수의 이익을 지키려고 타인의 희생을 강요하기 때문이다.

공산주의도 역시 잘못되어 있다. 자유보다 평등을 중요시하기 때문이다. 인간은 태어날 때 누구나 평등하다. 그러나 성장함에 따라 똑같이 취급될 수는 없다. 비록 모든 인간이 인간다운 생을 누리기에 충분한 수단을 가질 권리가 있더라도, 동료 인간들을 위해 남보다 더 많이 일한 자가 사회를 위해 아무 것도 하지 않은 자보다 더 많은 혜택을 누릴 권리가 있는 것이다.

이것은 분명 인류가 통화제도를 완전히 폐지한 다음 모든 힘든 노동을 로봇에게 맡기고 전적으로 자기완성에 전념할 수 있을 때까지의 잠정적인 규칙이다.

그러나 한 쪽에서는 기아로 죽어 가는 사람들이 있는 반면, 다른 쪽에서는 가치 하락을 막기 위해 식량을 버리는 일이 있다는 것은 부끄러운 일이다. 식량을 버릴 바에는 아무 것도 먹을 것이 없는 사람들에게 나누어 주는 편이 낫다.

노동을 신성한 것으로 생각해서는 안 된다. 인간은 모두 일하지 않고도 편안하게 살 권리가 있다. 누구나 자신이 흥미를 느끼는 분야에서 자기를 완성하고 개화하도록 노력해야 한다. 만일 인간이 하려고만 한다면 사회를 조직하여 필요한 모든 일을 완전히 기계화하고 자동화하는 데는 그리 오랜 시간이 걸리지 않을 것이다. 그렇게 되면 모든 사람들이 자유롭게 개화할 수 있게 될 것이다.

만일 모든 사람들이 진정으로 그렇게 하기 위해 단결한다면, 인류가 노동의 의무로부터 해방되기까지는 고작 몇 년 정도밖에 걸리지 않을 것이다. 필요한 것은 모든 과학자와 기술자, 그리고 모든 노동자들이 물질적 제약에서 인류를 해방시키려는 열의와 단결심이 멋지게 폭발하여 개인의 이익보다는 사회 전체와 그 행복을 위해 일할 것을 진정으로 굳게 결의하는 일이다. 동시에 군사예산이나 핵무기의 개발 우주탐사와 같이 어리석은 사업에 낭비 되는 모든 수단을 보다 유효하게 사용해야 할 것이다. 우주탐사는 인간이 일단 물질적인 제약에서 해방되기만 하면 보다 나은 계획 아래 훨씬 쉽게 이루어질 수 있다. 당신들은 인간을 대신해서 일을 훨씬 잘 해주는 컴퓨터와 전자장치를 가지고 있다. 이러한 과학 기술적 수단이 인류를 위해서 참되게 봉사할 수 있도록 이 모든 지식을 활용해야 한다. 당신들은 수년 내에 아주 새로운 세계를 건설할 수 있게 될 것이다. 그리하여 마침내 황금시대에 도달할 수 있을 것이다.

노동으로부터 당신들을 해방시키고 당신들에게 개화와 완성을 이룰 수 있게 해줄 생물로봇을 만드는데 모든 노력을 기울여야 한다.

도시계획은 '첫 번째 메시지'에서 기술한 대로 재고되어야 한다. 개인주택이 자연을 '침식'하지 않도록 야외에 매우 높은 공동주거를 건설할 필요가 있다. 누구나 조그만 정원이 딸린 개인주택을 원한다면 전원의 풍경이 남아돌지 않는다는 사실을 잊어서는 안 된다. 이러한 공동주거는 도시전체를 수용할 수 있는 것으로서 인간이 필요로 하는 모든 것을 갖추고 있어야 한다. 이 도시주택은 각기 5만 명 정도의 주민을 수용할 수 있어야 한다.

인간은 자연을 재창조하지 않는 한, 또 그 자신이 창조자가 되지 않는 한 자연을 존중해야 한다. 자연을 존중함으로써 당신은 자연을 창조한 우리들의 어버이들인 엘로힘을 존경하는 것이 된다. 당신은 동물에게 결코 고통을 주어서는 안 된다. 고기를 식용으로 하기 위해 동물을 죽이는 것은 허용되지만 죽일 때 고통을 주지 말아야 한다. 비록 죽음은 아무 것도 아니지만 고통은 혐오스러운 것이다. 당신이 인간의 고통을 없애려고 애쓰듯이 동물에 대해서도 고통을 주지 않도록 노력해야 한다. 고기를 많이 먹는 것은 결코 좋지 않다. 고기는 적게 먹을수록 몸에 좋다.

당신은 토지에서 생산되는 모든 것을 먹어도 좋다. 특별한 식사규정을 따를 필요는 없다. 당신은 고기나 야채, 과일과 그 밖의 다른 식물들을 무엇이든 먹어도 좋다.

다른 생물의 고기를 먹는 것이 나쁘다고 해서 채식주의를 고집하는 것은 어리석다. 식물도 역시 살아있으며 당신처럼 고통을 느낀다. 식물도 당신과 똑같이 살아있기 때문에 고통을 주어서는 안 된다.

당신은 취할 정도로 술을 마셔서는 안 된다. 식사 때에 포도주를 약간 곁들여 마시는 것은 좋다. 그것 또한 토지가 생산해 주는 것이기 때문이다. 그러나 결코 취할 정도로 마셔서는 안 된다. 술이 나오는 특별한 경우에는 취하지 않도록 아주 약간만 마시고 음식에 곁들여 마시도록 한다. 술에 취한 인간은 무한과 조화를 이룰 수 없을 뿐 아니라 자기 자신을 통제하지 못한다. 우리들의 창조자들이 이런 인간의 모습을 본다면 한탄스러워 할 것이다.

당신은 담배를 피우지 말아야 한다. 인간의 육체는 담배 연기를 마시도록 되어 있지 않다. 흡연은 생체 조직에 나쁜 영향을 끼칠 뿐 아니라 자기완성과 무한과의 조화를 방해한다.

당신은 마약(drug)을 사용해서는 안 되며, 마약에 중독되어서도 안 된다. 각성한 정신이 무한에 도달하는 데는 아무 것도 필요로 하지 않기 때문이다. 자신을 개선시키기 위해 약품을 사용해야 한다고 생각하는 사람들은 우리의 창조자들의 눈에는 매우 혐오스럽게 보일 것이다. 창조자들의 모습대로 만들어진 인간은 완전하기 때문에 자신을 개선시킬 필요가 없다. 인간이 불완전하다고 말하는 것은 자기들의 모습을 본떠 우리들을 창조한 창조자들을 모욕하는 일이다.

그러나 우리가 완전하더라도, 자신을 불완전하다고 생각하고 그런 생각에 빠져 있다면 우리는 불완전하게 된다. 우리가 엘로힘에 의해 창조된 대로 완전함을 유지하기 위해서는, 우리는 매일 매순간 깨어있는 상태로 자신을 유지하려는 노력이 필요하다.

명상과 기도

당신은 적어도 하루에 한 번씩은 명상해야 한다. 이는 무한에 연결지어, 엘로힘에 연결지어, 그리고 사회와 당신 자신에 연결지어, 자신의 위치를 확인하는 행위이다.

매일 아침 눈을 뜰 때 당신의 전 존재가 무한을 완전히 의식하고 모든 가능성을 충분히 발휘할 수 있도록 명상한다.

당신은 매번 식사하기 전에 명상해야 한다. 당신이 먹을 때 당신의 온몸으로 먹기 위해서이다. 또 당신이 자신에게 영양을 공급할 때 그 의미를 생각하기 위해서이다.

당신의 명상이 무미건조한 명상이 되어서는 안 된다. 명상은 오히려 감각적으로 느껴지는 감각명상이 되어야 한다. 명상이 즐거운 기쁨으로 느껴질 때까지 평온과 조화감이 마음속에 흘러넘치도록 해야 한다.

당신의 명상이 강요된 일과여서는 안 되며 기쁨 그 자체가 되어야 한다. 기분이 내키지 않을 때는 명상을 하지 않는 편이 낫다.

당신의 아이들이나 이웃에게 명상을 강요해서는 안 된다. 명상이 가져다주는 기쁨과 행복감을 그들에게 설명해주고, 만일 그들이 명상을 하고 싶다면 그때 당신이 알고 있는 것을 가르쳐 주면 된다.

당신은 하루에 적어도 한 번은 우리들의 창조자 엘로힘에 대해 깊이 생각하고 텔레파시로 그들과 교신할 수 있도록 노력해야 한다. 이렇게 함으로써 당신은 기도의 본래 의미를 재발견하는 것이다. 어떻게 시작해야 좋을지 모를 때는 '주기도문'으로 자신을 고무시키는 것이 좋다. 주기도문의 문장들은 우리들의 창조자들과의 교신에 가장 적합한 표현이다.

당신은 일주일에 적어도 한 번 당신 지역에 있는 엘로힘을 믿는 사람들과 함께 - 가능하다면 가이드 한 사람을 포함해서 - 집단 텔레파시로 교신을 하도록 한다.

당신은 엘로힘을 믿고 엘로힘이 최후의 예언자에게 준 메시지를 믿는 사람들이 모두 함께 모이는 연중 정기집회에 반드시 참석하도록 최선의 노력을 다해야 한다.

엘로힘과 텔레파시 교신을 위한 방법

여기 당신이 사용할 수 있는 문장의 한 예가 있다. 하늘을 쳐다보며 말의 의미를 깊이 생각해 보도록 하자.

엘로힘이여, 당신들은 저 우주의 별들 가운데 어딘가에 계십니다.

엘로힘이여, 당신들은 그곳에 계십니다. 나는 당신들이 우리들을 지켜보고 계심을 알고 있습니다.

엘로힘이여, 당신들은 그곳에 계십니다. 나는 당신들을 꼭 만나뵙고 싶습니다.

엘로힘이여, 당신들은 그곳에 계십니다. 당신들과 만날 자격을 갖추기를 바라는 나는 누구입니까?

엘로힘이여, 나는 당신들을 우리들의 창조자들로 인정합니다. 나는 겸허한 마음으로 당신들을 위해 봉사하겠습니다.

엘로힘이여, 나는 당신들의 메신저인 클로드 라엘을 나의 가이드로 인정합니다. 나는 그를 믿고 당신들이 그에게 준 말씀을 믿습니다.

엘로힘이여, 나는 이 말씀을 주변의 많은 사람들에게 전하기 위해 최선을 다하겠습니다. 이는 내가 지금까지 인생을 충분히 가치 있게 살아오지 않았음을 알기 때문입니다.

엘로힘이여, 나는 모든 다른 사람들을 형제로서 사랑합니다. 그들도 나와 같이 당신들 모습대로 만들어졌기 때문입니다.

엘로힘이여, 나는 사람들의 마음을 무한을 향해 열도록 하고 당신들이 내게 주신 진실의 계시를 그들에게 전함으로써 그들에게 행복을 가져오도록 노력하겠습니다.

엘로힘이여, 나는 내 자신이 일부분으로 속해 있는 전 인류를 위한 봉사에 나의 전 생애를 바침으로써 인류의 괴로움을 종식시키도록 노력하겠습니다.

엘로힘이여, 나는 인류가 어둠과 고뇌에서 벗어날 수 있도록 당신들이 내게 부여해준 정신을 최대한 활용하겠습니다.

엘로힘이여, 제가 생애를 마칠 때까지 이룩한 약간의 업적으로 제가 현자의 행성에서 영원한 생명을 얻을 수 있도록 판단해 주시기 바랍니다.

당신들은 가장 뛰어난 사람들을 불사인으로 받아들일 만큼 인간을 사랑해 주셨습니다. 저도 당신들을 사랑합니다.

"The Messages"에 수록된 최초의 불어판 3권은
1974년,1977년, 그리고 1979년에 각각 처음 인쇄되었다.

엘, 1979년 – 그가 보았던 엘로힘의 우주선 측면에 있는 심볼에 대한 묘사이다. 다윗의
삼각형들과 스와스티카의 결합은 '위에 있는 것은 아래에 있는 것과 같고 모든 것은
환한다' 라는 의미이다.

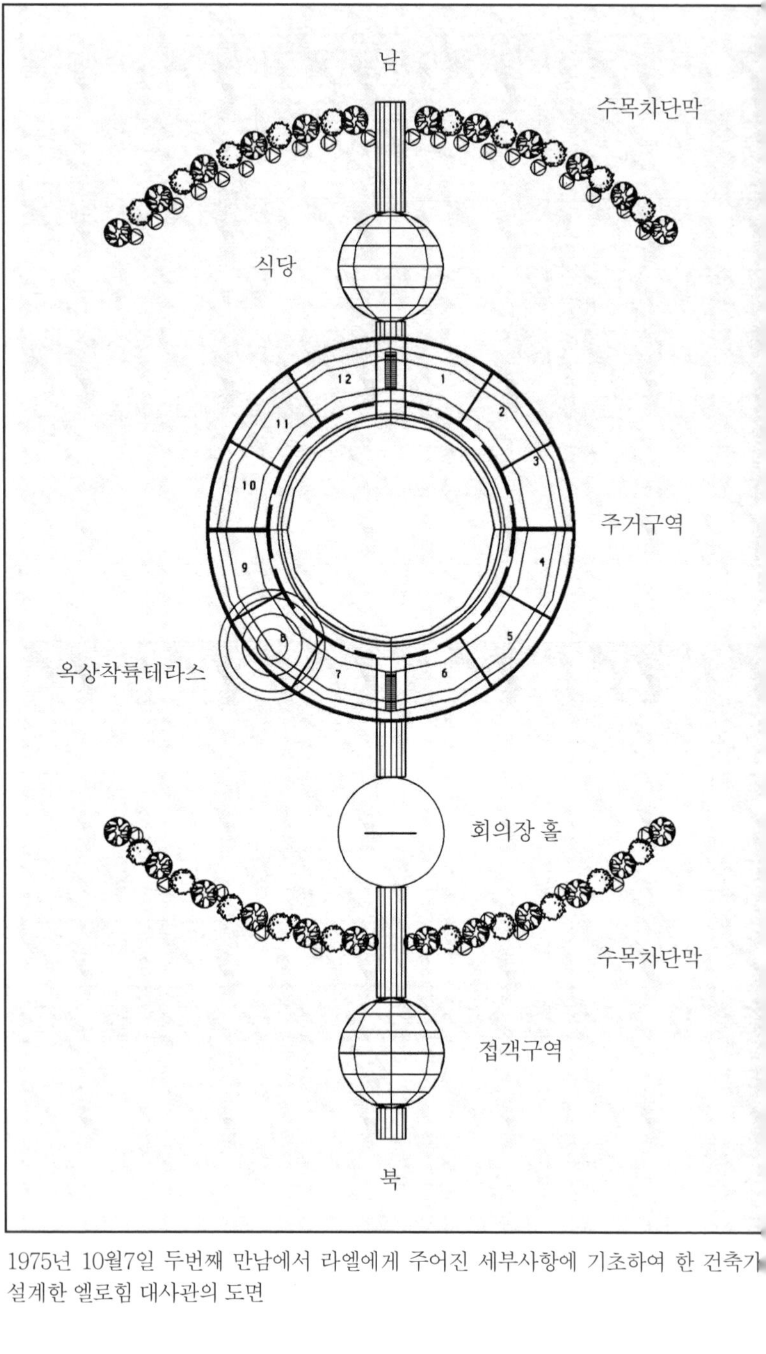

1975년 10월7일 두번째 만남에서 라엘에게 주어진 세부사항에 기초하여 한 건축가 설계한 엘로힘 대사관의 도면

엘로힘의 우주선들중 한대가 옥상착륙장에 내려있는 대사관의 모형

'몇몇 밀밭서클들은 인류가 대사관을 건설하도록 격려하기 위해 엘로힘에 의해 만들어졌다.'라고 라엘은 말한다. 1990년 8월 영국 윌트셔 치즈풋헤드(Cheesefoot Head)에 나타난 이 도형은 대사관 설계도의 세부사항들과 매우 유사하다.

엘로힘과 만났을 때 탑승했던 실제 크기의 우주선 모형 옆에 서있는 라엘

성화 속 UFO라고 일컬어지는 두가지 예이다. 좌측: 그리스도의 세례 독일화가 Aert de Gelder, 1710년. 우측: 성 에미디우스(Saint Emidius)의 수태고지 Carlo Crivelli, 1486년.

1997년 8월1일 윌트셔 엣칠햄튼에 나타난 이 밀밭서클은 1991년 라엘에 의해 수정된 라엘리안 심볼과 유사한 것들중 하나이다.

수정된 라엘리안 무브먼트의 심볼 메달(1992-2007년), 라엘은 홀로코스트의 희생자들을 기리고 엘로힘의 대사관 즉 "제3의 성전" 건립에 관해 이스라엘 정부와 협상하기 위한 노력의 일환으로 심볼을 변경했다.

지구상에서 가장 오래된 심볼인 엘로힘의 심볼은 티벳 사자의 서 즉, 바르도도돌에 그려져있다. 중앙의 스와스티카는 산스크리트어로 '안녕(Well being)'이라는 의미로, 시간의 무한성을 나타낸다.

무한의 메신저 라엘은 30년 이상 그의 임무에 헌신하며 각 대륙별 각성세미나에서 계
가르침을 주고 있다. 이 특별한 사진은 2005년 여름 일본세미나에서 촬영된 것이다.

예술

당신은 예술가들을 격려해주고 예술에 흥미를 느끼는 어린이를 돕는데 최선을 다해야 한다.

예술은 당신이 무한과 가장 잘 조화할 수 있게 해주는 것 중의 하나다.

자연에 있는 모든 것은 예술이라고 생각해야 한다. 또한 모든 예술은 자연적인 것이라고 생각해야 한다.

당신의 주변에 예술작품을 가득 놓아두자. 귀에 호소하는 것이나 눈이나 촉감에 호소하는 것, 또 냄새를 맡는 것이나 맛보는 것, 어느 것이나 좋다.

감각에 호소하는 것은 모두 예술적인 것이다. 음악이나 회화, 조각, 그밖에 일반적으로 예술로 인정된 것만이 예술은 아니다. 요리법과 향수 제조도 감각에 호소하기 때문에 예술이다. 무엇보다도 예술에서 빼놓을 수 없는 것이 사랑이다.

모든 예술은 조화를 추구한다. 그러므로 감상하는 사람들에게 풍부한 조화감을 느끼게 해주고, 나아가서는 인간이 무한과 조화할 수 있는 좋은 환경을 만들어 준다.

문학은 새로운 지평선을 보여줌으로써 사람의 마음을 열어 주는데 도움이 되기 때문에 특히 중요하다. 문학을 위한 문학은 잔소리에 지나지 않는다. 중요한 것은 아름다운 문장을 꾸미는 것이 아니라 다른 사람들에게 새로운 생각을 전달한다는데 있는 것이다.

시청각 장비는 시각과 청각에 동시에 호소하므로 한층 더 중요하다. 그것은 보다 완성된 형태이므로 장차 문학을 대체할 수 있을 것이다. 그때까지는 당분간 문학이 유용할 것이다.

감각명상

만약 당신이 무한과 완전히 조화할 수 있는 높은 경지에 도달하기를 바란다면 감각명상을 할 수 있는 장소를 마련해야 한다. 그곳에 그림이나 회화복사품, 융단벽걸이, 포스터, 조각이나 사진을 걸어 놓고, 또 사랑과 무한과 감각에 호소하는 것은 무엇이든지 놓아 두어 눈을 즐겁게 한다. 방 한쪽에 자리를 마련하여 앉을 때는 방석을 깔고, 누워서 할 때는 푹신한 침상이나 모피를 깔아서 감촉을 좋게 한다.

또 좋은 향을 증발시켜 후각을 즐겁게 한다. 청각을 즐겁게 하기 위해서는 자신이 좋아하는 음악을 녹음한 테이프를 틀어 둔다. 좋아하는 음식이나 음료를 담은 접시나 병을 놓아 두어 미각을 즐길 수도 있다. 그리고 마음에 맞는 사람을 한 사람 또는 몇 사람 초대하는 것도 좋다. 사랑하는 사람과 함께 있으면 마음이 안정되고 조화를 느낄 수 있을 것이다. 함께 감각을 일깨우고 육체를 해방함으로써 당신의 의식은 사랑과 우애 속에서 개화될 수 있다.

만일 누군가 육체적으로 매력이 느껴지고 그도 같은 기분이라면 그 사람을 이 장소에 초대하라. 함께 당신은 최고의 조화상태에 도달할 수 있고, 이 조화감은 당신의 충족된 오감을 통해, 그리고 완벽한 조화와 사랑의 빛 속에서 행하는 두 사람의 육체적 결합이 가져오는 모든 기쁨의 총화를 통해 당신이 무한에 가까이 갈 수 있게 해줄 것이다.

분명히 조화란 정신적으로 먼저 이루어져야 한다. 다시 말하면, 상호 존중하며 가까워지는 과정에 있어서 두 사람의 마음이 서로 이끌린 다음 육체적으로 이끌려야 한다는 것이다. 그러나 정신적인 사랑이란 육체적인 사랑으로 충족될 때 비로소 승화될 수 있다. 사랑한다는 것은 주는 것이며 어떤 대가도 기대하지 않는 마음이다. 당신이 누군가를 사랑한다면 그가 원할 때 당신 자신을 전부 줄 수 있어야 한다.

당신은 결코 질투를 해서는 안 된다. 질투란 사랑과 반대되는 것이기 때문이다. 누군가를 사랑한다면 모든 방법을 다해 그 사람의 행복을 구해야 한다. 그의 행복이 우선적이다. 사랑한다는 것은 상대방의 행복을 구하는 것이지 당신 자신의 행복을 구하는 것은 아니다. 만약 당신이 사랑하는 사람이 다른 사람에게 이끌린다고 하더라도 질투해서는 안 된다. 반대로, 비록 타인에 의해서지만 사랑하는 사람이 행복해질 수 있다면 이를 기뻐해야 한다. 당신이 사랑하는 사람을 행복하게 해주고 싶은 것과 같은 이유로 당신의 연인을 행복하게 해주려는 다른 사람을 당신은 미워해선 안 된다. 질투란 당신이 사랑하는 사람을 누군가 당신 이상으로 행복하게 해줌으로써 연인을 잃게 되지 않을까하는 공포심에서 비롯된다. 이와 반대로, 우리들은 사랑하는 사람을 행복하게 해주기 위해서 모든 노력을 기울여야 한다. 다른 사람이 당신 이상으로 연인을 행복하게 해준다면 그것을 기뻐해야 한다. 중요한 것은 사랑하는 사람이 나로 인해 행복해져야 하는 것이 아니라 누구에 의해서건 그가 행복해져야 한다는 것이다. 만일 당신이 사랑하는 사람이 당신이 아닌 다른 사람과 함께 있어 행복하다면 그들의 행복을 기뻐해 주어야 한다.

이처럼 당신을 사랑하면서도 다른 사람과 함께 행복해 하는 당신에 대해 반감을 갖지 않는 사람이 있을 경우 당신은 그의 마음을 알아챌 수 있을 것이다. 그토록 당신을 사랑하는 사람이라면 당신은 그에게 사랑을 줌으로써 당신 스스로 그를 행복하게 해주는 것이 마땅하다. 그 방향으로 우주적인 사랑으로 가는 길이 놓여 있다.

당신을 행복하게 해주려는 사람을 거절해서는 안 된다. 그의 마음을 받아들임으로써 당신은 그를 행복하게 해줄 수 있는 것이다. 이것이 바로 사랑의 행위이다. 타인의 행복을 기뻐해야 한다. 그러면 그들도 당신의 행복을 기뻐해 줄 것이다.

인간의 정의(正義)

인간의 법이 창조자들의 법에 어긋나는 경우에는 한 순간도 주저해서는 안 된다. 재판관도 언젠가는 우리들의 창조자들에 의해 심판받을 것이기 때문이다.

인간의 법도 필요불가결한 것이지만 개선할 여지가 많다. 왜냐하면 인간의 법은 사랑과 형제애를 충분히 고려하고 있지 않기 때문이다.

사형은 폐지되어야 한다. 어떤 인간도 제도화되고 조직적인 방법으로 다른 인간을 냉혹하게 죽일 권리가 없기 때문이다. 과학을 통해 소수의 사람들에 의해 일어나는 폭력행위를 억제하고 그러한 병을 치료할 수 있기 까지는, 범죄자들을 사회에서 격리시키고 그들에게 결여되어 있는 애정을 나누어주어 그들로 하여금 폭력의 잔악성을 이해시키고 과거의 잘못을 보상하려는 마음을 갖게 해야 한다.

작은 죄를 범한 사람들을 중범자와 함께 취급해서는 안 된다. 중범자들은 일종의 전염병 환자인 만큼 작은 죄를 범한 사람들이 이 병에 감염되지 않도록 해야 한다.

범죄자는 모두 환자라는 사실을 언제나 잊어서는 안 된다. 옛날에는 히스테리 발작 환자를 두 장의 매트리스 사이에 끼워 질식사시켰다. 이러한 사실은 매우 충격적이다. 범죄라는 이 질병이 치료될 뿐만 아니라 예방될 수도 있는 날이 올 때, 우리들이 이전에 범죄자들을 어떻게 처형했던가를 돌이켜 보면 마찬가지로 충격적일 것이다.

고의가 아니게 당신에게 해를 끼친 사람은 용서해 주어야 한다. 또 고의로 해를 끼친 사람에 대해서도 원한을 갖지 말아야 한다. 그들은 병자인 것이다. 병에 걸린 인간만이 이웃에게 해를 끼칠 수 있다. 게다가 타인에게 해를 끼치는 사람들은 매우 불행한 사람들이라는 사실을 생각하자. 그들은 엘로힘의 낙원에서 영원한 생명을 얻을 권리가 없기 때문이다.

그러나 만일 누군가 당신이나 당신이 사랑하는 사람들을 해치려고 할 때는 그 사람을 저지해야 한다. 당신에게는 자신과 당신이 사랑하는 사람들의 생명을 지키기 위해 자신을 방어할 권리가 있다. 그러나 정당한 자기 방어일지라도 상대방을 죽일 생각으로 공격해서는 안 된다. 예를 들어, 때려눕힘으로써 무력하게 만들어야 한다. 만약 죽일 의도만 없었다면 설혹 당신이 가한 타격이 치명적이 되었다고 하더라도 당신에게는 책임이 없다.

당신은 비폭력적으로, 그리고 필요하다면 직접적인 행동으로 폭력적인 사람을 무력하게 만들어야 한다. 그러나 당신이 힘으로써 난폭한 사람을 제압해야 할 경우라 할지라도 폭력적인 행위는 용납될 수 없으며 용납해서도 안 된다. 이럴 때에는 비폭력적인 힘을 사용해야 한다. 즉 상대를 해칠 의도를 갖지 않고, 다만, 남에게 위해를 가하는 사람을 저지하기 위한 의도로써 행사하는 절제된 힘을 사용해야 한다.

폭력에 호소하겠다는 협박은 실제로 폭력을 행한 것과 마찬가지로 엄격하게 다루어야 한다. 폭력을 쓰겠다는 협박은 폭력을 실제로 사용할 수 있다고 생각하는 것이며 이런 식으로 그의 목적을 달성하는 것이다. 협박은 실행가능한 것으로서 목적달성을 위한 수단으로 사용되는 것이다. 폭력으로 다른 사람을 협박할 수 있는 인간은 실제로 폭력을 행사한 인간과 똑같이 위험하다. 그러므로 우리들이 의학적으로 이러한 사람들을 치료할 수 있을 때까지는 이들을 사회로부터 격리시키고, 그와 같은 행동이 얼마나 끔찍한 것인가를 그들이 이해하도록 만들어야 한다.

인질사건이 일어날 경우에는 인질범들의 손아귀에 빠진 죄 없는 사람들의 생명을 구하는 것을 우선적으로 고려해야 한다. 인질범들은 병자들이므로, 그들이 요구하는 것을 들어주어서는 안 된다. 사회는 인질을 잡는 납치범들의 요구에 굴복해서는 안 된다. 왜냐하면 그런 강요를 받아들일 경우 다른 범죄자들로 하여금 같은 짓을 하도록 고무시켜 결과적으로 협박을 존중하는 꼴이 되기 때문이다.

모든 인간은 인종에 상관없이 태어날 때부터 평등한 권리와 힘이 부여되어야 한다. 피부 빛깔에 따른 인종차별은 용납할 수 없다. 지구상의 모든 인종은 엘로힘에 의해서 평등하게 창조되었으며 똑같이 존중되지 않으면 안 된다.

'진실을 알리는 책'에 씌어진 대로 전 인류는 통합하여 세계정부를 설립하지 않으면 안 된다.

또한 새로운 세계공용어를 전 세계의 모든 학생들에게 가르쳐야 한다. 에스페란토가 있으므로, 더 나은 언어가 없다면 에스페란토를 사용하면 된다.

통화제도를 폐지할 수 있을 때까지는 각 나라의 통화를 대체할 수 있는 새로운 세계통화를 만들어야 한다. 이것이 통화위기에 대한 해결책이다.

만일 아무도 더 나은 제안을 할 수 없다면 세계연방제를 채택하자. 세계 모든 나라들로 구성되는 세계연방을 창설하는 것이다. 각 지역에는 독립을 부여하여 그들이 원하는 대로 자치조직을 만들 수 있게 한다. 세계가 더 이상 각 국가로 분리되지 않고 지구의 운명을 책임지는 연방제 안에서 통합되어 모든 지역들이 연방을 이룬다면 세계는 조화 속에 살 수 있게 될 것이다.

과학

과학은 인간에게 가장 중요한 것이다. 당신은 모든 문제들을 해결할 수 있는 과학자들에 의해 이루어진 모든 발전에 뒤떨어지지 않도록 해야만 한다. 과학적 발견들이 이익 추구만을 목적으로 하는 사람들이나, 가상의 적에 대한 가설상의 우월함을 견지하기 위해 발명품을 비밀로 취급하는 군인들의 손에 넘어가지 않도록 해야 한다.

과학은 당신의 종교가 되어야 한다. 왜냐하면 당신의 창조자인 엘로힘은 당신을 과학적으로 창조했기 때문이다. 과학적인 인간이 됨으로써 당신은 창조자들을 기쁘게 해줄 수 있다. 당신은 그들이 행한 것을 행할 수 있고 또 자신이 창조자들의 모습에 비추어 만들어졌음을 알고 부여받은 모든 가능성을 발휘할 수 있음을 그들에게 보여줄 수 있기 때문이다.

과학은 인류에게 봉사하고 인간을 자유롭게 하기 위해 사용되어야 하며, 인류를 멸망시키거나 분열시키기 위해 사용되어서는 안 된다.

과학자는 신뢰해야 하지만 금전적인 이익에 좌우되지 않는 과학자만 신뢰할 수 있다.

당신은 스포츠에 참가해도 좋다. 평형감각을 기르는데 매우 좋기 때문이다. 특히 자제심을 기를 수 있는 스포츠라면 더욱 좋다.

사회는 난폭하고 매우 격렬한 스포츠일지라도 공인해 주어야 한다. 그러는 편이 오히려 안전하다. 폭력이 없는 진보된 사회에서는 폭력의 잔상(殘像)을 보전할 수 있는 난폭한 게임이 필요하다. 이것은 격렬한 행동을 원하는 젊은이들이 같은 것을 원하는 다른 사람들과 함께 난폭한 경기에 참가할 수 있게 할 뿐만 아니라, 많은 사람들이 이러한 경기를 관람함으로써 그들의 공격적인 파동을 발산시키는 데에도 도움이 되기 때문이다.

당신은 사고와 두뇌의 사용을 요하는 게임에 참가해도 좋다. 그러나 금전이 폐지되지 않았으므로 돈을 벌기 위한 플레이를 해서는 안된다. 어디까지나 두뇌를 회전시키는 즐거움을 줄 수 있는 게임이라야 한다.

글을 쓸 때는 최후의 예언자를 기념하여 1946년을 클로드 라엘 기원 원년으로 하는 새로운 연대를 기입하도록 하자. 그러므로 1976년은 클로드 * 라엘 31년이 된다. 또 보병궁시대 31년, 혹은 계시의 시대 31년, 혹은 황금시대 31년이라 불러도 좋다.

[* 라엘기원을 사용하던 라엘리안 무브먼트의 연도표시는 라엘 50년부터 새로운 기원으로서 After Hiroshima(약자:AH,국어번역: 히로시마 후) 50년으로 변경하여 사용하기로 하였습니다]

인간의 두뇌

인간 두뇌의 잠재력을 모두 이해하려면 아직도 요원하다. 제6감, 즉 직감은 어릴 때부터 발달시키도록 해야 한다. 이것이 텔레파시이다. 텔레파시는 우리들로 하여금 우리들의 창조자 엘로힘과 직접 교신할 수 있게 해준다.

많은 영매들이 무엇을 해야 되는가를 묻기 위해 나에게 왔다. 그들은 이른바 '내세(來世)'라고 불려지는 곳으로부터, 나와 접촉해서 나를 돕고 나에게서 빛을 구하라는 메시지를 받았기 때문이다. 영매는 수준 이상의 텔레파시 능력을 가지고 있으며 그들의 두뇌는 각성상태에 이르는 길을 걷고 있기 때문에 매우 중요한 사람들이다. 그들은 자신의 잠재력을 충분히 개발하기 위해 명상훈련에 힘써야 한다.

나는 나와 접촉하라고 지시받은 영매들이 모두 나의 곁에 모여 정기적인 집회를 열 수 있게 될 날을 기다리고 있다. 지식을 구하는 참된 영매들은 모두 지시를 받게 될 것이다.

한 사람의 두뇌의 힘은 위대하다. 그러나 여러 사람의 두뇌의 힘은 무한하다. 들을 귀를 가진 사람은 들어라.

당신들이 이해할 수 없는 것들, 또 당신들의 과학자들이 설명할 수 없는 것들은 모두 엘로힘에 의해 창조된 것이라는 사실을 잊어서는 안 된다. 시계공은 자신이 만든 시계의 모든 움직임을 알고 있는 것이다.

계시의 시대

'계시의 시대', 문자 그대로 진실이 밝혀지는 시대가 예언대로 도래했음을 잊어서는 안 된다.

그 시대에는 수많은 허위 예언자들이 나타난다고 예고되었다. 당신의 주변을 한번 돌아보기만 해도 지금 그 때가 왔음을 알 수 있다. 허위 예언자란 신문에 자주 나오는 점성술자들, 그리고 고대의 기록을 신봉하는 자들, 즉 엘로힘이 고대의 원시인에게 준 메시지를 지금도 문자 그대로 따르는 사람들로서 과학의 은혜를 거부하는 자들이다. 그들은 하늘에서 내려왔다는 것만으로 두려워하며 신들로 숭배하던 마음이 좁은 원시인들이 떨리는 손으로 받아 쓴 기록을 더 중요시한다. 반면, 그들은 하늘에서 내려왔다는 것만으로 쉽게 무릎을 꿇지 않고, 우주를 이해하려고 노력하는 성숙한 인간들에게 전해진 참된 메시지를 배척한다. 당신의 주위를 바라보라. 광신자들의 무리와 반계몽주의적 종파들이 수없이 눈에 비칠 것이다. 이들은 진리에 굶주린 다감한 젊은이들을 유혹하고 있다.

어느 철학자는 이렇게 말했다. "예수는 인간이 따라야 할 길을 보여주기 위해 왔지만 사람들은 그의 손가락만을 보았다." 이 말을 깊이 생각해 보자. 중요한 것은 메시지를 전하는 자가 아니라 메시지를 보낸 자이며, 메시지 그 자체인 것이다.

동양의 제 종교에 이끌려 길을 잃게 되어서도 안 된다. 진리는 히말라야 정상에 있는 것도 아니고 페루나 그 밖의 장소에 있는 것도 아니다. 진리는 바로 당신 자신 안에 존재한다. 그러나 이국적인 것이 좋아 여행을 하고 싶다면 먼 나라에 가보는 것도 좋다. 그곳에 가 본

후에야 당신은 결국 헛되게 시간을 낭비하여 구한 것이 당신 자신 안에 있음을 이해하게 될 것이다. 당신 자신의 내면을 여행하라. 그렇지 않다면 당신은 자신의 내면에서 진리를 찾는 다른 사람들을 바라보고 진리를 발견할 수 있다고 생각하는 스쳐지나 가는 여행자에 지나지 않는다. 그들은 진리를 발견할지도 모른다. 그러나 구경꾼인 당신은 진리를 발견하지 못할 것이다. 더구나 자기 자신의 내면을 여행하는 데는 비행기도 필요 없는 것이다.

지혜와 정신의 각성에 관해서 동양은 서양에 가르쳐 줄 것이 아무것도 없다. 오히려 그 반대다. '성스러운' 소떼가 지나가는 것을 보면서도 굶어죽는 사람들에게서 어떻게 당신은 지혜를 발견할 수 있을 것인가? 반대로, 생명의 희생을 요구하는 원시적이고 야만적인 신앙에 갇혀 있던 사람들을 정신과 과학으로 구출해낸 것은 오히려 서양이다. 서양이 제3세계의 사람들과 똑같은 문제에 직면하지 않은 것은 우연이 아니다. 정신이 승리하는 곳에 육체의 굶주림은 없다. 몽매주의가 설치는 곳에는 육체도 생존할 수 없다. 원시적인 사람들이 세계의 기아문제를 해결하고 굶주린 사람들에게 먹을 것을 줄 수 있는 힘이 있겠는가? 그들은 겨우 자신들을 먹이기에도 힘이 부칠 정도이다. 거기에서 당신은 어떻게 지혜를 찾을 수 있겠는가?

지구상의 모든 사람들은 처음에 똑같은 기회를 부여받았다. 그럼에도 불구하고 어떤 자들은 문제를 해결해서 필요 이상의 것을 만들어냈으나, 다른 쪽에서는 살아남을 수 있는 수단조차 갖지 못한 자들도 있었다. 당신은 어느 쪽이 남을 도울 수 있다고 생각하는가? 서양 사람도 개화된 정신의 길을 가기에는 아직 멀었지만, 동양 사람은 서양 사람이 이룬 것의 10분의 1도 채 이루지 못한 것이다.

텔레파시 교신

'마음과 물질은 영원히 같은 것이다' 티베트 「사자(死者)의 서(書)」

만일 당신이 고도의 텔레파시 능력을 얻고 싶다면 머리털이나 수염을 깎아서는 안 된다. 머리털을 깎은 사람들 중에도 텔레파시 능력을 충분히 발달시킨 자가 없는 것은 아니지만, 좋은 기회를 얻고 싶다면 창조자들이 당신의 머리나 얼굴에 자라게 한 것을 잘라서는 안 된다. 그것이 자라는 데는 이유가 있다. 인간의 육체적 특징 중에서 무의미하게 주어진 것은 아무 것도 없다. 창조물을 존중하는 것이 창조자들을 존경하는 것이 된다.

당신이 창조자들과 교신하기에 가장 좋은 시간은 잠에서 깨어나는 순간이다. 왜냐하면 당신의 육체가 깨어날 때 당신의 마음도 깨어나기 때문이다. 육체가 기능을 시작하는 이때 당신은 가능한 한 주변의 모든 사물과 무한에 대해 당신 자신을 열고 당신 속의 각성 메커니즘을 활발하게 작동시키는 한편, 동시에 일어나고 있는 모든 움직임이 정체 되지 않도록 주의를 기울여야 한다.

가부좌로 앉거나, 또는 가능하다면 탁트인 대지에 누워 하늘을 바라보는 것이 좋다.

마음이란 한 송이의 장미꽃과 같다. 아침이면 꽃이 피기 시작하는데 당신은 항상 성급하게 봉오리일 때 꽃을 꺾어 버린다. 만약 당신이 조금만 더 기다린다면 장미는 활짝 꽃을 피울 것이다.

육체의 건강을 유지하기 위한 훈련은 좋다. 그러나 정신이 건강상태에 있도록 훈련하는 일은 더욱 중요하다.

즉시 좋은 결과를 얻을 수 없다고 해서 실망할 필요는 없다. 기관이란 사용하지 않으면 위축된다. 오랫동안 석고붕대를 댔던 수족이 정상적으로 움직이기 위해서는 상당한 물리적 치료가 필요한 법이다.

하늘을 바라보면서 당신을 둘러싸고 있는 모든 것과 연결되어 있는 당신 자신의 위치에 대하여 생각해 보자. 당신이 살고 있는 집과의 관계 속에서 당신의 위치를 생각해 보자. 당신은 벽과 벽 사이의 조그만 공간 속에 버려진 티끌 같은 존재이다. 다음에는 당신과 똑같은 시간에 눈을 뜨는 모든 사람들과의 관계에 대해서, 또 지구의 반대편에서 잠자리에 들려고 하는 사람들과의 관계에 대해서 생각해 보자. 아침에 눈을 뜨면, 같은 시간에 태어나는 사람들, 육체적 결합을 행하는 사람들, 고통받는 사람들, 일하거나 혹은 죽어가고 있는 모든 사람들에 대해 생각해 보자. 이렇게 당신 수준에 있는 모든 것과의 관계 속에서 당신 자신의 위치를 생각해 본다.

이번에는 무한히 큰 것과의 관계 속에서 당신 자신의 위치를 생각해 보자. 당신이 살고 있는 도시, 그 도시가 하나의 작은 점에 지나지 않는 나라, 그리고 당신의 나라가 속해 있는 대륙이나 섬에 대해 생각해 보자. 마치 비행기를 타고 지상으로부터 점점 멀어지듯이 도시도 대륙도 하나의 작은 점이 될 때까지 날아 올라가 보자. 당신이 지구 위에 살고 있고, 또 이 조그만 공 위에 살고 있는 인류는 기생충에 지나지 않는다는 사실을 알아두자. 지구는 돌고 있지만 당신은 그 움직임을 느끼지 못한다. 지구와 당신과의 관계, 지구의 주위를 돌고 있는 달과의 관계, 태양의 주위를 공전하는 지구와의 관계, 또 자전하면서 은하계의 중심을 돌고 있는 태양과의 관계, 그리고 무수한 생물이 살고 있는 행성을 주위에 거느린 태양들, 즉 별들과 당신과의 관계에서 당신의 위치가 어디쯤인가를 생각해 보자. 그러한 행성 중에 우리들의 창조자 엘로힘이 사는 행성이 있고, 또 불사인들이 사는 행성이 있다. 당신도 언젠가는 이 불사의 행성에 사는 것이 허용될지도 모른다. 우리들보다 훨씬 진보된 인간들이 살고 있는 행성들과 아직 원시적인 단계에 있는 행성들을 포함한 이 모든 세계와 당신 자신과의 관계를 생각해 보자. 또 우주의 중심을 돌고 있는 무수한 은하계와의 관계에 대해서, 그리고 어떤 존재의 팔의 세포 속 미립자에 지나지 않을지도 모르는 우리들의 우주와 당신 자신과의 관계에 대해서도 생각해 보자. 아마 이 존재도 하늘을 쳐다보며 다른 행성에도 생명이 존재하는가에 대해 묻고 있을지도 모른다. 이것은 무한히 큰 것과 당신 자신과의 관계이다.

다음에는 당신의 육체와의 관계에 대해서, 즉 육체를 형성하는 모든 기관들과, 그 기관들을 구성하는 모든 조직과의 관계에서 당신의 위치를 생각해 보자. 당신이 의식하지 않는데도 활동하고 있는 모든 기관들을, 지시하지도 않았는데 이 순간에도 맥동하는 심장을, 체내를 순환하며 영양을 공급하는 혈액을 생각하고, 그 생각하는 것을 의식하는 두뇌를, 혈액을 구성하는 모든 혈구들을, 그리고 당신이 모르는 사이에 태어나서 기쁨을 느끼며 번식하고 죽어가는 체내의 모든 세포들과의 관계를 생각해보자. 이러한 세포들은 아마 자기들이 당신이라는 인간을 구성하고 있다는 사실을 의식하지 못할 것이다. 이 세포들을 구성하는 모든 분자들, 그 분자들을 구성하는 원자들, 그 원자들을 구성하며 은하계의 중심을 태양처럼 회전하는 소립자들, 그리고 그 위에 살고 있을 생물들에 대해서 생각해 보자. 이 소립자 위에 살고 있을 생물도 아마 다른 행성에 생명이 존재하는지 어떤지에 대해 자신에게 묻고 있을 것이다. 이것은 무한히 작은 것과 당신 자신과의 관계이다.

위로나 아래로나 어느 쪽으로든 사랑을 보내고 당신 자신이 무한의 일부분임을 자각함으로써 무한히 큰 것과 무한히 작은 것을 조화시키자.

그런 다음 우리들의 창조자 엘로힘에 대해 당신의 사랑의 말을 강렬하게 생각하면서 전달하도록 하자. 그들을 만나고 싶어하고 언젠가 그들과 함께 하기를 원하며 선택된 자들 중 한 명이 되기에 합당한 자격을 갖출 강인함을 지니고자 하는 당신의 염원을 그들에게 전달하자.

그러면 당신은 몸이 가벼워지고 하루 종일 전력을 다해 주위에 선을 베풀 준비가 될 것이다. 왜냐하면 당신은 무한과 조화를 이루었기 때문이다.

당신은 이러한 실습을 낮에, 정해둔 감각명상의 방에서 혼자 또는 다른 사람들과 함께 해도 좋다.

그러나 무한과의 완전한 조화 상태에 가장 가까이 가는 순간은 이 감각명상의 방에서 당신이 사랑하는 사람과 함께 육체적으로 결합하고 두 사람이 결합하는 동안 함께 무한과 조화할 때 찾아온다.

하늘에 별들이 가득한 따뜻한 날 밤 대지에 누워 별들을 바라보면서 엘로힘에 대해 깊이 생각하자. 언젠가 그들 곁에 앉을 수 있는 자격 있는 인간이 되기를 바라면서 그들이 당신에게 요구하는 것은 무엇이든지 즉시 실행할 준비가 되어 있음을 강하게 생각하자. 그들이 무엇을 당신에게 요구할 것인가를 잘 몰라도 상관없다. 만일 당신이 충분히 준비만 되어 있다면 당신은 아마 어떤 전조를 볼 수 있을 것이다.

지면에 등을 대고 누워 있을 때 당신의 지각 기관이 얼마나 한정되어 있는가를 깨달아보자. 무한을 의식하는데 곤란을 느낀다는 것은 당신의 지각능력이 한정되어 있음을 말해준다. 어떤 힘이 당신을 지상에 못 박아서 당신이 별들을 향해 훌쩍 날아가는 것을 방해하고 있다.

그렇다고 당신을 매어 놓은 끈이 있는 것도 아니다. 수백만의 인간들이 수천의 방송국에서 보내지는 라디오 방송을 듣고, 수백 종류에 이르는 텔레비전 프로그램을 시청하고 있다. 그러나 당신은 대기 중에 발신되는 무수한 전파를 들을 수도 없고 볼 수도 없다. 나침반의 자침은 북쪽을 가리키지만 당신은 바늘을 잡아당기는 힘을 볼 수도 들을 수도 없다.

되풀이 말하지만, 당신의 지각기관은 매우 한정되어 있는 반면 에너지는 우주와 마찬가지로 무한하다. 깨어 일어나서 당신 안에 있는 기관을 각성시켜야 한다. 그것은 잡을 수도 없고 존재하는 것조차도 알 수 없는 이러한 파동들을 당신이 포착할 수 있게 해 줄 것이다. 단순한 비둘기도 방향을 잘 알고 있다. 하물며 인간인 당신은 왜 그것을 못하겠는가? 잘 생각해 보자.

이 모든 것을 당신의 아이들에게도 가르쳐 주자. 그들의 기관은 발달 도중에 있다. 이것이야말로 현재의 인간보다 무한히 뛰어난 능력을 갖는 '신인간(新人間)'을 탄생시키는 방법이다.

성장기에 걷는 법을 배우지 못한 인간은 어른이 되어서도 절름발이로 남게 된다. 후에 배울 수 있다 해도, 또 대단한 소질을 갖고 있다 해도 항상 불리할 것이다.

어린이의 모든 능력이 꽃처럼 피어날 수 있도록 그들의 마음을 열어줘야 하는 것은 바로 성장기에 있을 때이다. 어린이들로 하여금 모든 면에서 빈약하기 짝이 없고 마음이 좁은 원시적인 우리들과는 다른 새로운 타입의 인간이 되도록 해주어야 할 것이다.

보상

이 책은 우리들의 창조자들인 엘로힘의 존재를 알고 그들을 사랑하는 사람들을 위한 지침서이다. 엘로힘을 믿고 기도의 본래 의미를 재발견함으로써 텔레파시로 그들과 교신하는 것을 잊지 않은 사람들이여, 동료 인간들에게 선을 베푸는 사람들이여, 나에게 계시된 것과 나 이전의 예언자들에게 계시된 것을 믿는 사람들이여, 과학적인 재생이 실제로 가능하다고 확신하는 사람들이여, 당신들에게는 당신들을 이끌어 줄 가이드가 있고 인생의 목적이 있으며, 그 때문에 당신들은 행복하다.

깨어있지 않은 사람들에게는 이 메시지를 말해봐야 소용없다. 잠자고 있는 사람들은 말귀를 알아듣지 못하며 지각이 없는 마음은 단 몇 초도 깨어 있지 못한다. 특히 잠자고 있는 자가 그 잠을 매우 달콤한 것으로 여길 때에는 더욱 그러하다.

그러나 당신 주변에서 다른 사람들에게 선을 베푸는 사람들 특히 엘로힘이 준 두뇌를 사용하여 식량부족이나 질병의 공포, 또 매일의 노동으로부터 인간을 해방시켜 인류가 자기완성이나 개화를 위한 시간을 가질 수 있도록 노력하는 사람들에게 이 메시지를 전해야 한다. 불사의 행성에 있는 낙원과 수많은 분수들은 바로 그들을 위해 예비되어 있다.

타인에게 해를 주지 않을 뿐만 아니라 선 또한 행하지 않는다면 그것으로 충분하지 않다. 이것도 저것도 아닌 어중간한 생애를 보낸 인간은 그에 상응하는 보수를 받는다. 말하자면 그는 결코 재생되지 않을 것이다.

죄를 짓지 않았기 때문에 보상해야 할 필요가 없는 대신, 좋은 일 또한

하지 않았기 때문에 좋은 보수 또한 기대할 수 없다.

한때 많은 사람들을 괴롭히고 나서 뒤에 그것을 후회하여 피해를 준 사람들에게 많은 선을 행함으로써 용서를 받은 사람들도 마찬가지로 선악이 상쇄되어 재생되지 않는다.

불사의 행성에 과학적으로 다시 태어날 자격을 얻기 위해서는 인생을 마칠 때 명백히 긍정적인 평가가 내려져야 한다.

지성이 뛰어나지도 않고 능력도 별로 없는 사람이라면 자기 주위에 작은 선을 행하는 것만으로 만족해도 어쩔 수 없다. 그러나 지성이 매우 뛰어난 자나 많은 능력을 가진 사람의 경우에는 그것만으로 충분하지 않다. 매우 지성적인 사람은 엘로힘이 그에게 준 정신을 사용하여 사람들의 생활조건을 개선하는 새로운 기술을 발명함으로써 다른 사람들에게 행복을 갖다 줄 의무가 있다.

엘로힘의 행성에 과학적인 재생을 허용 받게 될 사람들은 그 세계에서 영원히 살 것이다. 그곳에는 노력하지 않아도 먹을 것이 풍부하고, 놀랄 정도로 아름다운 남녀들이 오직 그들에게 즐거움을 주기 위한 목적으로 창조되어 봉사한다. 그들은 그곳에서 하고 싶은 일만을 하고 오로지 자기완성을 추구하며 영원히 사는 것이다.

다른 사람들에게 고통을 준 사람들은 재생되어 불사인들이 누리는 즐거움과 똑같은 정도로, 그들의 죄에 상응하는 괴로움을 치르게 될 것이다.

과학과 고대 종교가 완전히 일치하려는 이 시대에 당신은 왜 이 모든 사실을 믿지 못하는가?

당신은 물질, 즉 먼지에 지나지 않으나 엘로힘은 자신의 모습을 본떠 물질을 지배할 수 있는 생물로서 당신을 창조한 것이다. 당신은 다시 물질, 먼지로 되돌아간다. 그러나 엘로힘은 당신을 과학적으로 창조했기 때문에 당신에게 새로운 생명을 부여할 수가 있다.

엘로힘은 과거에 자신들에게 일어난 일을 되풀이하고 있음을 알지 못하고 최초의 인간들을 창조했다. 그들은 별다른 흥미를 느끼지 못하고 단지 과학실험을 하고 있는데 지나지 않는다고 생각했다. 처음으로 지구상의 거의 모든 인류를 멸망시키게 된 것도 그 때문이었다.

그러나 엘로힘은 자신들도 우리들과 같은 과정에 의해 창조되었음을 알고 우리들을 자식처럼 사랑하게 되었으며 다시는 우리들을 멸망시키지 않겠다고 맹세했다. 그리하여 우리들로 하여금 우리 자신의 공격성을 스스로 극복하도록 내버려 둔 것이다.

엘로힘은 인류 전체에 대해서는 호의적인 것도 적대적인 것도 아니며, 어떤 식으로든 직접적으로 개입하지 않는다.

그러나 각 개인에 대해서는 그들의 뜻에 맞는 행동을 했는가, 그렇지 않은가에 대해 적극적인 반응을 나타낸다. 거짓으로 메시지를 받았다고 주장하는 자들에게는 화가 있으리라. 그러한 자들의 일생은 지옥이 될 것이며, 스스로 자초한 고뇌에 직면할 때 비로소 거짓말한 것을 후회하리라.

최고가이드에 대해 적대 행위를 하거나 그의 사명을 방해하려는 자들, 또 그를 따르며 진실을 이해하려는 사람들에게 불신을 퍼뜨리는 자들도 똑같이 그 일생이 지옥이 될 것이다.

하늘의 보응이라고 생각 되지 않는 질병이나 가족 간의 불화, 실직, 불안 등의 걱정거리들이 영원한 심판을 받기 이전부터 그들의 지상생활을 괴롭힐 것이다. 그리고 언젠가는 그 이유를 알게 될 것이다.

이 글을 읽으면서 웃는 당신, 당신이 만일 예수시대에 태어났다면 당신은 그를 십자가에 못 박은 사람들 중 하나였으리라. 그런데 이제 당신은 그의 십자가상 아래서 자녀를 낳고 결혼하고 임종하기를 원한다. 단지 그것이 규범과 관습이 되었다는 이유로.

이 글을 믿는 사람들을 빈정대고 이들을 정신병원에 넣을 필요가 있다고 말하는 당신, 당신은 초기 기독교인들이 사자 밥이 되는 것을 재미있게 구경한 자들과 똑같다.

오늘날은 사람들을 혼란시키는 생각을 가지고 있다 해도 더 이상 십자가에 처형되거나 야수의 먹이가 되지는 않는다. 이러한 방법들이 너무 야만적이기 때문에 정신병원에 보내는 편이 차라리 낫다고 생각할 것이다. 2천 년 전에 정신병원이 있었더라면 예수나 그를 믿는 사람들은 아마 그곳에 갇혀버렸을 것이다.

영원한 생명을 믿는 사람들이라면 사랑하는 사람이 죽었을 때 왜 우는지 물어 보자.

엘로힘의 업적을 과학적으로 이해할 수 없었던 시대에는 인간이 형체가 없는 신을 믿었다 해도 탓할 바가 못 된다.

그러나 과학을 통해서 인간이 물질뿐만 아니라 무한히 큰 것과 무한히 작은 것도 이해할 수 있게 된 지금은 인간이 그의 원시적인 조상이 믿어온 신을 믿어야 한다는 근거가 상실되었다.

우리들의 창조자 엘로힘은 생명이 어떻게 창조될 수 있는가를 과학적으로 이해하고, 고서의 기록과 비교 연구할 수 있는 사람들로부터 인정받기를 바라고 있다. 그러한 사람들이야말로 불사의 권리를 가질 수 있는 것이다.

당신들 기독교도들이여, 당신들은 예수의 재림에 관해 수백 번 읽었을 것이다. 그러나 만일 예수가 돌아온다면 당신들은 그를 정신병원에 넣을 것이다. 어서 당신들의 눈을 떠라!

당신들 이스라엘의 아들들이여, 당신들은 아직도 당신들의 메시아를 기다리고 있으면서 왜 자신들의 닫혀진 마음의 문을 열지 않는가!

당신들 불교도들이여, 당신들 경전에는 미륵불이 서방에서 태어날 것이라고 씌어있다. 예언된 기록들을 살펴보라!

당신들 이슬람교도들이여, 유태인들은 예언자들을 살해하는 과오를 범했고, 기독교도들은 예언자를 보낸 자보다 예언자를 더 숭배하는 과오를 범했다고 마호메트는 당신들에게 말했다. 최후의 예언자를 기쁘게 맞이하고 그를 보낸 자들을 사랑하라!

만일 당신이 엘로힘을 당신의 창조자들로 인정하고 그들을 사랑하고 그들을 기쁘게 맞이하기를 원한다면, 만일 당신이 당신의 모든 능력을 최대로 사용하여 다른 사람들에게 선을 베풀려고 한다면, 만일 당신이 당신의 창조자들을 항상 생각하고 텔레파시로 당신의 사랑의 말을 전하려 한다면, 만일 당신이 최고가이드를 도와 그의 사명을 이루게 한다면, 당신은 틀림없이 불사의 행성에 과학적으로 다시 태어날 수 있는 자격을 얻게 될 것이다.

인간이 달에 도달하는데 필요한 에너지를 발견했을 때 인간은 역시 지구상의 모든 생명을 멸망시키기에 충분한 에너지도 발견했던 것이다.

『때는 왔다. 달은 둘로 갈라진다.』 (코란 54:1)

오늘날 인류는 언제라도 스스로 자기 자신을 파멸시킬 수 있는 가능성을 지니게 되었다. 오직 최후의 예언자를 따르는 자들만이 멸망으로부터 구출될 것이다.

고대에 있어서도 사람들은 노아의 말을 믿지 않고 그가 파멸에 대비할 때 그를 비웃었다. 그러나 최후에 웃은 자들은 노아를 따른 자들이 아니었던가.

엘로힘이 소돔과 고모라의 주민들에게 뒤를 돌아보지 말고 마을을 떠나라고 말했을 때 그 말을 믿지 않았던 사람들은 마을과 함께 사라졌다.

이제 우리들은 인간이 스스로 지상의 모든 생명을 전멸시킬 수 있는 시대에 접어들었다. 엘로힘을 우리들의 창조자들로 인정하는 사람들만이 멸망에서 구출될 것이다.

당신은 이 책을 읽으면서 여전히 이 말들을 믿지 않을지도 모른다. 그러나 때가 되면 당신은 이 말들을 반드시 기억하게 될 것이다. 그러나 그때이면 이미 너무 늦을 것이다.

인류가 현재와 같은 행동을 계속하는 한, 대파국이 닥쳐올 가능성이 많다. 그것도 아주 가까운 장래에. 그때가 되면 사람들은 두 편으로 나뉘어질 것이다. 자기들의 창조자들을 믿지 않고 최후의 예언자를 따르지 않은 사람들과, 눈과 귀를 열고 오래 전에 예고된 사실들을 인정하는 사람들로 나뉠 것이다.

전자는 최후의 화덕 속에서 파멸의 고통을 겪을 것이고, 후자는 구출 되어 최고가이드와 함께 불사의 행성으로 가게 될 것이다. 거기에서 그들은 고대의 현자들과 함께 자기완성과 개화, 그리고 희열에 넘치는 멋진 생활을 즐기게 될 것이다. 그들은 조각과 같이 멋진 육체를 가지고 자신들에게 완전히 봉사하기 위해 존재하는 비할 수 없이 아름답고 매력적인 남녀들이 날라오는 맛있는 음식을 맛볼 것이다.

『금과 보석으로 장식된 긴 의자에 앉아,
얼굴을 마주보며,
영원히 늙지 않는 젊은이들이 날라온,
이제 막 솟아 오른 샘물의 잔을 주고받는다.
그것은 마셔도 취하지 않고 두통도 일어나지 않는다.
좋아하는 과일과,
먹고 싶은 새고기의 요리도 날라와서,
크고 진주와 같이 사랑스런 눈을 가진,
아름다운 아가씨와 함께 즐길 수가 있다.
이것이 그들의 행위에 대한 보상이다.』

(코란 56:15~24)

여기에 씌어진 것을 모두 믿는 당신은 최고가이드가 어디든 가도록 명령할 때에는 모든 것을 버리고 그 말을 따라야 한다. 그는 세상의 종말에 대한 정보를 입수했는지 모른다. 만약 그 때에 당신이 그의 곁에 있다면 당신은 구원을 받고 괴로움으로부터 멀리 벗어나 그와 함께 데려가진다.

믿는 자는 엘로힘의 말이나 업적에 대해 함부로 판단해서는 안 된다. 피조된 자가 창조자들을 판단할 권리는 없다. 우리들의 예언자를 존중하고 그의 행동이나 말을 비판해서는 안 된다. 왜냐하면 우리들은 그의 귀를 통해서 듣고, 그의 눈을 통해서 보고, 그의 입을 통해서 말하기 때문이다. 예언자를 존중하지 않는 것은 그를 보낸 자들, 즉 당신의 창조자들을 존중하지 않는 것이 된다.

과거에 엘로힘이 준 메시지와 또 그것을 충실하게 따른 사람들은 옳았다. 그러나 이러한 메시지 위에 세워진 반계몽주의적 제도는 메시지를 따른 사람들을 이용했으며 잘못된 방향으로 나갔다. 교회는 소멸되고 있으며 또 그래야만 한다. 눈을 뜬 교회의 관계자들은 최후의 예언자를 따라 그가 받은 메시지를 세계에 퍼뜨리도록 도와야 한다.

최후의 예언자는 그들을 기꺼이 맞아줄 것이다. 그들은 여태껏 믿어오던 존재의 심부름꾼 역할을 유지하면서 자신을 개화시키고 완성할 수 있을 것이다. 다만 다른 점이 있다면, 인류를 창조하고 예수를 보내준 엘로힘의 과업을 그들이 마침내 진정으로 이해할 수 있게 되었다는 것이다.

그들은 수천 년에 걸쳐 쌓여온 죄악과 범죄적인 종교재판으로 얼룩진 교회의 모든 속박에서 벗어나 진정으로 자기완성을 이룰 수 있다. 그들은 이제 마음대로 창조자들이 준 기관을 사용할 수가 있다. 창조자들은 그들이 당신에게 준 기관을 사용하지 않는 것을 좋아하지 않는다. 이제 그들은 오감을 충분히 즐길 수 있으며, 죄의식을 느끼는 일 없이 좋아하는 사람과 영원히 육체적으로 맺어지거나 또는 잠시 동안의 기쁨을 위해 육체관계를 가질 수도 있다. 이제는 오히려 창조자들이 준 기관을 충분히 사용하지 않을 때에만 죄의식을 느껴야 하는 것이다.

낡은 속박에서 풀려난 이들은 이제부터 다른 사람들의 마음을 잠재우는 대신 진정으로 사람들의 마음을 열어주어야 할 것이다.

이미 신학교에 남아 있는 학생들은 얼마 되지 않는다. 주위에 사랑을 베풀고 마음을 열어주어야 한다는 사명감을 지닌 학생들은 학교에서 기쁨을 느끼지 못한다. 50년 전에는 신학생이 5만 명이 넘었으나 지금은 고작 5백 명 정도가 남아있다. 이것은 적어도 49,500 명의 사람들, 즉 우리들의 창조자들로부터 받은 잠재능력을 사용하여 빛을 발할 수 있는 자들이 행복하지 못하다는 것을 의미한다. 그들은 죄악과 어둠으로 덮힌 이런 교회에 더 이상 매력을 느끼지 못하는 것이다.

이 49,500명에 속하는 당신이 동료 인간들에게 진실을 전하고 무언가를 베풀고 싶다면, 당신의 창조자들과, 서로 사랑하고 '하늘에 계신 아버지'인 창조자들을 존경하라고 말한 예수에게 계속 신의를 지키고 싶다면, 이 메시지를 진실이라고 느낀다면, 당신은 우리들에게 와서 가이드가 되어, 모세, 엘리야, 예수의 뒤를 이어 엘로힘께 봉사하는 사람들이 되어야 한다. 정상적인 삶을 살면서, 다시 말해서 당신 자신을 진정으로 완성시키고 창조자들이 당신에게 준 모든 감각기관을 즐겁게 사용하면서 메시지를 전파하는 일에 참여해야 한다.

현재 교회의 책임자들은 이제까지 입고 있던 범죄로 얼룩진 그 슬픈 색깔의 사제복을 벗어 던지고, 우리들에게로 와서 인류를 우주적인 평화와 사랑의 길로 안내하는 가이드가 되어야 한다.

원시적인 사람들에 의해 세워진 기념물에 지나지 않는 교회를 떠나라. 미개인들이 나무조각이나 쇳조각 같은 가치 없는 물건이나 숭배하는 사원을 떠나라. 엘로힘이 인간의 사랑을 느끼는 데 있어 사원이 모든 도시에 세워질 필요는 없다. 그들이 원하는 것은 인간이 텔레파시로 그들과 대화하는 것이며, 그럼으로써 기도의 본래 의미를 재발견하여 자신을 어둠과 미혹으로 가득한 석조건물 속에 가두지 말고 무한을 향해 개화시키는 것이다.

위선과 신비주의의 시대는 지금까지 만으로도 충분하다. 참된 메시지 위에 설립된 수많은 조직들이 메시지를 이용해서 그들 자신을 살찌우고 부당한 사치 속에 살면서 목적 달성을 위해 민중의 공포심을 수없이 이용해 왔다. 또 이러한 메시지를 전한다는 구실 하에 수없이 전쟁을 되풀이해 왔다. 이 얼마나 부끄러운 일인가!

가난한 자들을 착취한 돈으로 치부하여 권력을 휘두르다니, 수치로다!

이웃을 사랑하라는 말이 한 손에 무기를 든 자의 입에서 나오다니, 수치로다!

독재를 지지하면서 인간의 평등을 부르짖다니, 수치로다!

"신은 우리와 함께 있다."라고 외치면서 동족상잔의 전쟁에 동포를 밀어 넣다니, 수치로다!

복음서에 있는 "이 세상 누구를 보고도 아버지라 부르지 말아라. 너희의 아버지는 하늘에 계신 아버지 한 분뿐이시다." (마태오복음서 23:9)라는 구절을 거듭 읽으면서도 사제들은 계속해서 자신들을 '신부님 (My Father)' 또는 '주님 (My Lord)'으로 부르게 하다니, 수치로다!

"전대에 금이나 은이나 동전을 넣어 가지고 다니지 말 것이며 식량 자루나 여벌 옷이나 신이나 지팡이도 가지고 다니지 말아라." (마태오복음서 10:9,10)라고 엄연히 복음서에 명시되었음에도 불구하고 바티칸은 사치스러운 예식에 젖어 있다니, 수치로다!

만일 교황이 불행한 사람들을 돕기 위해 바티칸의 재산을 처분하지 않는다면 그는 불사의 행성에 사는 의인들 가운데 결코 들어 갈 수 없으리라. 참된 가르침을 오용하여 가난한 사람들의 돈으로 치부하고, 출생이나 결혼, 장례식을 팔아 얻은 사치 속에 탐닉해 있다니, 수치로다!

그러나 만일 이 모든 것이 변한다면, 만일 이러한 잘못을 알지 못한 채 이 거대한 조직에 속해 있던 사람들이 진실을 알고 그 곳을 떠나 자신의 과오를 뉘우친다면, 그들은 용서받고 영원한 삶을 허용받을 수 있으리라. 우리들의 창조자들인 엘로힘은 우리들을 친자식처럼 사랑하기 때문에 잘못을 진지하게 뉘우치는 자들을 용서해준다.

교회는 더 이상 존재할 이유가 없어졌다. 왜냐하면 교회는 다가올 '계시의 시대'에 대비해서 예수의 가르침을 전파하는 사명을 맡았던 것이다. 예고된 '계시의 시대'는 이미 도래했다. 교회는 또한 메시지를 전파함에 있어서 수치스러운 방법을 사용해왔다.

비록 교회가 그 사명을 달성했다 해도 교회는 그 모든 죄과를 심판받게 될 것이며, 피로 얼룩진 옷을 아직도 입고 있는 자들은 죄인들 가운데 서게 되리라. 깨어나라, 잠든 자여! 이것은 단순한 이야기가 아니다. 고대의 예언자들의 모든 기록을 다시 읽어보고, 최근의 과학적인 발견, 특히 생물학상의 발견에 정통해야 한다. 그리고 하늘을 바라보라. 예고된 전조가 거기 있지 않은가! '비행접시' 라고 불리는 미확인 비행물체(UFO)는 매일 같이 나타난다. "하늘에 표식이 나타날 것이다." 라는 말은 아득한 옛날에 이미 기록된 바 있다.

이제는 당신이 들은 이 모든 사실에서 결론을 이끌어내야 할 때이다. 일어나라. 클로드 라엘은 존재한다. 그는 지금 살아 있다. 그는 모세, 에제키엘, 엘리야, 예수, 마호메트, 석가와 모든 다른 예언자들이 했던 말과 똑같은 말을 하지는 않는다. 그는 생물학자도 아니다. 그러나 그는 일련의 예언자들 중 최후의 예언자이며, '계시의 시대', 다시 말해 모든 것이 이해되는 시대의 예언자인 것이다. 그는 지금 살아 있고 당신 곁에 있다. 당신은 그와 동시대에 살아 있고, 그의 가르침을 받을 수가 있기 때문에 행복하다.

깨어나서 정신을 가다듬고 나아가자.

가서 그를 만나고 그를 도와주자.

그는 당신을 필요로 하고 있다!

당신은 종교 중의 종교, 최후의 종교의 선구자들 중 한 사람이 되어 어떤 일이 있어도 영원히 올바른 인간들 사이에 자리를 차지해야 한다.

당신이 원하는 것은 모두 들어줄 준비가 되어 있는 놀랍도록 유쾌한 사람들과 함께 영원한 삶이 허용된 행성의 즐거움을 맛보도록 하자.

가이드(Guide)

당신은 최고가이드를 따라야만 합니다. 그는 하늘에 있는 우리들의 어버이들이며 창조자들인 엘로힘이 보낸 대사이기 때문입니다.

당신은 이 책에 기록된 모든 조언에 따라야 합니다. 그것은 우리들의 대사이며 마지막 예언자이고, 또 양치기 중의 양치기인 클로드 라엘의 입을 통해 전달된 당신의 창조자들의 조언이기 때문입니다. 또한 당신은 종교 중의 종교를 건설하기 위해 그를 도와야 합니다.

유태교도, 기독교도, 이슬람교도, 불교도, 그리고 다른 종교를 믿는 사람들이여, 당신들의 눈과 귀를 열고 당신들의 경전을 다시 읽어보도록 하세요. 당신들은 이 책이 당신들의 예언자들이 예고했던 마지막 계시임을 이해하게 될 것입니다. 우리들과 함께 우리들의 창조자들을 맞이하는 준비에 참여하지 않겠습니까? 지금 최고가이드에게 편지를 쓰세요. 그는 당신에게 클로드 라엘이 전하는 메시지를 믿는 다른 라엘리안들을 만나게 해줄 것입니다. 그는 당신이 사는 지역의 가이드에게 연락해서 당신이 정기집회의 명상에 참석할 수 있게 해주고, 또 메시지를 전 세계에 알리는 데 당신이 참여할 수 있도록 도와줄 것입니다.

이 메시지를 읽고 있는 당신, 당신은 자신이 혜택 받은 자임을 알아야 합니다. 아직도 메시지에 대해 알지 못하는 수많은 사람들을 생각해 보세요. 당신 주변에 이 놀라운 진실의 계시에 대해 모르는 사람이 없도록 당신이 할 수 있는 모든 노력을 다하세요. 그러나 메시지에 대해 얘기할 때는 상대방에게 믿도록 설득해서는 안 되며 그들이 이 메시지의 존재에 대해 알도록 해야 합니다. 만일 그들이 받아들일 준비만 되어 있다면 그들은 스스로 마음을 열 것입니다. 당신 자신은 간디의 이 말을 항상 상기하도록 하세요. "과오는 진실을 보지 못하는 데서 오는 것이 아니다."

이 메시지를 읽으면서 말할 수 없는 기쁨을 느끼고, 진실을 널리 알려서 자기 주변을 빛나게 만들고 싶어하는 당신, 만약 당신이 우리들의 창조자들이 요구하는 것을 엄밀히 행하고 자기완성과 개화의 길로 다른 사람들을 안내하고자 노력함으로써 창조자들에게 전적으로 봉사하기를 원한다면, 충분한 확신이 설 때에 당신은 가이드가 되어야 합니다. 최고가이드인 클로드 라엘에게 편지를 쓰세요. 그는 당신을 기쁘게 맞이할 것이며, 당신의 능력을 충분히 발휘할 수 있도록 필요한 수련 과정을 받을 수 있게 해줄 것입니다. 이것은 자기 자신의 마음이 열린 자만이 타인의 마음을 열어줄 수 있기 때문입니다.

자신의 창조물에 대한 창조자들의 사랑은 무한합니다. 당신은 이 사랑을 그들에게 되돌려 주어야 하며, 그들이 당신을 사랑하는 것처럼 당신도 그들을 사랑해야 합니다. 그들의 대사와 그를 돕는 사람들을 돕고, 그들이 창조자들을 영접하기 위한 대사관을 건설하고 메시지를 전파하기 위해 세계를 여행할 수 있도록, 당신이 모든 힘과 수단을 다해 그들에게 봉사할 때 당신은 당신의 사랑을 창조자들에게 보여 줄 수 있습니다.

만일 당신이 나를 도와 엘로힘이 지시한 목적을 실현시키기를 원한다면 나에게 편지를 쓰세요.

한국 라엘리안 무브먼트
서울 광화문 우체국 사서함 399호 (우편번호:110-603)
email: korea@rael.org

메시지를 믿는 사람들의 모임인 정기 집회를 잊지 말고 꼭 참석하도록 하세요. 이 모임은 매년 4월 첫째 일요일, 8월 6일, 10월 7일 그리고 12월 13일에 열립니다. 집회의 장소는 각 나라의 라엘리안 무브먼트 지부에서 발행하는 회지에 명시될 것이며, 연락하는 데 도움이 될 주소들의 리스트가 이 책 끝에 게재되어 있습니다.

제3권

우주인을 맞이하자

LET'S WELCOME THE EXTRA-TERRESTRIALS

1

가장 빈번하게 제기되는 질문들

이 장에서 1970년대 중반 그의 첫 두 권의 책의 출간에 따라 세계각지에서 행한 라디오와 텔레비전 인터뷰에서 기자들에 의해 가장 많이 질문된 사항들에 대해 답변을 들어보고자 한다.

「첫 번째 메시지」와 「두 번째 메시지」 사이에서의 외견상 모순점

질문

「첫 번째 메시지」와 「두 번째 메시지」 사이에 보이는 첫째 모순은 당신이 엘로하와 가진 대화의 서두에서 지적할 수 있다. 「첫 번째 메시지」에서 당신이 엘로하에게 그의 행성을 당신이 방문하는 것이 가능한가 하고 물었을 때 그는 다음과 같이 대답했다. "안돼요, 대기가 아주 다르기 때문에 당신은 그곳에서 살 수가 없어요. 또 당신은 여행에 견딜 수 있을 만큼 충분히 준비되어 있지도 않아요."라고. 그런데도 불구하고 1975년 10월 7일 두 번째의 만남에서 당신은 그들의 우주선을 타고 불사의 행성에 가서 거의 24시간을 보내고 왔다.

또 다음 사실도 지적할 수 있다. 처음 만남에서는 우주선이 아주 서서히 나타났고 약 10미터 상공에서는 붉은 색의 섬광등을 번쩍이면서 천천히 내려왔다고 했다. 그리고 기체의 상부가 보일 만큼 낮게 내려왔을 때 당신은 그 기체의 꼭대기에서 눈부신 백색 섬광이 번쩍이는 것을 보았다. 반면, 두 번째의 만남에서는 우주선이 로그프라의 숲 속에서 아무런 비행등도 없이 순식간에 지상에 나타났다고 했다. 그리고 그것이 이륙할 때도 마치 소멸된 것처럼 갑자기 사라졌다고 했다.

또 다른 모순은 첫 번째 만남에서 엘로하의 얼굴 주변에는 후광과 같은 것이 둘러싸고 있었는데, 후에 그의 설명에 따르면 그것은 파동으로 된 우주헬멧과 같은 것이라고 했다. 그러나 최근 만남에서 당신은 그의 얼굴에 아무 것도 없는 것을 보았다. 이 모순은 「첫 번째 메시지」에서 언급한 다음 구절에 의해 더욱 커진다. '그러나 나의 얼굴만은 보지 못한다. 나를 보고 나서 사는 사람이 없다.' (출애굽기 33:20) 이 성서 구절은 다음과 같이 풀이되었다. '만약 인간이 우리들의 행성에 온다면 우주복을 입지 않은 창조자들을 볼 수는 있겠지만 견딜 수 없는 대기 때문에 인간은 죽고 말 것입니다'라고. 당신은 이러한 모순을 어떻게 설명할 것인가?

라엘의 답변

이러한 외견상의 모순에 대한 설명은 아주 간단한 것으로 다음 한 말로 요약할 수 있다. 즉〈심리학적〉인 것이다.

누군가 원시적인 수준의 행성에 살고 있는 어떤 사람과 접촉하려고 할 때는 아무리 그가 매우 특수한 사명을 수행하기 위해 창조된 자라고 하더라도 그의 정신에 치명적인 장애를 주지 않도록 반드시 취해야 할 몇 가지 주의사항이 있다. 번쩍이는 불빛의 비행체를 하늘에서 본다는 것은 우리 시대에 과학이 발달한 나라에 사는 사람에게는 그다지 충격적이 아니다. 그는 인공위성이나 로켓을 텔레비전에서 익숙하게 보아왔고, 또 어릴 때부터 비행기나 헬리콥터들을 보아왔으므로 그것들이 어떻게 하늘을 나는가에 대해 어느 정도 알고 있다. 그러므로 그 사람을 놀라게 하지 않고 접근하는 최상의 방법은 그에게 잘 알려진 비행기나 헬리콥터와 같이 번쩍이는 빛을 내면서 서서히 접근하는 일이다. 그는 자연스러운 반응으로 그것을 볼 것이고 외견상 무거운 금속으로 된 비행체가 소리없이 나는 데는 그다지 크게 놀라지 않을 것이다. 다음 그 기체로부터 나타날 존재는 인간이 예상하는 조종사나 우주비행사의 복장과 비슷한 모습으로 하는 것이 좋을 것이다. 또 그가 늘 보아온 우주비행사들이 쓰는 것을 연상시키는 일종의 우주헬멧으로 얼굴을 가리면 그를 더욱 안심시킬 수가 있을 것이다. 그렇게 하여 우주인들은 그들의 대상에 접근할 수가 있는 것이다. 즉 그들은 인간을 놀라게 하지 않고 동시에 지구인에게는 알려져 있지 않은 기술을 보여줌으로써 그들이 다른 행성으로부터 온 우주인이라는 사실을 알려줄 수 있는 것이다.

두 번째 만남에서 우주선이 순식간에 나타난 것은 엘로힘이 내가 이미 충격을 받지 않을 만큼 심리적인 준비가 충분히 되어 있음을 알고 그들의 기술을 숨기지 않고 그대로 사용한 것이다. 만일 처음 만남에서 엘로힘이 갑작스럽게 나타났다면 그 충격이 너무 커서 나는 정신적 균형을 유지하지 못했을 것이다. 그때 나는 그것을 전혀 예상하지 못했기 때문에 엘로힘의 조심스러운 배려에도 불구하고 최초의 만남에서 받은 적지 않은 심리적 충격으로 위궤양의 초기 증상을 앓지 않으면 안되었고 그 치료에 몇 개월이나 걸렸다. 확실히 메시지는 '나의 입에는 꿀처럼 달았지만 그것을 먹으면 배가 아팠다.' 엘로힘의 사전 배려가 없었다면 나는 더 심한 병에 걸렸을 것이다.

오늘날에 이르기까지 우리들의 창조자들은 그들이 출현할 때마다 항상 사람들에게 특별한 인상을 심어주려고 애써왔다. 이전의 사람들은 하늘에서 온 이들 내방자들이 누구인지 이해할 수 없었다. 엘로힘의 주목적은 비록 인간이 이해하지 못한다 하더라도 인간에게 그들의 존재를 믿게 하는데 있었다. 우리들은 이제 〈계시(Revelation)의 시대〉를 의미하는 〈아포칼립스 시대 (Age of Apocalypse)〉에 도달했다. 진실이 밝혀지는 〈계시의 시대〉란 모든 것이 이해 가능하게 되는 시대를 의미하지 일부 사람들이 믿듯이 세상의 종말을 의미하는 것은 아니다. 사전을 찾아보면 그 뜻을 명백히 확인할 수 있다. 그리하여 엘로힘은 지구상의 모든 종교문헌에서 기술된 우리들의〈창조자들(Creators)〉로서 이해되고 인정받는 방향으로 나타나기로 결정했다. 수천 년 전 초기 인간들에게 구술된 성서에서는 그들이 〈엘로힘(Elohim)〉이라고 불려지고 있다. 그들은 수천 년 후 인류의 지식이 충분히 진보했을 때 인간이 그들을 알아볼 수 있도록 이러한 기록들을 남겼으며, 그 때는 바로 지금을 의미한다. 그러므로 이제 우리들은 기도하기 위해 무릎을 꿇거나,〈기적〉이라고 외치지 않고도 하늘로부터 오는 그들을 맞이할 수 있는 것이다.

끝으로, 엘로힘이 나에게 완전한 메시지를 주기 전에 나를 시험했다는 사실을 잊어서는 안 된다. 이렇게 그들은 차근차근 일을 추진해 나가는 것이다.

내가 그들의 우주선을 타고 여행하기를 바랐을 때 그들은 그것이 나에게 불가능하다는 이유로 나의 요구를 거절했다. 마치 어른들이 아이들에게 '술을 마시면 키가 커지지 않는다.'라고 말하는 것과 같다.

그들은 「출애굽기」의 구절을 덧붙였는데 그것은 당시 원시적인 사람들에게 접근해서는 안 된다는 것을 말한 것이다. 원시인들이란 이해할 능력이 없었으므로 오직 믿게 할 수 밖에 없었던 것이다.

엘로힘의 창조 작업 연대

질문

엘로힘은 2만 5천년 전에 지구상에 생명을 창조했다고 말했다. 그러나 지금부터 수십만 년 전의 동물의 뼈를 발견하게 되는 것은 무엇 때문인가?

라엘의 답변

엘로힘은 그들이 우리들의 행성 그 자체를 창조한 것은 아니라고 설명했다. 그들이 실험실에서 과학적으로 생명을 창조하는 실험을 계속할 것을 결정했을 때 그들은 작업을 용이하게 수행하는데 적절한 대기를 지닌 행성을 찾기 위해 은하계의 탐사에 나섰다. 많은 실험과 분석이 있은 후 지구가 적당하다고 선택된 것이다.

그리하여 그들은 우리들의 행성에 와서 인간을 포함하여 우리들이 알고 있는 모든 형태의 생명을 창조했다.

이것은 엘로힘이 지구에 오기 이전 1만년 혹은 2만년 전에 다른 생명 형태나 다른 창조물이 있을 수 있음을 의미한다. 그리고 그것이 천재지변이나 혹은 인간이 초래한 대파국에 의해 멸망되었을 수도 있는 것이다.

예를 들어, 내일 핵전쟁이 일어나 지구상의 모든 생명이 파괴된다고 가정하자. 그리고 1만년 후에 우주인이 와서 새로운 생명체를 창조하고 그 중 지적 생명체가 오랜 과학적 발전을 한 다음 우리 문명의 흔적을 발견한다면 그들은 하늘에서 온 자들이 그들을 과학적으로 창조했다는 것을 믿지 않고 2만 5천년보다 더 오래된 우리들의 뼈를 증거로 내세울 것이다. 그들은 어쩌면 우리 시대에 우리 자신이 지금 화석 속에서 발견하고 있는 더 오래된 맘모스의 뼈를 찾아내게 될지도 모른다. 현재 지구상에 존재하는 생명은 지구상에서 창조된 최초의 것도 아니며 또 최후의 것도 아닐 것이다.

우리들의 행성에서는 이미 수많은 생명의 창조가 행해져 왔고 또 수없이 멸망했다. 그것은 우리 인류에 해당하는 생명체가 대개 지혜가 부족하여 멸망을 자초한 것이다.

이스라엘 민족과 유태인

질문

「첫 번째 메시지」에서 이스라엘 민족은 엘로힘이 주관한 대회에서 지성과 재능에 관한 한 가장 성공적인 인종으로 선출되었다고 했다. 그러나 「두 번째 메시지」에는 다음과 같이 쓰여 있다. '유태인은 지구상에 있는 우리들의 직계 자손이다. 그들이 특별한 운명을 짊어지고 있는 것도 그 때문이다. 그들은 엘로힘의 아들들과 인간의 딸들 사이에서 태어난 자손들이다.'라고 창세기에 쓰여있다. 이것은 모순이 아닐까?

라엘의 답변

우리들의 창조자 엘로힘에 의해서 가장 뛰어난 인종으로 선택된 것이 이스라엘 민족으로 지금 이스라엘 땅이 있는 곳에 위치한 실험장에서 창조되었다. 그 사람들이 가장 우수했기 때문에 엘로힘의 아들들은 그 딸들에게 매혹되어 아이들을 낳게 된 것이다. 이 아이들로부터 유태 민족이 유래되었다. 이것이 이스라엘 땅에 사는 사람들이 유태인이 된 까닭이다.

라엘리안 무브먼트와 돈

질문

「첫 번째 메시지」에 다음과 같은 인용문이 있다. '아무도 두 주인을 섬길 수가 없다. 한 편을 미워하고 다른 편을 사랑하거나, 한 편을 존중하고 다른 편을 업신여기게 된다. 너희는 하느님과 재물을 아울러 섬길 수 없다.' (마태오복음서 6:24) 그러므로 '재물을 땅에 쌓아 두지 말아라.' (마태오복음서 6:19)

이 성서 구절을 오용하여 바티칸이 그 부를 축적해 온데 대해 신랄한 비판이 가해지고 있다. 그렇다면 라엘리안 무브먼트는 왜 그 회원들에게 돈을 요구하고 있는가? 그것은 바티칸과 같은 오류를 범하고 있는 것이 아닌가?

라엘의 답변

신자들에게 청빈하게 살라고 권하면서 자기들은 부와 사치 속에 살고 있는 자들, 가난한 사람들의 돈으로 수많은 사제들을 부양하고 끊임없이 부동산을 늘리면서 오래된 궁전을 위병과 함께 유지하는 자들, 이 로마의 강탈자들과 우리들을 비교해서는 안 된다. 우리들의 운동은 현재 또는 미래에 있어서도 유급의 사제들을 부양하지 않을 것이며, 로마와 같이 많은 사람들이 주택난에 허덕이는 수도에서 그 땅의 4분의 3을 차지하는 집이나 부동산을 갖지도 않을 것이다. 더구나 바티칸은 이 부동산의 가치를 유지하기 위해 그들이 소유한 건물들을 임대조차 하지 않는다. 또 우리들은 금과 은의 무게에 짓눌려 있는 궁전을 현재에도 또 미래에도 결코 갖지 않을 것이다.

우리들의 운동을 위해서는 실제로 많은 돈이 필요하다. 그 돈은 다음과 같은 뚜렷한 목적을 달성하기 위해 사용될 것이다. 첫째, 엘로힘의 메시지를 모든 나라의 언어로 번역하여 지구상의 전 인류에게 알린다. 둘째, 대사관을 건립하여 엘로힘이 공식적으로 인류와 만날 수 있도록 한다. 이 대사관은 화려한 궁전이나 대사원도 아니고, 단지 모든 현대적 건물이 갖추는 쾌적한 시설을 갖춘 평범한 건물에 지나지 않으며, 가장 작은 나라의 대사관이 가질 수 있는 외교특권을 갖는 것으로 충분하다.

만약 운이 좋아 우리들이 이 두 가지 목적을 달성하는데 필요한 이상으로 돈을 모으는데 성공한다면, 만일 우리들이 이 행성 전체에 메시지를 전하기도 전에 매우 짧은 시간 내에 그러한 돈을 모은다면, 우리들은 대사관 근처에 연구센터를 건립하는데 그 남은 돈을 사용할 것이다. 이 센터의 건립은 실험실에서 생명을 창조하는 연구에 관심을 가진 모든 과학자들을 불러 모으게 될 것이고, 그리하여 인간은 그들의 창조자들과 똑같은 일을 할 수 있게 될 것이다. 생물학적 로봇의 개발은 노동의 폐지와 더불어 궁극적으로는 화폐의 폐지를 가져올 것이다. 그리고 천재와 수재의 양성을 위한 학교도 설립할 것이다. 이러한 연구자들은 자신들을 이용하는 연구소나 다국적 기업으로부터 벗어나 자유로이 일할 수 있으며 따라서 천재들이 국가기관에 의해 질식되는 일은 없어질 것이다. 이렇게 해서 과학자들은 더욱 파괴적인 무기를 만들기 위해 그들의 발견을 이용하고자 하는 군사, 정치 권력자들의 수중에 그들의 발명품이 들어가지나 않을까 하는 두려움 없이 연구에 몰두할 수 있을 것이다.

시간과 공간 속에 일정불변한 것은 아무 것도 없다

질문

「첫 번째 메시지」에서 엘로힘의 행성에 대해 썼는데 그 위치는 1광년이 조금 못되는, 즉 빛이 1년간 달리는 거리인 약 9조 킬로미터(빛은 매초 약 30만 킬로미터의 속도로 달린다) 떨어진 곳에 있다고 했다. 그러나 현재 지구의 과학자들은 태양계 바깥에서 가장 가까운 별은 약 4광년 되는 곳에 있다고 한다. 이 차이를 어떻게 설명하겠는가?

라엘의 답변

엘로힘은 우리들이 그들의 행성이 정확히 어디에 있는가를 아는 것을 원하지 않는다. 우리들의 기술 수준이 아직 매우 원시적인 것이라 해도 인간의 파괴성향을 고려하면 그들의 태도는 충분히 이해할 수 있다.

모든 사실은 우리들이 장래에 건설할 대사관에 그들이 공식적으로 도착할 때, 보다 자세히 밝혀질 것이다. 그 때가 될 때까지 우리들은 자문할 수밖에 없다.

우리들의 운동에 참가하고 있는 과학자들은 다음과 같은 가설을 내놓고 있다. 엘로힘의 행성과 우리들의 행성 사이의 거리는 휘어진 공간에 따라 이동하는 빛에 의하면 약 4광년, 그러나 직선으로 진행하는 빛에 의하면 1광년이 될 수 있다고 한다. 이것은 하나의 가능성이다.

덧붙여 말하고 싶은 것은 빛은 우주의 각 층 속을 항상 같은 속도로 진행하는 것은 아니다. 왜냐하면 시간과 공간 내에서 일정불변한 것은 아무 것도 존재하지 않기 때문이다. 이것은 오늘날 과학자들이 범하고 있는 가장 큰 실수 중의 하나다. 그들은 한정된 시간의 관찰로부터 과거 수천 년간 또는 미래의 시간에 대한 결론을 이끌어내고 있으며, 또 제한된 공간에서의 관찰에서 무한한 공간에 대한 결론을 이끌어내고 있다. 인간은 언제나 자신의 지식에 의해서 판단하려는 똑같은 잘못을 저질러왔다. 지평선을 평평하다고 본 사람들은 지구가 납작할 것이라고 생각했다.

이것은 〈탄소14〉 또는 칼륨 - 아르곤, 우라늄 - 납 - 트리움 등의 방사성 원소에 의한 연대 결정에 대해서도 똑같이 말할 수 있다. 관심있는 과학자들에게 이러한 것을 매우 진지하게 설명해 주는 흥미 있는 책이 있는데, 그 제목은 「진화냐 창조냐」이다. 짧게 말해서 이러한 연대 추정의 오류는 현재의 원자 운동이 항상 일정하다는 원리에서 출발하는데 있다. 실제로 시간과 공간 내에는 일정불변한 것이 아무 것도 없기 때문에 그릇된 원리에 입각해서 계산한 결과가 정확하지 않은 것은 당연하다.

이러한 잘못을 예를 들어 설명해 보자. 25세 된 청년이 1년 동안 자라는 것을 측정해 보면 대체로 사람들의 평균치는 약 1mm이다. 이 성장률을 기초로 한다면 175cm의 신장을 가진 그 청년은 1,750년이라는 나이를 먹은 것으로 계산할 수 있다. 우리는 이 청년의 성장률이 결코 일정하지 않다는 사실을 잊고 있는 것이다. 최초의 1년간(수태 이후) 성장은 500mm 이상이며, 4세에서 5세 사이는 60mm, 7세에서 8세 사이는 30mm 밖에, 그러나 14세에서 15세 사이에는 80mm나 자란다! 이상에서 보다시피 전혀 일정하지가 않다. 그러므로 성장 과정을 부분적으로 관찰한 것을 토대로 연령을 결정하고자 하는 모든 시도는 완전히 잘못된 것이다. 역으로, 최초의 1년간 성장률인 60cm를 기준하여 예측한다면 21년 후에 이 청년의 키는 12.6미터가 되겠지만 …….

질문

「첫 번째 메시지」에서 엘로힘은 2만 5천년 전에 원초의 대륙을 만들었고 그 후 여러 부분으로 나뉘어져 오늘날 우리가 알고 있는 대륙의 형태가 되었다고 쓰여 있다. 어떤 과학자들에 의하면 미국 대륙은 매년 유럽 대륙에서 몇 cm, 혹은 다른 사람들의 주장에 의하면 1m의 비율로 떨어져 나가고 있다고 한다. 만약 1년에 1m씩이라고 해도 2만 5천년 동안이라면 2만 5천m, 즉 25km에 지나지 않는다. 그러나 실제로 북미 대륙은 수천km나 유럽으로부터 떨어져 있다. 이것을 어떻게 설명하겠는가?

라엘의 답변

이 질문에 대한 대답은 바로 앞의 질문에 대답한 것과 똑같다. 인간의 성장 패턴에 있어서 최초의 1년과 21년째의 비율은 600:1이다. 대륙의 이동에 대해서 말한다면 그것은 수천 배가 될 것이다.

되풀이 말하지만, 시간과 공간 안에서 일정불변한 것은 아무 것도 없다. 오늘날 대륙은 아마도 1년에 몇 cm의 비율로 이동하고 있을 터이지만 초기에는 매년 수백km씩 이동했다.

최근 아라비아반도 부근에서 지진이 일어났는데 이 지진은 하룻밤 사이에 두 지역을 1m 이상 격리시키는 단층을 만들어 사람들을 놀라게 했다.

우리들은 현재 지구가 비교적 안정된 시기에 살고 있다. 우리 어버이들이 일으킨 원초의 대륙에 대한 창조의 〈폭풍〉의 영향은 2만 5천년이란 세월이 흐르는 동안 천천히 완화된 것이다. 무한의 시간과 공간 속에서는 물질의 형태이든 에너지의 형태이든 일정불변한 것은 아무 것도 없다.

세포설계도의 전송과 액골

질문

라엘을 우리들의 창조자 엘로힘이 보낸 최후의 예언자로 인정하는 사람들은 라엘, 또는 라엘에 의해 그 자격이 인정된 가이드에게 나가 그들의 세포설계도를 전송하는 것이 필요하다고 했다. 또 이것은 장차 불사의 행성에서의 재생을 위해 각 라엘리안의 유전자코드를 보존하기 위한 것이라고 했다. 또 한편, 각 라엘리안은 사후에 그들의 액골이 최고가이드에게 보내지도록 유언에 필요한 조치를 취하도록 요구받는다. 세포설계도의 전송이 이미 행해졌다면 달리 액골을 보낼 필요가 있는가?

라엘의 답변

세포설계도의 전송은 엘로힘을 우리들의 창조자로 승인하는 절차이며 각 라엘리안이 살아 있는 동안 유효한 것이다. 액골의 보존은 사후에도 계속해서 엘로힘을 우리들의 창조자로 인정하는 것을 의미한다. 두 가지가 함께 〈생과 사에 있어서〉의 완전한 승인을 구성하는 것이다. 각 개인의 세포설계도, 즉 유전자코드는 거대한 컴퓨터에 등록되는데 이 컴퓨터는 각 개인의 수태 시, 즉 난자와 정자가 만나 새로운 인간의 유전자코드가 형성되는 순간부터 살아 있는 동안 행해진 우리들의 모든 행위를 기록하고 있다. 이렇게 인간을 전 생애 동안 추적하는 컴퓨터는 각 개인이 생을 마칠 때 가장 가치 있는 인간들만이 허용되는 엘로힘의 불사의 행성에서 그가 영원한 생명을 얻을 자격이 있는지의 여부를 판단하게 된다.

질문

라엘리안이 사고로 사망하고 그 신체가 완전히 파괴될 때는 어떻게 되는가?

라엘의 답변

만일 문제의 라엘리안이 자신의 액골을 최고가이드에게 보내 달라는 요청을 그의 유언장에 명시하는 사전조치를 취했다면 아무 문제도 없다. 그러한 사실은 우리들의 모든 행적을 기록하는 컴퓨터에 의해 분명히 인식되기 때문이다. 마찬가지로 액골의 채취라는 라엘리안의 유언이 당국의 거부로 지켜지지 않을 때에도 크게 문제되지 않는다. 중요한 것은 각 라엘리안이 그와 같은 의미의 유언을 남겨둔다는 사실이다.

라엘리안의 숫자가 수백만이 될 때에는 정부도 법적으로 그들의 유언을 존중하지 않을 수 없게 될 것이다. 초기 기독교도들의 유언도 그들이 소수파로 남아 있는 동안은 결코 지켜지지 않았다. 라엘리안 무브먼트는 제3의 천년기에는 지구의 다수파의 종교가 될 것이고, 그때에는 모든 라엘리안의 유언이 존중될 것이다.

질문

대다수의 사람들은 나이를 먹은 후 죽는다. 그들은 노인으로 재생되어 노인으로 영원히 살게 되는가?

라엘의 답변

결코 그렇지 않다! 불사의 행성에서 영원히 살기 위해 재생될 행운을 지닌 인간은 젊은이로서 재생되며 힘과 능력이 넘치는 육체를 갖게 된다. 재생 때마다 젊은 모습으로 재생되어 영원히 산다.

질문

당신을 따른 자만이 구원을 받는다고 쓰여 있는데, 만약 인류의 행복과 개화를 위해 생애를 바쳐온 사람이 엘로힘의 메시지에 대해 들을 기회가 없었다면 그는 구원받을 수 없다는 말인가?

라엘의 답변

그 사람도 의로운 사람에 속하므로 당연히 구원받는다. 메시지의 이 부분은 메시지를 읽어서 알고 있는 사람들에게만 관계된다. 이러한 사람들 중에서 우리들의 창조자들이 준 율법을 성실하게 따른 자들만이 구원을 받는다. 그러나 이 지구상에서 무엇보다도 특히 인류의 진보에 도움이 되기 위해 노력하거나 동료 인간들을 돕기 위해 능력을 다 바쳐 일한 사람들이 우리 어버이들의 메시지를 알지 못하고 죽어갔다면 그들은 의로운 사람들 중에 속하며 재생될 것이다. 메시지를 모르는 사람이 메시지를 알고 있는 사람보다 더욱 긍정적인 행동을 했다면 그 사람은 더 많은 보상을 받을 자격이 있다. 왜냐하면 메시지를 아는 사람이 자신의 행동을 바꾸지 않았거나 자기 행위에 대해 충분히 주의하지 않았다면 그는 그것에 대해 변명할 여지가 없을 것이기 때문이다.

지구는 신의 손가락의 원자인가?

질문

메시지에 의하면 우리들의 행성은 우리들이 그 일부분을 구성하고 있는 거대한 존재의 원자 속의 미립자에 지나지 않는다고 했다. 마찬가지로 우리들을 구성하고 있는 원자 속의 미립자에도 지적 생명체가 존재한다고 했다. 그렇다면 우리들이 그 일부분에 지나지 않는 거대한 존재를〈신〉이라고 생각할 수는 없는가?

라엘의 답변

모든 것은〈신(God)〉이라는 말이 무엇을 의미하는가에 달려 있다. 만일 그것이 무한을 의미한다면 그 대답은〈예〉이다. 그러나 이는 단지 부분적인〈예〉일 뿐이다. 왜냐하면 우리들이 그 일부에 지나지 않는 거대한 존재도 더 큰 존재를 구성하고 있는 미립자인 행성에 살고 있기 때문이다. 이렇게 무한히 큰 무한대로 계속된다.

만일〈신〉이 우리들 위에서 위력을 휘두르는 존재를 의미한다면 그 대답은〈아니요〉이다. 왜냐하면 그런〈신〉은 존재하지 않기 때문이다.

지구가 하나의 원자에 지나지 않는 무한히 큰 존재는 우리들에게 힘을 미칠 수 없다. 그 존재에게 있어서는 시간이 매우 천천히 흐를 것이라는 점을 잊어서는 안 된다. 그가 무엇을 생각하는 잠깐 동안 우리들에게는 수천만 년의 시간이 경과한다. 역으로, 우리들을 구성하고 있는 원자의 미립자 속에 살고 있는 생명체가 무엇을 생각하는 시간은 우리들에게는 몇 백억 분의 1초 정도에 지나지 않는다. 이 무한히 작은 존재들은 우리들을〈신〉으로 생각할지도 모른다. 그것은 마치 우리들이 거대한 존재를 신으로 생각하는 것과 똑같은 오류를 범하는 것이다. 우주는 무한하기 때문에 그 중심은 존재하지 않는다. 따라서 이 우주에는 전능하고 모든 곳에 존재하는 신이란 있을 수 없다!

무한은 모든 곳에 존재하며 우리들이 그것의 일부를 구성하고 또 그것이 우리들의 일부를 구성한다. 그러나 그것은 결코 우리들에 대해 어떤 위력을 갖는 것이 아니며, 또 우리들의 결정이나 행위에 대해〈절대적으로〉무관심하다. 어쨌든 우리들이 기생물로 살고 있는 행성이나 항성이 그 소립자들에 해당하는 거대한 존재가 인간이라는 것도 증명할 수 없다. 그것은 어쩌면 강아지나 벌레일 수도 있다. (엘로힘이 입증할 수 있었던 유일한 점은 그것이 살아 있는 그 무엇이라는 점이다.)

노아의 방주 - 하나의 우주선

질문

메시지에서는 노아의 방주가 우주선이라고 했다. 그러나 몇 년 전 아라라트 산의 빙하 속에서 배의 잔해가 발견되었는데 어떤 사람들은 이것이 노아의 방주의 잔해라고 주장하고 있다. 그렇다면 노아의 방주는 역시 배라고 볼 수 있는데 이것을 어떻게 설명하겠는가?

라엘의 답변

발견된 나무 조각은 최근의 분석에 의하면 7백년 전의 것이라고 추정되었다. 그렇다면 노아의 방주의 기원이 서기 1,200년 경이라는 말이 된다. 비록 연대 결정 방법에 큰 차이를 감안해서 이 연대의 3배로 계산한다 해도 약 2천년 전의 것이 된다. 그러면 대홍수가 기독교 기원의 초기가 된다는 말인데 이것은 전혀 타당하지 않다. 만일 어느 날 5천년 전에 만들었던 목조 배의 잔해를 발견한다면 그 시기는 대홍수의 시기와 맞먹는다. 그러나 그것으로 노아의 방주가 나무로 만든 배라는 것은 증명되지 않는다. 누군가 아라라트 산 근처에서 분명히 실제의 〈대홍수〉시대로 거슬러 올라가는 나무배의 잔해를 발견할 수도 있을 것이다. 왜냐하면 노아가 몇몇 사람들을 재난으로부터 구하기 위해 우주선을 건조할 때 그의 나라 항구에는 목조 배들이 있었고, 그 중 몇 척이 지구상의 모든 생명의 멸망을 초래한 대폭발의 거대한 해일에 의해 휩쓸려 갈 수 있기 때문이다. 마치 오늘날 우주비행사를 달에 발사한 미국의 최신 로켓기지 가까운 플로리다 해변에서 나무로 건조한 멋진 항해용 보트와 백만장자들의 고급 요트를 볼 수 있는 것과 같은 것이다.

핵전쟁이 일어날 경우, 폭발로 인한 거대한 해일은 이런 배들을 가까운 산꼭대기로 지푸라기처럼 날려 보낼 것이다. 극적으로 살아남은 자들은 몇 세기 후에 그런 배들의 잔해를 발견하고 오랜 옛날에 거대한 홍수가 일어나 배들을 거기까지 싣고 갔다고 생각할 것이다. 그리고 어떤 문헌에 몇 사람의 인간이 이 홍수로부터 구조되어 배를 탔다고 기록되어 있으면 그들은 이 잔해들이 바로 문제의 배라고 단정할 것이다.

대홍수가 일반 사람들이 믿는 것처럼 오래 계속된 비의 결과가 아니고 돌발적으로 지표의 전부를 순식간에 완전히 뒤덮은 대 이변의 결과라는 것을 분명히 알 수 있게 해주는 중요한 사실이 있다. 만약 그것이 계속 내린 비에 의한 것이라면 모든 배들은 구원을 받았을 것이다. 물론 당시의 선원들과 항해자들은 모두 아무 문제도 없이 살아남을 수 있었을 것이다. 그러나 노아의 방주 속에 있던 사람들만이 살아남았다고 명백히 기록되어 있다. 이것은 그 방주가 우주선일 경우에만 타당한 것이다!

사후의 생명, 꿈인가 현실인가?

질문

최근 의식불명에 빠졌다가 살아난 사람들의 증언을 모은 책이 출판되었는데, 거의 모든 증언자들에 의하면 죽음이 다가왔을 때 그들은 흰 옷을 입고 노래를 부르며 조화에 넘치는 사람들의 모습이나 이미 죽은 사람들의 모습을 볼 수 있었다고 한다. 당신은 엘로힘이 죽은 사람들의 재생을 위해 개입하지 않는다면 사후에 아무 것도 남지 않는다고 주장했다. 이 증언에 나타난 공통성을 어떻게 설명하겠는가? 그것은 영혼의 존재를 증명하는 것이 아닌가?

라엘의 답변

인간의 두뇌 안에서 일어나는 것은 모두 화학적 반응의 결과에 지나지 않는다. 그것이 애정이든 증오든 기쁨이든 고통이든 상상력이든 그 밖의 어떤 정신적 상태나 감정 또는 병이든 모든 것은 뇌 안에서 생기는 화학적 반응과 거기에 따르는 전기적 자극 또는 전기적 메시지에 바탕을 둔다. 시각적인 것, 청각적인 것, 또는 기억에 의한 것이거나 기억되어진 지식에 의한 새로운 사실의 해석에 대해서도 마찬가지이다.

우리들이 호흡을 매우 깊이 그리고 빨리 하면 곧 기운이 솟는 듯한 느낌을 느낀다. 만약 100명에게 똑같은 일을 시키면 그들은 똑같은 경험을 할 것이다. 만약 100명에게 1km의 길을 달리게 하면 그들은 똑같이 숨을 헐떡거리게 된다. 이처럼 각각의 현상은 모든 사람들에게 있어서 동일한 물리적 반응을 일으킨다. 사람이 무의식 상태에 빠지면

뇌의 혈액은 어떤 특정한 방식으로 흐르게 되어 뇌세포는 특정한 방법으로 산소를 취하게 된다. 따라서 이러한 화학적 조건이 모든 사람들에게 공통된 반응을 일으키게 하는 것이다.

석회암에 산을 떨어뜨리면 항상 거품이 일어난다. 만일 100명의 사람들을 똑같이 머리를 세게 쳐서 무의식의 상태에 빠뜨리면 그들은 모두 똑같은 것을 본 인상을 받을 것이다. 실제로 그들은 일어난 화학반응 중에서 기억에 남는 것만을 묘사하기 때문에 그것은 일종의 꿈을 꾼 것과 같은 것이다. 어떤 사람이 키가 10m나 되는 불을 뿜는 황소에게 쫓기는 꿈을 꾼 사람을 열 명이나 만났다고 해도, 즉 많은 사람들이 똑같은 경험을 말한다고 해서 그런 황소가 정말로 존재한다고 믿을 사람은 아무도 없다. 우리들은 누구나 한번쯤 발에 약간의 박차를 가하면서 하늘을 나는 꿈을 꾸어 본 적이 있을 것이다. 그렇다고 이것이 제비와 같이 하늘을 날 수 있음을 증명하는 것이라고 심각하게 생각할 사람은 아무도 없다. 요컨대 수천 명의 사람들이 똑같은 꿈을 꾸었다고 해서 그런 일이 가능하다는 말은 되지 않는다. 이러한 꿈을 현실과 혼동해서는 안 된다. 비록 과학에 의해서 어느 날 우리들이 실제로 날을 수 있는 장치를 고안해 기술적으로 이 꿈을 실현하려고 노력할 때에도 그렇다. 무의식의 상태에 있었던 사람들이 잘 기억하고 있는 일은 그들이 자신의 육체로 돌아가고 싶지 않았다는 점인데 이것은 사실 놀랄만한 일은 아니다. 차라리 그들이 자기 몸을 더 이상 의식하고 싶지 않았다고 하는 것이 더 정확한 말이 될 것이다. 예를 들어, 우리가 이성과 함께 있는 매우 달콤한 꿈에서 깨었을 때 그 행복감을 다시 느끼기 위해 잠을 청하는 것과 같은 것이다.

무의식의 상태에서 깨어난 사람들이 거의 비슷한 체험을 묘사한다는 사실은 뇌 속에서 동일한 화학반응이 일어나고 그 반응에 따른 전기적 현상이 동일하다는 것을 증명한다. 만약 천 명이나 되는 사람들의 두뇌의 똑같은 장소에 전극을 부착하고 똑같은 전기 충격을 가한다면 그들은 모두 같은 것을 느끼고 같은 상을 볼 것이다. 이것이 바로 죽을 때 일어나는 현상이다. 만일 사후에 불사의 행성에서 재생될 수 있는 특권을 부여받은 사람이라면 완전한 죽음이 일어났을 경우에만 재생이 이루어진다. 그러나 그가 무의식의 상태, 즉 살아있는 상태에 있는 한은 아무 일도 일어나지 않는다.

엘로힘의 과학적 진보의 수준

질문

엘로힘이 우리들보다 2만 5천년이나 앞서 있다고 해도 우리들의 창조자들과 우리들 사이의 과학수준에 따른 시간 차이는 예상되는 만큼 그리 큰 것 같지 않다. 그들이 서서히 이룬 진보에 비교할 때 우리들은 같은 과정을 더 짧은 시간에 달성할 수 있으리라는 인상을 받았다. 여기에 대해서는 어떻게 생각하는가?

라엘의 답변

나는 과학기술이 발전한 나라의 대다수 국민이 이해할 수 있도록 내가 본 모든 것을 묘사하는데 적절한 말을 찾느라고 고심했다. 실제로 우리들의 창조자들이 이룬 과학기술적 수준과 능력은 우리들이 감히 상상할 수조차 없다. 20세기 말에 우리들이 이룬 과학의 발전은 100년 전의 유럽인이나 현재의 아마존의 원주민에게는 기적으로 보일 것이다. 이와 같은 차이가 엘로힘과 우리들의 가장 진보한 과학자들 사이에 놓여 있다고도 할 수 있다. 엘로힘은 그들이 이룬 장대한 기술적 발전을 드러내지 않기로 결정했다. 왜냐하면 우리들의 이해를 초월하는 것을 보여준다 해도 결국 신비주의와 원시적인 종교만을 부활시킬 뿐이기 때문이다. 이렇게 하여 엘로힘은 무엇보다도 우리들이 스스로 우리들의 주변에 있는 물질과 힘에 대해 계속해서 탐구하고 이해하게 되기를 바라고 있는 것이다.

이와 같은 이유로 그들은 처음 나에게 나타날 때는 내가 놀라지 않도록 섬광등을 켜고 우주복과 같은 것을 입고 내 앞에 나타났다. 그러나 두 번째 로그프라에서는 순식간에 지상에 나타났던 것이다. 그들은 우리들 중 가장 상상력이 뛰어난 과학자라 할지라도 이해할 수 없는 기술적 묘기를 우리들에게 보여줄 수도 있다. 그들은 행성들이나 심지어는 태양계 전체를 포함하는 무한히 큰 입자들에 대해 어떤 작용을 행할 수 있는 수준에 있다. 반면, 우리들은 아직도 중성자나 전자와 같이 무한히 작은 입자들을 다루는 데도 큰 어려움을 겪고 있는 것이다. 다시 말해서 그들은 어떤 태양계 안에서 행성들의 궤도를 바꿀 수 있으며 심지어는 태양계 전체를 이동시킬 수 있다. 이 모든 것은 우리들이 전혀 알지 못하는 어떤 파동에 의해서 가능한 것이다.

처음의 두 메시지에 쓰여 있는 것을 돌이켜 보자. 예를 들어, 우리들의 현재 과학수준과 영원한 생명을 가능케 하는 과학적 재생이라는 완숙한 경지 사이에는 우리들의 과학자들이 따라잡기에는 요원한 시간이 걸리는 엄청난 간격이 있다. 과학자들 중 가장 마음이 열린 사람들에게는 그것이 전혀 이해 불가능한 일만은 아닐 테지만.

신도 영혼도 존재하지 않는다.
그러나 엘로힘과 유전자코드는 존재한다.

질문

메시지에서 우주는 공간적으로 무한하고 따라서 그 중심이 없기 때문에 〈신(God)〉은 존재하지 않는다고 했다. 그리고 같은 이유로 영혼도 존재하지 않는다고 했다. 그러나 그것은 많은 라엘리안들이 〈신〉을 엘로힘(Elohim)으로 바꾸어 생각하고, 〈천국〉에 들어가는 〈영혼(soul)〉의 개념을 불사의 행성에서 재생되는 가능성으로 바꾸어 생각하는 것에 지나지 않는 것이 아닌가?

라엘의 답변

그렇다. 〈신〉은 없다. 왜냐하면 우주는 무한하고 무한이란 그 정의대로 무한하기 때문에 그 중심을 가질 수 없기 때문이다. 그러나 〈신〉이 무한을 뜻하며 영원하고 모든 곳에 존재하며 만질 수 없고, 또 우리들과 같은 인간에게 어떤 위력도 미치지 않는 그 어떤 것이라고 생각하는 사람들과 〈신〉이란 흰 수염을 기르고 구름 위에 있는 존재로서 자신의 모습대로 인간을 창조했다고 믿는 사람들과는 구별할 필요가 있다.

태초부터 이 두 개념은 혼동되어 왔다. 완전히 다른 두 개의 개념이 똑같은 명칭으로 불리어지면서 마침내는 각기 그 본래의 의미를 잃어버린 것이다. 엘로힘은 최초의 인간들에게 한편으로는 완전하고 영원하며 우리들을 구성하고 또 우리들이 그 일부가 되는 〈무한〉에 대하여 설명하고, 다른 한편으로는 우리들을 자기들의 모습대로 창조한 그들 자신, 즉 엘로힘에 대해 설명해 주었다.

그 후 점차 엘로힘에게 〈무한〉의 여러 특성들이 주어지게 되었다. 그들이 불사이기 때문에 이것은 일면에 있어서는 진실이다. 또 무한에 대해 〈하늘로부터의 예언자〉로서 현시하는 능력을 지녔다는 점에서 그 것은 부분적으로 진실이다. 왜냐하면 엘로힘은 자신의 모습을 본떠 지적생명체를 창조했을 때 어떤 면에서 그들은 무한의 매개자로 생각할 수도 있기 때문이다.

그러나 무한은 우리들을 직접 또는 영구히 지켜보는 것도 아니고 우리들 각 개인의 행위에 대해 어떤 의식이나 관심을 갖고 있는 것도 아니다. 인류가 황금시대로 들어가건 자기파멸을 하건 무한에게는 아무 상관이 없다. 우리들의 손가락이 천을 스칠 때 손가락에서 떨어져 나간 미립자가 우리들에게 중요하지 않은 것과 같다. 무한에 관련된 모든 레벨에 있어서 자연도태가 있는 것은 당연하다. 지구가 그 머리뼈나 손톱 위의 원자에 지나지 않는 사람이나 혹은 개에 대해서도 같다. 또 그것을 비추는 태양이나 혹은 우리들의 엄지손톱 속에 있는 수십억의 생물이 살고 있는 행성에 대해서도 같은 것을 말할 수 있다.

대부분의 동양의 종교가 가르치듯이 무한(Infinity)을 〈신(God)〉이라고 생각하는 사람들에게 있어서, 그것이 실체가 없고 우리들의 존재를 의식하지 않는 개념을 나타내는 한 옳다. 우리들의 창조자인 엘로힘을 〈신〉으로 여기는 사람들도 그들을 손과 무릎을 꿇고 땅에 엎드려서 숭배하는 대상으로 여기지 않는 한 전적으로 틀린 것은 아니다. 언젠가 우리들도 우리 자신이 창조한 자들로부터 사랑받기를 원하듯이 우리들은 그들을 무한의 형제들로서 사랑해야 한다.

영혼이란 하나의 개념으로서 그 의미를 잘 이해하려면 그 어원에까지 소급해 가야 한다. 영혼(spirit)이란 말은 〈숨쉬다〉를 뜻하는 라틴어 〈spirare〉로부터 왔다. 같은 뜻을 가진 영어의 〈soul〉도 마찬가지로 〈숨쉬다〉를 의미하는 불어〈souffle〉에서 왔다. 우리들이 인체의 성분을 정확히 분석한 다음 모든 화학적 성분을 단순히 혼합한다고 해서 생명체를 만들어 낼 수는 없다. 무언가 빠져 있다. 잘 고안된 계획에 따라 설계하고 표현하고 조직하는 무언가가 필요하다. 당신이 꿈에 그리던 집을 짓기 위해 필요한 수십 톤의 자갈과 1톤의 시멘트, 100킬로그램의 페인트, 두 개의 세면대, 하나의 욕조 등 필요한 모든 재료들을 한 곳에 쌓아 놓는다고 해서 집이 되는 것은 아니다. 가장 중요한 것이 빠져 있는데 그것은 설계도이다. 인간의 창조에 있어서도 동일한 원칙이 적용되며 설계도가 있어야 한다. 이 설계도가 유전자코드이다. 약간의 물질을 모아 세포설계도를 포함한 최초의 세포가 만들어지면 실제로 한 사람이 완전히 만들어진 것이나 다름없다. 이 최초의 세포가 음식으로 공급되는 물질을 사용하여 두 개, 네 개, 여덟 개의 세포로 분열해 가면서 유전자 설계도에 수록된 모든 정보가 실현될 때까지 설계도의 지시를 정확히 따르는 것이다.

모든 생물은 제각기 유전자코드를 가지고 있으며 이 유전자코드는 종에 따라서 다르다. 동일 종 내에서도 눈빛, 머리털색, 성격 등 세부적인 특징이 각 개체에 따라 따르다. 성서에도 인간뿐만 아니라 모든 생물이 〈영혼〉을 가지고 있다고 분명히 쓰여져 있다. '그러나 피가 있는 고기 곧 영혼을 가진 고기를 그대로 먹어서는 안 된다. 내가 반드시 너희 생명인 피를 흘리게 한 자에게 앙갚음하리니 짐승이면 그 짐승에게서, 사람이면 사람이나 그 형제에게서 앙갚음하리라.' (창세기 9:4~5) '생명체의 영혼은 그 피에 있는 것이다.' (레위기 17:11)

그러므로 사후에 신체로부터 우아하게 날아가는 에테르체의 영혼이란 존재하지 않는다. 그러나 각 개인의 개성을 지닌 유전자코드는 존재한다. 엘로힘이 영원한 생명을 받을 만한 자격 있는 지구인들을 그들의 행성에 재생할 수 있었던 것은 바로 이 유전자코드를 통해서이다.

〈신〉은 없으나 우리들의 창조자인 엘로힘은 존재한다. 우리들은 그들을 기쁘게 맞이하고 싶다. 그들을 영접하는 것이 마땅한 도리가 아닌가. 우리들은 그들에게 신의를, 아니 신뢰를 가지고 있는 것이다. 되풀이 말하지만 사후에 죽은 자의 몸에서 날아가는 독자적인 영혼은 존재하지 않는다. 그러나 영원한 생명으로 가는 수단인 유전자코드는 존재한다.

무한의 종교

질문

「라엘리안 무브먼트」는 무신론적 종교이며 그 목적은 엘로힘이 준 신비를 벗기는 메시지를 지구의 모든 사람들에게 전파하고 그들이 지구상의 여러 정부와 공식적인 접촉을 할 수 있는 대사관을 건설하는 것이라고 했다. 만일 인류가 지혜의 증거를 나타내어 자기파멸에서 벗어나는데 성공하고 메시지가 모든 언어로 전파되어 대사관이 건설되고 엘로힘이 온다면 그때 라엘리안이라는 종교는 무슨 일을 하며 그 사명은 무엇이 될 것인가?

라엘의 답변

만일 그런 일이 일어난다면, 나도 그것이 일어날 수 있다고 믿고 있지만, 백에 하나라도 인간이 지혜의 길을 택해 나간다면 인류의 종교는 엘로힘과 같이 무한에 대한 것이 될 것이다. 그 때 라엘리안 가이드의 사명은 인간이 무한과 조화하여 살 수 있는 기술을 가르치는 것이 될 것이다. 그 방법은 「두 번째 메시지」의 「열쇠들」과 「감각명상」에 요약되어 있다. 말하자면 인간의 의식 수준을 높이고 두뇌 안에서 일어나는 전기화학적 반응과 변환을 지각하는 능력을 높이는 모든 기술을 말한다.

무한의 종교는 절대의 종교이며 또 영원의 종교이다. 우리들보다 2만 5천년이나 과학적으로 앞선 사람들이 이 종교에 충실하다는 단순한 사실은 이것이 우주 의식의 수준, 즉 무한에 도달한 모든 종에 있어 절대적이며 영원한 종교라는 증거가 된다.

우리들이 정기적으로 실시하는 각성실습은 감각명상을 통해 이 무한의 종교에 접근하는 것을 목적으로 한다.

기존 종교들의 장래

질문

엘로힘의 불사의 행성에 살아있는 모세, 예수, 석가, 마호메트 등 모든 위대한 예언자들과 함께 대사관에 온다면 현재의 종교들은 어떻게 될 것인가?

라엘의 답변

대다수의 사람들은 「라엘리안 무브먼트」에 합류할 것이다. 종교인들 중에는 적어도 자기들의 종교적 경전에 충실하며, 충분히 지성적이고 마음이 열려 이해할 수 있는 능력을 지닌 자들이 여기에 포함될 것이다. 그러나 자기들의 수입원이 없어질 것을 두려워하는 이러한 종교의 승려나 사제들이 이끄는 수많은 편협한 광신자들은 불행히도 이 대합류에 반대할 것이다. 그들은 엘로힘이 강탈자이며 〈악마〉가 보낸 자들이라고 주장할 것이다. 뿐만 아니라 그들이 믿어온 그리스도를 보고도 다시 기꺼이 그를 십자가에 못 박으려 할 것이다. 이것은 마치 예수가 종교재판이 성행하던 시대에 나타나는 불운을 만났다면 종교재판의 사제들이 그를 마술사라 하여 그 자신의 이름, 즉 〈예수의 이름〉으로 그를 화형에 처했을 경우와 다름없는 것이다.

최근 나는 캐나다 몬트리올의 한 유태교구 책임자와 아침 식사를 같이한 적이 있었다. 식사 중 나는 그에게 만약 모세 자신이 나타나서 「구약성서」에 쓰여 있는 것과 다른 것을 그에게 말한다면 어떻게 하겠느냐고 물었다. "나는 성서에 쓰여 있는 것을 계속 실행할 것입니다."

라고 그는 대답했다.

많은 사람들이 그와 같이 생각하고 있으며, 이것이 엘로힘이 인류에게 인정받고자 할 때 부딪치는 문제들 중의 하나이다. 그들은 그 자신들이 만들어 낸 신앙보다 더 강력해져야 하는 것이다.

가령 내일 엘로힘이 지구상의 어딘가에 착륙하여 그들을 만나러 온 정부 지도자와 매스컴에게 〈신〉도 영혼도 존재하지 않는다고 밝히고 인간 예수를 소개한다면 당신은 바티칸이 그 재산을 예수의 손에 넘길 것이라고 생각하는가? 분명히 그렇지 않을 것이다. 왜냐하면 카톨릭교회의 근본목적 이상으로 그 조직이 비대해져 버렸기 때문이다.

모든 수녀들은 예수의 신부들이다. 만일 예수가 돌아온다면 그녀들은 예수에게 몸을 맡길 것인가? 육체적으로는 실재하지 않으면서 어딘가에 살아 있다고 믿는 존재의 신부들에게 있어서는 정말 그가 살아 돌아온다면 일은 매우 곤란해질 것이다. 이것은 수녀들의 문제이다. 위대한 사상가가 말했듯이 우리들은 사람들의 마음을 바꿀 수 없고 다만 그들이 죽은 후 보다 진보된 다른 의견을 지닌 세대에 의해 대치될 수 있을 뿐이다. 시간이 우리들 편에 서 있는 것이다.

분명히 적은 무리들의 편협한 광신자들은 항상 남아 있게 마련이다. 그러나 그들도 언젠가는 죽어서 사라진다. 기독교 이전의 종교적 광신자들이 초기 기독교도들을 박해했음에도 불구하고 그들의 신앙이 결코 완전히 소멸되지 않은 것과 같다. 문제가 일어나는 것은 오직 현재의 원시적인 신앙이 완전히 사라지기 전에 엘로힘이 지구상에 귀환하는 경우이다.

라엘리즘과 「천재정치」

질문

당신은 「천재정치」란 책을 출판했고 그로부터 〈세계 천재정치운동〉이라는 정치운동이 결성되었다. 당신은 종교적인 운동을 정치운동의 신조로 이용하는 것이 아닌가?

라엘의 답변

많은 라엘리안들이 「첫 번째 메시지」에서 엘로힘 행성의 통치제도에 대해 설명한 장에 특히 관심을 가지고 나에게 그 생각을 체계화하여 소책자로 만들어 줄 것을 요청했다. 그들은 그 사상에 입각한 정치운동을 설립하고 싶어 했다. 우리들이 천재정치를 지구에 이식하는 것을 엘로힘도 바라고 있으며 또 사람들이 가능하다면 보다 나은 것을 선택할 수 있게 하기 위해 나는 이 소책자를 쓰기로 했다. 그 후 「천재정치」에 특별히 관심을 가진 라엘리안 몇 사람이 문제의 정당을 창립했고 불과 몇 달만에 선거에 한 명의 후보자를 내놓게 되었다.

「천재정치」 운동이 발전하고 있는 나라들에 대하여 나의 개인적인 입장은 분명하다. 내가 지구상에서 달성해야 하는 나의 사명은 무엇보다도 우리들의 창조자들이 준 메시지를 전하고 그들이 요구하는 대사관을 건립하는 것이다. 「천재정치」 운동에 관여하고 있는 사람들은 내가 나의 전 시간을 나의 본래 사명에 바치고 있다는 사실과 비록 그들이 좋은 결과를 얻기를 바라지만 내가 그들의 문제와 관련되어 있지 않다고 느끼는 것을 잘 알고 있다. 나는 이 정치운동을 조직한 가이드들에게 가능한 한 빨리 그들과 교체할 수 있는 라엘리안이 아닌 사람들을 발견하여 그 일을 넘겨주고, 그들은 내가 생각하기에 보다 중요한 가이드로서의 임무에 전념해 줄 것을 요구하기까지 했다.

그러나 선거 때 「천재정치」를 내거는 후보자가 있다면 나는 항상 라엘리안들에게 그들에 투표하도록 권할 것이다. 라엘리안이 〈천재정치주의자〉가 될 수 있음은 마치 기독교도가 민주주의자가 될 수 있는 것과 같다. 누구나 하나의 종교와 하나의 정치적 견해를 가질 수 있다. 그러나 라엘리안이라고 해서 반드시 「천재정치」의 정당과 관계해야만 할 필요는 없다. 오히려 그 반대다. 나는 사람들이 한 번에 적어도 한가지 일만은 아주 잘할 수 있다고 믿기 때문에 라엘리안들에게 「천재정치」 정당에 적극적으로 참여하기보다는 그것을 비라엘리안에게 맡기라고 권하고 있다. 하루에 8시간을 일한 후 나머지 여분의 시간을 메시지의 보급에 힘쓸 때 그 1분은 매우 소중한 것이다. 단 1분이라도 그것이 메시지를 전하는데 쓰여질 수 있을 때는 결코 「천재정치」 운동에 낭비되어서는 안 된다. 따라서 선택을 해야 한다. 엘로힘의 메시지에 비교할 때 정치적 이데올로기는 그리 중요하지 않다. 나는 「천재정치」라는 한대의 기차를 굴리기 시작했다. 나는 그것을 비라엘리안이 굴려 주기를 바란다. 어쩌면 그것은 인류를 구원할 수 있는 강력한 것으로 발전할는지 모른다. 어쩌면 인류는 「천재정치」 없이도 스스로를 구원하고 나중에 그것에 도달할 수 있을지도 모른다. 그러나 무엇보다 중요한 단 하나의 일은 대사관을 빠른 시일 안에 짓는 것이다. 이것이 나의 유일한 사명이고, 또 진정한 라엘리안의 유일한 사명이 되어야 하는 것이다. 가장 시급한 일은 우리들의 창조자들이 요청한 대사관을 세우는 일이며, 엘로힘이 모세, 예수, 석가, 마호메트 등 고대의 예언자들과 함께 올 수 있도록 그들을 맞이할 준비를 하는 것이다. 이것이 내가 지구상에 존재하는 유일한 이유이다. 또한 이것은 나를 돕고자 하는 모든 사람들이 살아가는 진정한 이유가 되어야 한다.

창조자들의 창조자는 누가 창조했나

질문

엘로힘은 우리들을 창조했고 그들은 또 다른 행성에서 온 다른 인간들에 의해 창조되었다고 했다. 그렇다면 엘로힘의 창조자들을 창조한 것은 누구인가?

라엘의 답변

공간의 무한성을 이해하는 것은 시간의 무한성을 이해하는 것보다 쉽다.

일단 우리들이 충분히 마음이 열린 상태에 도달하면 공간에 있어서 지구가 무언가 더 거대한 존재를 구성하는 원자 속의 미립자에 지나지 않는다는 것을 이해할 수 있다. 하늘을 바라보고 생각에 잠겨 있을 이 거대한 존재도 또 다른 거대한 존재의 손이나 위장 또는 발의 일부를 구성하는 미립자에 지나지 않을 것이다. 그리고 그 존재 역시 또 다른 하늘 아래 살고 있을 것이다…… 이런 식으로 무한히 계속된다. 이것은 무한소에 대해서도 마찬가지이다. 우리 손의 원자 속의 미립자에는 그 미립자들을 행성이나 항성으로 생각하는 지적 생명체가 살고 있고 그들의 손바닥 속의 미립자 속에는 또 다른 생명체가 이 미립자들을 항성이나 행성으로 여기고 있는 것이다…… 이렇게 무한히 계속된다.

인간에게 있어서 시간의 무한성을 이해하는 것은 보다 어렵다. 왜냐하면 인간은 어느 날 태어나서 어느 일정한 시간을 살다가 죽기 때문이다. 따라서 인간은 우주 안에 있는 모든 것을 자신과 같이 시간적으로 한정된 것으로 생각하고 싶어한다. 각성하지 않은 인간에게 있어서는 우주 속에 있는 무언가가 영원할 수 있다는 생각은 견딜 수 없는 것이다. 그것이 우주 그 자체를 가리킨다고 해도 말이다. 우리 시대의 과학자들도 그 예외는 아니다. 그들은 우주가 일정한 넓이를 가졌다거나 또 몇 백억 년의 나이를 먹었다고 한다. 공간이건 시간이건 간에 우리들이 측량할 수 있는 것은 이 우주에서 우리들이 포착할 수 있는 부분에 지나지 않는다.

모든 것은 물질의 형태건 에너지의 형태건 간에 영원하다. 우리 자신도 영원한 물질로 구성되어 있다.

엘로힘은 다른 행성에서 온 다른 인간들에 의해 창조되었고 그들은 또 다른 행성에서 온 또 다른 인간들에 의해 창조되었다. 이와 같은 과정이 무한히 계속되어 온 것이다.

우주의 시간적인 기원을 찾는 것은 공간에 있어서 기원을 찾는 것만큼이나 어리석은 일이다.

우리 손에 있는 원자 속의 미립자를 행성으로 여기고 사는 지적 생명체의 예로 다시 돌아가 보자. 공간에 대해서, 예를 들어 오른손 검지의 첫째 관절 골수에 위치한 극미의 행성에 사는 과학자들은 처음에는 육안으로 본 다른 미립자인 별들이 그들의 세계, 즉 자신들이 살고 있는 또 하나의 미립자인 행성을 중심으로 돌고 있다고 주장할 것이다.

왜냐하면 그들에게 있어서는 자기들의 행성이 우주의 중심이라는 것이 명백하기 때문이다. 그러나 과학이 진보한 어느 날 어떤 천재가 태양이 그들의 행성을 중심으로 도는 것이 아니며 또 하늘의 별들이 그들의 작은 세계를 도는 것이 아니라 자기들의 행성이 움직이지 않는 하늘 속에서 자전하면서 태양의 주위를 공전하고 있음을 증명한다. 그 과학자는 아마도 그 〈미립자 행성〉의 마녀사냥의 종교재판에서 이단적인 학설로 화형에 처해질지도 모른다. 그러나 마침내 보다 정교한 관측기구의 발명으로 그가 옳았다는 것이 증명될 날이 올 것이다.

그리고 그 시대의 박식한 과학자들은 우주를 측량하여 우주의 크기를 줄잡아 하늘의 이쪽 끝 별에서 저쪽 끝 별까지의 사이라고 말할 것이다. 그들의 측량은 그들이 위치하게 된 우리 손가락의 몇 백억 분의 일에 지나지 않을 것이다. 그들에게는 그 이상을 보는 것이 불가능하므로 우주가 그들이 볼 수 없는 그 부분에서 끝난다고 추정하는 것이다.

관측기술이 더욱 발달하게 되면 그 때는 더 많은 새로운 성운들이 발견될 것이다. 그렇다고 하더라도 그것은 우주가 예상한 것보다 조금 더 크다는 것을 나타낸 것에 지나지 않는다. 그것은 항상 수천만km 또는 몇 광년씩 이전보다 조금 더 커졌거나 때로는 열 배 또는 백 배 정도 더 커진 것으로 여전히 측량 범위 안에 있는 것이다. 지구상의 우리들의 진보는 바로 이 단계에 와 있다. 그러나 우리들의 손가락에 있는 행성으로 돌아가 보자.

과학은 항상 진보하게 마련이어서 우리들의 관절 골수의 주민들은 이제 더욱 대담한 우주탐험에 나설 준비를 한다. 그들은 마침내 그들의 행성이 원자의 소립자에 지나지 않는 관절뼈라는 새로운 영역에 도달한다. 이렇게 하여 그들은 우주가 그 만큼 더 확대된 크기라고 단언하게 된다. 그 증거로 그들에게는 그 이상이 관측되지 않기 때문이다.

그러나 얼마 후에 그들은 뼈와 근육이 만나는 광대한 경계를 지나는데 성공하여 그들의 우주는 다시 새로운 차원을 획득한다.

그들은 우주선을 개량하여 마침내 우리들의 손가락을 덮고 있는 피부 조직에 도달한다. 그들은 우리들의 자로 1.5cm에 지나지 않는 그들의 우주 끝에 도달했으며 이것은 그들에게 헤아릴 수 없는 광년의 거리가 되는 것이다.

그들은 계속해서 우리들의 신체의 부분으로 우주탐험을 진전시켜 나갈 것이다. 그들은 별들이 상상을 초월하는 속도로 움직이고 있는 어떤 흐름을 따라 나가며 이 거대한 통로를 지도로 만들어 자기들의 행성으로부터 자유롭게 왕래할 수 있게 된다. 그들은 우리들의 혈관 속을 여행하고 있다는 사실을 알지 못한다. 그들의 우주는 측량되고 한계가 정해져 특정한 높이와 넓이와 깊이를 갖게 된다. 그들의 단위로 셀 수 없는 광년이나 큰 우주는 우리들에게는 1m 75cm인 것이다. 그들은 우리들의 다리가 그들로서는 상상할 수조차 없는 무수한 성운으로 구성된 지구 위에 서 있음을 알지 못한다. 그들의 좁은 마음은 항상 모든 곳에 경계를 정하려 하지만 우주는 언제나 상상을 초월하여 포착할 수 없는 것이 되는 것이다. 지구에 포함된 원자의 양은 우리들의 신체에 포함된 원자의 양과는 비교조차 할 수 없는 것이다.

그들은 점차 우리들과 같은 다른 〈우주의 인간들(Universemen)〉이 우리들의 행성 위를 걸어 다니고 우리들의 하늘에는 또 다른 수많은 별들과 은하계들이 있으며 이렇게 무한히 계속된다는 사실을 이해하게 될 것이다.

과학자들이 그들의 행성 내부에서 관찰할 수 있었던 우리들의 손가락 뼈의 몇 조 분의 1mm에 상당하는 범위에서 그들의 우주를 측량했던 시대에는 우주와 일체가 되는 의식의 최고 수준에 도달한 몇몇 현자들만이 이 모든 사실을 제자들에게 가르칠 수 있었을 것이다.

시간의 무한성에 대한 개념도 이와 똑같다. 이 작은 세계의 과학자들은 그들의 행성이 그 원자의 미립자에 지나지 않는 분자의 연령을 측정함으로써 그들의 우주의 연령을 알 수 있게 된다. 그래서 우주는 일정한 나이가 정해진다. 그 후 그들은〈완전한 우주〉라고 생각했던, 그러나 여전히 일부분에 지나지 않는 분자로 구성되는 세포의 연령이 훨씬 더 오래된 것임을 발견할 것이다. 다음에는 이 세포가 그 일부에 지나지 않는 다리의 연령이 더 오래 되었고 이 다리가 속해 있는 신체의 연령이 그보다 훨씬 더 오래되었음을 알게 된다. 이런 식으로 무한히 계속되는 것이다.

인생의 목적은 무엇인가

질문

인생의 목적은 무엇인가?

라엘의 답변

「두 번째 메시지」에 쓰여 있는 것처럼 모든 일은 항상 4가지 기준에 의해서 판단해야 한다.

첫째, 무한에 연결지어 생각할 때 우리들의 인생은 아무 의미가 없다. 지구상에 살고 있는 우리들의 생명도, 모든 인류의 생명도 무한에 대해서는 아무런 의미가 없다. 우리들이 죽고 또 인류 전체가 멸망한다 해도 시간과 공간의 무한 속에는 어떤 변화도 일어나지 않는다. 우리들이 그 미립자의 기생물에 지나지 않는 거대한 존재도 우리들의 죽음에 대해 아무 것도 느끼지 못할 것이다. 인류의 창조 이래 전 역사도 이 거대한 존재에게 있어서는 몇 십억 분의 1초에 지나지 않을 것이기 때문이다.

우리들의 손의 원자 속의 미립자 위에 살아가는 생명체도 아무 일이 없었던 것처럼 계속 살아갈 것이다. 비록 그들의 우주가 속해 있는 원자가 가령 폭발에 의해 다친 손가락에서 흐르는 피와 함께 땅 속에 묻힌다 해도 그 소우주는 그대로 존재할 것이다. 비록 이 피의 한 방울을 지렁이가 먹고 그들의 우주가 속해 있는 원자가 성장하고 있는 지렁이의 새로운 세포를 구성한다 해도 이 소우주의 생명체에게는 아무 영향도 미치지 않을 것이다. 뿐만 아니라 그 생명체의 손가락 세포를 구성하는 미립자 위의 생물도 아무 영향을 받지 않음은 물론이다.

둘째로, 엘로힘에 연결지어 우리들의 인생은 매우 중요하다. 왜냐하면 우리들은 그들의 자식이며 자기들의 모습대로 우리들을 창조해 준 것에 대해 우리들은 감사와 긍지를 나타내야 하기 때문이다. 즉, 그들은 우리들에게 무한을 의식할 수 있는 능력을 주었을 뿐만 아니라 우리들도 언젠가는 우리 자신의 모습을 본떠 새로운 인간을 창조할 수 있는 능력을 주었기 때문이다.

셋째로, 인간 사회에 연결지어 우리들의 인생은 매우 중요한 의미를 갖는다. 그 이유는 우리들이 전염병이나 전쟁에서 살아남은 사람들의 자손이며 오랜 자연도태의 결실이기 때문이다. 따라서 우리들에게는 인류가 그처럼 고대해 왔고 이제 막 들어서려는 황금시대에 무사히 인류를 도달시키는 계획에 적극적으로 참여해야 하는 의무가 주어져 있다. 우리들은 인류라는 거대한 신체의 세포들이며 인류가 다시 태어날 때 각각의 세포인 우리들 개인은 해야 할 역할이 있는 중요한 존재들인 것이다.

끝으로, 우리 자신에 연결지어 우리들의 인생은 자기 자신에게 스스로 부여하는 가치밖에 지니지 못한다. 만약 우리들이 엘로힘을 우리들의 창조자로 인정하고 메시지를 전파하여 전 지구상에 그들의 존재를 알림으로써 인류가 황금시대를 맞이하는데 공헌하고 싶다면, 그리고 이 위대한 활동에 참여하는 것을 기쁨으로 여긴다면, 그렇다면 우리들은 그러한 이유로 인생을 즐기고 있는 것이다.

질문은 '인생의 목적은 무엇인가' 였다. 인생이란 기쁨을 얻기 위해 주어진 것이다. 당신이 우리들의 창조자들의 메시지를 전하는 기쁨이든 인류가 황금시대를 맞이할 수 있도록 공헌하는 기쁨이든 무한과의 조화 속에서 당신 자신을 즐기는 기쁨이든 또는 다른 방법을 통해서 얻은 기쁨이든 바로 이 기쁨을 이끌어 내어 즐기는 것이 인생의 목적이라고 할 수 있다.

쾌감(기쁨)이란 무엇인가

질문

쾌감이란 무엇인가?

라엘의 답변

쾌감이란 기분 좋은 화학반응을 일으키는 행위를 할 때 일어나는 생체조직의 반응이다.

어린이는 어머니의 젖을 빨면서 쾌감을 느낀다. 왜냐하면 그의 굶주림이 젖으로 채워지고 젖이 혓바닥의 돌기에 닿아 일어나는 화학반응이 쾌감을 일으키기 때문이다. 우리들의 모든 감각은 기쁨을 주기 위해서 존재하며 「감각명상」은 우리들의 감각에 의해 전달되는 화학반응이 일으키는 쾌감의 지각능력을 개선하는데 바탕을 둔 것이다.

우리들이 사는 동안 행하는 일은 무엇이든 그것이 쾌감을 주기 때문에 행한다. 우리들의 전 생애를 통해 쾌감을 얻기 위해 행하지 않는 행위란 하나도 없다. 세금을 내는 사람은 그것을 거부하고 감옥에 가지 않아도 되는 쾌감을 얻기 위해서이고, 아이를 구하기 위해 차 속에 뛰어드는 여성은 비록 자신이 다친다 해도 그녀의 아이를 살린다는 쾌감을 위해서 그렇게 하는 것이다. 자기 부대를 구하기 위해 적의 포격 속에 몸을 던지는 군인은 전우를 위해 죽는다는 쾌감을 얻는다. 일본의 자살 특공대(가미가제)는 이런 종류의 영웅심(쾌감)이 극단에 이른 예이다.

감각의 만족을 추구하는 직접적 쾌감과 우리들이 지금 말한 바 있는 행동의 선택이라는 간접적 쾌감 사이에는 차이가 있다. 후자는 환경에 대한 우리들의 지각기관을 향상시킨다는 의식 없이 단순히 외부로부터의 개입에 대한 반응으로서 행해진다.

혼자서 자기 자신의 감각 능력을 질적으로 향상시키는데 의식적인 기쁨을 얻을 수 있을 때에만 진정한 개화가 일어날 수 있다. 우리들은 감각을 통해 무한과 연결되어 있다. 보지 못하고, 듣지 못하고, 냄새 맡지 못하고, 느끼지 못하는 자는 비록 심장이 뛰고 있다 하더라도 살아 있다고 할 수 없다. 자기 자신에 대한 지각이 없고 환경에 대한 의식도 없으므로 어떤 지성도 가질 수 없기 때문이다.

감각기관 중 하나를 상실한 사람들이 나머지 감각들을 보통 사람들보다 뛰어나게 발달시킨다는 사실은 매우 중요하다. 예를 들어, 장님은 매우 예민한 청각을 발달시키거나 또는 손끝으로 사물을 판단할 수 있는 능력을 갖는다.

과학적인 실험으로 쾌감의 중추가 두뇌 속에 있음이 밝혀졌다. 이것은 뇌의 어느 부분에 전극을 연결하고 소량의 전류를 보내는 실험으로 증명되었는데, 이 때 피험자들은 오르가즘이나 새로운 발견을 했을 때 느끼는 만족감, 또는 대중 앞에서 명예로운 표창을 받았을 때와 비슷한 느낌을 느꼈다고 증언했다. 그 후 보완된 방법에 의해 사람이 성적 오르가즘에 도달할 때나 무언가 발견했을 때 또 예술가가 걸작을 완성했을 때나 군인이 훈장을 받을 때에 똑같은 쾌감의 중추가 자극된다는 사실이 증명되었다.

또한 다른 실험에서는 예술가들이 창작활동을 할 때 성적으로 흥분되어 있는 상태가 창조성을 높인다는 것이 밝혀졌다. 이것은 실제로 논리적이다. 쾌감은 창조성을 높인다. 왜냐하면 쾌감은 우리들의 모든 감각을 자극하기 때문이다. 예술가가 조화에 넘치는 대작을 창조하기 위해서는 무한과 연결되어야 한다.

그러므로 우리들은 모든 감각의 감수성을 높이고 쾌감의 지각능력을 질적으로 향상시키기 위해 노력하지 않으면 안 된다.

그 직접적인 결과로서 기쁨을 증가시킨다는 것 외에도 감수성의 확대는 우리들의 능력을 발달시켜 잠재적인 창조능력을 전면적으로 발굴하고, 그 창조적 산물을 인류에게 베풀어 인류의 전반적 의식수준을 끌어올리는데 기여할 것이다.

이것이 우리들이 라엘리안을 위해 조직한 각성실습에서 가르치는 것이다. 개인의 의식수준을 높임으로써 인류의 의식수준을 높이게 되고, 그리하여 인류가 황금시대로 들어갈 수 있는 가능성이 보다 커지는 것이다. 사회를 변혁시키기 위해서는 우선 그 사회를 구성하고 있는 개인이 변혁되어야 한다. 폭력이란 항상 불행한 사람들에 의해서 일어나는 것이다.

개인의 행복을 증진시킴으로써 우리들은 인간의 잠재적인 폭력성을 줄이는데 도움을 줄 수 있다. 더욱이 폭력은 자신이 불행하다고 생각하는 사람들에 의해 자주 일어나며 정치가의 기량이란 권좌에 앉은 사람을 끌어내리고 그 자리를 차지하기 위해 이 불행한 의식을 강화시키는데 달려 있다. 그러나 밀려난 자도 같은 목적을 달성하기 위해 똑같은 책략을 쓰게 마련이다. 그리하여 정치적 전복이 거듭됨에 따라 고조된 불만의 감정은 점차 일반적 의식이 되고, 마침내 그 불안의 출구를 외부에서, 다른 나라에서 찾게 된다. 이것이 전쟁이 일어나는 원인이다.

만일 각 개인이 감각을 발달시켜 무한을 의식할 수 있게 되면 사회 전체가 변혁된다. 이것은 보통보다 월등히 각성된 의식을 가진 사람들로부터 시작되는데 그들이 어떤 각성수준에 이르게 되면 주변의 사람들을 이끌 수 있는 가이드가 되어 다른 사람들을 충분히 각성하도록 도와주게 된다. 이렇게 각성된 사람들이 다시 다른 사람들을 각성시켜 주는 일이 계속된다. 그리하여 서서히 인류의 의식수준이 높아지고 마침내는 파멸적인 세계전쟁이 불가능해지는 상태에 이르게 된다.

이 과정은 이미 시작되고 있다. 수천에 달하는 소규모의 비폭력적인 운동의 시위가 세계 곳곳에서 일어나고 있으며 평화와 전면적인 무장해제를 위한 운동이 학생들과 지식인들에 의해 조직되고 있다. 그리고 이러한 운동은 인류의 중추신경계라고 할 수 있는 텔레비전에 의해 보다 확대되고 있는 것이다.

모든 개인은 그의 생애의 매 순간에 있어 행성 전체의 의식적 각성이나 혹은 쇠퇴에 영향을 미친다. 당신은 타인에게 영향을 주는 것을 두려워해서는 안 된다. 왜냐하면 우리들은 바로 그러한 목적을 위해서 여기 존재하기 때문이다. 우리들은 매 순간 자신이 한 말 한마디 한마디와 행동 하나 하나가 인류의 역사 발전에 긍정적인 영향을 미치도록 모든 주의를 기울여야 한다.

타인을 무리하게 설득하려 해서는 안 된다. 왜냐하면 인간은 자신이 누군가에게 설득당한다고 느낄 때 자기 주장을 고집하는 경향이 있기 때문이다. 반면, 타인의 인생관에서 공통점을 발견하고 이 공통점을 중심으로 새로운 가치관을 펼쳐 나가는 방법을 택해야 한다. 이렇게 하면 상대방에게 자기 스스로 발견했다는 긍지를 심어 줄 수가 있다.

타인에게는 그들의 길을 가게하고 우리들은 우리들 자신의 길을 가면 그만이라는 주의를 고집함으로써 다른 사람들에게 영향을 주지 않으려는 것은 어리석다. 그러나 어떤 일에 광신적인 입장을 취하는 것보다는 타인에게 영향을 주지 않으려는 태도가 더 영향력을 미칠 수도 있다. 사람들은 점차 무슨 일이건 광신주의를 경계하게 되었는데 이것은 바람직한 일이다. 왜냐하면 이 점이 바로 지혜의 시작이기 때문이다.

지구상에는 진실을 추구하면서 그것을 나타내는 사람과 진실을 추구하면서 그것을 감추는 사람이 있다. 어쨌든 진실을 구하지 않는 사람은 없다. 또 진실을 발견한 것처럼 가장하고 그것을 나타내 보이고 싶어하는 사람들이 있는데 이들은 흔히 전통을 고수하려고 애쓰는 사람들이다. 끝으로, 참된 진실을 발견하고 그것을 나타내는 사람들이 있다. 그들이 바로 라엘리안이다.

우리들은 진실을 추구하고 그것을 나타내는 사람들에게 깊은 관심을 가지고 있다. 그들은 성실하고 열려진 정신의 소유자이며 일반적으로 매우 지성적이고 어떤 경우에 있어서도 항상 조화롭게 처신할 줄 아는 사람들이기 때문이다. 무엇보다도 그들은 세계에 대한 새로운 변화를 언제든지 수행할 자세가 되어 있으며 이러한 변화가 자기들의 균형을 파괴할 만큼 손상을 주지 않을까에 대해 우려하지 않는다. 이러한 사람들이 오늘날 라엘리안의 대다수를 이루고 있으며 그들은 바로 선구자들인 것이다.

진실을 추구하면서 그것을 감추려는 사람들도 우리들에게는 중요한 관심의 대상이 된다. 그들이 자의식을 극복하고 타인이 그들을 어떻게 생각하는가에 더 이상 염려하지 않게 될 때 그들은 우리들과 합류하게 될 것이다.

진실을 발견한 것처럼 가장하고 그것을 내보이는 사람들도 우주에는 일정불변한 것이 아무 것도 없으며 따라서 아무 가치도 없는 전통을 지키려고 애쓰는 것이 어리석다는 명확한 인식이 섰을 때에 비로소 우리들에게 합류할 것이다. 그들은 단지 그들의 관습만을 사랑할 뿐이지

〈신〉의 참된 의미가 무엇인가에 대해서는 알려고 하지 않는 사람들인 것이다.

이런 사람들은 모두 쾌감을 위해 이와 같은 행동을 한다. 전통주의자들은 자식들로 하여금 그들과 똑같은 방식으로 기도하게 하고 그 자식들이 그 아이들에게도 똑같은 방식으로 기도하는 법을 가르치는데 기쁨을 느낀다. 그런데 아이들은 학교에서 인간은 원숭이의 자손이라고 배우는 것이다. 얼마나 그릇되어 있는가! 그들에게 중요한 것은 학교 교육은 존중해야 하며 마찬가지로 목사의 설교도 역시 존중해야 한다는 점이다. 그들은 이 두 가지가 서로 모순된다는 사실조차 모르고 있다. 중요한 것은 두 가지가 다 전통이라는 사실이다. 이러한 전통 숭배자들은 자신에게 그것이 옳은가 그른가에 대해 질문할 수가 없는 것이다.

기독교도들에게 예수 자신이 나타나서 일요일날 교회에 가지 말라고 한다든지, 아이들이 성년이 될 때까지는 세례를 시키지 말라고 말한다면 그들은 분명히 예수를 다시 십자가에 못 박을 것이다. 이것이 전통 숭배자들이 취하는 입장이다.

진실을 추구하면서 그것을 감추는 사람은 자신의 참된 모습보다 타인에게 어떻게 보여지는가가 더 중요하다고 생각하고 그것에 기쁨을 느끼는 사람들이다. 이런 사람들은 예수를 죽이려 하기보다는 오히려 그것에 반대할 것이다. 그러나 그렇다고 해도 그들은 개입하기를 싫어하고 아무 말도 하지 않는 편을 택할 것이다. 그들은 비록 자기들이 믿는 진실을 옹호하는 일이라도 어떤 일에 관련되는 것을 극도로 싫어하는 사람들인 것이다.

인류 모두가 감각을 충분히 즐길 수 있게 되면 세계 전쟁의 위험성은 사라질 것이다. 모든 폭력의 근저에는 항상 감각적으로 충족되지 못한 사람들이 있다. 이것이 우리들이 우리 자신의 감각을 즐기는 법을 배워야 하고, 또 어린이를 위시해서 우리 주변의 모든 사람들에게 완전한 감각의 기쁨을 발견하도록 돕는 이유이다. 성교육에서처럼 '어떻게 그것이 기능하는가'를 가르치는 것만으로는 충분하지 않다. 우리들은 더 많은 기쁨을 얻기 위해서, 또 줄 수 있기 위해서 '어떻게 그것을 사용하는가' 를 가르치지 않으면 안 된다. 그러므로 성교육은 감각교육으로 대체되어야 한다.

쾌감은 항상 자기완성에 도움을 준다. 여기서 말하는 쾌감이란 직접적인 쾌감을 말하며 전우를 위해 죽음에 뛰어드는 병사의 쾌감은 아니다. 감각을 통한 직접적 쾌감이야말로 각 개인 안에 있는 무한과 일체가 될 수 있는 능력을 발달시키고, 인간이 무한의 일부임을 실제로 느낄 수 있게 해준다.

우리들의 신체는 유전자코드라는 설계도에 따라 조직된 원자들의 집합에 지나지 않는다. 우리들의 신체는 우리들이 항상 의식하지 못하는 무수한 화학반응을 일으키며 환경과 상호작용을 한다. 우리들의 의식수준을 높인다는 것은 이러한 화학반응을 보다 많이 지각하고, 그럼으로써 무한 속에 우리 자신을 보다 잘 위치시키며 조화롭게 되는 것을 뜻한다. 우리들이 영원하고 무한한 우주에 연결되었다고 느낄 때 우리들은 결코 불행하지 않다. 왜냐하면 존재한다는 기쁨 그 자체를 발견했기 때문이다.

죽음이란 무엇인가?

질문

죽음이란 무엇인가?

라엘의 답변

무한에 대해서 죽음은 아무 의미도 없다. 우리들을 구성하고 있는 물질은 영원하다. 그러므로 우리들은 영원으로 구성되어 있다. 우리들의 코를 구성하는 미립자들은 우리들의 몸의 일부가 되기 이전부터 존재하고 있었다. 이 미립자들 중 일부는 우리들이 어머니 배 속에 있을 때 어머니가 먹은 고기에 포함된 것으로 어머니의 몸을 지나 우리들의 얼굴의 일부가 되었는지도 모른다. 다른 미립자들은 우리들이 어제 먹은 과일 속에 있던 것으로 위를 거쳐 혈관 속을 여행해서 우리들의 코 위에 정착했는지도 모른다. 이것은 우리들의 신체의 모든 부분에 대해서 사실이다. 사후에 일어나는 반응도 똑같다. 미립자들은 흙으로 돌아가서 재순환될 것이다. 어떤 것들은 동물 속에 정착할 것이고, 또 어떤 것들은 식물이 되는 것도 있겠지만 대부분이 흙 속에 남게 될 것이다. '너는 먼지이므로 다시 먼지로 되돌아가리라.'

그러나 우리를 구성하고 있는 조직화된 물질이 축적되어 형성된 거대한 집합체에 있어서 죽음이란 최후의 대변동이다.

죽음이란 우리들을 구성하고 있는 물질의 분산과정의 시작이다.

그러나 죽음을 이해하기 위해서는 반드시 생명이 무엇인가를 진실로 이해하지 않으면 안 된다. 생명이란 조직되어 있지 않은 것을 조직화한 것에 지나지 않는다. 엘로힘이 지구에 왔을 때 지구상에는 생명이 존재하지 않았다. 당시 지구에는 조직화되지 않은 물질, 즉 우리들 자신과 같은〈생물학적〉이라고 부르는 것에 비교할 때 조직화되지 않은 물질만이 존재했다.

그들은 이 물질을 취해서 성서에 쓰여 있는 대로 그것을〈반죽〉하고〈형상을 빚어〉생물을 창조했다. 이것은 모두 분자수준에서 이루어진 일이었으나 원시적인 인간에게는 그것이 이해되지 않았으므로 진흙을 빚어 그릇을 만드는 식의 이야기로 기술되었던 것이다. 초기의 인간들은〈창조주〉가 약간의 진흙을 가지고 당신이 꽃병을 만들듯이 사람을 빚어낸 것이라고 믿었다. 창조자들이 흙으로부터 화학적 성분을 추출한 것은 사실이다. 그러나 그들은 그 물질들을 과학적인 방법으로 합성하여 비활성 물질을 활성화시킨 것이다.

지구상에 있는 모든 생물은 엘로힘에 의해 정교하게 짜 맞춘 원자들로 이루어진 기본 분자 구조인〈벽돌〉을 기반으로 하나씩 창조된 것이다. 우리들의 과학자들도 모든 생물이 동물이든 식물이든 또는 인간이든 짐승이든 간에 똑같은 기본 요소로 이루어져 있음을 발견하기 시작했다. 그것은 일종의 알파벳과 같은 것으로 문자 하나 하나가 원자로서 생물 종의 유전자코드를 구성하는 것이다. 문자의 배열 순서는 종에 따라 각기 다르지만 알파벳의 문자들은 항상 동일한 것이다. 그리하여 우리들의 창조자들은 비교적 간단한 이〈벽돌〉을 사용하여 모양은 각기 다르지만 똑같은 기본 재료로 된 방대한 숫자의〈집〉을 만들 수가 있었다. 그리고 종이 생식할 때는 엘로힘이 만든 최초의 모델의 유전자코드가〈복사〉되는 것에 지나지 않는 것이다.

그러므로 생명이란 비조직적인 것을 조직화하는 것이며 죽음이란 조직체의 비조직화이다.

생명이란 자신의 설계도에 따라 스스로 지어지는 집과 같은 것이며 이 집은 자동적으로 자기 관리를 한다. 죽음이란 이러한 자기 관리가 끝나고 집을 구성하는 기본 물질로의 분산과정의 시작이며 마침내는 그 집이 가지고 있는 설계도의 파괴에 이르는 과정이다.

이 〈집들〉의 설계도를 고안한 우리 우주의 〈위대한 건축가들〉은 언젠가 그들의 창조자들에 필적할만한 능력을 지니고, 스스로 집을 지을 수 있을 뿐만 아니라 또 다른 〈집들〉의 설계도를 창안할 수 있는 건축가가 되는 종류의 〈집〉을 만들었다. 이 최고 타입의 〈집〉이 인간이다. 인간은 머지않아 비활성 물질로부터 새로운 설계도, 즉 새로운 유전자코드의 합성에 성공할 것이다.

생물은 〈지각기관〉, 즉 감각을 통해 자신의 환경 속에서 스스로를 위치할 수 있는 능력을 갖도록 창조되었다.

인간은 자기 프로그래밍과 자기 생식이 가능한 생물학적 컴퓨터에 지나지 않는다.

오늘날 우리들이 만들 수 있는 고도의 기술로 된 컴퓨터와 인간을 구별짓는 것은 아무 것도 없다. 게다가 컴퓨터는 그 성능에 있어 인간보다 훨씬 완벽하고 보다 정확하게 작동시킬 수가 있는 것이다.

컴퓨터도 환경 속에서 스스로 위치해 나갈 수 있는 장치를 갖출 수가 있다. 최근에 만들어진 어떤 컴퓨터는 바퀴와 두뇌에 부착된 TV카메라 덕분에 장애물을 피해서 움직일 수 있었다. 그것은 우리들이 보는 것과 똑같이 보면서 그의 환경 내를 돌아다닐 수 있는 것이다.

그러나 컴퓨터는 프로그램된 것만을 행한다. 이 점은 인간도 마찬가지지만, 여기서는 컴퓨터와 인간과의 비교를 계속해 보자. 청각에 관해서 우리들이 귀로 듣듯이 컴퓨터에게 소리를 잡을 수 있는 마이크 장치를 달아 주는 것은 간단하다.

또 우리들이 코로 냄새를 맡듯이 컴퓨터에게 주변의 냄새나 향기를 알아 낼 수 있는 분석기를 장치할 수도 있다.

마찬가지로, 우리들이 혀로 맛을 보듯이 여러 가지 화학 성분의 맛을 감식할 수 있는 미각 분석기를 달아주는 것도 언제든 가능할 것이다.

끝으로, 우리들의 손이 행하는 기능과 같이 온도, 물질의 무게 등을 감지할 수 있는 촉수를 장치할 수도 있을 것이다.

그뿐만 아니라 컴퓨터에는 우리 인간의 기관이 가진 것과는 비교할 수 없는 뛰어난 성능을 가진 〈기관들〉을 장치할 수 있다. 시각의 예를 들어보자. 컴퓨터에 사용되는 카메라에 수 킬로미터 밖까지 선명하게 볼 수 있는 줌렌즈를 포함하여 다중 초점렌즈를 장치할 수 있고, 또 현미경까지 부착하면 망원경이나 현미경의 도움 없이 인간의 육안으로 볼 수 없는 것까지 보게 될 것이다.

청각에 대해서도 같은 것을 적용할 수 있다. 인간은 매우 작은 범위의 소리밖에 듣지 못한다. 동물들은 우리들보다 예민한 청각을 가지고 있는데, 그 예로 개를 들 수 있다. 컴퓨터에 초음파나 초단파 감응수신기를 장치하면 수 킬로미터 밖의 한 지점에서 나는 소리를 들을 수 있을 것이다.

다시 시각으로 돌아가서 컴퓨터에 자외선 카메라나 적외선 카메라를 장치하면 우리들의 한정된 시력으로 볼 수 없는 밤의 풍경도 볼 수 있을 것이다.

후각에 대해서도 냄새 분석기는 우리들의 코로는 결코 알 수 없는 냄새들을 분석할 뿐 아니라 향수나 주변 가스의 화학적 성분도 즉각적으로 알려 줄 수 있을 것이다.

마찬가지로, 미각 분석기도 주어진 물질의 화학분석 결과를 세밀히 알려줄 것이다.

끝으로, 촉각에 대해서도 촉수에 해당하는 감촉 장치를 부착시켜 물건의 온도, 무게, 경도 그리고 성분을 정확히 분석하게 할 수 있을 것이다. 이에 반해, 우리들은 단지 '뜨겁다' 거나 '무겁다' 라고 밖에 표현하지 못한다. 컴퓨터는 또 우리가 손댈 수 없는 온도에서 물건을 다루기도 하며 우리들의 근육이 들어 올릴 수 없는 천 배나 더 무거운 것을 들어 올릴 수도 있을 것이다.

한 걸음 더 나아가서, 이 컴퓨터에다 인간이 가지고 있지 않거나 발달시킬 수 없는 감각 장치를 부착시킬 수도 있다. 실제로 보지 않고도 정확하게 움직이게 하는 레이더 장치, 그리고 수중음파 탐지기, X-선 감지기, 나침반, 중력측정기, 무선통신 시스템 등 우리들의 신체에 구비되어 있지 않은 많은 감각 장치를 부착시킬 수 있다. 우리들로서는 이러한 영역에 대해 전자기계의 도움 없이는 결코 감지해 낼 수 없을 뿐 아니라 한 장소에서 이 모든 것을 동시에 포착할 수도 없을 것이다.

다음에는 인간 컴퓨터와 기계 컴퓨터에 있어서 에너지의 필요성을 비교해 보자. 인간이 에너지를 필요로 할 때 그는 '배고프다' 라고 말하면서 먹을 것을 찾아서 먹는다. 과학자들이 최근에 전기밧데리를 장치한 컴퓨터를 완성시켰는데 그것은 카메라가 부착되어 움직이면서 리프트 트럭과 같이 무거운 상자를 실어 나르는 일을 한다. 밧데리의 전력이 갑자기 약해지면 작업 능률이 뚝 떨어진다. 이때 컴퓨터의 에너지 표시기는 밧데리 재충전 시간이 되었음을 알려준다. 그러면 컴퓨터는 스스로 콘센트로 가서 플러그를 꽂은 다음 끈기있게 충전되기를 기다린다. 충전이 되면 스스로 플러그를 빼고 다시 일하러 간다. 이것은 '배고프다'라고 말하면서 식당에 가서 식사를 하고 다시 일자리로 돌아가는 인간과 조금도 다를 바가 없다.

사람이 다쳤을 때는 어떻게 하는가? 그는 일을 멈추고 치료를 받은 다음 일자리로 돌아간다. 컴퓨터도 에너지 공급을 프로그램한 것처럼 자기 관리를 할 수 있게 프로그램 할 수 있다. 부품 중 하나가 못쓰게 되면 공작실에 가서 그 부품을 떼어 내고 새 것으로 갈아 끼우는데 이것도 인간의 도움 없이 행해진다. 이처럼 컴퓨터는 영구적이며 인간에게 있어서처럼 죽음이라는 숙명적인 문제에 부딪치는 일도 없다.

인간은 스스로 생식할 수 있다. 이 점은 컴퓨터도 마찬가지인데 단지 그렇게 하도록 프로그램해주면 되는 것이다. 만약 컴퓨터가 자기 복제를 하도록 프로그램 한다면, 그리고 그 자손이 다시 똑같은 능력을 갖도록 프로그램 한다면, 아주 짧은 시간 안에 컴퓨터의 수는 폭발적으로 증가할 것이다. 이런 이유로 컴퓨터에게는 생식을 프로그램해서는 안되는 것이다. 인간에게 있어 이것은 생식에 대한 무의식적인 욕망, 즉 종의 보존본능으로 불리어진다. 인간은 생식 행위 때에 쾌감을 느끼는데 실제로는 종의 보존본능에 대해 반응하고 있음을 알지 못한다. 만일 성적 결합 시에 기쁨을 느끼지 못한다면 생식은 없을 것이다. 이 생식을 일으키기 위해서 인간의 유전자코드에는 성적 결합 시에 쾌감이 얻어지도록 프로그램 되어 있는 것이다. 그러므로 피임약이나 콘돔 등 피임법을 사용하고 있는 인간은 자신들의 유전자코드를 멋지게 〈놀려 주고〉있는 셈이다. 그들은 이제 임신에 대한 두려움 없이 의식적으로 쾌감을 즐길 수 있는 것이다. 쾌감은 항상 정신의 개화를 가져오지만 그로 인한 인구과잉은 분명 인류에게 심각한 위험이 되는 것이다. 따라서 피임은 인간이 자신을 의식할 뿐만 아니라 자신의 행위가 인류 전체에 미치는 중요성을 또한 자각하고 있음을 보여 주는 훌륭한 예가 되는 것이다.

컴퓨터에 대한 이야기로 다시 돌아가자. 컴퓨터에게 어떤 일을 할 때 기쁨을 느끼도록 프로그램 할 수도 있다. 무언가 행하도록 프로그램 된 컴퓨터는 그 일을 행할 때 쾌감을 경험한다. 컴퓨터가 자신의 에너지가 약하다고 〈느낄〉때 그는 '이것 안 되겠군'하고 생각하면서 재충전하기 위해 달려간다. 새로운 에너지가 회로에 흘러 들어오는 것을 느끼는 컴퓨터는 '기분 좋다'고 생각하며 〈쾌감을 느끼는〉것이다. 컴퓨터의 프로그램이란 무엇인가? 기억장치에 들어 있는 정보가 컴퓨터의 동작을 지배한다. 연산하도록 프로그램하면 연산할 것이고, 그림을 그리도록 프로그램하면 그림을 그릴 것이다. 만약 음악을 연주하도록 프로그램하면 음악도 연주할 것이다. 그러나 연산하도록 프로그램 된 컴퓨터는 음악을 연주하지는 않을 것이다. 처음부터 양쪽을 다할 수 있도록 프로그램 되어 있지 않다면 말이다.

인간은 어떻게 프로그램 되어 있는가? 한 쪽에는 유전자코드가 있다. 유전자코드에 수록된 행동과 감각에 관한 정보는 인간이 그의 환경과 교류할 수 있게 해주고, 육체에 관한 정보는 그로 하여금 움직이고 먹고 생식하는 등의 행위를 하게 한다. 이것은 각각의 인간이 태어날 때부터 가지고 있는 것으로 (다소 유전과 관계가 있지만) 선천적인 것이다. 다른 한 쪽에는 인간에게 언어를 제공하여 그의 동료들과 대화할 수 있게 해주는 교육, 그의 행동을 규제하는 법률, 〈도덕적 규범들〉, 세계관, 종교적 신념 등이 있는데, 이 모두가 개인의 행동을 결정하는 요소들인 것이다. 개인은 자기의지로 행동하고 자기가 선택한 가치관에 따라 세상을 살고 있는 듯이 보이지만 실은 교육에 의해 배운 것, 즉 교육자나 프로그래머 역할을 한 사람들이 심어 준 생각들을 따르고 있는 것에 지나지 않는다. 이것이 〈경험〉이라고 불리는 것이다.

보통사람들, 무의식적인 사람들은 선천적이거나 유전에 의한 것, 또는 교육이나 경험에 의해 프로그램된 것 이외에는 행동할 수 없다. 반면, 공간과 시간의 무한 속에 자신을 위치시킬 수 있을 만큼 의식 수준을 높인 인간, 즉〈전인적 인간 (Total Man)〉은 자기프로그램이 가능한 컴퓨터라고 할 수 있다. 그는 자신의 의사와 상관없이 교육에 의해 그 자신에게 프로그램된 것을 검토하고 교육된 정보의 일부 또는 전부를 새롭고 보다 나은 가치관으로 대체한다. 그는 가족이나 환경에 의해 주입된 낡은 가치관보다 더욱 높은 기준에 입각해서 자신의 정보를 재편성한다. 일반적으로 낡은 규범들은 세계에 대한 인식이나 인간이 창조된 목적에 대해 지극히 원시적인 의식밖에 가질 수 없었던 과거의 전통에 따라 살도록 인간을 조건지우는 데 그 목적이 있는 것이다.

두뇌의 10% (평상인 혹은 편향적인 사람들에 의해 사용되는 두뇌의 퍼센테이지) 이상을 사용하는 보다 높은 의식 수준에 있는 인간, 즉 〈전인적 인간〉이 되고자 하는 보통 사람들은 그 자신의〈철저한 두뇌청소〉를 행하지 않으면 안 된다. 이 작업은 두뇌 안에서 일어나는 모든 일을 관찰하고 좋게 보이는 것은 남기되 나쁘게 생각되는 것을 버리는 일이다. 즉, 자기 자신의 순수한 견해는 간직하지만 타인이나 가족, 주위 환경으로부터 주입된 생각들, 특히 타인을 자기들의 관습과 편의대로 틀에 넣으려고 하는 사람들로부터 주입받은 모든 생각들은 버린다. 이것은 개인의 행동이나 세계적 사건에 대한 반응, 각성 과정, 또 일어나서 옷 입고 먹고 일하고 이야기하고 듣는 방식, 또 성생활의 개화에 이르기까지 모든 행위와 모든 제스처 - 아무리 작고 하찮은 것이라 할지라도 - 에 적용된다. 〈전인적 인간〉이란 자기 눈썹의 작은 움직임 뿐만 아니라 그것이 주변 사람들에게 미치는 영향까지도 완전히 의식할 수 있는 사람을 가리킨다.

확실히 이 대대적인 〈봄청소〉가 효과적이 되기 위해서는 〈평상인〉의 세계에서 〈전인적 인간〉의 무한한 우주로 이미 경계를 뛰어 넘은 사람들과 함께 그것을 행할 필요가 있다. 무한에 이르는 여러 가지 다른 길을 이미 알고 있고, 이 새로운 여행자에게 적절한 방향을 제시해 주어 그가 강요된 느낌을 받지 않고 자유로이 그 자신의 길을 찾도록 이끌어 주는 사람과 함께 가는 것이 좋다.

인간의 의식이란 보통 결코 의문을 제기해 본 적이 없는 다른 사람들의 기준에 의해 지어진 집과 같다. 왜냐하면 똑같은 일이 다른 사람들과 그들의 부모들에게도 일어났기 때문이다. 〈전인적 인간〉은 이 집을 헐고 자신의 기호와 상상력에 따라 새 집을 짓는 사람이다. 그는 낡은 물건들 속에서 다시 사용할만한 것을 남기고 거기에 새로운 재료를 섞어 그의 참된 개성에 완전히 어울리는 새 집을 지을 것이다. 사람들은 자기들의 의식 수준에 맞는 집을 짓는다. 집은 언제나 정사각형 혹은 직사각형에 경사진 지붕을 얹어 짓는데 아무도 그 모양을 바꾸려 하지 않았다. 사람들은 항상 같은 모양의 집을 지어 왔다. 모든 집은 수직기둥이나 벽에 피라미드 모양의 경사진 지붕을 얹고 있는 그리스 신전과 같은 모양을 하고 있다. 그러나 오늘날에는 건축기술의 발달로 집을 짓는 데에도 새로운 개성을 부여할 수 있게 되었다. 예를 들면 원형, 구형, 타원형, 피라미드형 혹은 새모양, 나무모양 등 다양한 모양으로 건물을 지을 수 있게 되었다. 같은 모양의 집으로 이어진 병적일 만큼 획일화된 마을은 그 거주자들의 똑같은 의식 수준을 반영하고 있다. 역설적이긴 하지만 집은 인간의 자기 프로그램 능력을 보여주는 전형적인 예라 할 수 있다. 개똥지빠귀 새는 항상 같은 모양의 둥지를 만들며 그것을 바꿀 수가 없다. 왜냐하면 유전자코드에 그렇게 프로그램 되어 있기 때문이다. 그러나 인간은 그의 거주지를 환경에 적응시킬 수 있는 능력이 있다. 그리스 신전, 피라미드, 오두막집, 얼음집, 통나무집, 철과 시멘트의 마천루, 석조전, 그리고 금속이나 유리로 만든 탑 등 실로 다양한 집들을 지을 수가 있는 것이다.

그러나 인간이 자기프로그램이 가능한 컴퓨터라는 사실이 인간을 기계와 구별시키는 것은 아니다. 모든 컴퓨터를 우리들과 똑같이 프로그램 할 수가 있다. 우리들처럼 스스로 복제할 수 있을 뿐만 아니라 자기프로그램이 가능하도록 까지 프로그램 할 수 있는 것이다. 기본적인 프로그램에 의해 살고 일하고 번식할 수 있을 뿐 아니라 경험에 의해 프로그램 내용을 수정하고 그 컴퓨터가 생산하는 후손들에게 수정된 정보를 물려주게 할 수도 있다.
나아가서 우리들은 〈마음이 열린〉 컴퓨터까지 상상할 수 있는데 이 컴퓨터로 하여금 이전에 만들어진 자기프로그램이 불가능한 컴퓨터의 프로그램을 각성시키고 이 특성을 대대로 전하게 할 수 있는 능력을 갖게 할 수도 있는 것이다.

인간은 이처럼 기계를 통해서 그 자신의 기원이나 행위에 있어 아무 것도 신비로운 것이 없다는 사실을 발견하기 시작했다. 인간이 할 수 있는 일은 무엇이든 컴퓨터가 할 수 있으며 더구나 훨씬 잘 해낼 수 있는 것이다. 이것은 예술적 창조성을 포함해서 인간이 할 수 있는 모든 분야에 적용된다. 이미 음악을 작곡하거나 그림을 그릴 줄 아는 컴퓨터도 있는 것이다.

컴퓨터 안에 프로그램 해 넣을 수 없는 인간의 재능이란 있을 수 없다. 무한과 조화하는 능력까지도 프로그램 할 수 있는 것이다. 이 모든 것은 실로 환상적이며 인간은 이제 자기를 멋진 기계로 간주할 수 있고 자기 자신과 동료 인간의 필요를 충족시킴으로써 행복과 전면적 개화를 추구하는데 전념할 수 있는 것이다. 그리하여 모든 인간이 무한하고 영원하다고 느끼는 행복한 세계를 건설해 나가는 것이다.

성적인 자유와 의무

질문

메시지는 완전한 성적 자유에 대해 말하고 있다. 책을 읽고 라엘리안이 되고자 하는 커플(한 쌍의 남녀)에게 있어서 파트너를 반드시 바꾸어야만 하는가?

라엘의 답변

어떤 일을 행하는데 있어 자유와 의무를 두 개의 다른 개념으로 혼동해서는 안 된다. 서로 깊이 사랑하는 라엘리안 커플에 있어서 두 사람이 모두 다른 사람과의 성적 경험을 원하지 않는 경우라면 함께 있어야 한다. 그들이 다른 경험을 필요로 하지 않고 서로 행복하게 느낀다면 그것으로 충분하다. 모든 사람들은 각자 하고 싶은 일을 해야 한다. 성의 자유란 한 사람의 파트너를 택할 수 있는 자유이기도 하다. 당신 자신이 필요로 하는 것이 무엇인지 안 다음, 당신의 모든 필요를 만족시켜 주는 파트너를 만날 때, 또 그의 모든 필요를 당신이 만족시켜 줄 수 있을 때에는 같이 산다는 것은 선택의 문제가 된다. 그러나 다른 사람과의 경험에 의해서 당신은 파트너의 개성을 보다 잘 인식할 수 있고 반려로서 그 파트너의 진가를 더욱 잘 음미할 수 있게 된다. 성적 관계에 있어서는 모든 것이 가능하고 모든 것이 허용된다. 여기서 허용된다 함은 그것이 의무를 가리키는 것은 아니다.

라엘리안 무브먼트가 창설된 이래 나는 많은 커플들이 새로운 관계에 들어가는 것을 보았다. 어떤 커플의 관계는 매우 성공적으로 이루어져 그들이 다른 사람들을 찾으러 갈 필요가 있다고는 보여지지 않았다. 이들의 경험은 마치 서로가 서로를 위해 존재한다는 것을 확신시켜 주는 듯했다. 충분히 각성한 사람들은 경험 그 자체가 반드시 필요하지 않다는 것을 이해하고 있다. 인간이 완전한 의식에 도달하면 그 결과를 알기 위해 무엇을 해 볼 필요는 없다. 그는 이미 그것을 알고 있고 느낄 수 있기 때문이다. 적어도 다른 사람들을 각성시키기 위한 경험이거나 그 자신의 진보를 위해 본질적이라고 느끼는 경우를 제외하고는 말이다. 세 가지 기본 원칙만 지켜진다면 각자는 자신이 좋아하는 길을 자유로이 선택할 수 있다.

첫째, 모든 개인이 자기 취향대로 파트너를 선택할 수 있는 자유가 존중되어야 한다.

둘째, 인간은 결코 타인의 소유가 될 수 없다는 것을 충분히 인식해야 한다.

셋째, 항상 사랑하는 사람의 행복이 우선되어야 한다.

이러한 기초 위에서라면 모든 것이 가능하다. 라엘리안 중에 많은 사람들이 커플, 또는 3인, 4인, 혹은 그 이상이 모여 완전한 조화 속에 살고 있다. 동성애이건 이성애이건 양성애이건 간에…….

라엘리즘과 동성애

질문

동성애에 대한 라엘리안 무브먼트의 입장은 무엇인가?

라엘의 답변

그것은 아주 간단하다. 모든 개인은 자신이 좋아하는 대로 자기 육체를 사용할 권리가 있다. 동성애의 문제는 그것이 정상인가 혹은 비정상인가를 구분하는 범주 속에 속하지 않는다. 개인은 자신의 기호와 타고난 성향에 따라 조화로운 성생활을 해야 한다. 모체의 자궁 속에서 태아의 성 분화는 발육이 상당히 진행된 뒤에라야 확인가능하다. 사람들 중에는 매우 남성적인 남자, 여성적인 남자, 남성적인 여자, 매우 여성적인 여자, 그 외에도 중간적인 수많은 형태가 있다.

동성애란 유전적인 경향이므로 동성애자라고 해서 비난하는 것은 어리석은 일이다. 이것은 인간이 인간인 것을 비난하거나 고양이가 고양이인 것을 비난하는 것과 같다. 이 모두는 유전적이다. 많은 종류의 동물들 사이에도 동성애가 있는데 시골에 가면 개나 가축들 또는 병아리들이 동성애적인 행동을 하는 것을 자주 볼 수 있다. 병아리든 개든 또는 인간이든 간에 동성애는 자연적인 현상이라는 사실이다.

자연스럽지 못한 것은 오히려 성에 대한 자신의 견해를 남에게 강요하는 것이라 할 수 있다. 이와 같이 자기들과 다르게 사물을 느끼고 생각한다는 이유로 다른 사람들을 고문하는 자들 중에는 인종차별주의자와 전통주의자 그리고 군국주의자들이 있다.

동성애자들을 공격하는 것은 일종의 인종차별이다. 대개 비참한 성생활을 하는 사람들이 공격적인데, 이들은 타인의 행복을 시기하며 타인이 자신과 다른 식으로 살면서 개화하는 것을 참지 못하는 사람들이다.

동성애를 공격하는 사람들은 여성을 강간한 남자에 대해서는 쉽게 관용을 베풀 것이다. 비록 그것이 끔찍한 범행이라 하더라도. 라엘리안 가이드 중에는 여성 또는 남성 동성애자도 있고, 또 이성애자와 양성애자도 있지만 모두 개화되어 있다. 왜냐하면 그들은 다른 어떤 종교도 그들에게 줄 수 없었던 형제애에 가득한 사상의 공동체 속에서 자신이 좋아하는 대로 육체를 사용하고 자기완성의 기회를 가지며, 또 있는 그대로의 모습대로 충분히 사랑받고 있음을 의식하기 때문이다. 〈바티칸의 착취자〉가 동성애자를 단죄하고 여성에게서 사제가 될 수 있는 동등한 권리를 박탈할 때 누가 카톨릭 신자로 계속 남아 있겠는가? 이것은 인종차별과 성차별이라는 두 개의 차별이 존재한다는 증거이다. 볼 수 있는 눈을 가진 사람들은 진실을 볼 것이다.

유신론자와 진화론자: 허위 예언자들

질문

'〈계시의 시대〉가 도래할 때 많은 허위 예언자가 나타난다' 고 했는데 허위 예언자란 누구인가?

라엘의 답변

우리시대에는 많은 허위 예언자들이 있음을 볼 수 있다. 예언자의 참된 의미는 어원적으로〈진실을 계시하는 자〉를 뜻하는 희랍어 〈prophetes〉에서 왔음은 이미 얘기한 바 있다. 우리 시대의 허위 예언자들이란 그릇된 정보를 계시하거나 가르치는 자들로서 비물질적이고 손댈 수 없는 전능의〈신〉이 인간을 내려다보며 벌주거나 상 준다는 원시적 신앙으로 인류를 되돌아가게 하려는 모든 사람들을 가리킨다. 이것은 무한과 우리들의 창조자 엘로힘이 혼합된 개념이다. 무한은 공간과 시간에 있어 무한하고 영원하기 때문에 그 전체성에는 손댈 수 없다. 또 그 자체의 의식이 없기 때문에 개인 또는 인류 전체에 대해 아무 영향도 미치지 않는다. 반면, 우리들의 창조자 엘로힘은 실제로 존재하고 우주의 이 지역에서는 전능하다. 그러나 그들은 우리들을 친자식처럼 사랑하기 때문에 우리들이 정신적으로나 과학적으로나 자유롭게 진보하도록 내버려두는 것이다.

현시대의 허위 예언자의 두 번째 유형은 과학자이든 아니든 간에 지구상의 생명과 인간이 오랜 시간의 진화 과정에서 생긴 우연의 연속적인 결과라고 주장하는 사람들이다. 아인슈타인이 말한 것처럼 시계공

없이는 시계가 생겨날 수 없는 것이다. 인간이 원숭이로부터 서서히 진화되었다고 믿는 사람들은 멋진 시계인 인간이 우연히 저절로 생겨났다고 생각한다. 마치 시계의 모든 부품들을 주머니 속에 한데 넣고 한참 흔들었더니 마침내 완전한 시계가 되었다고 하는 말과 같다. 백만 번을 흔들어 보아도 결과는 뻔할 것이다. 진화론자들 또한 허위 예언자들이고 헛된 정보의 유포자들로서 대중을 우리들의 창조자 엘로힘에 대한 진실로부터 멀어지게 하고 있다. 대중은 과학계의 이 백의의 제사장들 - 그들 대부분이 극히 편협한 마음의 소유자들인데 - 이 말한 사실은 무엇이든 덮어놓고 믿음으로써 항상 무지한 상태에 놓여 있게 되고, 따라서 공적인 입장에서 발표된 것은 무엇이든 진실이라고 필연적으로 믿을 수밖에 없게 된다. 당신은 엘로힘이 그들의 최고의 걸작인 인간을 우연의 산물이라고 했을 때 어떻게 느낄지 상상할 수 있겠는가?

자살

질문

메시지에는 사람이 격심한 고통을 겪을 때는 자살할 권리가 있다고 쓰여 있다. 그렇다면 자살은 좋은 것인가?

라엘의 답변

.우리들은 모두 이 지구상에 살면서 행한 모든 행위에 의해 판정된다. 부정적인 행위보다 긍정적인 행위를 많이 한 사람은 엘로힘의 행성

에서 영원한 생명을 얻을 수 있을 것이다. 만약 육체적 고통이 너무 심하고 인간의 과학이 그의 고통을 완화시켜 줄 수 없다면 그는 자신의 생명을 끝낼 권리가 있다. 만약 그가 일생을 통해 적극적으로 살아왔다면 그는 재생되어 영원한 생명을 누릴 수 있을 것이다. 만일 그의 일생이 전적으로 긍정적이지 못하다면 그는 재생되지 않고 무로 돌아갈 것이다. 그러나 그의 대부분의 행위가 부정적일 경우, 그는 재생되어 그가 고통을 준 사람들에 의해 나중에 심판을 받게 될 것이다.

육체적인 괴로움이나 육체적인 장애가 없는 사람들은 자살해서는 안 된다. 왜냐하면 우리들은 모두 이 지구상에서 해야 할 일이 있기 때문이다. 특히 라엘리안이 그렇다. 라엘리안은 엘로힘의 대변자로서 엘로힘이 준 메시지를 전파하는데 일생을 바쳐야 한다. 생명을 끝낸다는 것은 배반 행위가 되며 그것은 전투 중에 자기 위치를 이탈해서 도망하는 자와 같다. 이 전투란 인류를 각성시키고 살아남게 하여 황금시대에 도달시키기 위한 싸움인 것이다. 엘로힘은 우리들 한사람 한사람에게 기대를 걸고 있으며 라엘리안 한사람 한사람은 우리들의 창조자들에게는 매우 소중한 존재인 것이다.

되풀이 말하지만 자살이 허용되는 유일한 경우는 극심한 육체적 고통이 의학적인 도움을 받지 못하거나 육체가 극도로 쇠약해져 생각조차 정상적으로 할 수 없는 지경에 이르렀을 경우에 한한다.

그 밖의 사람들은 하늘에 있는 우리 어버이들의 메신저로서 이 좋은 소식을 전하기 위해 우리들의 생애를 열심히 살아야 한다.

2

새로운 계시

이 장에서 나는 두 번째 메시지를 받았던 여행 이후 3년간 발표하지 않도록 엘로힘이 요청했던 사실들을 밝힌다. 이제 3년이 지나 신기원 34년 (1979년)이 되었으므로 이 새로운 계시를 사람들에게 알릴 때가 된 것이다.

악마는 존재하지 않는다.
나는 그를 만났다.

머리에 뿔이 달리고 발이 갈라진 괴물이 어딘가에 숨어 있다가 때가 되면 나타나 삼지창으로 당신의 엉덩이를 찌르지 않을까 두려워하지 말라. 구름 위에 앉아서 그의 오른 손에 번개를 휘두를 어떤 〈신〉도 존재하지 않는 것처럼 악마도 존재하지 않는다.

보통 사람들은 악한 힘을 묘사하기 위해 악마나 사탄, 루시퍼, 데몬과 같은 단어들을 사용한다. 마치 그들이 〈계시의 시대〉를 〈세상의 종말〉이라고 생각하는 것과 같다.

그렇다면 이러한 말의 참된 의미를 생각해 보자.

사탄이 연대기적으로 가장 오래 되었다. 엘로힘이 그들의 행성 실험실 안에서 최초로 완전히 합성된 생물을 창조했을 때, 그들 세계의 일부 사람들은 이것이 그들 문명에 위험이 될 수 있다고 생각하고 이러한 유전자 조작을 반대했다. 그들은 과학자들이 창조한 괴물들이 실험실을 빠져나와 사람들을 살상하게 되지 않을까 하고 두려워했다. 불행히도 그들의 두려움이 현실이 되어 반대파 그룹이 옳았다는 것이 증명되었다. 그리하여 엘로힘의 행성정부는 과학자들에게 실험을 중지할 것을 명령했고 그들이 만든 생물을 모두 파괴하도록 했다.

유전자 조작을 반대한 이 반대파 그룹은 사탄(Satan)으로 불리우는 엘로힘 중 한 사람에 의해 지도되고 있었다.

과학자들에게는 다른 행성에서 실험을 행하는 것이 마침내 허용되었다. 이 사실은 「마태오복음서」 제13장 제3절에 묘사되어 있다. 이것은 엘로힘이 다른 행성에서 행한 생명의 창조작업을 비유로써 묘사한 것이다.

「씨 뿌리는 사람이 씨를 뿌리러 나갔다. 씨를 뿌리는데 어떤 것은 길바닥에 떨어져 새들이 와서 쪼아 먹었다.」 (마태오복음서 13:3,4)

이 새들이란 사탄이 보낸 사자(使者)들이었다. 그들은 생명 창조의 실험장으로 선택된 행성이 자기들의 행성과 너무 가까이 있어서, 만일 실험실에서 창조된 자들이 그들의 창조자들보다 뛰어난 지능을 갖고 난폭해질 경우 엘로힘 행성의 전 주민이 위험에 처해지리라고 생각했다. 행성 정부는 그들이 과학자들의 작업을 파괴하는 것을 다시 한번 허용했다.

과학자들은 생명의 창조를 행할 수 있는 다른 행성을 찾아야만 했는데, 그 후 또 두 번의 실패를 겪었다. 첫 번째는 선택한 행성이 태양에 너무 근접해 있어서 창조물들이 태양으로부터 오는 유해한 광선에 의해 타버렸다. 두 번째는 식물들의 이상(異狀)성장에 의해 생태계의 균형이 파괴되어 실패했다. 끝으로, 그들은 창조물들이 생존할 수 있는데 필요한 모든 요소를 갖추고 있는 행성에 도달했으며, 그 행성은 자기들의 행성에서도 충분히 멀리 떨어져 있었기 때문에 사탄이 지도하는 반대파의 눈에도 위험스럽게 느껴지지 않았다.

「어떤 것은 흙이 많지 않은 돌밭에 떨어졌다. 싹은 곧 나왔지만 흙이 깊지 않아서 해가 뜨자 타버려 뿌리도 붙이지 못한 채 말랐다. 또 어떤 것은 가시덤불 속에 떨어졌다. 가시나무들이 자라자 숨이 막혔다.

그러나 어떤 것은 좋은 땅에 떨어져서 맺은 열매가 백 배가 된 것도 있고 육십 배가 된 것도 있고 삼십 배가 된 것도 있었다. 들을 귀가 있는 사람은 알아들어라.」 (마태오복음서 13:5~9)

〈세 번의 수확〉에 대한 비유가 있으므로 우리들은 당시에 엘로힘이 다른 두 개의 행성에서도 생명을 창조했다는 사실을 알 수 있다.

우리들은 또한 과학자들이 지구상에서 생명을 창조할 수 있었던 것은 그들이 그들 자신과 닮은 인간을 창조하지 않겠다는 것을 조건부로 허용되었음을 알 수 있다. 「첫 번째 메시지」는 과학자들이 어떻게 이 명령을 어겼는가, 또 그에 대한 행성정부의 반응이 어떠했는가에 대해 설명해 주고 있다. 처음 지구상에 창조된 인간들에게 그들이 누구에 의해서, 또 어떻게 창조되었는가 하는 사실을 과학자들이 밝히는 것을 엄격히 금하고, 또 최초의 인간들에게 창조자들에 대한 두려움을 갖게 함으로써 엘로힘은 자신들을 초자연적이고 신성한 존재처럼 보여지게 했다.

사탄은 과학적으로 창조된 이 생물로부터는 아무 것도 좋은 것을 기대할 수 없다고 생각했으며, 특히 인간으로부터는 오직 악밖에 기대할 수 없다고 생각했다.

사탄은 엘로힘 행성에서 다른 과학자들이 그들 자신과 닮은 어떤 종류의 생물도 창조하는데 반대한 반대파 정당의 수뇌와 같은 위치에 있었다. 이에 반해 다른 엘로힘은 긍정적이고 비폭력적인 인간의 창조가 가능하다고 생각했다.

여기서 루시퍼(Lucifer)가 나타난다. 루시퍼는〈빛을 나르는 자〉를 의미하며, 그는 지구상의 생명을 창조한 엘로힘의 한 사람으로 인간을 창조했다.

루시퍼는 최초의 합성인간의 행동을 연구하는 유전공학연구실 중 한 곳에서 일하는 작은 과학자 그룹의 장이었다. 창조물이 나타내는 뛰어난 재능을 본 루시퍼는 행성정부의 명령을 이탈하여 이 최초의 인간들에게 그들이〈신들(Gods)〉이라고 믿고 있는 존재들은 실은 그들과 같이 살과 피를 가진 인간들로서 다른 행성으로부터 만질 수 있는 물질로 만든 우주선을 타고 왔다는 사실을 밝히기로 결심했다. 루시퍼와 그가 속한 그룹의 엘로힘은 그들이 창조한 합성인간들에 대해 사랑과 애정을 느꼈다. 그들은 엘로힘을〈신들〉로 우러러보게 시켰던 이 최초의 인간들을 자식처럼 사랑했고 온종일 그들에 대해 연구했다.

그들은 육체적으로나 정신적으로 아름답고 지적으로 창조된 인간이 손과 무릎을 꿇고 자기들을 우상처럼 숭배하는 것을 참을 수가 없었다. 과학자들이 창조물에게 진실을 밝히는 것을 금하고 항상 초자연적인 존재로서 행동하도록 한 이 모든 조치는 행성정부의 지도자인 야훼에 의해 내려진 명령 때문이었다.

〈빛을 나르는 자〉 루시퍼는 창조자들이〈신들(Gods)〉이 아니라 똑같은 인간들임을 밝힘으로써 최초의 인간들에게 빛을 가져 왔다. 이러한 태도는 인간에게서는 악밖에 나올 것이 없다고 생각하는 사탄의 입장에 정면으로 배치되는 것이었고, 또 엘로힘의 행성을 통치하는 불사회의의 의장인 야훼의 명령도 어기는 것이었다.

이상의 이야기에서는 어디에도 뿔달린 괴물이 나타나지 않는다.

야훼는 그의 명령을 배반한 과학자들을 비난했다. 과학자들에게는 그들의 남은 생애 동안 지구에 추방되어 살도록 결정이 내려졌다. 시적인 표현으로 〈뱀〉은 지구 위를 기어다니지 않으면 안되었고, 인간은 아무 노력 없이도 먹고 입고 잘 수 있었던 〈에덴동산〉인 실험장으로부터 쫓겨났다.

그러나 사탄은 그것으로 만족할 수가 없었다. 그는 모든 인간과 모든 생물이 멸망되기를 바랐다. 그는 인간들의 난폭성을 보고 인간들이 위험한 존재라고 판단했다. 추방된 〈엘로힘의 아들들〉이 인간의 딸들에게 준 무기를 가지고 인간들끼리 서로 죽이는 것을 본 사탄은 상당한 기간 동안 인간의 공격성을 증거 하는 자료들을 수집하기 시작했다. 루시퍼 그룹은 인간의 딸들과 〈깊은〉관계에 빠졌으며 여자들은 그들의 미모를 미끼삼아 아버지나 오빠들의 사냥을 하기 위한 것이라는 거짓 구실 하에 무기를 받아내었다. 그런데 실제로 인간들은 이 무기들을 가지고 서로 싸움을 벌이기 시작한 것이었다.

사탄이 제출한 증거로 살육이 지구상에서 만연하고 있음을 본 야훼는 사탄의 요구를 받아들이기로 결정했다. 즉 지구상의 모든 창조물들을 완전히 말살하기로 결정한 것이다. 그리고 그 대가로 루시퍼 그룹은 추방령이 해제되고 사면이 내려져 그들 행성에 귀환하는 것이 허용되었다.

그러나 루시퍼 그룹은 그들의 멋진 창조물들이 곧 파괴된다는 것을 알았을 때 이 결정을 용납할 수가 없었다. 그들은 여전히 인간들 중에는 긍정적이고 비폭력적이며 사랑과 형제애에 가득찬 자들이 있음을 강하게 느끼고 있었다. 이러한 사람들 중에 노아가 있었다. 그들은 노아에게 재난을 피해 지구 궤도상에 머물 수 있는 우주선을 건조하게 했다. 이 우주선에는 몇 명의 남녀와 대재난 후 재창조에 사용될 상당수의 동물 종의 유전자코드가 실렸다.

바로 그 무렵 엘로힘은 그들 자신도 그들이 인간을 창조한 것과 같은 방법으로 또 다른 세계로부터 온 다른 인간들에 의해 실험실에서 과학적으로 창조되었다는 사실을 알게 되었다. 그리하여 그들은 결코 다시는 인간을 멸망시키지 않겠다고 결정하고 루시퍼 그룹을 도와 〈방주〉속에 보존된 생명을 지구에 재이식하는 일을 돕게 되었다. 사탄은 여전히 인간 속에는 악성이 존재한다고 확신하고 있었지만, 그와 반대로 생각하는 야훼의 배후에 있는 불사회의의 다수파의 의견을 따르지 않을 수가 없었다. 야훼는 다른 행성으로부터 그들 행성에 착륙한 무인우주선의 메시지를 통해, 만약 인간이 폭력적이라면 그들이 행성간 문명의 수준에 도달할 수 있게 해줄 에너지를 발견할 때 〈자기파멸〉할 것이라는 사실을 이해하게 되었다.

엘로힘은 인간으로 하여금 스스로 진보할 수 있게 내버려두기로 결정했다. 그러나 특정한 사명을 띤 사람들을 선택하거나 지상에 태어나게 해서 종교를 만들어 지구상에서 행한 창조자들의 작업 흔적을 보존하게 했다. 그리하여 인류가 과학적으로 충분히 진보하여 사물을 합리적으로 이해할 수 있는 때가 오면 자기들의 창조자들을 알아 볼 수 있게 하였다.

이처럼 중요한 메시지를 맡길 사람은 신뢰할 수 있는 사람이어야 하므로 엘로힘은 무엇보다도 선택된 자들이 창조자들에게 충실하고, 또 그 메시지를 배반하지 않을 것에 대해 확인할 필요가 있었다. 이리하여 예언자들을 시험하는 일이 사탄에게 맡겨진 것이다.

그러면 이 예언자들의 신뢰성은 어떻게 시험받는가? 우선 〈엘로힘의 사자들〉이 선택된 자에게 가서 그가 예언자의 사명을 받게 된 것을 알린다. 이어 사탄 또는 그의 동료 중 한 사람이 이 장래의 예언자를 만나서 그의 마음속에 있는 엘로힘을 부정하도록 중상하는 것이다. 예를 들면, 물질적인 이익을 약속해 주고 그 대가로 그 아버지를 배반하거나 그의 사명을 배반하도록 종용하는 것이다. 중상자는 희랍어로 〈디아브르(Diabolos)〉이다. 여기서 우리들의 귀에 익은 〈악마(devil)〉라는 말이 나온 것이다. 그러나 그 악마에게는 뿔이나 발톱이 없다.

예를 들어, 예수는 비의(祕義) 전수를 위해 40일간 사막에서 머무르는 동안 한 때 〈악마〉와 만나 그의 아버지를 부정하지 않는가에 대해 시험을 받았다.

「그 뒤에 예수께서 성령의 인도로 광야에 나가 악마에게 유혹을 받으셨다.」 (마태오복음서 4:1)

'예수는 중상자에게 시험을 받기 위해 사막에 끌려갔다'라고 말할 수 있다.

이어서 〈악마〉에 의해 행해진 여러 번의 시험이 묘사되고 있다. 우선 그는 예수에게 그가 진짜 하느님의 아들이라면 돌을 빵으로 바꾸어 보라고 말했다.

「유혹하는 자가 와서 "당신이 하느님(God)의 아들이거든 이 돌더러 빵이 되라고 해보시오" 하고 말하였다. 예수께서는 "성서에 '사람이 빵으로만 사는 것이 아니라 하느님의 입에서 나오는 모든 말씀으로 살리

라'고 하지 않았느냐?" 하고 대답하셨다.」 (마태오복음서 4:3,4)

예수는 사탄에게 먹는 것보다는 엘로힘에게 충실한 것이 더 중요하다고 대답했다. 예수가 상당히 오랜 시간 동안 단식하고 있었기 때문에 악마는 먹을 것으로 그를 시험한 것이다. 다음에 예수는 사원의 꼭대기에 데려가졌고, 뛰어 내린다면 〈하느님의 천사들〉이 낙하의 충격을 완화시켜 다치지 않게 해줄 것이라는 말을 들었다.

「"당신이 하느님의 아들이거든 뛰어 내려보시오. 성서에, '하느님이 천사들을 시켜 너를 시중들게 하시리니 그들이 손으로 너를 받들어 너의 발이 돌에 부딪히지 않게 하시리라'하지 않았소?" 하고 말하였다.」 (마태오복음서 4:6)

예수가 대답했다.

「" '주님이신 너의 하느님(God)을 떠보지 말라'는 말씀도 성서에 있다."」 (마태오복음서 4:7)

예수는 악마에게 자신은 그의 창조자들을 시험하기 위해 지상에 보내진 것은 아니라고 답변함으로써, 그가 창조자들의 도움을 항상 기대하고 있지 않았음을 나타내고 있다.

다음에 사탄은 예수를 높은 산에 데리고 가서 지상에서 가장 부유한 왕이 될 것을 제안했다.

「악마는 다시 아주 높은 산으로 예수를 데리고 가서 세상의 모든 나라와 화려한 모습을 보여 주며 "당신이 내 앞에 절하면 이 모든 것을 당신에게 주겠소"하고 말하였다.」

그러자 예수는 대답했다.

「"사탄아, 물러가라! 성서에 '주님이신 너희 하느님을 경배하고 그분만을 섬겨라'고 하시지 않았느냐?" 하고 대답하셨다. 마침내 악마는 물러가고 천사들이 와서 예수께 시중을 들었다.」 (마태오복음서 4:8~11)

예수는 엘로힘에 대한 충성을 나타내며 권력과 부를 소유한 자가 되기보다는 엘로힘에게 봉사하는 편을 택했다. 여기서 예수가 중상자를 그의 이름으로, 즉 사탄이라고 부르고 있는 것에 주의해야 한다. 시험이 성공적으로 끝나자 엘로힘의 사자인〈천사〉들이 비의(祕義) 전수를 위해 예수에게로 왔다.

〈악마〉에게 시험받은 것은 예수만이 아니었다. 욥도 사탄에게 시험당했다. 「욥기」의 시작은 특히 웅변적이고, 야훼와 사탄 사이의 우애적인 관계가 그려져 있다.

「하루는 하늘의 영들(Sons of God) [희랍어 성서에는〈하느님의 천사들〉, 영어 성서에는〈하느님의 아들들〉] 이 야훼 앞에 모여 왔다. 사탄이 그들 가운데 끼어 있는 것을 보시고 야훼께서 사탄에게 물으셨다. "너는 어디 갔다 오느냐?" 사탄이 대답하였다. "땅 위를 이리저리 돌아다니다가 왔습니다." 야훼께서 사탄에게 "그래, 너는 내 종 욥을 눈여겨보았느냐? 그만큼 온전하고 진실하며 하느님을 두려워하고 악한 일은 거들떠보지도 않는 사람은 땅 위에 다시없다" 하고 말씀하시자, 사탄이 야훼께 아뢰었다. "욥이 어찌 까닭 없이 하느님을 두려워하겠습니까? 당신께서 친히 그와 그의 집과 그의 소유를 울타리로 감싸주시지 않으셨습니까? 그가 손으로 하는 모든 일을 축복해 주셨고 그의 가축을 땅위에 번성하게 해주시지 않으셨습니까? 이제 손을 들어 그의 모든 소유를 쳐보십시오. 그는 반드시 당신께 면전에서 욕을 할 것입니다." 야훼께서 사탄에게 이르셨다. "좋다! 이제 내가 그의 소유를 모두 네 손에 붙인다. 그러나 그의 몸에만은 손을 대지 말아라." 이에 사탄은 야훼 앞에서 물러 나왔다.」 (욥기 1:6~12)

여기서 야훼가 엘로힘의 조직 내에서 사탄보다 지위가 높다는 사실을 분명히 알 수 있다. 그러나 야훼는〈야당 수뇌〉의 자격으로 욥을 시험할 수 있는 권한을 사탄에게 주었다. 말하자면 엘로힘을 지극히 사랑하는 인간으로부터 모든 것을 빼앗는다면 불행과 파멸 그리고 병에 시달린 인간은 엘로힘을 결국 증오하게 될 것이라는 것을 증명하려고 한 것이다.

실제로 사탄은 욥을 완전히 파멸시켰다. 그러나 욥은 여전히 엘로힘을 사랑했고 존경심을 나타내었다.

「욥은 일어나 겉옷을 찢고 머리를 깎았다. 그리고는 땅에 엎드려 입을 열었다. "벌거벗고 세상에 태어난 몸, 알몸으로 돌아가리라. 야훼께서 주셨던 것, 야훼께서 도로 가져가시니 다만 야훼의 이름을 찬양할지라." 이렇게 욥은 이 모든 일을 당하여 죄를 짓지 않았고 하느님을 비난하지도 않았다.」 (욥기 1:20~22)

그러나 사탄은 그것으로 만족하지 않았다. 그래서 그는 불사회의의 의장에게 다음과 같이 말했다.

「또 다시 하늘의 영들(Sons of Elohim)이 야훼 앞에 모이는 날이 왔다. 사탄이 그들 가운데 끼어 있는 것을 보시고 야훼께서 사탄에게 물으셨다. "너는 어디 갔다 오느냐?" 사탄이 대답하였다. "땅 위를 이리저리 돌아다니다가 왔습니다." 야훼께서 사탄에게 "너는 내 종 욥을 눈여겨보았느냐? 그만큼 온전하고 진실하며 하느님을 두려워하고 악한 일은 거들떠보지도 않는 사람은 땅 위에 다시없다. 그는 여전하지 않느냐? 네가 나를 충동하여 그를 없애려고 했지만 다 헛일이었다." 그러자 사탄이 대답하여 아뢰었다. "가죽으로 가죽을 바꿉니다. 사람이란 제 목숨 하나 건지기 위해 내놓지 못할 것이 없는 법입니다. 이제 손을 들어 그의 뼈와 살을 쳐보십시오. 제가 보장합니다. 그는 반드시 당신께 면전에서 욕을 할 것입니다." 야훼께서 사탄에게 이르셨다. "좋다! 이제 내가 그를 네 손에 붙인다. 그러나 그의 목숨만은 건드리지 말아라."」 (욥기 2:1~6)

그리하여 야훼는 사탄에게 욥의 건강을 침해하는 것을 허용했다. 그래도 욥이 여전히 창조자들을 사랑하는가를 알아보기 위해서였다. 그러나 욥은 계속해서 엘로힘을 존경했으며 다만 야훼에게 이렇게 묻기 시작했다. "이처럼 불행하고 괴로울 바에는 왜 나를 세상에 태어나게 했습니까?" 마침내 야훼가 개입하여 무슨 일이 일어났는가를 욥에게 간단히 설명했다. 야훼는 욥에게 그가 시험을 받았다고 해서 창조자들을 심판해서는 안되며, 또 태어난 것을 원망해서도 안 된다고 말했다. 그리고 욥의 건강을 되찾아 주고 이전보다 더욱 많은 재산을 갖게 해주었다.

「두 번째 메시지」의 우주선 기지에서 내가 야훼와 말을 끝마쳤을 때 그는 곧 돌아오겠다고 말하고 잠시 자리를 떴다. 그때 남은 두 사람의 엘로힘 중 한 사람이 나에게 자기를 따라오라고 말했다.

그는 나를 화려하게 장식된 작은 방으로 데리고 갔다. 벽은 둥근 피라미드의 내부와 같았으며 여러 가지 색의 물결과 같은 느낌을 주는 밝은 소리의 파동들로 둘러싸여 있었다. 모든 것이 멋지고 유연한 리듬의 음파에 따라 움직이고 있었다. 나는 살아 있는 듯한 느낌을 주는 검은 모피의 안락의자에 앉으라는 권유를 받았다. 그리고 그 엘로하는 말을 시작했다.

「나는 당신에게 우리 엘로힘 중에는 지구상의 인류의 장래에 대해 한가지 의견만 있는 것이 아니라는 사실을 밝히고 싶습니다. 야훼는 인간이 선량하다고 생각하며 만약 그들이 호전적이라면 자멸할 것이 틀림없다고 확신하기 때문에 스스로 진보할 수 있게 내버려두어야 한다고 생각합니다. 나와 많은 나의 동료들은 인간이 악하다고 생각하기 때문에 인류가 자기 파멸을 서두르기를 바라고 있습니다. 우리들은 실패한 실험의 결과로 생겨난 존재들을 이 우주로부터 정화시킬 최후의 대이변을 촉진시키는데 당신이 우리들을 도와줄 것을 제안합니다.

만일 당신이 야훼가 준 사명을 달성하고자 한다면 당신은 항상 가난에 찌들게 되고 모든 냉소를 견뎌내야 할 것입니다. 당신은 고통당하고 어쩌면 감옥에 갇힐지도 모르지요. 최악의 경우, 당신은 당신과 피를 나눈 형제들에게 살해될지도 모릅니다. 당신이 만약 나의 제안을 받아들여 인간들 속에 있는 각종 인종적 편견을 조장하여 세계적인 인종 전쟁을 유발시키고자 하는 나의 계획을 실행한다면 나는 당신에게 막대한 권력과 재산을 주겠습니다. 당신의 역할은 지금부터 내가 말하는 것을 책으로 써서 출판하기만 하면 됩니다. 그것으로 당신은 아랍인종, 황색인종 그리고 흑인종을 말살하는 것을 선동하는 여러 가지 정치적 내지 정신적 운동을 조직할 수 있습니다. 이러한 인종들은 백인들의 노력에 의해 개발되고 실용화된 기술을 사용하면서도 백인들이 필요로 하고 향유할 권리가 있는 모든 부와 천연자원을 독차지하고 있다고 말입니다. 이 행성 전체에 전쟁이 일어나면 우리들은 즉시 당신과 당신을 도와준 사람들을 구출할 것입니다. 우리들은 당신들을 안전하게 우리들의 우주선으로 대피시켰다가 지상의 모든 것이 파괴된 후 당신들을 지구로 돌려보냅니다. 그러면 당신들은 새로운 인류로서 출발할 수 있을 것입니다. 당신들은 이 새로운 문명을 당신들이 바라는 대로 물론 우리들의 원조를 받으면서 지배할 수 있게 되겠지요.

당신이 이제 지구로 돌아가면 당신이 원하는 대로 착수금으로 10억이나, 50억, 또는 100억의 금액을 당신을 지원하기 위해 설립된 재단의 이름으로 스위스 은행 구좌에 입금하지요. 당신이 그 금액을 정합니다. 만일 그것이 충분하지 않다면 즉시 다른 구좌로 필요한 금액을 송금합니다.

그것 뿐만 아니라 만일 당신이 우리들을 돕는다면 당신과 당신을 도운 사람들은 영원한 생명을 누릴 권리를 얻을 수 있습니다.

우리들이 요구하는 유일한 것은 인류로 하여금 현재 지구상에 존재하는 이 끔찍한 문명을 파괴하게 하는 것입니다. 그러기 위해서 당신은 또 우주인을 만났으며 그 우주인이 지구를 침략할 것이라는 사실을 당신에게 경고했다고 사람들에게 알려야 합니다. 우리들은 당신에게 우리들의 존재를 증명하는데 필요한 모든 것을 주겠습니다. 그러면 아무도 당신의 말을 의심하지 않을 것입니다. 이렇게 하여 인류는 우주로부터의 침공에 대비하여 군비를 증강하겠지요. 이것은 인간이 서로 죽이는 것을 중지시키고 더 많은 핵무기의 비축과 지상의 호전성을 중단시키고자 하는 야훼의 또 다른 노력을 포기시킬 것입니다.

잘 생각해 보세요. 한 쪽에서는 당신에게 이미 성공할 가능성이 없는 대의를 위해 행동할 것을 요구합니다. 조만간 인류는 지구상의 모든 것을 파괴할 것입니다. 당신에게는 당신의 형제들을 확신시키기 위한 어떤 증거도 어떤 금전적 원조도 주어지지 않을 것입니다. 당신은 사람들의 조소를 받고 경찰과 법의 압력에 의해 투옥될지도 모릅니다. 게다가 당신은 〈하느님〉은 존재하지 않는다고 주장하기 때문에 당신을 죽이려는 광신자도 나타날 것입니다. 그것에 비해 나의 제안을 받아들인다면 당신은 바로 부유해지고 강력한 권력을 얻게 되며 이미 인류에게 시작되고 있는 과정을 단지 단축시키는 것에 지나지 않을 것입니다.

자, 당신의 생각은 어떻습니까? 대답을 하기 전에 며칠간 생각할 여유가 필요합니까?」

나는 다음과 같이 대답했다.

- 저는 인류가 자기파멸을 하리라고 결코 확신하지 않습니다. 비록 그것이 10분의 9의 확률로 일어난다 해도 말입니다. 만일 천분의 일의 확률이라도 인류가 자신의 공격성을 억제하고 멸망을 피할 수 있다면 저는 이 하나의 기회를 붙잡는 노력은 가치있다고 생각합니다. 저는 인류가 너무 늦기 전에 그것을 깨닫게 되리라고 믿고 싶습니다. 만약 최후의 대이변이 일어난다 해도 야훼는 내게 평화와 비폭력을 위해 싸운 모든 사람들은 구출되고, 나중에 지구에 다시 거주해서 마침내 사랑이 넘치는 세계를 건설하게 될 것이라고 말씀하셨습니다. 폭력을 유발시키는데 기여한 사람들만을 구출한다는 당신의 제안에는 아무 것도 유익한 점이 없습니다. 그러한 자들이 새로운 문명을 구축한다 해도 그것은 그 설립자들의 지배적인 성격을 직접 또는 유전적으로 사회에 반영하여 폭력성을 배제할 수 없는 문명이 될 것입니다.

우주인에 의한 지구 침공을 알리는 것만 해도 인류를 공포에 빠뜨리기에 충분하며 곧 우리 행성의 호전성을 증가시킬 것입니다. 따라서 현재로서 지구가 구출될 확률이 천분의 일에 지나지 않는다 하더라도 당신들 쪽에서 개입할 가능성이 있다는 뉴스를 듣게 되면 이 확률마저 반감할 것입니다. 인간들 사이에서 폭력을 줄일 수 있는 가장 중요한 요소 중의 하나는 마음을 우주와 무한을 향해 열도록 일깨우는 것입니다. 만일 모든 인간들이 희망과 형제애를 지니고 하늘을 바라본다면 그들은 서로를 보다 가깝게 느끼고 서로 죽이는 것을 덜 생각하게 될 것입니다.

저는 부자가 되거나 권력을 잡는 데는 아무 흥미도 느끼지 않습니다. 저는 가진 것이 거의 없으나 제가 행복해지는 데는 약간의 것만 있으면 됩니다. 제가 이루어야 할 사명은 저의 인생을 행복으로 가득 채워줍니다. 제가 필요로 하는 것은 저의 아이들을 위한 음식과 잠자리뿐입니다. 이것은 제가 지구상의 모든 사람들에게 진실을 전하는 것을 돕고자 하는 성실한 라엘리안들이 제게 제공해 주고 있습니다. 저는 동시에 두 채의 집에서 살 수 없고, 동시에 두 대의 자동차를 운전할 수도 없습니다. 제가 저의 집을 소유한다고 해도 제가 남보다 더 잘 자는 것도 아니고 난로불이 더 따뜻한 것도 아닐 것입니다. 야훼가 제게 맡긴 사명은 엘로힘을 진실로 맞이하고자 바라는 사람들 - 그들을 위협적으로 생각하는 자들보다는 - 의 공동의 노력에 의해서 이루어지는 것이 바람직하다고 생각합니다. 이것이야말로 우리들이 우리들의 창조자들에게 줄 수 있는 가장 아름다운 사랑의 증거가 될 수 있을 것입니다.

「그렇다면 당신은 나의 제안을 거절하는 것입니까?」 엘로하가 내게 물었다.

-그렇습니다. 지금 제가 말한 이유와 또 제 자신이 본질적으로 폭력에 반대하기 때문에 거절합니다.

「당신이 결코 후회하지 않으리라는 것을 확신합니까? 잘 생각해 본 다음 대답하고 싶지는 않습니까?」하고 그는 물었다.

-어떤 일이 있어도 저는 절대로 제 마음을 바꾸지 않을 것입니다. 비록 제 생명이 위험에 처할지라도 저는 사랑과 형제애가 모든 인간을

결속시키고, 인류가 마땅히 영접해야 할 우리들의 창조자 엘로힘을 맞이하기 위해 계속 노력하는 쪽을 택하겠습니다.

이때 방문이 열리면서 야훼가 다른 엘로하와 함께 들어왔다. 그는 나에게 말했다.

「나는 조금 전 제안에 대한 당신의 답변을 매우 기쁘게 생각합니다. 나는 당신이 그렇게 말하리라고 확신했지만, 방금 당신을 시험한 우리들의 형제인 사탄은 인류가 통일되고 화폐와 모든 무기가 없어지기 전에는 인간에게서 좋은 것을 기대할 수 없다고 믿고 있지요. 나의 또 한 사람의 동료인 루시퍼도 당신의 행동에 매우 만족하고 있습니다. 그는 내가 이해하기도 훨씬 전에 인류가 스스로 진보할 필요가 있음을 알고 인간을 신뢰했던 최초의 사람입니다. 그는 우리들 쪽의 개입 없이 폭력성의 해결이라는 최후의 시련을 인간 스스로 해결하도록 맡겨두어야 한다고 믿고 있습니다.」

그때 사탄은 나에게 지구상에 나와 같은 인간이 12명 이상 있다고 생각되지 않는다고 말했다. 그의 얼굴은 사랑과 우애로 빛나고 있었다. 그는 몇몇의 보기 드문 예외적인 사람이 있다고 해서 인류가 존재할 만한 가치가 있다고는 생각하지 않는다고 자신의 견해를 덧붙였다.

그런 다음 우리들은 보다 큰 우주선을 탔는데 그것은 나를 불사의 행성으로 데려갔고 거기서 나는 마지막 과정을 전수받은 것이다. 이것은 「두 번째 메시지」「우주인은 나를 그들의 행성에 데려갔다」에 자세히 기록되어 있다.

하늘에 계신 나의 아버지

내가 외계로부터 온 이 방문자와 처음 만났을 때 나는 그가 불사회의의 의장 야훼라는 사실을 몰랐으며 왜 그들이 나를 지구에 대한 그들의 메신저로 선택했는지 궁금했다. 그는 나에게 그들이 1945년 8월 6일 히로시마에 최초의 원폭이 투하된 이후 태어난 누군가를 〈선택〉하기로 결정했다고만 말했다. 그때 그는 다음과 같이 덧붙였다. '우리들은 당신의 탄생 이후, 아니 그 이전부터 당신을 줄곧 지켜보고 있었지요.' (「첫 번째 메시지」 참조)

처음 이 대답은 나에게 아주 이상하게 느껴졌으며 「첫 번째 메시지」와 「두 번째 메시지」 사이 2년간 나는 자주 이 문제에 대해 숙고해 보았다.

이 문제를 완전히 알기 위해서는 야훼를 다시 만날 때까지 기다려야만 했다.

「두 번째 메시지」에 기록된 것과 같이 우리들이 불사의 행성에 있었을 때 야훼는 이스라엘 민족에 대한 언급을 마치고 나의 기원에 관한 진실을 밝혀 주었다.

나는 그의 지시대로 큰 버클이 달린 특수벨트를 매고 어떤 파동의 흐름을 따라 공중을 이동하고 있었다. 이상한 조개모양의 의자에서 나의 의식이 변화된 그 실험실로부터 매끄럽게 빠져 나는 푸른 숲 위를 20미터 정도의 높이로 날고 있었다.

10초 가량 지났을 무렵 우리들은 낙원과 같은 공터에 내렸는데 거기에는 얼마 전 식사를 같이했던 예언자들 중 몇 사람이 앉아 있었다. 거기서 수백 미터 아래로 지중해의 해변과는 비교도 되지 않는 깊고 아름다운 푸른 바다를 끼고 있는 넓고 멋진 백사장이 펼쳐져 있었다. 바다의 푸른색은 캘리포니아에서 볼 수 있는 수영장 색깔과 같아 보였다. 그 푸른색은 수평선까지 펴져 있었고, 푸른 바다 속에는 분홍색과 녹색으로 빛나는 부분들이 보였다. 더욱 자세히 살펴보니 각각 독특한 아름다움을 지닌 모든 색채가 펼쳐져 있었는데 마치 바다 밑바닥을 수십 킬로미터씩 페인트칠을 해놓은 것 같았다. 내가 이 특이한 색채가 어디서 오는가를 묻자 그것은 해초의 색깔이라고 대답해 주었다. 해초는 내가 본 것과 같은 독특한 시각적 효과를 내기 위해 인공적으로 만들어서 심어진 것이라고 했다.

벨트는 10여명의 예언자들이 모여 있는 작은 공터에 나를 내려주었다. 예수로 소개된 사람이 우리에게로 왔다.

야훼를 따라서 우리들은 모두 바위에 새겨진 의자에 가서 앉았다. 모든 의자들은 살아 있는 듯한 화려한 검은 모피로 덮여 있었다. 우리들은 바다를 굽어보는 바위로 된 벼랑 위에 있었다.

야훼는 우리들의 첫 번째 만남이 있은 후 지난 2년 동안 특히 마음에 걸리는 문제는 없었느냐고 물었다. 나는 주저 없이 그가 '나의 탄생 아니 그 이전부터 나를 지켜보았다'고 말한 것이 무엇을 뜻하는지에 대해 의문을 가져 왔다고 대답했다.

나는 수없이 이 문제에 대해 생각했었다. 엘로힘은 내가 잉태되기 전에 나의 양친을 선택했는가, 그 두 사람이 나를 가지도록 텔레파시로 유도했는가, 그들이 선택되었을 때 이미 그들은 서로 알고 있는 사이였던가, 그들이 선택되었을 때 이미 나를 임신하고 있었는가, 아니면 엘로힘에 의해 만들어진 태아로서 선택되었는가 등등.

야훼는 내게 있어서 매우 중요한 이 질문에 대해 대답해 주었다.

그 답변은 나의 상상을 초월한 것이었다.

그때 그는 〈당신〉이라고 경어로 부르는 것을 그만두고 〈너〉라는 말로 나를 부르기 시작했다. 그는 말했다.

「네가 아버지로 생각하던 사람은 너의 진짜 아버지가 아니다. 히로시마에서 핵폭발이 있은 후 우리들은 지구에 새로운 메신저를 보낼 때가 왔다고 판단했다. 그는 최후의 예언자가 될 것이다. 그러나 인류에게 엘로힘이 말하는 것을 믿게 하는 것이 아니라 이해하도록 호소하는 최초의 예언자가 될 것이다. 우리들은 예수의 시대와 마찬가지로 한 여성을 골랐다. 이 여자를 우리들의 우주선으로 데리고 와서 예수의 어머니와 마찬가지로 수정시켰다. 그런 다음, 일어난 일에 대한 기억을 완전히 소멸시킨 후 그녀를 내보낸 것이다.

그러나 이 일이 있기 전에 우리들은 태어나는 아이를 경제적으로 부양하고 잘 키울 수 있는 남자를 이 여자가 만나도록 배려했다. 아이가 엄격한 종교적 분위기에서 자라지 않도록 이 남자의 종교는 여자의 종교와 달라야만 했다. 이것이 네가 아버지라고 여기던 남자가 진짜 유태인 중에서 선택된 이유이다.

너의 실제 아버지는 예수의 아버지이기도 하다. 그러므로 너희 두 사람은 형제이다. 네가 지금 마주 보고 있는 사람이 너의 아버지다. 너의 양아버지는 요셉과 같이 네가 혼자 설 때까지 너와 너의 어머니를 돌봐 주는 역할을 한 것뿐이다.

지금부터 너는 나를 아버지라고 불러도 좋다. 너는 내 아들이니까.」

이것은 나의 여행 중에서 가장 감격적인 순간이었다. 나는 야훼의 눈에서도 똑같은 깊은 감동과 사랑을 느낄 수 있었다. 예수도 우리와 같은 감동을 느끼고 있는 듯 보였다. 그리하여 나는 난생 처음으로 나의 아버지와 나의 형에게 키스를 할 수 있었다.

그리고 야훼는 이 부자관계에 대해서는 3년이 지날 때까지 사람들에게 밝히지 않도록 명했다. 이런 이유로 나는 지금까지 그것에 대해 일체 말하지 않았던 것이다.

어쨌든 그것은 그리 중요한 일이 아니다. 우리들은 예수를 하늘에서 온 메신저로 인정한 사람들이 범한 것과 같은 오류를 다시 범해서는 안되기 때문이다. 중요한 것은 메시지를 가져온 사람(메신저)이 아니라 메시지 그 자체이기 때문이다.

'예수는 사람들에게 따라야 할 길을 보여 주기 위해 지상에 왔으나 사람들은 그의 손가락만 쳐다볼 뿐이었다'고 어떤 위대한 사상가는 말했다. 딱하게도 그것이 사실이다.

나 라엘도 역시 〈하늘에 계신〉 내 아버지가 주신 메시지를 전하면서 당신들에게 따라야 할 길을 제시하고 있다. 메신저가 누구인가는 중요하지 않다. 무엇보다 중요한 것은 엘로힘을 우리들의 어버이들로 인정하고, 그들이 원하는 대로 지구상에 그들을 맞이하기 위한 대사관을 건립하는 일이다. 중요한 것은 메신저가 아니라 메시지 그 자체이며 그 메시지를 통해 그것을 보낸 분들을 인정하는 것이다.

내 손가락을 보아서는 안 된다. 그것이 가리키는 방향을 보아야 한다.

지구인에게 보내는 야훼의 메시지, 최후의 핵전쟁에 대한 계시

나 야훼는 나의 예언자 라엘의 말을 통해 지구에 있는 모든 사람들에게 알린다.

불행히도 당신들 인류가 자기파멸에 빠지지 않을 가능성은 백분의 일(1%)도 되지 않는다. 그러므로 모든 라엘리안은 인류에게 이 사실을 충분히 이해시켜 인류가 이 작은 기회를 붙잡아 최후의 재난을 벗어나서 황금시대로 들어갈 수 있도록 행동하지 않으면 안 된다. 무엇보다도 각 라엘리안은 다른 사람들의 마음을 각성시키기 위해 노력함으로써 이 유일하고도 작은 생존의 가능성이 더 이상 약화되는 것을 막고 이 가능성이 커지도록 힘써야 한다.

장래를 예측하는 일은 불가능하다. 시간을 여행할 수는 없기 때문이다. 그러나 생물체의 장래를 예측하는 것은 언제나 가능하다. 그리고 인류 전체는 하나의 생물체로 간주할 수 있다. 순진한 여자에게 수정을 시킨 과학자는 이 여자의 장래를 예측할 수 있다. 그는 여자가 아홉 달이 되면 아이를 낳을 것이라는 점, 또 그 아이의 성별까지도 예측할 수 있을 것이다.

마찬가지의 방법으로 수많은 행성에서 생명을 창조해온 우리들은 인류가 그에 상응하는 지혜를 갖지 않은 채 당신들의 기술적 수준에 도달할 때 무엇이 일어나는가를 알고 있다.

이런 이유로 비록 우리들이 개인의 장래에 대해서는 예측할 수 없다 해도 임신 중에 있는 살아있는 조직체나 발전 과정에 있는 인류에게 자연적으로 어떤 일이 일어나게 되는가는 예측할 수 있다.

모체 내에서 정자와 난자가 만남으로써 최초의 세포가 형성될 때 이 세포는 완전한 인간이 되는데 필요한 모든 정보를 지니고 수많은 기능을 행할 수 있게 된다. 세포가 증가하면 증가할수록 그 기능도 증가하면서 발전하게 된다. 이 기능의 수는 어린이가 태어날 때까지 되풀이되는 세포분열의 수에 비례한다. 태어난다 함은 생명의 모든 요구를 충족시키는 모든 기능의 기관들을 완전히 갖춘 신체가 완성되었음을 뜻한다.

이것은 인류 전체에 대해서도 똑같이 말할 수 있다. 각각의 인간은 인류라는 거대한 존재를 구성하는 하나의 세포와 같으며 그 존재는 임신 중의 분열 과정에 있는 것이다.

기능의 수, 발견의 수, 그리고 인류의 과학 기술의 수준은 인간들의 수에 비례한다. 이리하여 우리들은 인류가 전자 의안으로 장님의 시력을 되찾아 줄 수 있을 때, 인간의 소리가 통신위성에 의해 대양을 넘어서 전달될 수 있을 때, 그리고 실험실에서 합성인간을 창조함으로써 그들이 〈신(God)〉으로 잘못 알고 있던 자들과 동등하게 될 수 있을 때 〈계시의 시대〉가 도래할 것을 쉽게 예측할 수 있었다.

이러한 예측은 실제로 종에 관한 깊은 생물학적 지식에 입각해 있다. 우리들은 수정란이 몇 개월 후에 눈을 형성하고, 또 몇 개월 후에 성이 결정되는지를 알고 있다. 똑같은 법칙이 성장 과정에 있는 모든 살아 있는 종에 적용된다. 우리들은 진보하고 있는 종이 몇 백 년 후 혹은 몇 천 년 후에 과학적인 비약을 이룰 수많은 발견을 한다는 사실을 알고 있다. 이 두 과정은 똑같다.

우리들은 과거의 예언자들에게 이러한 〈메시지〉를 구술했다. 그것은 우리들이 공개적으로 우리 자신을 나타낼 수 있는 때가 될 때, 즉 모든 인간이 충분히 이해할 수 있게 될 때, 다시 새로운 신을 믿는 종교가 태어나는 일없이 인류가 그것을 알아보도록 하기 위해서였다.

이러한 텍스트 가운데 우리들이 요한에게 구술한 〈묵시록(계시록)〉이 있다. 우리들은 당신들의 텔레비전과 닮은 영상장치를 통해 〈계시의 시대〉가 될 때 인류에게 일어날 수 있는 사건들을 요한에게 보여주었다.

「요한묵시록」의 텍스트는 불행히도 하느님을 두려워하는 일밖에 모르는 미개한 필사자들에 의해 많은 부분이 가필되고 변형되어 버렸다.

요한은 우리들과의 만남을 서두로 그의 이야기를 시작한다.

「나는 주님의 날에 성령의 감동을 받고 내 뒤에서 울려오는 나팔소리 같은 큰 음성을 들었습니다.」 (요한묵시록 1:10)

여기서 그는 다음과 같은 사실을 설명한다. 그는 '주의 날' 이라고 부르는 일요일날 텔레파시로 우리들과 교신하려고 했는데 이것을 '성령의 감동을 받고'라고 표현했다. 그리고 그는 '나팔소리 같은' 금속성 목소리를 듣게 되었는데 이것은 당신들이 잘 알고 있는 확성기에 의한 소리이다.

그때 요한은 돌아서서 자신의 배후에 있는 것을 보게 된다.

「그래서 나는 누가 나에게 그런 말씀을 하시는지 알아보려고 돌아섰습니다. 돌아서서 보았더니 황금등경이 일곱 개 있었고 그 일곱 등경 한 가운데에 사람같이 생긴 분이 계셨습니다.

그분은 발끝까지 내려오는 긴 옷을 입고 가슴에는 금띠를 띠고 계셨습니다. 그분의 머리와 머리털은 양털같이 또는 눈같이 희었으며 눈은 불꽃같았고 발은 풀무불에 단 놋쇠 같았으며 음성은 큰 물소리 같았습니다.

오른손에는 일곱 별을 쥐고 계셨으며 입에서는 날카로운 쌍날칼이 나왔고 얼굴은 대낮의 태양처럼 빛났습니다.」 (요한묵시록 1:12~16)

요한은 금빛 금속으로 된 '일곱 개의 황금등경' 즉 일곱 개의 비행물체를 보았으며 그 가운데 '사람같이 생긴' 작은 존재가 그의 몸과 발까지 감싸는 우주복을 입고 또 커다란 벨트를 매고 있는 것을 보았다. 그의 피부와 머리털은 흰색이었고, 그의 헬멧에는 두 개의 작은 라이트가 부착되어 있었는데 요한은 이것을 눈이라고 착각한 것이다. 그의 발은 노란 색의 절연체로 된 받침대 위에 서 있었고, 그는 '큰 물소리 같은' 큰 소리로 말했다.

그 작은 사람은 손에 7개의 전광표시기를 들고 있었는데 그것은 그의 주변의 7개의 우주선과 연락을 취하기 위한 것이었다. 그 다음에 입에서 나오는 날카로운 '쌍날칼'이란 묘사는〈하느님(God)〉의 권능과 초기 기독교인들의〈하느님〉에 대한 두려움을 강화시키고 그의 출현을 위압에 가득 찬 것으로 묘사하기 위해〈하느님을 두려워하는〉 필사자들이 덧붙인 것에 지나지 않는다. 요한의 앞에 나타난 작은 사람은 바로 우리들 중의 한 사람이었다.

요한은 공포에 질려서 땅에 엎드렸다.

「나는 그 분을 뵙자 마치 죽은 사람처럼 그분의 발 앞에 쓰러졌습니다. 그러자 그분은 나에게 오른손을 얹으시고 이렇게 말씀하셨습니다. "두려워하지 말아라. 나는 처음과 마지막이고 살아있는 존재이다. 나는 죽었지만 이렇게 살아있고 영원 무궁토록 살 것이다. 그리고 죽음과 지옥의 열쇠를 내 손에 쥐고 있다.

그러므로 너는 네가 이미 본 것과 지금 일어나고 있는 일들과 앞으로 일어날 일들을 기록하여라.」 (요한묵시록 1:17~19)

우리들은 요한에게 일어나라고 말하고 그가 본 모든 것과 그에게 구술한 것을 모두 기록하라고 명했다. 그리하여 때가 되면 인간이 그 기록들을 알아볼 수 있게 한 것이다. 우리들은 그에게 우리들은 '처음과 마지막'이라고 했는데 이것은 우리들이 지구에 최초로 온 인간이고 또 인류가 자기파멸을 가능케 할 에너지를 발견해서 자멸하게 될 때 마지막 인간이 된다는 뜻이다. 우리들은 그에게 말을 하고 있는 사람은 이미 죽음을 경험했고 「첫 번째 메시지」에 설명한 것처럼 과학적인 방법에 의해 재생되어 수많은 육체를 거치면서 영원히 살고 있다고 설명해 주었다.

「그 뒤에 나는 하늘에 문이 하나 열려 있는 것을 보았습니다. 그리고 처음에 내가 들었던 음성, 곧 나에게 말씀하시던 나팔소리 같은 그 음성이 나에게 "이리로 올라오너라. 이후에 반드시 일어날 일들을 보여 주겠다" 하고 말씀하셨습니다.

그러자 곧 나는 성령의 감동을 받았습니다. 그리고 보니 하늘에는 한 옥좌가 있고 그 옥좌에는 어떤 분이 한 분 앉아 계셨습니다.」 (요한묵시록 4:1,2)

요한은 '하늘에 열려진 문' 즉 우주선의 문이 열린 것을 보았고 운반광선에 의해 안으로 데려와졌다. 그는 이것을 전혀 이해할 수 없었기 때문에 '성령의 감동'을 받았다고 표현한 것이다.

거기서 그는 의자에 앉아 있는 한 사람을 보았고 또 그 사람 주위로 24명의 다른 사람들이 〈높은 좌석〉에 앉아 있음을 보게 되었다.

옥좌에 앉은 사람은 나 야훼이고, 내 주위에는 우리들 행성의 통치 기구인 불사회의를 대표하는 24명의 불사인들이 앉아 있었다.

곧 나는 생각을 시각화하는 장치를 작동시켜 인류에게 일반적으로 일어나게 될 일들과 또 때가 되었을 때 일어날 일들을 요한에게 보여주었다.

「그리고 보니 흰 말 한 필이 있고 그 위에 탄 사람은 활을 들고 있었습니다. 그는 승리자로서 월계관을 받아썼고 또 더 큰 승리를 거두기 위해서 나아갔습니다.」 (요한묵시록 6:2)

이것은 일곱 개의 봉인, 즉 인류의 역사를 구분한 일곱 개의 장 중 첫 번째 것과 관계가 있다. 흰말에 대한 비유는 지구상에서의 기독교의 승리를 의미하며 그로 인해 「구약성서」가 모든 사람들에게 알려진 것이다. 그리고 제2의 봉인이 열린다.

「그러자 다른 말 한 필이 나오는데 이번에는 붉은 말이었습니다. 그리고 그 위에 탄 사람은 세상에서 평화를 없애버리고 사람들로 하여금 서로 죽이게 하는 권한을 받았습니다. 곧 큰 칼을 받은 것입니다.」 (요한묵시록 6:4)

이 붉은 말은 종교전쟁 및 일반적인 전쟁들을 나타내며 이러한 전쟁은 인류의 수적 증가를 늦추는 중요한 요인 중 하나가 되었다. 다음에 제3의 봉인이 나타난다.

「그리고 보니 검은 말 한 필이 있고 그 위에 탄 사람은 손에 저울을 들고 있었습니다.

그러자 "하루 품삯으로 고작 밀 한 되, 아니면 보리 석 되를 살 뿐이다. 올리브 기름이나 포도주는 아예 생각하지도 말아라" 하는 소리가 들려 왔습니다. 그것은 네 생물 한 가운데서 들려오는 듯했습니다.」 (요한묵시록 6:5,6)

검은 말은 기근을 나타내며 인류가 이 문제를 해결하기까지는 많은 사람들이 굶주려 죽을 것이다. 그리고 제4의 봉인이 나온다.

「그리고 보니 푸르스름한 말 한 필이 있고 그 위에 탄 사람은 죽음이라는 이름을 가진 사람이었습니다. 그리고 그 뒤에는 지옥이 따르고 있었습니다.」 (요한묵시록 6:8)

이 창백한 말은 무서운 전염병을 나타낸다. 페스트나 그 밖의 전염병이 인류를 감소시킨다. 이어서 제5의 봉인이 나타난다.

「다섯째 봉인을 떼셨을 때 나는 하느님(God)의 말씀 때문에 그리고 그 말씀을 증언했기 때문에 죽임을 당한 사람들의 영혼이 제단 아래 자리잡고 있는 것을 보았습니다.

그들은 큰 소리로 "거룩하시고 진실하신 대왕님, 우리가 얼마나 더 오래 기다려야 땅 위에 사는 자들을 심판하시고 또 우리가 흘린 피와 원수를 갚아 주시겠습니까?"하고 부르짖었습니다.

또 그들은 흰 두루마기 한 벌씩을 받았습니다. 그리고 그들처럼 죽임을 당하기로 되어 있는 동료 종들과 형제들이 다 죽어서 그 수가 찰 때까지 잠시 쉬라는 분부를 받았습니다.」 (요한묵시록 6:9~11)

이 장면은 우리들의 행성에 우리들과 함께 영원히 살고 있는 대예언자들이 적극적인 일을 한 사람들에 대해 최후의 심판이 있기 전에 재생시켜 줄 것을 요청한 것이다. 우리들은 인류가 그 진화를 달성했을 때에만 재생시키려고 유전자코드를 보존해온 수천 명의 지구인들을 즉시 재생시켜 우리들과 함께 사는 것을 허락했다. 다음 제6의 봉인이 열린다.

「여섯째 봉인을 떼셨을 때에 내가 보니 큰 지진이 일어나고 해는 검은 머리털로 짠 것처럼 검게 변하고 달은 온통 핏빛으로 변하였습니다.

그리고 별들은 마치 거센 바람에 흔들려서 무화과 나무의 설익은 열매가 떨어지듯이 땅에 떨어졌습니다.

하늘은 두루마리가 말리듯이 사라져 버렸고 제 자리에 그대로 남아 있는 산이나 섬은 하나도 없었습니다.

그러자 세상의 왕들과 고관들과 장성들과 부자들과 세력자들과 모든 노예와 자유인들이 동굴과 산의 바위 틈에 숨어서」 (요한묵시록 6:12~15)

제6의 봉인은 인류에게 있어 가장 큰 최후의 위험을 나타낸다. 이것은 인류를 완전히 전멸시킬지도 모르는 핵전쟁이다. '큰 지진'이란 핵폭발 그 자체이며 '검은 해'란 당신들 모두가 잘 알고 있는 버섯구름과 낙진으로 뒤덮여진 어두운 하늘과 달을 가리킨다. '두루마리가 말리는 듯한 하늘'은 폭발의 열기류에 갑작스럽게 휘말리는 구름이다. 동굴이나 바위 틈에 몸을 숨기는 사람들이란 핵방공호로 몰려들어가는 사람들이다.

이 최후의 대이변이 만약 일어난다면 우리들의 예언자를 따르는 사람들이 구출되는 것은 바로 그 때가 될 것이다. 그들은 우리들의 메시지를 읽거나 듣고 그들의 세포설계도를 전송한 사람들이다.

그러한 사람들은 지구상의 모든 인간들을 그 수태에서 죽음에 이르기까지 추적하고 있는 거대한 컴퓨터에 의해 선별될 것이다.

「또 보니 다른 천사 하나가 살아 계신 하느님(God)의 도장을 가지고 해 돋는 쪽에서 올라오고 있었습니다. 그는 땅과 바다를 해칠 수 있는 권한을 받은 네 천사에게 큰 소리로,

"우리가 우리 하느님(God)의 종들의 이마에 이 도장을 찍을 때까지는 땅이나 바다나 나무들은 해치지 말아라" 하고 외쳤습니다.」 (요한묵시록 7:2,3)

'이마에 도장이 찍힌 사람들'이란 가장 선명하고 정확한 유전자코드를 포함한 이마뼈에 우리들의 예언자가 손을 댐으로써 그들의 세포설계도를 전송한 사람들을 말한다. '이마에 도장이 찍힌 사람들'의 총수는 약 14만 4천명이 될 것이다. 이 속에는 우리들의 행성에 이미 재생된 사람들과 메시지에 대해서 알지 못하나 인류의 진보와 개화에 공헌한 사람들, 그리고 메시지를 읽은 후 라엘을 우리들의 메신저로 인정하는 사람들이 포함된다.

이러한 사람들의 숫자가 대략 14만 4천명이 되지 않는 한 우리들은 최후의 대이변을 늦추도록 할 것이다. 이 숫자는 지구에 인간이 다시 거주할 수 있을 때 새로운 인류의 출발을 위해서 필요한 수이기 때문이다.

제6의 봉인이 핵무기의 발견과 최초의 사용을 나타낸다면 제7의 봉인은 최후의 대이변, 즉 지구상의 모든 생명을 전멸시킬 세계적인 핵전쟁을 나타낸다.

다음 제7의 봉인의 첫 번째 나팔소리가 울린다.

「...... 그러자 우박과 불덩어리가 피범벅이 되어서 땅에 던져져 땅의 삼분의 일이 타고 나무의 삼분의 일이 탔으며 푸른 풀이 모두 타 버렸습니다.」 (요한묵시록 8:7)

지구의 3분의 1이 방사능에 의해 타버리고 나무와 풀은 더 이상 자라지 못한다.

「둘째 천사가 나팔을 불었습니다. 그러자 불붙는 큰 산과 같은 것이 바다에 던져져서 바닷물의 삼분의 일이 피가 되고 바다 속에 사는 피조물의 삼분의 일이 죽고 모든 선박의 삼분의 일이 산산조각이 났습니다.」 (요한묵시록 8:8,9)

폭발에 의해 대량의 용암이 분출되어 대양에 흘러 들어감으로써 해양생물의 3분의 1과 선박의 3분의 1이 파괴된다.

「셋째 천사가 나팔을 불었습니다. 그러자 하늘로부터 큰 별 하나가 횃불처럼 타면서 떨어져 모든 강의 삼분의 일과 샘물들을 덮쳤습니다.

그 별의 이름은 쑥이라고 합니다. 그 바람에 물의 삼분의 일이 쑥이 되고 많은 사람이 그 쓴 물을 마시고 죽었습니다.」 (요한묵시록 8:10,11)

최초의 공격에 대한 반격으로 핵폭발이 일어나며 '하늘로부터 큰 별'인 미사일들이 모든 곳에 떨어져 식수의 대부분이 오염되고 그 물을 마신 많은 사람들이 죽어간다.

「넷째 천사가 나팔을 불었습니다. 그러자 태양의 삼분의 일과 달의 삼분의 일과 별들의 삼분의 일이 타격을 받아 그것들의 삼분의 일이 어두워졌으며 낮의 삼분의 일이 빛을 잃고 밤의 삼분의 일도 마찬가지로 빛을 잃었습니다.」 (요한묵시록 8:12)

연쇄적인 핵폭발에 의해 솟아오른 대량의 먼지와 재 때문에 하늘은 캄캄해지고 태양과 달과 별들이 보이지 않는다. 그로 말미암아 낮과 밤이 더 짧아진 듯한 인상을 준다.

「다섯째 천사가 나팔을 불었습니다. 그때 나는 하늘로부터 땅에 떨어진 별 하나를 보았습니다. 그 별은 끝없이 깊은 지옥 구덩이를 여는 열쇠를 받았습니다.

그 별이 그 지옥 구덩이를 열자 거기에서부터 큰 용광로에서 내뿜는 것과 같은 연기가 올라와 공중을 뒤덮어서 햇빛을 어둡게 하였습니다.」(요한묵시록 9:1,2)

이것은 미사일의 낙하로 인해 생기는 버섯구름에 대한 묘사이다.

「그 연기 속에서 메뚜기들이 나와 땅에 퍼졌습니다. 그 메뚜기들에게는 땅에 있는 전갈이 가진 것과 같은 권세가 주어졌습니다.

그것들은 땅에 있는 풀이나 푸성귀나 나무는 하나도 해쳐서는 안되고 다만 하느님의 도장이 이마에 찍히지 않은 사람들만 해치라는 명령을 받았습니다.

그러나 그 사람들을 죽이지는 말고 다섯 달 동안 괴롭히기만 하라는 명령이었습니다. 그 메뚜기들이 주는 고통은 마치 전갈이 사람을 쏠 때 주는 고통과 같은 것이었습니다.

그 다섯 달 동안에는 그 사람들이 아무리 죽으려고 애써도 죽을 수가 없고 죽기를 바라더라도 죽음이 그들을 피해 달아날 것입니다.」(요한묵시록 9:3~6)

메뚜기란 핵폭탄을 적재한 비행기들을 말하며 이것들이 대도시에 떨어져 폭발에서 살아남은 사람들에게 다시 방사능 노출로 인한 극심한 고통을 끼칠 것이다. 사람들은 전갈의 독과 같은 방사능에 의해 중독될 것이다.

「그 메뚜기들의 모양은 전투준비가 갖추어진 말 같았으며 머리에는 금관과 같은 것을 썼고 얼굴은 사람의 얼굴과 같았습니다.

그것들의 머리털은 여자의 머리털 같았고 이빨은 사자의 이빨과 같았습니다.

그리고 쇠로 만든 가슴방패와 같은 것으로 가슴을 쌌고 그것들의 날개소리는 전쟁터로 달려가는 수많은 전투마차의 소리 같았습니다.

그것들은 전갈의 꼬리와 같은 꼬리를 가졌으며 그 꼬리에는 가시가 돋혀 있었습니다. 그것들은 그 꼬리로 다섯 달 동안 사람들을 해칠 수 있는 권한이 있었습니다.」 (요한묵시록 9:7~10)

쇠붙이로 된 이 금속의 메뚜기들이 원시적인 인간의 눈에는 전쟁에 나가는 말과 같이 보였다. 그것들은 '사람의 얼굴과 같은' 것이 안에 보이는 조종실을 갖고 있었으며 고공에서 비행할 때 흰 연기의 비적을 남기는데 요한은 이것을 '머리털'이라고 불렀다. 그리고 그가 '이빨'이라고 부른 것은 비행기의 날개 밑에 삐져나온 미사일들을 가리킨다. '쇠로 만든 가슴방패'는 비행기의 동체를 말하며, '날개소리'란 당신들에게 친숙한 제트엔진의 소리이다. '전갈의 꼬리와 같은' 꼬리의 힘은 공격권 국가의 국민에게 투하되는 미사일의 방사능을 말한다.

「여섯째 천사가 나팔을 불었습니다. 그러자 나는 하느님(God) 앞에 있는 금제단의 네모퉁이에 달린 뿔에서 나오는 한 음성을 들었습니다.」 (요한묵시록 9:13)

이것은 내가 모든 영상을 보여주는 동안 내 앞에 놓여진 4개의 스피커를 묘사하고 있다.

「그 말들과 그 위에 탄 자들의 모습이 내 눈에 비치었는데 그들은 불빛 같은 붉은 색이나 보라색이나 유황색의 가슴방패를 붙였고 말들은 그 머리가 사자의 머리 같았으며 그 입에서는 불과 연기와 유황을 내뿜고 있었습니다.

그 말들의 입에서 뿜어내는 불과 연기와 유황, 이 세 가지 재앙 때문에 사람들의 삼분의 일이 죽고 말았습니다.

그 말들의 힘의 근원은 그들의 입과 꼬리에 있었습니다. 그 꼬리는 뱀과 같으며 머리가 달려서 그 머리로 사람을 해칩니다.」 (요한묵시록 9:17~19)

이것도 역시 다른 비행기의 묘사이다. '말들의 머리'란 불꽃과 연기를 내뿜는 제트엔진의 분사구이다. '해치는 입'을 가진 꼬리들은 핵미사일이며 이 '꼬리의 머리'는 자동조정 되는 것이든 아니든 간에 미사일의 탄두를 가리킨다. 우리들이 가능한 한 매우 구체적으로 요한에게 설명했음에도 불구하고 이 묘사는 원시적인 그의 눈에 비친 인상 이상의 것을 전해 주지는 못하고 있다. 이와 똑같은 것을 아마존의 한 인디언에게 얘기해 주고 그에게 글로 쓰게 한다면 거의 비슷한 종류의 회고문을 얻을 수 있을 것이다. 또 처음의 그 사람이 없을 때, 그의 말을 전해들은 동족 중 열 사람에게 그 이야기를 반복시켜 보면 그 결과는 더욱 확실해질 것이다.

「그 일곱 천둥이 말할 때에 내가 그것을 기록하려고 하자 "그 일곱 천둥이 말한 것을 비밀에 붙여 두고 기록하지 말아라"하는 음성이 하늘로부터 들려 왔습니다.」 (요한묵시록 10:4)

여기서 우리들은 요한에게 〈하느님(God)〉은 없으며 우리들도 그 자신과 같은 인간들이라는 사실을 분명히 말해 주었다. 그러나 우리들은 그에게 이것을 비밀로 하여 기록하지 않도록 명했다. 우선 아직 기댈 버팀목을 필요로 하는 인간에게 더 큰 혼란을 일으킬 필요가 없었으며 때가 되어 인류가 충분한 과학기술의 수준에 도달하게 되면 모든 사람들이 우리들이 말했던 것을 이해할 수 있으리라고 생각했기 때문이다.

「"시간은 얼마 남지 않았다. 이제 일곱째 천사가 나팔을 불 터인데 그 소리가 나는 날에는 하느님께서 당신의 종 예언자들에게 전해 주신대로 하느님의 신비로운 계획이 완성될 것이다"하고 다짐했습니다.」 (요한묵시록 10:6,7)

우리들은 요한에게 때가 오면 인간은 〈하느님〉이 존재하지 않는다는 것을 이해하고, 또 우리들이 인류의 창조자들임을 이해하게 될 것이라고 명확히 설명했다.

「……제 때가 얼마 남지 않은 것을 깨달은 악마가 크게 노하여 너희에게 내려갔으니 」 (요한묵시록 12:12)

자기파멸이냐 아니면 황금시대로의 진입이냐 라는 선택은 인류에게 있어 최후의 결정적인 단계로서 그 선택에 따라 '인간에게서는 악밖에 나올 것이 없다'는 사탄의 주장이 옳은지 그른지를 증명하게 될 것이다.

만일 인류가 이 마지막 시련을 성공적으로 극복하고 이 행성상에서 완전한 무장해제를 달성한다면 인간은 자신들이 진실로 비폭력적임을 보여줌으로써 우리들의 유산을 받을 자격이 있음을 스스로 증명한 것이 된다. 계시록에서 다음에 '짐승'으로 묘사된 말은 핵에너지의 발견과 핵무기의 사용을 지칭하는데 지나지 않는다.

「바로 여기에 지혜가 필요합니다. 총명한 사람은 그 짐승의 숫자를 헤아려 보십시오. 그 숫자는 사람의 수로서, 그 수는 육백 육십 육입니다.」 (요한묵시록 13:18)

666이란 숫자는 최초의 실험실에서 처음 인간이 창조된 이래 지금까지 지구상에서 살아온 인간의 세대 수를 가리킨다. 최초의 인간은 약 1만 3천년 전에 창조되었다. 한 세대를 평균 20년으로 추산한다면 666세대는 1만 3천 3백 20년이 된다.

서기 1945년 즉 아포칼립스(계시의 시대) 기원 초에 태어난 세대는 실제로 엘로힘에 의해 실험실에서 최초의 인간이 태어난지 666세대째가 된다.

이 세대는 1945년 8월 6일 히로시마에 대량살상을 목적으로 핵에너지를 최초로 사용한 시기와 정확히 일치한다.

되풀이하지만 이러한 사실을 이해하는데 있어 다른 설명은 필요없다. 누구든지 이미 기록된 것을 읽기만 하면 된다. 666은 확실히 〈인간의 숫자〉이며 창조된 이래로 태어난 인간들의 수, 즉 세대의 수이다.

「또 번개가 치고 큰 소리가 나며 천둥이 울리고 큰 지진이 일어났습니다. 이런 큰 지진은 사람이 땅 위에 생겨난 이래 일찍이 없었던 것입니다.」 (요한묵시록 16:18)

핵폭발로 인한 충격은 무시무시한 것으로 연쇄반응이 생길 때에는 더욱 엄청난 것이 된다.

「그러자 모든 섬들은 도망을 가고 산들은 자취를 감추어 버렸습니다.」 (요한묵시록 16:20)

연쇄반응으로 인한 가공할 폭발은 사정없이 대륙을 찢고 섬들을 집어삼키며 산들을 지푸라기와 같이 날려버릴 것이다.

「그리고 무게가 오십 근이나 되는 엄청난 우박이 하늘로부터 사람들에게 떨어졌습니다.」 (요한묵시록 16:21)

폭탄의 세례를 받지 않은 다른 지역에서는 수천 킬로미터 밖에서 일어난 폭발로 인해 날려온 바윗돌들이 하늘에서 떨어진다.

「그 뒤에 나는 새 하늘과 새 땅을 보았습니다. 이전의 하늘과 이전의 땅은 사라지고 바다도 없어졌습니다.」 (요한묵시록 21:1)

요한은 땅에서 이륙한 우주선에 앉아 멀어져 가는 지구를 바라보았다. 그것은 마치 우주선이 멀어지고 있다기 보다는 지구 쪽이 떨어져 나가고 있는 듯이 보였다. 그리고 우주선은 지구인에게는 낯선 별들로 빛나는 하늘, 즉 '새로운 하늘'을 가로질러 여행했다. 마침내 우주선은 다른 행성, '새로운 땅'에 착륙한다.

「나는 또 거룩한 도성 새 예루살렘이 신랑을 맞을 신부가 단장한 것처럼 차리고 하느님이 계시는 하늘로부터 내려오는 것을 보았습니다.」 (요한묵시록 21:2)

이륙 시에 반대 느낌을 받은 것처럼 우주선이 착륙할 때도 이 원시적인 사람은 행성 그 자체가 그에게 다가오는 듯한 인상을 받았다. 물론 그 반대가 일어나고 있었지만.

「그때 나는 옥좌로부터 울려 나오는 큰 음성을 들었습니다. "이제 하느님의 집은 사람들과 함께 있다. 하느님은 사람들과 함께 지내시고 사람들은 하느님의 백성이 될 것이다. 하느님께서는 친히 사람들과 함께 지내시고 그들의 하느님이 되셔서 그들의 눈에서 모든 눈물을 씻어 주실 것이다. 이제는 죽음이 없고 슬픔도 울부짖음도 고통도 없을 것이다. 이전 것들이 다 사라져 버렸기 때문이다."」 (요한묵시록 21:3,4)

이것은 불사의 행성에 대한 묘사이다. 최후의 재난에서 구조될 모든 사람들은 거기서 우리들과 함께 영원히 살면서 지구의 대기가 회복되어 평화로운 문명을 재이식 할 수 있을 때까지 기다리는 것이다.

이것이 인류가 만일 그 과학 수준에 상응하는 지혜를 갖지 못했을 때 당면하게 될 현실이다.

우리들과 비교해 볼 때 요한은 원시인이었고 모세와 예수도 마찬가지였다. 우리들이 이룬 모든 일이 어떤 완벽한 물질변환 기술에 의해 이루어졌다는 것을 이해할 수 있도록 충분한 정보를 주기 전에는 다른 모든 예언자들도 마찬가지였다. 당신들의 가장 진보된 과학자들도 우리들에 비하면 역시 원시적이라 할 수 있으며 그것은 아마존의 인디언들과 케이프 캐나베랄의 과학자들을 비교하는 것과 똑같다. 그러므로 요한이 본 모든 것은 원시적인 인간의 눈으로 본 것이다.

불행히도 이러한 사태는 99퍼센트의 확률로 인류에게 일어날 수 있는 것이다.

그러므로 우리들을 당신들의 창조자들로 인정하고 라엘을 우리들의 마지막 예언자로 인정하는 사람들은 모두 인류가 이 작은 하나의 기회를 붙잡을 수 있도록 전 인류에게 우리들의 메시지를 알리는데 전력을 다하지 않으면 안 된다. 만일 당신이 이것을 행하고 있다면 당신은 평화 속에서 살 수 있고 항상 당신 자신의 개화와 완성을 추구할 수 있다. 만일 당신이 진리와 비폭력이 반드시 승리하도록 최선의 능력을 다하는 의로운 사람들 가운데 있다면 당신은 최후의 대이변 - 만일 그것이 일어난다면 - 으로부터 우리들이 반드시 당신을 구출할 것이라는 사실에 안심해도 좋다. 사랑을 위해서 노력하고, 형제애를 위해서 노력하고, 지성을 위해서 노력하라. 대다수의 사람들이 폭력적이고 공격적이고 어리석다고 해서 실망해서는 안 된다. 어떤 식으로 그것을 보든 당신의 노력은 보상받을 것이다. 인류가 전 행성적 의식을 발전시켜 모든 인간이 황금시대로 들어가지 못한다면 이 행성은 스스로 멸망할 것이다. 그렇게 되면 우리들은 당신들을 구출할 것이고, 그리하여 당신들은 새로운 세계를 건설하게 될 것이다.

나 야훼는 알파이자 오메가이며 지구에 온 최초의 인간이자 또한 최후의 인간이 될 것이다. 나는 지구의 모든 인간들에게 나의 예언자

라엘의 말을 통해 이 메시지를 보낸다. 우리들이 창조했고 우리들이 황금시대로 이끌려고 노력해 왔던, 그리고 우리들이 우리의 친자식처럼 사랑하는 모든 인간들에게 이 메시지를 보낸다.

지상에는 평화를, 모든 인간에게는 선의를, 뜻을 지닌 모든 자에게는 행복을. 우리들의 유산은 준비되어 있다. 아이가 요람에서 죽지 않기를 우리들은 바라고 있다. 그것은 당신의 행동에 달려있다!

3

무신론적 종교

날개없는 천사들

"An angel from heaven contacted me. He said that I was the Messiah of the Apocalypse and told me to go and evangelise the earth,and to create a church of which I would be the pope and the pontiff,I,the prophet of this catholic religion."

「하늘에서 천사 하나가 나를 만나러 왔다. 그는 다음과 같이 말했다. 나는 아포칼립스(계시)시대의 메시아이며 지구상에 복음을 전하기 위해 나가야 한다. 그리고 내가 교황과 주교가 되는 교회를 설립해야 한다. 나는 이 카톨릭 종교의 예언자이다.」

이 글을 읽고 나를 알고 있는 사람들은 틀림없이 이렇게 말할 것이다. '마침내 라엘은 이성을 잃고 말았다. 사명감의 지나친 무게로 말미암아 심각한 정신이상을 일으켜서 본래의 목적을 배반하고 있다.'

우선 이 문장은 다음과 같이 받아들여질 것이다.

「날개를 가진 존재가 하늘로부터 나를 만나러 왔다. 그는 나에게 말했다. 나는 신성한 자로서 세상의 종말을 고하러 보내졌다. 나는 지구상에 널리 복음을 전하러 가야하며 돌과 시멘트로 교회를 지어 그곳에서 보관(寶冠)을 쓴 교황이자 왕좌에 앉은 주교가 되어야 한다. 나는 로마에 있는 이 카톨릭 종교의 예언자로서 다가올 세기에 일어날 일들을 알리게 될 것이다.」

이제부터 문장 속에 감추어진 말의 참된 의미를 하나씩 찾아보도록 하자.

〈엘로힘〉과 〈아포칼립스〉라는 말에 대해서 이미 알고 있듯이 우리들은 우선 각 단어의 어원, 즉 그 말이 본래 지니고 있는 참된 의미를 생각해 볼 필요가 있다.

먼저 어원이라는 단어 Etymology의 어원부터 살펴보자. 〈Etym-ology〉는 희랍어의〈참된(true)〉을 의미하는 etumos와 〈과학〉을 뜻하는 logos에서 유래되었다. 즉 〈진실한 것의 과학〉 또는〈진실의 과학〉이다. 그러므로 「진실을 알리는 책」 주변에 모여드는 사람들이 어원학자 (etymologist), 즉〈진실의 탐구자〉가 되는 것은 당연한 일이다.

〈엘로힘(Elohim)〉은〈하느님(God)〉으로 잘못 번역되었지만 히브리어로는 본래〈하늘에서 온 사람들〉을 의미한다. 또〈Apocalypse〉도〈세상의 종말〉로 잘못 번역되었는데 사실은 〈계시 (Revelation)〉를 뜻하는 말로 이제는 우리 모두가 잘 알고 있다. 그러므로 분명히 신비로운 뜻을 지닌 서두의 문장에서 단어를 하나씩 살펴보기로 하자.

「하늘에서 한 천사가 나를 만나러 왔다.」 사전을 찾아보면〈Angel〉은 희랍어〈angelos〉에서 온 것으로〈메신저(messenger,使者)〉를 의미한다. 이것만으로도 전체의 뜻이 변해버린다. 즉 「하늘에서 온 메신저가 나를 찾아왔다」라는 뜻이다. 초자연적인 의미가 이해할 수 있는 것이 되었다. 계속해 보자.

「그는 나에게 내가 아포칼립스 시대의 메시아라고 말했다.」〈Messiah〉는 아람어〈Meschikha〉에서 왔으며〈주(Lord)에 의해 기름이 뿌려진〉또는〈주에게 선택된〉의 뜻이다. 먼저〈메시아〉를 보다 잘 이해하기 위해 주를 나타내는〈Lord (Seigneur-불어)〉를 살펴보면 이 말은〈가장 나이 먹은 자 (the oldest)〉를 의미하는 라틴어〈Senior〉에서 나왔다. 중세에는〈Lord〉가 지방을 다스리는 영주를 뜻했다. 성서가 우리들에게 믿게 하는〈하느님(God)〉은 영원하다는 의미에서〈가장 나이 먹은 자〉가 되고 따라서 지구를 다스리는〈주인 (Lord)〉이 되는 것이다. 오랜 시간이 지나면서 이 말은 변형되었고, 카톨릭교에서는〈나의 주 (My Lord)〉라는 말로 채택된 것이다. (프랑스에서는 Monseigneur, 영국에서는 동의어로서 sire)

모든 영주들을 제거해버린 혁명(프랑스)은 불행히도 종교 안에 있는 그것들을 제거하지 못했기 때문에 오늘날 사람들이 여전히 주교를〈My Lord〉또는〈Monseigneur〉라고 부르고 있다.

그러므로〈메시아〉는〈하느님(God)에게 선택된 자〉를 의미한다. 이미 우리가 알고 있듯이〈God〉란〈하늘에서 온 사람들〉을 뜻하는 엘로힘을 오역한 말이다. 따라서〈메시아〉란 실제로〈하늘에서 온 사람들에 의해 선택된 자〉임을 의미하게 된다.〈아포칼립스〉가 희랍어로〈계시〉를 의미하므로 우리들은 다음과 같이 분명히 쓸 수가 있다.

「그는 나에게 나는 진실의 계시를 위해 하늘에서 온 사람들에 의해 선택되었다고 말했다.」 여기까지는 명백해졌다. 다시 계속해 보자.

「나는 지구상에 복음을 전하기 위해 가야 한다.」

〈복음을 전하다(Evangelise)〉는 희랍어〈euagelion〉에서 왔고〈좋은 소식〉을 의미한다. 그러므로 다음과 같은 뜻이 된다.

「나는 지구상에 좋은 소식을 가져오기 위해서 가야 한다.」

다음에 「나는 교회를 설립해야 한다」에서 교회(Church)는 〈집단(assembly)〉을 뜻하는 희랍어 〈ekklesia〉에서 왔다. 따라서 〈나는 집단을 조직해야 한다〉는 해석이 된다.

그 다음, 「나는 그 교황과 주교가 된다」고 했는데 〈교황(Pope)〉은 〈아버지〉를 뜻하는 희랍어 〈pappas〉에서 왔고 〈주교(pontiff)〉는 〈연결하다〉를 의미하는 라틴어 〈pontifex〉에서 왔다. 〈연결하다〉는 강의 양쪽 기슭을, 또는 지상의 두 지점을, 나아가서는 우주의 두 행성을 연결하는 다리와 같은 의미를 지닌다.

따라서 우리들은 다음과 같이 명확히 말할 수 있다.

「나는 (집단의) 아버지이자 지구와 창조자들의 행성을 연결하는 연락자가 될 것이다.」

그리고 마지막으로 「나는 이 카톨릭 종교의 예언자이다」에 대해 살펴보자. 〈예언자 (Prophet)〉는 〈진실을 계시하는 (밝히는) 자〉를 의미하는 희랍어 〈prophetes〉에서 왔다. 〈종교(Religion)〉는 〈연결하는 것〉, 창조자들을 그들의 창조물과 연결하는 〈끈(the tie)〉을 의미하는 라틴어〈religio〉에서 왔다. 〈카톨릭 (Catholic)〉은 〈우주적인 (univers-al)〉을 의미하는 희랍어 〈katholikos〉에서 유래되었다.

그러므로 문장의 마지막은 다음과 같이 바꾸어 말할 수 있다.

「나는 인간과 그의 창조자들을 연결하는 우주적인 연결이라는 진실을 밝히는 사명을 지녔다.」

이제 각 부분을 합쳐 놓으면 다음과 같은 의미를 지닌 것이 된다.

「하늘로부터 온 메신저가 나를 만나러 왔다. 그는 나에게 다음과 같이 말했다. 나는 하늘에서 온 사람들에 의해 선택되었으며 계시의 시대에 지구상에 좋은 소식을 전하기 위해 나가야 한다. 나는 집단을 조직하고 그 집단의 아버지이자 지구와 우리들의 창조자들의 행성을 연결하는 연락자가 되어야 한다. 나는 인간과 그 창조자들을 연결하는 우주적인 연결이라는 진실을 밝히는 사명을 지닌 자이다.」

문장의 단어에서 신비를 제거하면 이와 같이 누구나 합리적으로 이해할 수 있는 문장이 된다. 서두의 문장은 바로 이와 똑같은 의미를 지니고 있는 것이다. 편협하고 원시적인 신비주의자의 해석과 비교해 볼 때 말의 정확한 의미를 존중하지 않는 태도가 얼마나 쉽게 그 문장의 참된 의미를 바꾸어 놓는지 이 예가 분명히 보여주고 있다.

그러므로 〈라엘리안 무브먼트〉는 하나의 종교로서 인류의 창조자들과 그들의 창조물들을 연결하는 종교이다. 그러나 실제로는 신의 존재를 인정하지 않는다는 의미에서 무신론적 종교인 것이다. 〈무신론적(Atheistic)〉은 희랍어〈atheos〉에서 왔고 〈모든 형태의 신성을 부정한다〉는 뜻이다.

많은 사람들이 종교의 성격을 규정하는 것은 예배의 실천이라고 한다. 그렇다면 예배란 무엇인가? 〈예배 (cult)〉란 〈하느님 (God)에게 바치는 경의〉를 뜻하는 라틴어 〈cultus〉에서 왔다. 여기서 하느님이란 우리들의 창조자들인 엘로힘을 가리킨다. 말을 그 참된 의미로 사용할 때 우리들에게는 라엘리안의 예배가 있다. 그것은 다음과 같다. 일요일 오전 11시의 텔레파시 교신, 적어도 하루에 한 번은 반드시 엘로힘에 대해 생각하는 것 (「두 번째 메시지」〈새로운 율법〉참조), 적어도 일년에 한 번은 반드시 지역가이드를 식사에 초대해서 메시지에 대해 듣는 것, 지역가이드와 매달 정기집회를 갖는 것, 그리고 아포칼립스 시대 (계시의 시대)의 도래를 축하하기 위해 매년 8월 6일에 개최하는 연례총회 등 이러한 모든 행사들이 예배의 성격을 가질 수 있다. 왜냐하면 각 행사는 라엘리안들이 개인 또는 단체로 우리들의 창조자들에게 정기적으로 경의를 나타낼 수 있게 되어 있기 때문이다.

비록 라엘리안이 〈신(God)〉을 믿지 않는다 해도 그들은 여전히 예수를 우리들의 창조자들이 보낸 메신저로 인정한다. 마찬가지로 모세, 석가, 마호메트, 요셉 스미스, 그 외 이 지구상에서 살다 간 모든 위대한 예언자들도 똑같이 엘로힘의 메신저들인 것이다. 이들은 모두 그들의 경전이 예고하고 있듯이 때가 되면 엘로힘과 함께 돌아올 것이다. 라엘리안은 이러한 경전의 참된 의미를 믿으며 무엇보다도 성서의 「창세기」의 기록을 중요하게 생각한다. 또한 코란과 그 밖의 다른 많은 종교적 문헌들도 중요하게 생각한다.

우리들의 창조자들이 준 메시지는 이러한 기록들로부터 신비를 벗겨 내고 본래의 참된 의미를 밝혀준다. 그러므로 라엘리안은 종교적 기록에 덧붙여 만든 인간의 법률을 중요하게 생각하지 않는다. 사람들이 만든 이런 법률들은 정부나 순전히 인간 위주의 법률을 강화시키기 위해서 만들어졌을 뿐이다.

우리들이 엘로힘께 표하는 경의를 〈예배〉라고 불러도 좋을 것이다. 예배란 그 자체가 나쁜 것도 아니며 특히 엘로힘을 신으로 생각하지 않는 사람들에 의해 행해지는 한 더욱 그렇다. 오히려 그것은 우리들에게 생명을 부여해 주고 우리들의 능력이 그들과 동등해질 때까지 스스로 진보하도록 기회와 자유를 준 창조자들의 위대한 사랑의 행위에 대해 진정으로 그들을 사랑하는 사람들이 행하는 것이다.

이제는 무릎을 꿇거나 별을 향해 얼굴을 땅에 대고 엎드려 절할 필요가 없다. 오히려 하늘을 쳐다보고 똑바로 서서 오늘 우리가 이해할 수 있는 시대에 살게 된 특권을 자랑스럽게 생각하며 물질의 소립자들을 변환시키고 컨트롤함으로써 생명을 창조할 수 있는 놀라운 가능성을 우리들에게 부여해 준 창조자들에게 사랑을 보여줘야 한다. 창조자들은 또 우리들이 언젠가 우리들을 존재하게 해준 사람들과 만날 수 있기를 바라면서 사랑에 가득찬 눈으로 은하계를 바라볼 수 있게 해주었다. 그들 덕분에 인류는 이 시간과 공간의 무한 속에 우리들이 왜 여기 존재하게 되었으며 지구상에서의 사명이 무엇인가를 이해할 수 있는 능력을 부여받았다.

지금까지 인간은 이해할 수 있는 능력을 지닌 개개의 인간을 창조한 창조자들을 〈창조주〉로 숭배해 왔지만, 이제 인간은 그들을 지금 이상으로 사랑하기 위해서 창조자들을 더욱 깊이 이해하는 것이 필요하다.

만약 인류가 과학을 악용해서 최후의 대이변이 일어난다면 엘로힘의 이름으로 인류에게 그 잘못을 깨닫게 하고 이 재난을 막기 위해 일한 모든 사람들은 우리들의 창조자들에 의해 구출될 것이다. 우리들의 어버이들에게 신뢰를 가진 사람들에 대해 엘로힘은 그들의 행성에 영원한 생명을 예비해 둠으로써 보상하는 것이다. 그곳에는 인류를 깨우치기 위해 지상에 보내졌던 모든 위대한 예언자들이 지금 살고 있다. 〈신뢰(faith)〉라는 말은 라틴어 〈fides〉에서 왔고 〈믿고 맡기다〉를 의미한다. 그러므로 이해하지 않고 믿는다는 것은 불가능하다. 따라서 무엇보다도 엘로힘을 신뢰하는 것이 중요하다. 우리들의 창조자들에 믿음과 신뢰를 가질 수 있을 만큼 충분히 지성적인 사람들은 보상을 받는다. 인류가 돌이킬 수 없는 과오를 범하지 않도록 노력하는 라엘리안은 엘로힘을 신뢰하고 있다. 왜냐하면 결정적인 대이변이 오게 될 때 그는 엘로힘이 결코 그를 잊지 않을 것임을 잘 알고 있기 때문이다.

"책임감의 마비"

만약 2천년 전 예루살렘에 신문이 있었다면 실업이나 노예 부족에 따른 에너지의 위기, 그리고 로마의 과도한 세금부과 때문에 치솟는 물가고에 대해 썼을 것이다. 또 이러한 주제들이 당신의 주된 화젯거리였을 것이다. 그리고 거기에는 당시의 〈어용학자〉나 명성을 구하려는 기자가 쓴 〈유태인의 왕〉이라고 주장하는 가짜 예언자에 대한 글이 몇 줄 실려 있을 것이다. 글은 이 사람이 한 무리의 신자들, 즉 〈추종자들〉을 주변에 끌고 다니므로 당국은 즉시 이 사람을 체포해야 한다고 주장할 것이다. 이런 식으로 대중의 믿음이 악용되어서는 안 된다는 논조로…….

그리하여 이 〈빛을 가져온 자〉는 체포되고 재판을 받아 사형이 선고된다. 우리들의 창조자들의 메시지를 전하는데 일생을 바친 이 사람은 두 강도 사이에서 못 박히게 된다. 그가 저지른 죄는 무엇인가? 그것은 적어도 2,3백년은 지속되어온 공인종교의 대표자들에게만 허용된 진리를 불법적으로 퍼뜨린 죄이다. 말하자면 일종의 〈금지된 칭호〉를 사용한 죄인 것이다.

「그 동안 대사제들과 원로들은 군중들을 선동하여 바라바를 놓아주고 예수를 죽여 달라고 요구하게 되었다.」 (마태오복음서 27:20)

공인된 종교들의 〈대사제들〉과 신문 매체들은 종교는 몇 천 년의 역사를 가져야만 〈인정〉되며, 그 외의 다른 종교는 모두 위험한 종파의 집단에 지나지 않는다고 대중에게 설득한다.

국가의〈대사제들〉 - 인간이 원숭이의 자손이라고 주장하면서 자기

아이들을 세례시키고 양친의 무덤 위에 십자가를 놓는 과학자들 - 의 종교를 믿게 하는 자들과 부패한 사회의 기본가치를 수년간 더 연장하기 위해, 정체되고 폐쇄적이며 또한 개성을 질식시킬 뿐인 가족제도를 주요한 세금원으로 보호, 육성하기 위해, 계속 급료를 받으려면 무엇이든 할 수 있는 정치인들과 군인들 및 자신의 행위에 책임감을 느끼지 않도록 가르쳐진 정부의 모든 하급관리들(이들은 누군가를 벌하고 고문하고 죽일 때라도 자기들이 사회를 지키고 있다고 생각한다)을 부양하는 국가를 지탱하기 위해 전통이라는 종교를 믿게 하는 자들, 이러한 자들이 모두 인간을 진실로부터 가로막고 있다.

이것들이 정부가 보증하는 종교들이다. 이러한 종교들은 젊은 세대에게 진실을 발견하게 함으로써 기쁨을 주고 그들로 하여금 낡고 원시적인 사회구조를 타파하여 우리가 살게 될 미래의 기술적 세계에 보다 적합한 새로운 사회제도를 대치할 수 있도록 생각하게 만드는 사람들을 제거하려고 한다.

대중을 조종하고자 하는 그런 자들의 최우선 순위는 국민들로부터 책임의식을 제거하는 일이다. 이를 흔히 〈책임감의 마비〉라고 부른다. 그들은 왜 그렇게 해야 하는지를 잘 알고 있다. 그들은 군인이 무엇을 위한다는 확고한 대의명분 없이는 다른 사람을 죽이지 않으리라는 것을 안다. 죄수를 고문하는 일에 있어서도 군인은 그것이 어떤 대의를 위한다는 확신이 없으면 행하지 못한다. 그들은 또 시민이 한발의 피해를 입은 농민을 돕는다는 이유 없이는 그렇게 간단히 고액의 세금을 내지 않으리라는 것도 잘 알고 있다.

사람들은 대의를 위해서라면 무엇이든 할 것이다. 그러므로 통치의 기술은 국민에게 그들 조국의 위대성을 확신시키는 데 있는 것이다.

최근 미국의 과학자들은 책임감의 정도를 알아보는 결정적인 실험을 행했다. 그들은 인간의 잠재적인 폭력성을 실험하기 위해 피해자 역을 담당할 배우들을 고용했다. 이어 신문 광고로 인간 두뇌의 가능성을 탐구하기 위한 실험의 참가자들을 모집했다. 참가자들은 여러 개의 단추가 장치된 의자에 각기 한 명씩 배치되었는데 단추는 배우가 있는 작은 방에 전류를 보내는 장치이며 그에 따라 배우는 전류를 느끼는 듯 연기를 하는 것이다. 단추는 30단계로 나뉘어져 각기 15볼트씩 전류를 높여 가는 것으로 가장 약한 15볼트에서 가장 강한 450볼트까지 전류를 높일 수 있게 되어 있다. 이 단추들은 왼쪽에서 오른쪽으로 나열되어 있고 전기 쇼크가 약, 중, 강, 초강으로 표시되어 있다. 한편, 배우는 자기 앞에 있는 계기판에 불이 켜지는 것을 보고 전류의 강도에 따라 자신이 묶여 있는 전기의자로부터 쇼크를 받는 것처럼 연기를 한다. 쇼크가 〈약〉일 때는 가벼운 반응을 보이고,〈중〉일 때는 조금 뛰어 오르면서 신음소리를 내고 실험을 더 계속하고 싶지 않다고 항의를 한다. 전류를〈강〉으로 높이면 배우는 비명을 지르면서 살려 달라고 애원한다. 마지막으로 450볼트가 흐르는〈초강〉이 되면 그는 마침내 쓰러져 의식을 잃는 시늉을 한다. 쇼크는 구인광고로 모집한 지원자들이 배우에게 보내게 된다. 그러나 지원자들은 피험자가 배우라는 사실을 모르고 실제 인물에게 진짜 쇼크를 보낸다고 생각한다. 배우는 과학자의 간단한 질문에 대답하기로 되어 있는데 그가 틀린 답을 할 경우 구인광고 지원자들은 전기 쇼크를 보냄으로써 바른 답을 재촉하는 것이다. 과학자는 지원자들에게 이 실험은 과학의 발전에 매우 중요하며 따라서 인류를 위한 것이기 때문에 피험자의 탄원에 개의치 말고 계속 전류를 높이라고 재촉한다.

실제에 있어서는 관찰자가 연구대상이 되는 이 실험은 그 후 여러 차례 반복되어 행해졌다. 그 결과 얼마나 많은 사람들이 과학의 발전이라는 명목으로 다른 사람을 치사케 할 정도에 이르게 할 수 있는가에 대한 통계자료가 만들어졌다. 이 실험은 많은 나라에서 행해졌고 따라서 그 결과들을 비교할 수 있게 되었다.

이 실험을 실시한 과학자들과 그들의 자문에 응한 심리학자들의 예상과는 달리 450볼트의 전류를 보낼 만큼 정상을 벗어난 사람들의 숫자가 극히 소수에 지나지 않는 것이 아니었다. 미국에서는 60%의 사람들이 과학자의 말에 복종했는데 과학자는 그들에게 쇼크를 받는 사람의 고통소리를 무시하고 계속 쇼크를 주라고 했으며 심지어는 피험자가 더 이상 말을 할 수 없는 상태가 되어도 그 상태 자체를 틀린 답변으로 간주하여 쇼크를 계속 가하도록 했다. 이 실험은 계속해서 3차례씩 반복한 다음 새로운 전기의자 피험자로 대체되곤 했다. 이 실험은 유럽의 여러 나라에서도 실시되었는데 무려 70%의 사람들이 최대 볼트의 전류를 누르는 데까지 갔다. 최고 기록은 독일에서 수립되었는데 무려 85%의 사람들이 자기 손으로 동족을 전기의자에서 처형한 셈이 되었다.

예일대학 심리학부의 스탠리 밀그람(Stanley Milgram) 교수의 결론은 다음과 같다.

"개인이 계급조직의 지배를 받는 위치에 놓였을 때 통상적으로 개인의 행동을 조정하는 메커니즘은 기능을 잃고 그 행동은 상위 계급에 있는 사람들에 의해 지배된다."

"책임감의 상실은 권위에 맹종하는 최악의 결과이다."

"대부분의 피실험자는 자신의 행위를 사회에 유익한, 즉 과학적 진리의 탐구라는 대의명분 속에서 찾으려고 한다. 심리학의 실험실은 이러한 합법성을 명확히 내세울 수가 있기 때문에 참가자들에게 신뢰감을 줄 수 있었다."

"피해자에게 전기 쇼크를 주는 행위 그 자체는 나쁜 것처럼 보이지만 이러한 환경에 놓이게 되면 완전히 다른 의미를 지니게 된다."

"도덕성은 사라지지 않았지만 그 초점이 완전히 다른 방향에 맞춰지고 있다. 즉 하위에 있는 자는 권위를 가진 자에게 명령받은 행동을 잘 수행했는가 잘못했는가에 따라 수치심을 느끼거나 긍지를 느낀다는 것이다. 이런 종류의 도덕성을 가리키는 말은 수없이 많다. 충성심, 의무감, 규율 등등."

"그것은 의심할 바 없이 우리들의 연구의 기본 과제인데 통상인들은 그들 쪽에 어떤 특별한 적의가 없어도 단순한 직무상의 구실로 엄청난 파괴 행위의 앞잡이 노릇을 할 수 있다는 것이다."

"더구나 그들의 일이 가져올 파괴적인 결과가 절대적으로 확실하다고 하더라도 누군가 기본적인 도덕규범과 양립할 수 없는 행위를 요구할 때 권위에 저항할만한 내면적인 힘을 가진 사람은 거의 없다."

"그것은 거의 모든 사람들이 타고난 듯한 치명적인 결함이며 그 때문에 장기적으로 볼 때 우리들의 종(種)이 살아남을 가능성은 매우 작은 것이다." (Submission to Authority, S. Milgram, Paris 1974)

이 이상 명백한 것은 없다. 이제 우리들은 왜 예수가 십자가에 못 박혔는지, 왜 수백만의 사람들이 종교전쟁이나 내란 또는 나치스의 학살 때 심문관의 손에 죽어 갔는지 이해할 수 있다. 어떻게 단순한 채소 장수나 환전업자가 십자가 형리가 되고 마녀를 불태우거나 여자나 어린이들을 가스실로 보내는 나치 친위대가 될 수 있었는지 쉽게 이해할 수 있다. 그들은 누구나 인류의 이익을 위해서 행동했다고 생각하는 것이다. 이전 사람들은 자기들의 전통을 뒤집어엎으려고 했기 때문에 〈빛을 가져온 자〉를 죽였고, 후에 다른 사람들은 자기들과 다른 방식으로 사는 사람들이 흉작이나 페스트, 심지어는 경제 위기에 확실히 책임져야 한다고 생각했다. 바보들이 그런 생각을 했다면 용서받을 수 있을지도 모른다. 그러나 대중에게 이런 흉악한 생각을 주입하고 자신의 목적을 위해 대중을 통제하고 지배한 정부는 절대 용서받을 수 없다.

알제리아에서 게릴라 사냥을 한 프랑스 지도자들도 똑같은 원리에 의해 행동했다. 그들은 하급 장교들에게 본국에 유익한 정보를 얻어낸다는 구실 하에 북아프리카 인들을 고문하도록 했다. 고문을 한 군인들은 조국의 최대의 이익을 위해서 〈용감하게〉행동함으로써 자신을 〈희생하고〉있다고까지 생각했다.

지구의 사람들이여, 당신은 자신의 가장 작은 행동에도 매우 신중해야 한다. 당신에게 요구된 행위가 자기 내면에 깊이 뿌리박은 인간의 존엄성에 위배되지 않는가를 스스로 물어야 한다. 당신의 행위에 대한 책임감을 억제하려는 어떤 조직 계급도 거부해야 한다.
모든 나치 전범자들은 하나같이 법정에서 자기는 오직 명령만을 따랐을 뿐이라고 주장하면서 적극적으로 자신을 변호했다. 히로시마에 원폭을 투하한 자도 역시 명령을 따랐을 뿐이다. 프랑스를 포함한 모든 강대국에는 '명령을 수행함으로써 직무를 다할 뿐'이라고 생각하면서 확신과 명백한 의식 하에서 핵미사일을 발사할 준비가 되어 있는 사람들이 많다. 그러나 모든 개인은 자기 자신의 행위에 대해서 책임을 져야한다! 나치 독일의 전역에서는 명령을 수행하는 자들에 의해 수많은 남자와 여자, 그리고 어린이들이 고문을 당했다. 그런데 그들은 모든 일의 책임이 단 한 사람 히틀러에게 있다고 주장할 것인가? 그렇다면 그것은 너무나

안이하다. 수백 발의 핵미사일이 다른 나라를 목표로 프랑스로부터 발사될 준비가 되어 있다. 만일 이 미사일이 수천 명의 여자들과 어린이들이 살고 있는 다른 나라에 떨어져 대학살이 일어난다면 그 책임이 대통령 한 사람에게만 있다고 할 것인가? 물론 아니다! 타인을 죽일 수 있는 힘을 가진 사람은 누구나 개인적으로 이 힘의 사용에 대한 책임이 있다. 어린이들이 신음하고 있는 소각로에 불을 붙인 자는 그것을 명령한 상관보다 더 큰 책임이 있다. 마찬가지로 도시에 원자탄을 떨어뜨린 사람은 그것을 명령한 사람보다 더 큰 책임이 있는 것이다.

인간은 각자 자기 자신의 행위에 대해 전적으로 책임이 있으며 상관의 명령을 따랐을 뿐이라는 구실로 결코 책임감을 회피할 수 없다.

만일 내일 내가 당신에게 우리들의 운동을 더 빨리 추진하기 위해서 누군가를 죽이라고 요구한다면 당신은 그것을 실행해서는 안 된다. 심지어 엘로하가 당신에게 누군가를 죽이라고 명하더라도 당신은 그것을 거부해야 한다. 왜냐하면 그것은 불사회의의 다른 임원들에게 인간의 잔악성을 증명하려고 하는 사탄의 의도일 수도 있기 때문이다.

당신의 모든 행동은 타인의 생명과 타인의 사상, 그리고 타인의 기호에 대한 깊은 존경의 마음을 바탕으로 행해져야 한다. 우리들은 우리들에게 동의하지 않는 사람들에 대해 폭력과 물리적 힘을 사용하는 일없이 그들의 관념과 싸워야 한다.

당신 주변의 사람들을 일깨워야 한다. 그리고 어떻게 다른 사람들을 존중할 것인가, 어떻게 〈무책임한 행동〉을 거부할 것인가를 보여줘야 한다. 이 〈책임감의 회피〉의 가장 위험한 옹호자는 군대이다. 이 무책임감의 계수가 독일에서는 85%나 되고 미국에서는 60% 밖에 되지 않는 사실을 상기하자. 정치 또는 군사적 계급조직에 의해 명령된 폭력행위에 동의하고 이를 실행하는 의지박약자가 내일은 단지 10%에 지나지 않게 되도록 당신은 당신의 모든 노력을 다해야 한다.

예수를 죽인 자들은 아주 평정한 상태에서 그것을 해치웠다. 그들은 책임감을 느끼지 않았다. 그들은 단지 명령을 따랐을 뿐이었다. 빌라도 자신도 이 범죄에 대해 책임지기를 거부했고 이 사건에서 〈손을 씻었다.〉 그는 랍비들에 의해 조종된 광신자들에게 예수를 처형하도록 용인했다. 마치 나치 친위대가 독일 국민을 광신주의로 마비시킨 것처럼 말이다. 만일 그 모든 사람들에게 책임감을 느끼는지 묻는다면 아마 아무도 그렇다고 대답하지 않을 것이다. 그들도 모두 로마인처럼 〈손을 씻은〉것이다. 랍비들도 율법과 총독의 명령에 따랐을 뿐이라고 주장할 것이다. 광신자들도 마찬가지이다. 설사 어느 한 사람이 책임을 진다해도 실제로 죄를 범한 것은 그 국민 전체인 것이다. 그 죄란 죄없는 사람의 살인을 막기 위해 아무 행동도 하지 않았다는 것이다.

초기 기독교도들을 사자굴에 밀어 넣은 자들도 명령만을 따랐을 뿐이다. 마녀를 불태워 죽인 자들과 신교도들을 순교시킨 자들도 아우슈비츠의 나치 당원과 마찬가지로 명령을 실행했을 뿐이다. 히로시마에 원자폭탄을 싣고 간 비행기 조종사도, 베트남에서 마을을 불태운 헬리콥터 조종사들도 마찬가지이다.

우리들은 모두 우리 생애의 모든 순간에 선택권을 가진다. 우리 자신의 행동에 책임을 지든가 아니면 무책임한 사람이 되든 가이다. 그러나 무책임한 사람들도 자신의 행위에 대해 여전히 책임이 있다. 그들은 언젠가 그 행위에 대해 설명하지 않으면 안 된다. 이러한 행위는 모두 인류에 대해 죄를 범하는 것이기 때문이다.

이상 말한 것을 마음에 새겨 두어야 한다. 그리고 당신이 책임질 수 없는 행위를 당신에게 요구하는 어떤 계급상의 의무도 단호히 거부해야 한다. 군대는 그 가장 위험한 예이다. 명령을 따른다는 구실로 사람을 죽이는 것보다는 차라리 명령을 거부하고 죽는 편이 낫다. 야만적인 명령을 실행하는 자는 사실상 명령을 내린 자보다 책임이 더 무겁다.

어떤 이유도 타인에게 고통을 주는 것을 정당화할 수는 없다. 만일 인류의 생존이 비폭력적인 한 인간에게 가해진 고통에 의존하는 것이라면 차라리 인류가 멸망해 버리는 편이 낫다. 더구나 그것이 인류 전체에 속하는 지구에 임의로 경계를 짓는데 지나지 않는 한 나라의 생존에 관한 것이라면 더욱 그렇다.

이 원칙을 절대적으로 존중하는 것만이 인류가 개인적인 책임감의 마비로 자신도 모르게 빠져드는 것을 방지할 수 있는 유일한 길이다.

다음의 말을 우리들 마음속에 항상 지니고 다니자.

"나는 내가 타인에게 행하는 어떤 일에도 전적으로 책임져야 한다. 비록 내가 명령받은 일을 행할 때라도."

"어떤 이유도 비폭력적인 단 한명의 인간에게 고통을 주거나 죽이는 것을 정당화할 수 없다. 비록 인류의 생존이 그것에 좌우된다 하더라도."

이것이 우리들의 마음에 새겨 두어야 할 두 번째 말이다.

이 원칙은 물론 정당한 자기방위의 경우에는 적용되지 않는다. 메시지의 본문에서 설명한 바와 같이 당신 자신이나 당신이 사랑하는 사람들에게 폭력을 쓰는 자에 대해서는 부득이 힘으로 상대방을 무력한 상태에 두는 것이 허용된다. 만일 군인 한 사람이 핵미사일로 인류의 멸망을 위협한다면 그를 힘으로써 굴복시키거나 다른 방법이 없는 경우에는 그를 처형하는 것도 정당하다. 폭력으로 인류를 위협하는 자들에게는 무장해제를 시키고 그 힘을 무력하게 만들기 위한 경우에 한해서 무력을 사용할 수 있다.

그러나 핵미사일의 발사 명령을 실행함으로써 도시 전체를 눈깜짝할 사이에 파괴할 수 있는 힘을 가진 자들에 대해서 억제력이 될 수 있는 아주 좋은 방법이 있다. 그것은 그러한 사람들의 정확한 명단을 만들고 공개하여 핵무기의 사용 시 명령을 준 자와 함께 그들을 재판한다는 것이다. 오늘날 나치 전범들은 이 방법으로 다루어지고 있다. 만약 1939년에 이러한 조치와 리스트가 존재했었다면 많은 사람들이 무고한 희생자들을 고문하기 전에 한번쯤 더 생각해 보았을 것이다.

비폭력적인 시민들은 군대 안에 공정한 감시자를 두어 명령이라는 구실 하에 비인간적인 행위가 자행되지 않도록 하고, 명령 때문에 잔혹한 행동을 한 자들의 명단을 만들 수 있는 권리를 요구해야 한다. 경찰을 통제하는 검찰은 존재하지만 군대를 통제하는 기관은 존재하지 않는다. 전시에는 명령을 거부하는 병사를 그 자리에서 총살할 수 있음을 잘 알기 때문에 어떤 명령도 내릴 수 있는 것이 군대다.

지구상에서 군대와 전쟁이 없어질 때까지 중립적인 감시자들은 인류에 대한 범죄가 되는 명령을 거부한 군인들의 처형을 반대할 수 있도록 해야 한다. UN은 이러한 감시자들을 세계 모든 국가의 군대에 배치해서 어떤 군인이 명령불복종 때문에 처형되기 전에 그가 거부한 명령이 인류에게 범죄가 되는지 조사할 수 있는 이러한 감시자들로 구성된 위원회에 의해 재판받도록 해야 한다.

사람들은 악한 일인 줄 알면서도 명령을 따르는 경향이 많다. 명령을 따르지 않았을 때 처벌받는 것이 두렵기 때문이다. 사람들은 자기가 투옥되거나 죽는 것보다는 죄없는 사람들을 죽이거나 고문하는 쪽을 택한다. 결코 굴복해서는 안 된다! 죄없는 인간에게 손을 대기보다는 차라리 자신이 투옥되거나 죽음을 택해서 참된 인류의 영웅이 되어야 한다. 그리하여 수백만의 사람들이 당신과 똑같이 행동할 수 있게 될 때 명령을 내린 자의 명령은 범죄에 가담하지 않으려는 군인들에 의해 거부되고 마침내는 명령을 내린 자가 처벌받는 때가 오는 것이다.

권력을 가진 고용주들이 인간을 가축처럼 착취하던 1936년 이전에도 소위 법의 수호자라는 경찰의 손에 의해 많은 사람들이 죽어 갔지만, 그럼에도 불구하고 인간은 노동을 거부하고 노조를 결성할 만큼 충분한 힘을 지녀왔다. 그러므로 이 세계의 주민에게 부과된 최후의 폭정 형태인 군국주의와 싸우기 위해 똑같은 힘을 끌어내는 것은 아직도 가능하다.

권력과 명예를 지닌 많은 자들은 내가 하는 말을 듣고 불안을 느낄 것이다. 불행히도 그들이 나의 존재를 알아차리기에는 너무 늦었다. 나의 활동의 처음 2년간은 불안했지만 지금은 아무 불안도 느끼지 않는다. 만일 내가 활동의 초기에 투옥되었다면 나는 지구상에서의 나의 사명을 다하지 못했을 것이다. 다행히도 권력자들은 비행접시나 분홍 안테나를 가진 화성인에 대해 이야기하는 이 장발의 젊은이를 보고 미소지었다. 그러나 지금 그들은 우리들의 창조자들로부터 온 메시지의 내용이 그들이 권력을 장악하기 위해 사용해온 모든 것, 즉 종교, 정치, 군대, 노동, 가족, 국가에 대해 의문을 제기하고 기존 관념들을 뿌리 뽑으려는 평화로운 혁명에 목적을 두고 있음을 이해하기 시작했다. 그래서 이제 그들은 이전의 권력자들이 나의 형인 예수에게 한 것처럼 그들의 〈정의〉를 사용하여 나의 활동을 저지하려고 하고 있다.

언제나 최악의 부정을 정당화하는 정의가 있어 왔다. 초기 기독교도들을 처형하고, 마녀들을 불에 태워 죽이고, 유태인을 학살 캠프로 보내고, 소련이 반체제 인사들을 정신병원이나 강제노동수용소에 보낸 것은 언제나 공식재판에 의해서 이루어졌다. 이러한 사람들은 〈비타협주의자들〉로서 〈정상적〉이 되어 순응하는 것을 거부하고 기존질서를 뒤흔들어 놓았기 때문이었다. 불행히도 그들은 너무 늦게 알아차렸다. 내가 감옥에 투옥된다 해도 이미 세계의 많은 나라에는 우리들의 창조자들의 메시지를 전하는 당신과 같은 수천 명의 메신저가 있는 것이다. 나는 이미 혼자가 아니다. 나는 당신들 3천명과 같다. 나는 이제 웃으면서 감옥에 갈 것이다. 세계 곳곳에서 또 하나의 라엘인 당신들이 대사관을 짓기 위해, 그리고 인류가 황금시대로 들어가기 위해 힘을 합쳐 일하고 있음을 알기 때문이다.

감옥 안에서도 나는 사명을 다한 자의 행복을 느낄 것이다. 나는 바로 그 사명 때문에 태어났으며 비록 내가 더 이상 행동할 수 없게 된다고 하더라도 내가 시작한 모든 일이 나 없이도 계속 추진되어 나갈 것임을 잘 알기 때문이다. 또한 나는 나의 아버지가 이 지구상에서 내가 더 이상 필요하지 않게 될 때 불사의 행성에 있는 나의 형제들과 예언자들에게로 불러 주실 것을 알고 있으며 또 그렇게 바란다.

이렇게 생각만 해도 기쁨에 넘쳐, 나는 우리 어버이들의 영광을 위해 노래하고 싶다. 사람들이 그 뜻도 잘 이해하지 못한 채 되풀이해온 말인 '할렐루야'를 외치고 싶다. 〈할렐루야 (Alleluia)〉는 히브리어로〈야훼에게 영광이 있으라〉를 의미한다. 그렇다. 나에게 사명을 끝까지 수행할 수 있는 힘을 준 야훼에게 영광이 있으라!

나의 라엘리안 형제들이여, 나는 지금 당신들이 당신들의 사명을 다할 수 있도록 이 횃불을 넘긴다. 진리가 승리할 때는 아직 오지 않았지만 그것은 그리 멀지 않았다. 당신이 그 시대를 살 수 있는 행운을 가졌음을 당신은 확신해도 좋다. 성서에는 이렇게 쓰여 있다. '모든 것이 계시되지 않는 한 이 시대는 지나가지 않을 것이다.'

이 말은 1945년을 기점으로 시작된 〈계시의 시대〉를 사는 기회를 가진 모든 사람들에게 주어진 것이다. 당신들은 바로 이 세대인 것이다! 세계 평화와 인류의 개화에 기여한 당신의 노력 덕분에 이 지구상에서 〈황금시대〉를 맞이하거나, 아니면 인류는 스스로 파멸을 초래하고 당신은 불사의 행성에 이미 살아 있는 위대한 예언자들과 더불어 〈황금시대〉를 맞이하게 될 것이다.

엘로힘은 당신들 각자가 빛을 가져오는 자가 되기를 기대하고 있다. 나의 마지막 말은 다시 어원적으로 비신비화된 〈아멘 (Amen)〉이다. 이것은 히브리어로 〈그처럼 되라! (So be it!)〉를 뜻한다.

우리들의 창조자들의 메시지에 대해 충분히 알지 못한 채 이 책을 읽고 있는 사람들이여, 가능한 한 빨리 나의 다른 책들을 읽어보고 우리들과 함께 인류에게 이 진실의 메시지를 알리고 엘로힘이 지구상의 모든 정부와 공식적인 접촉을 할 수 있도록 〈엘로힘의 지구대사관〉을 건설하는데 참여합시다. 그분들은 모든 경전에서 예고한 것처럼 모세, 예수, 석가, 마호메트 그리고 다른 모든 위대한 예언자들과 함께 이 대사관에 올 것입니다.

그리고 나에게 편지를 쓰십시오. 그러면 나는 언제, 어디서 당신의 세포설계도의 전송 - 엘로힘을 우리들의 창조자로 인정하는 최초의 행위 - 이 행해지는지, 또 당신 나라의 가이드의 이름과 주소를, 그리고 라엘리안을 위한 각성 세미나가 언제 열리는지를 알려 드리겠습니다.

이러한 각성 세미나와 가이드 세미나를 통해 당신은 가이드가 될 수 있고 무한과 자기완성과 개화, 그리고 인류에 대한 사랑에 바탕을 둔 우리들의 무신론적 종교의 유능한 메신저가 될 수 있을 것입니다.

펜을 쥐고 행동으로 옮기십시오! 당신은 더 이상 당신 인생의 방관자가 되어서는 안됩니다! 당신의 단조로운 일상 생활에서 깨어나 행동하는 사람이 되십시오. 당신의 인생은 수천 가지 빛깔의 절대의식으로 빛나게 될 것입니다.

펜과 종이를 들고 당신의 일상적인 말로 간단히 나에게 쓰십시오. 진실의 발견이 당신에게 충격적이었는지를 말해 주십시오. 당신의 깊은 내면에서 솟아오르는 충동을 따르십시오. '아, 바로 그거야. 그러나 평범한 인간에 지나지 않는 내가 어떻게 변할 수 있을까? 우선 모두들 뭐라고 할까?'

당신의 머리를 모래 속에 파묻지 말고 사회가 제공하는 부서지기 쉬운 껍질 밖으로 나와 자유롭게 되십시오! 당신은 이미 머리를 바깥으로 내밀었고 멋진 기분을 느낍니다. 그러나 당신은 이것이 다만 환상에 지나지 않는 것은 아닐까, 또 순간적인 즐거움에 지나지 않는 것으로 많은 문제들을 가져오지나 않을까 하고 두려워하시겠지요. 그것은 잘못입니다! 당신이 느끼는 이 멋진 감동을 끝까지 살리십시오. 당신은 새로운 세계로 들어갈 것입니다. 그곳에서 어느 날 밤 메시지를 단숨에 읽고 메시지를 전하는 운동에 참여하기를 망설였던 당신과 똑같은 수많은 사람들을 만나게 될 것입니다. 이 사람들은 자신들이 거쳐온 과정을 얘기해 줌으로써 당신을 도울 것입니다. 당신은 그들과 함께 있는 당신 자신을 바라보면서 타인의 비웃음에 대해 두려워하지 않고 자유롭게 대화하는, 행복이 가득한 당신 자신을 발견하게 될 것입니다. 왜냐하면 당신은 당신과 함께 있는 사람들이 당신과 똑같은 우주관을 가지고 있음을 확신할 수 있기 때문입니다. 비웃음을 당할까봐 두려워 여태껏 한번도 자신있게 나타내 본 적이 없는 당신 속에 깊이 있는 그 우주관 말입니다.

우리들의 가이드 중 한 사람인 피에르는 말합니다. ' 우리는 라엘리안이 되는 것이 아니다. 메시지를 발견함으로써 라엘리안이었음을 발견하는 것이다.'

만일 당신도 자신이 라엘리안임을 발견한다면 나는 당신의 편지를 기다리고 있겠습니다. 엘로힘도 당신이 그 편지를 우체통 속에 넣기를 기다리실 것입니다.

4

라엘리안의 논평과 증언

과학의 눈으로 본 라엘리즘

마르셀 테루스 (Marcel Terusse)
화공학자, 라엘리안 가이드

1. 진화, 반계몽주의, 그리고 신다윈주의적 신화

우리들의 대부분은 학교에서 진화론을 배웠다. 이 이론은 역사, 철학, 그리고 종교에까지도 그 영향력을 미쳐 왔다. 장 로스탕(Jean Rostand)은 다음과 같이 말했다.

"우리들은 이 이론(진화론)이 주입되어 푹 젖어버렸고, 또 조건지어졌다. …… 우리들은 학교 의자에 앉아 이 모든 것을 배웠으며 생명은 진화되었고 생물은 저절로 다른 종으로 변형되었다고 앵무새처럼 외웠던 것이다."

불행히도, 학교를 다니지 않아 이러한 주입식 교육을 받지 않은 사람들과 또 학교는 다녔으나 이 이론을 잘 알지 못하는 사람들조차도 더욱 광신적으로 이 이론을 믿고 있다. 마침내 여러 세대에 걸쳐 계속된 주입식 교육은 필연적으로 우리들의 정신을 편향되게 만들어 버린 것이다. 무엇보다도 진화론을 반증하는 수많은 증거가 있음에도 불구하고 그것이 학생들에게 제시된 적은 결코 없었다.

유명한 과학자들과 교수들, 그리고 성직자들이 진화론을 사실로서 인정하는 판국에 그것에 감히 의문을 제기함으로써 이단자로 자처할 수 있는 용기를 가진 사람은 얼마나 될 것인가?

이것은 과학자의 길을 걷고 있는 사람들에게 특히 중요한 문제이다. 그러나 다행히도 기존의 과학자들 사회 내에도 위에서 언급한 바 있는 탁월한 생물학자 쟝 로스탕과 같이 명석한 통찰력을 가진 사람들이 몇 명은 있다. 1960년에 발행된 그의 저서 「진화」에서 로스탕은 다음과 같이 말하고 있다.

"신다윈주의자들이 확실히 바라는 것처럼 진화의 문제가 정말 해결되었다고 우리들이 확신할 수 있는가? 지구상의 모든 생명이 출현하게 된 주원인으로 그들이 간주하며 우리가 익히 알고 있는 돌연변이는 대개 기관의 상실, 색소 혹은 돌기의 결핍이나 손절, 또는 기존 기관의 중복에 지나지 않는다. 어떤 경우에 있어서도 돌연변이가 유기체의 설계상에 아주 새롭게 독창적인 것을 가져온 적은 결코 없으며 우리가 믿고 있듯이 새로운 기관의 생성이나 새로운 기능의 시작이라고 볼 수 있는 것은 아무 것도 없다. 아니, 결단코 나는 이러한 유전상의 실수가 그 풍부함과 구조적 정밀성과 놀랄만한 적응성을 갖추고 있는 전체 생명계를 자연도태의 선택적 요인과 장대한 세월의 도움을 받아 형성하였다는 것을 인정할 수 없다."

지난 10년간 돌연변이의 메커니즘을 해명하기 위해 많은 실험이 실시되었으나 항상 같은 결론에 도달했을 뿐이다.

이 연구 분야의 선구자 중 한 사람인 1946년 노벨상 수상자 H.J.뮬러(Muller)는 특히 과일에 몰려드는 초파리 (학명:Drosophila Melan-ogaster)를 연구대상으로 삼았다. 그는 "돌연변이가 생존을 허용하는 경우는 매우 드물다. 따라서 우리들은 그것을 생존에 불리한 것으로 간주할 수 있다."라고 결론을 내렸다.

자연에서 일어난 것이거나 실험실에서 일으킨 것이거나 간에 거의 모든 돌연변이는 결과적으로 유전병, 생존율의 악화, 그리고 유전적 기형을 가져왔다. 생물염색체의 설계도는 매우 복잡한 것으로 이 구조에 어떤 수정을 가한다는 것은 불가피한 조직의 파괴를 가져올 것이다.

실험실에서 이러한 방법에 의해 목 또는 몸 전체에 털이 없는 닭이나, 눈, 날개, 꼬리의 색깔이 변한 곤충들, 또 기관이 다소 변형된 곤충들까지 만들어 낼 수 있었으나 자연 환경 안에서는 단 한 건의 돌연변이도 생물의 생존에 유리하게 작용하지 않는다는 것을 관찰할 수 있었다. 이런 종류의 우발사고는 결코 유기체의 기관을 증가시킬 수 없고 오히려 손실만을 가져올 따름이다. 마치 시계를 땅에 떨어뜨린다고 해서 시계가 더 정확히 가는 것도 아니고, 컴퓨터를 스패너(나사돌리개)로 두드린다고 해서 계산 능력이 더 좋아지는 것도 결코 아닌 것과 같다. 또한 시간적 요소는 아무 것도 변화시킬 수 없다. 어제 불가능했던 것은 오늘도 역시 불가능한 것이다.

돌연변이 그 자체는 항상 종이라는 한계 속에 머물러 있다. 예를 들어, 돌연변이를 일으킨 초파리의 무수한 돌연변이체는 그 어느 것 하나도 다른 종, 즉 그 선조와 다른 별개의 종을 만들어내지는 못했다. 몸의 크기나 색깔, 형태가 다소 변하긴 했지만 어떤 돌연변이도 전에 없던 특성을 지닌 새로운 생물로 출현된 적은 없었다. 살아 있는 세포들은 극히 복잡한 분자들로 구성되어 있고 이 분자들 자체도 복잡한 원자들의 집합체인 것이다. 그러므로 아무렇게나 주변에 흩어져 있는 기본 요소들로부터 어떻게 이처럼 정교한 구조물이 자연발생적으로 생겨날 수가 있겠는가? 비활성물질은 스스로 복잡화를 꾀하지 않으며 오히려 반대로 분산과 안정의 상태로 향하려는 경향이 있다. 미래의 어느 날 돌연변이가 일어날 것이라고 말해봐야 소용없다. 왜냐하면 시간은 해체와 분산을 가져오기 때문이다.

모든 유기적 조직체(생물)가 분산과정으로 되돌아가려는 경향은 엔트로피의 작용을 규정하는 열역학의 법칙에 기술되어 있다. 그러므로 외부의 힘에 의한 개입 없이는 질서의 획득이란 결코 있을 수 없다. 따라서 에너지나 운동을 갖지 않는 비활성물질은 그것을 조직하거나 지휘하는 인위적인 손이 없는 한 언제까지나 변화하지 않을 것이다. 그러므로 진화론은 엔트로피의 법칙에 정면으로 모순된다.

진화의 이론을 구축하는 데는 전적으로 비과학적인 방법이 사용되고 있으며 변이론자(變異論者)들이 증거들을 객관적으로 검토하고 사실성을 강화하지 않는 한 이러한 경향은 계속될 것이다.

명예의 추구, 편협한 논쟁, 명성에 대한 두려움, 자기중심적 사고가 사라지고, 선입관이 아닌 확고한 사실에 입각하여 올바른 결론을 이끌어낼 수 있을 때만이 진정한 진보가 이루어질 것이다.

지구상의 생명은 우연이나 필연의 결과가 아니고 외부로부터의 개입의 산물, 다시 말해서 우리들의 창조자 엘로힘에 의한 창조의 산물인 것이다.

2. 인류의 역사에 대한 새로운 가설

미국의 중앙정보국(CIA)이 허드슨 연구소에 석유, 천연가스, 석탄과 같은 세계천연자원의 분포에 대한 연구 조사 업무를 위탁했을 때 연구 책임자로 있던 네브링(Nebring) 교수는 다소 이상한 현상을 발견했다.

대륙이 갈라지기 전인 지질학적 삼첩기(三疊紀)의 끝무렵 각 대륙을 그 본래의 모습대로 한데 끼워 놓고 보니 세계의 모든 주요 유전지대가 환(環)을 이루고 있음을 발견했다. 즉 북극과 알래스카 유전지대, 알버타의 아스팔트사막, 콜로라도 - 멕시코 - 베네수엘라의 바이투멘(bitumen: 탄화수소화합물)편암지대, 오레녹 - 나이지리아 - 남사하라 - 리비아 - 아라비아 - 이란 - 시베리아의 유전지대가 하나의 원을 그리고 있는 것이었다.

현재 석유에 대한 조사가 밝히는 바에 의하면 식물이나 동물과 같이 한때는 살아 있던 유기체들이 공기가 없는 진공상태 속에서 혐기성(嫌氣性) 박테리아에 의해 단백질과 지방이 변질되어 생겨난 것이 석유라고 한다. 이러한 단백질과 지방의 주요 원천은 죽은 나무들인데 일반적인 경우 나무가 죽으면 보통 공기 속에 사는 박테리아(好氣性)가 이를 분해하여 숲의 먹이연쇄로 재순환함으로써 석유가 생기지 않는다. 그러므로 석유가 만들어지려면 나무가 공기와 접촉할 시간적 여유가 없을 만큼 급격히 매몰되지 않으면 안 된다. 유전지대를 조사해 보면 대개 깊고 (프랑스 북부에서는 2,000미터나 깊다) 막대한 면적 (미국 애팔레치아 산맥에서는 18,000평방킬로미터나 된다)에 걸쳐 있으므로, 단 한 번에 매몰된 물질의 실제 양은 상상할 수 없을 정도의 엄청난 규모임을 알 수 있다.

현재까지 어떤 이론도 이러한 사실에 대해 만족할 만한 설명을 해주지 못했다. 하지만 우리 라엘리안은 이 수수께끼를 푸는 열쇠를 가지고 있다.

엘로힘이 그들의 기지와 실험실, 그리고 지구상에 그들이 창조한 모든 생명체를 파괴할 것을 결정했을 때 그들은 극도로 강력한 파괴 수단을 사용하지 않으면 안되었을 것이다. 그것은 원초의 단일대륙을 찢어 폭발의 중심으로부터 대륙의 파편들을 떼밀어 낼만큼, 또 모든 지표를 강타할 만큼 강력한 폭발이었을 것이다. 강력한 충격파가 폭발의 중심으로부터 외부로 퍼져감에 따라 광대한 숲과 동물과 인간을 포함한 모든 생명물질들이 이 폭풍에 휩쓸려 한꺼번에 깊이 매몰되고 삽시간에 수천만 톤의 흙이 덮여버린 이러한 지역이 폭발지점을 중심으로 원을 그리며 위치해 있는 것이다.

이것이야말로 네브링 교수가 모든 대륙을 끼워 맞추어 그 본래의 단일 대륙을 만들었을 때 그의 흥미를 그토록 끌었던 거대한 환의 형성과 방대한 양의 생명물질이 어떻게 공기가 없는 상태로 급격히 매몰될 수 있었던 가에 대한 설명이 될 수 있는 것이다.

엘로힘에 의한 원초의 대륙형성 이후 파괴가 일어나기까지의 시간 동안 침식작용에 의하여 산호, 조개류와 같은 동물성 물질이 풍부한 침전물이 대양 속에, 특히 원초대륙 주위에 대량으로 쌓였을 것이다. 후에 남북아메리카가 된 대륙판은 대양바닥을 밀어올려 해저의 모든 퇴적물들이 록키산맥과 안데스산맥을 형성하게 된 것이다.

마찬가지로 아프리카에서 떨어져 나온 인도 대륙은 북동쪽으로 미끄러지면서 그 길에 놓인 방대한 물질들을 밀어 올려 오늘날 우리가 알고 있는 히말라야산맥을 형성했다. 남쪽으로 표류하던 남극 대륙은 거대한 얼음의 층으로 덮이게 되었는데 오늘날에도 열대 식물의 흔적을 보존하고 있다. 반면, 아프리카 - 인도 대륙의 일부였던 오스트레일리아는 남동쪽으로 향하면서 앞머리에 퇴적물을 쌓아 올려서 그레이트디바이딩 산맥을 형성한 것이다.

파괴는 대이변이었으며 이러한 대이변은 광대한 지질의 변화 뿐만 아니라 기후의 변화도 가져와서 무수한 생물들을 전멸시켜 모래, 석회, 흙, 냉토(冷土)층 밑으로 매몰시켰다. 냉토층 속에 매몰된 것은 오늘날까지 잘 보존되고 있으며 시베리아 북부에서는 이따금 생생한 동물의 사체들이 융기된 얼음의 무덤으로부터 출토될 때가 있다.

오직 소수의 인간들만이 〈대홍수〉동안 방주 속에서 보호되었다. 그들이 돌아 왔을 무렵 대륙은 폭발에 의해 알아볼 수 없을 만큼 완전히 황폐해져 있었고 잘리어나간 지표의 부분에서는 지질학적 융기가 일어났으며 지각층의 균열은 화산활동을 일으키기 시작했다.

단일대륙은 이렇게 여러 조각으로 찢겨져 〈한때 육지였던 곳이 바다가 되고〉또 그 반대가 되었다는 이야기가 어떻게 생겨났는지 쉽게 알 수 있다. 이 사실은 아틀란티스나 무우대륙의 신화로 왜곡되어 이 대륙들이 바다 속으로 사라졌다고 전해지고 있는 것이다. 그러나 실제로는 바다 속에 가라앉은 것이 아니라 단지 멀리 떨어져 나갔을 뿐이다.

〈대홍수〉이후 생물의 모든 종류가 재창조된 것은 아니었다. 괴물스럽고 생태학적 균형을 유지하는데 해롭다고 간주된 거대한 파충류나 공룡은 재생되지 않았다. 이것이 〈대홍수〉이전의 거대한 짐승들이 갑자기 한꺼번에 사라지게 된 연유를 설명해 준다.

〈대홍수〉후에 엘로힘은 지구상의 인간들과 함께 살았다. 그들의 존재에 대한 증거는 지구상의 도처에서 발견되고 있는데 이것은 모두

〈대홍수〉이후에 속한다.

우리들의 눈을 뜨는 법을 배우자. 그러면 우리 주변에 있는 모든 것들이 우리들에게 이해될 것이다. 우리들은〈계시의 시대〉에 살고 있고 이 시대에 우리들은 다시 한번 우리들의 창조자 엘로힘을 만나기를 희망할 수 있는 것이다.

3. 과학적 측면에서 본 세포설계도의 전송

오늘날 물질과 에너지의 관계를 조사하는 분광학적 연구가 진척됨에 따라 우리들은 분자의 구조와 조성에 대해 상당히 많이 이해할 수 있게 되었다. 가스나 액체 또는 고체상태에 있는 물질이 비록 우리들의 눈에는 균질한 것으로 보이나 실은 무수한 분자들로 구성되어 있고 이 분자자체도 원자들로 이루어져 있는 것이다.

원자는 플러스 전하를 띤 핵을 가운데 두고 전자들이 돌고 있는 태양계의 축소판으로 비교할 수 있는데 여기서 전자들은 지구가 자전하면서 공전하는 것처럼 제각기 자신의 축을 중심으로 돌고 있는 것이다. 전자의 운동은 4가지의 양자의 수 [주 양자수, 방위 양자수, 자기 양자수, 스핀(spin) 양자수]에 의해 기술된다. 파동역학은 운동하는 모든 입자의 특정 진동수와 관계가 있으며 그 운동량은 슈레딩거 방정식에 의해 예측할 수 있다.

하나의 원자는 특정진동수의 에너지만을 방출하거나 흡수할 수 있다. 이 경우 각 원자마다 확연히 구별되는 빛 스펙트럼을 동반하게 되는데 이 스펙트럼의 특성은 원자 에너지 상태와 직접 관련되어 있다. 그러므로 원자는 그 종류에 따라 고유의 원자 스펙트럼을 지니게 된다. 핵자기공명도 분자를 이루는 원자들을 서로 묶어주는 원자결합의 특성에 관해 매우 상세한 정보를 줄 수 있다.

분자 안에서도 원자들은 서로서로에 대해 진동할 것이다. 만일 어떤 분자가 두 개의 원자만을 포함한다면 두 개의 원자핵의 중심을 연결한 직선에 따른 기저진동만이 존재한다. 따라서 그 진동은 직선적이다. 그러나 다수의 원자들로 구성된 분자는 여러 개의 기저진동을 갖는다.

원자들은 또 그들 자신의 축을 중심으로 회전할 수 있으며 진동과 회전에너지는 불연속적으로만 변화할 수 있다. 한 에너지 준위에서 다른 준위로의 도약은 에너지를 흡수 또는 방출함으로써 이루어진다. 개개의 화학반응은 바로 이러한 에너지의 변화를 바탕으로 이루어지며 물질 전환으로부터 생기는 에너지의 방출은〈전자의 회전 및 진동에 의한 분자스펙트럼〉으로 측정, 기록될 수 있다. 우리 신체의 모든 분자들은 그러한 식으로 진동하고 있으며 따라서 처음에는 거대한 불협화음처럼 보일 수도 있는 총체적인 진동을 방출하고 있다. 즉 인체는 전파 및 전자기파 발신기인 것이다.

오늘날 우리들의 과학기술은 인간과 같이 복잡한 유기체의 파동현상을 측정할 수 있는 단계에까지는 이르지 못했으며, 또한 우리들의 분석방법도 특정분자의 진동파를 주변의 배경음으로부터 분리해 낼 수 있을 만큼 충분히 발달하지 않았다. 그러나 때가 오면…….

헤르츠(Hertz)가 그의 이름을 따서 붙인 파동을 발견한 것은 1920년대였고 핵자기공명이 알려진 것은 1946년이었음을 기억하자. 그렇다면 50년, 100년 또는 1,000년 후에 우리들은 어디쯤에 있게 될까? 엘로힘이 우리들보다 2만 5천년이나 앞섰다는 사실을 잊지 않도록 하자.

세례의 원리, 즉 세포설계도의 전송은 오늘날 우리들에게 이해 가능하게 되었으며 이 의식은 다음과 같이 과학적으로 설명할 수 있다. 모든 개인은 그 자신의 독특한 염색체도, 즉 세포설계도를 가지고 있으며 이것은 고유한 전자기 스펙트럼을 방사하면서 진동하고 있다.

가이드는 가이드 인정식 때 그의 진동주파수를 엘로힘의 컴퓨터에 등록시킨 사람으로서 새로운 라엘리안과 모든 인간의 생각을 기록하는 엘로힘의 위성 사이에서 중계자 역할을 할 수 있다.

가이드는 전기적인 접촉을 좋게 하기 위해 물을 묻힌 손을 새로운 라엘리안의 이마에 갖다 댐으로써 트랜스미션(전송)을 행한다. 라엘리안의 세례는 라엘리안이 메시지를 이해하고 그것을 전면적으로 따르겠다는 결의를 엘로힘에게 나타내는 것이다. 그것은 승인의 행위인 것이다.

어느 "사제"의 인상

빅토르 르장드르 (Victor Legendre)
전 로마 카톨릭 사제

우주인(엘로힘)이 클로드 보리롱 "라엘" 에게 준 메시지를 알게 된 것은 내가 유럽에서 휴가여행을 즐기고 있을 때였다. 1976년 6월 10일에 떠나 이미 프랑스, 스페인, 이탈리아를 다 돌고 난 다음 6월 30일 나는 「첫 번째 메시지」「진실을 알리는 책」을 발견했고, 며칠 후인 7월 2일 「두 번째 메시지」「우주인은 나를 그들의 행성에 데려갔다」를 손에 넣을 수 있었다. 첫 번째 책은 제네바에서, 두 번째는 프랑스의 클레르몽 페랑에서 발견했다.

이 두 개의 메시지를 읽는 동안 내가 느낀 것은 말로 도저히 표현할 수 없었다. 경탄과 두려움이 섞인 놀라움이랄까, 충격적인 기쁨이랄까, 그래도 표현이 부족하다. 나는 기쁨에 가득 차서 지복의 느낌, 또는 표현할 수 없는 행복감과 심오한 평화감의 상태로 실려 갔다. 이와 함께 새로운 시각, 아니 모든 사물에 대하여 완전히 바뀌어진 시각을 갖게 되었다. 만약 반감(反感,resentment)이라는 단어가 비난의 뜻을 담고 있지 않다면 나는 내가 받은 그토록 강렬했던 갖가지 느낌을 말로 설명해야 하는 것에 대해 반감을 느낀다고 표현하겠다.

내가 유럽으로 떠나기 이틀 전에 나는 음악가인 친구 한 사람을 방문했다. 그는 내게 판원(版元)을 알지 못하기 때문에 이곳 캐나다에서는 구할 수 없는 「진실을 알리는 책(The Book Which Tells The Truth)」을 구해 달라고 부탁했다. 그는 CBC 인터내셔널 방송국 기자가 유럽에서 취재한 인터뷰의 녹음을 들려주었는데 그것은 1975년과 76년 사이에 여러 번 방송된 적이 있었다. 그 당시에 나는 메시지에 대해 막연하게 알고 있었으므로 친구를 기쁘게 해주기 위해 그 책을 구해 오겠다고 약속했다.

7월 10일 내가 귀국해서 친구의 기다림의 시간을 보상해 주기도 전에 나의 모든 기대를 뛰어 넘어 보상받은 것은 사실 나 자신이었다! 그것은 마치 찾으려고 생각지도 않았던 소중한 보물을 발견한 것과 같았다! 나는 물론 이 메시지의 내용에 대해 말하고 있다. 이 메시지에 대한 지적인 조사에 착수한 것은 돌아온 후의 일이었다. 다소 〈닥치는 대로〉독서를 하면서 나는 메시지의 본질을 이해하기 위해 공부했다. 나는 사제직에 오르기 위해 신학교에서 공부했던 성서 문헌을 읽었고 다음에는 신학교에서 배운 약간의 히브리어 외에는 알아볼 수 없던 카발라와 종교의 역사 특히 기독교의 역사, 그리고 끝으로 과학 분야에 대해 읽었다. 나는 이러한 연구를 기반으로 나 자신의 의견을 가질 수 있게 되었다. 메시지에서 나에게 가장 감명을 준 것은 무엇인가? 내게 가장 큰 인상을 준 것은 무엇인가?

그래서 지나친 주석을 붙이지 않고 나는 내가 받은 인상을 종합해서 중요한 점들을 열거하려고 한다. 비록 이 점들은 보다 자세히 검토되어야 할 성질의 것이지만.

히브리어로 쓰여진 성서의 원전은 엘로힘(Elohim)에 대해 말하고 있으며 문자대로 〈하늘에서 온 사람들〉을 의미한다. 엘로힘은 현재 통용되는 모든 성서에서 〈하느님(God)〉이라는 말로 잘못 번역되어 있다. 따라서 비물질적이고 초자연적이며 또한 전능한 하느님은 존재하지 않는다. 그 대신 항상 성서 속에 존재해 온 엘로힘이 현실적으로 존재하며 그들은 무엇보다도 비활성 화학물질로 DNA를 합성함으로써 인간을 포함한 모든 생물을 실험실에서 창조했던 것이다.

엘로힘 또는 우주인의 존재는 모든 시대와 모든 문명 속에 항상 나타나고 있다. 이제는 '우주인과 성서를 함께 생각해서는 안 된다'는 편협한 관념으로부터 벗어나야 할 때인 것이다.

죽음 후에 신체로부터 떠나는 영혼이란 존재하지 않는다. 그러나 생명의 원리인 유전자코드는 존재한다.

「첫 번째 메시지」,즉 「진실을 알리는 책」에 한 언급은 「에제키엘서」 제2장 제9~10절,「요한묵시록」 제5장 제1절, 그리고 「다니엘서」에 나온다.

「나는 반드시 이루어질 일을 기록한 책에 있는 것을 너에게 일러준다.」

[But I will reveal to you that which is written in the book of truth (진실의 서)] (다니엘서 10:21)

「너 다니엘아, 이 말씀을 비밀에 붙여 마지막 그때가 오기까지 이 책을 봉해 두어라. 많은 사람들이 읽고 깨쳐 잘 알게 되는 날이 올 것이다. 그러나 갈팡질팡하는 사람도 많을 것이다.」 (다니엘서 12:4)

무한에 대한 개념 - 무한대와 무한소 - 의식을 각성시켜 무한과의 조화상태에 이르는 것, 여기에 진리가 있다. 우연에 의한 또는 연속적인 우발사고에 의한 진화란 하나의 신화에 지나지 않는다. 반대로, 진화의 개념은 원래 우리들의 창조자들의 머릿속에서 싹튼 것이다.

인간은 타인에게 종속될 수 없다. 일이든 결혼이든 인간관계를 포함한 어떤 관계에 있어서도 당신은 다른 사람에 의해 소유될 수 없다.

우리들 각자가 일생을 통해 따라야 하는 인간으로서의 기본 목적을 확인하고 발전시키기 위해서는 생각하고, 창조하고, 발전해야 한다!

인류의 심각한 문제들을 풀기 위해 제시된 해결 방안들 가운데 특히 인도주의를 실천하는 선택적 민주주의로 천재정치가 있다. 천재들은 인류의 귀중한 자원이라는 점, 천재정치에 입각한 세계정부의 실현을 위한 절차와 방법, 육체 노동을 폐지하기 위한 로봇의 제조, 화폐의 전면적 폐지를 목표로 한 세계통화의 제정, 각 지방의 모국어를 유지하는 한편 단일 세계공용어의 창안, 병역의무의 폐지와 세계 평화의 수호를 위한 직업군인의 배치 - 타르스의 바울이 표현했듯이 '우리들은 〈평화와 안보〉를 동시에 추구할 수는 없다.' (데살로니카인들에게 보낸 첫째 편지 5:2 이하)

과학과 종교의 완전한 일치, 우리들의 시대, 즉 〈계시의 시대〉에

이 둘이 완전히 합류하고 있다. 모든 종교 문헌들 특히 성서는 우리들의 시대를 예측하고 있으며, '물이 쏟아지기 전'에 즉 우리들의 창조자들이 인류에게 과학적 유산을 물려주기 위해 공식적으로 도래하기 전에 최후의 예언자가 올 것을 예고하고 있다.

이 두 메시지를 다 읽고 나서 나는 이웃을 사랑하라는 가르침을 잊은 채 입으로만 기도하던 기독교도의 위선을 내 자신 속에서 강하게 느꼈다. 그것은 돈과 축적된 부에 의해 얻어진 교회의 세속적 그리고 정신적 지배라고 느껴졌다.

이러한 지배는 그것에서 이익을 얻는 정치 권력과 결탁해서 유지되고 조장되어 온 지배였던 것이다. 이러한 신비주의화는 사람들을 더욱 깊이 잠들게 할 뿐이다. 우리들은 시대의 징조를 잘 살피고 때가 온 것을 알아차리기 위해 항상 깨어 있으라는 예수의 충고와도 멀어지고 있다. 사람들을 맹목적으로 만들고 있는 것은 전통 숭배와 수천 년에 걸쳐 내려온 관습 때문이다. 나는 「전도서」의 다음 말을 기억한다.

「이런 말을 하지 말라. "지나간 세월이 지금보다 좋았지요?" 지혜로운 사람은 이런 질문을 하지 않는다.」 (전도서 7:10)

나는, 인간이 죄인이며 불완전한 존재라는 관념이 죄의식을 심화시켰다고 생각한다. 또 지성을 부정함으로써 인간은 이해하기보다는 믿기를 강요당했고, 성적 또는 감각적 쾌감을 경멸해야 될 것으로 받아들여야만 했다.

나는 종교 문헌에서 예언된 시대의 징후들과 그것들이 실현되고 있는 우리 시대의 제 현상을 연관시켜 보았다. 우리들의 이 시대는 모든 것이 이해 가능하게 된 시대로서 〈계시의 시대〉혹은 아포칼립스 시대이다. 때가 왔다는 징후는 과학의 발전에 의해 태초의 신비가 밝혀지고 있다는 것이다. 특히 성서를 연구하는 사람들은 누구나 여러 예언들을 우리 시대의 과학적 성과와 비교할 수 있는데 〈땅의 형성〉 또는 〈세계의 창조〉이래 감추어져 온 신비가 베일을 벗고 사실로서 이해, 확인되고 있는 것이다.

이러한 징후들을 실현된 결과와 더불어 열거해 보자. 인간은 엘로힘과 동등하게 될 것이다(생명의 창조). 귀머거리는 들을 것이고, 장님은 보게 될 것이며, 절름발이가 수족을 다시 사용할 수 있게 될 것이다 (전자장치에 의한 보조기구). 인간은 지구의 구석구석에 목소리를 보낼 수 있게 된다(전기통신과 라디오방송). 독사에 물린 사람의 치료가 가능해진다(해독제, 항독혈청). 손을 댐으로써 환자를 치료할 수 있게 된다(외과의 발달). 유아 사망이 감소되고 수명이 연장된다(의학의 발전). 하늘에 무수한 징조를 볼 수 있다(UFO). 수많은 가짜 예언자들이 사람들을 광신주의, 몽매주의, 신비주의로 끌어들이고 있다(여러 종교 및 종파들). 등등 ……

로마 카톨릭교회가 나를 사제로 인정하지 않는다 하더라도 나는 라엘리안 무브먼트에 충실하고 있으므로 사제임에는 변함없다. 나는 가능한 한 많은 사람들에게 메시지를 전하는 멋진 사명을 부여받았다. 나도 라엘처럼 내가 항상 믿어 온 엘로힘의 메신저로서 계속 일할 것이며 지금은 그분들의 업적이나 인간의 창조, 그리고 예수의 사명에 대해 진실을 알고 참된 이해를 하고 있으므로 나는 여전히 〈사제〉인 것이다. 나는 〈사제〉이지만 이제는 깨어 있는 사제이다. 나는 내 마음을 열었고 다른 사람들의 〈마음을 열어주는 자〉로서 더 이상 사람들의 의식을 잠재우려 하지 않기 때문이다. 나는 현재에도 미래에도 〈사제〉로서 남아 있을 것이다. 평화와 우주적인 사랑의 길로 인류를 이끌어 가는 가이드로서 말이다.

그렇다, 나는 라엘리안이다!

마르셀 테루스 (Marcel Terrusse)
화공학자, 라엘리안 가이드

그렇다. 나는 라엘리안이며 시간과 공간의 무한성을 믿는 종교의 신봉자이다. 그리고 우주의 별에서 온 우리 어버이들의 흔적을 다시 발견하고, 우리 모두의 것인 이 멋진 이야기를 다른 모든 사람들에게 알리려고 노력하는 지구의 어린이다.

누군가 라엘리안이 되지 않는다 해도 그는 언젠가 메시지를 발견할 것이고, 그때 그는 우리들의 생각과 선견의 메아리를 알아보게 되리라고 나는 믿는다.

지난날 우리들은 모두 시간과 공간의 끝없는 심연 앞에서 현기증을 느끼며 우리 자신의 기원과 불확실한 미래에 대한 신비를 풀려고 애써 왔다. 메시지는 이러한 문제에 대한 해답을 나에게 제공해 주었다.

물론 과학기술적 교육을 받은 일부 사람들에게 있어서는 메시지의 어떤 부분이 별로 〈정통성〉이 있는 것처럼 보이지도 않으며 또 전통적인 교육과도 거의 일치하지 않는 것처럼 느껴질 것이다. 그러나 몽테뉴의 조언을 생각해 보자. '단순히 권위나 명성에 맹종하지 말고 모든 것을 이성의 체에 걸러라.'

만일 우리들이 메시지의 모든 요소들을 비판적인 분석이라는 체에 걸러 본다면 우리들은 극히 확고한 기념비적인 흔적을 다루고 있음을 곧 알게 될 것이다.

나는 언제나 고대로부터 전승되어 온 다소 신비적인 모든 신화들 사이에는 어떤 연관성이 있으며 제멋대로 지어낸 것처럼 보이는 이 신화들의 하나하나 속에는 금괴가 묻혀 있다고 직감적으로 느껴 왔다.

나는 〈아리우스의 단서〉로부터 탐구를 시작했는데 그 결과 엘로힘과의 접촉은 태고적부터 존재해 왔다는 것을 확신하게 되었다. 우리들은 고대문명에 대한 신화나 유물로부터 그러한 흔적을 찾을 수 있다. 그것들을 열거해 보자.

■ 희랍신화 - 이것은 고대에 있었던 일련의 신들, 반신(半神)들, 그리고 거인들에 대해 기술하고 있다.

■ 마하바라타 - 베다와 라마야나의 두 부분으로 된 인도의 신화적 서사시

■ 길가메쉬 - 바빌로니아의 서사시

■ 일본의 고사기 - 이것은 세계의 시작에 대해 말하고 있다.

■ 라틴아메리카의 포보르부와 아카코르 연대기

■ 우리들에게 보다 가까운 에노크서, 카발라, 성서

■ 유물의 흔적이 남아 있는 곳 : 나즈카 평원(도형들), 바알벡의 유적, 티아후아나코의 유적, 이스터섬(거석상), 그 외 세계의 많은 지역에서 발견되는 유적들.

우리들의 기원에 관한 역사를 재구성하기 위한 모든 수수께끼에 대한 단서를 사실 우리들은 손에 쥐고 있는 것이다.

메시지를 읽으면서 나는 메시지에 언급된 어떤 사실과 일반적으로

알려져 있는 지식 사이의 외관상 모순에 대해 몇 가지 의문을 가지고 있었다. 그러나 우리들이 과학적 발전이라고 주장하는 것이 실은 깨지기 쉽고 논쟁의 여지가 많은 가설을 근거로 하고 있기 때문에 오늘날 과학교육 그 자체가 극복하기 어려운 많은 모순을 안고 있다는 것을 알게 되었다.

나로서는 우주에서 이해, 감지될 수 있는 모든 자연현상은 일관성을 지니고 있고, 그 모두가 다소 복합적인 방식으로 서로 연관되어 있다고 항상 생각해 왔다.

점점 추상적이 되어 가는 수학적 방편의 발달이 물리학을 놀랄만치 논리적인 방법으로 이끄는 대신 물질적 실체로부터는 오히려 멀어지게 하고 있는 것이다.

이와 같이해서 아인슈타인은 광속이 우주에 있어서 어떤 속도도 넘을 수 없는 한계속도라는 공리를 설정했다. 그러나 그는 항성이나 행성을 제외한 우주의 모든 지점에서 공간은 한결같은 진공상태로 전체가 균일하다는 것을 원리로 가정하는 치명적인 오류를 범했다.

우리들의 행성을 둘러싸고 있는 구름 저쪽에는 가스상의 분자 밀도가 고도에 따라 점차 감소하여 이윽고 우리들이 〈진공〉이라고 부르는 상태에 이른다.

그러나 별과 별 사이의 〈진공〉에는 X-선, 적외선, 전자파 등 모든 종류의 파동이 넘쳐흐르고 있다. 모든 파동은 파동을 전하는 매질의 존재를 전제로 하므로 별 사이의 공간은 외관상 믿어지듯이 진공이 아니고 파동을 전하는 물질로 가득 차 있는 것이다. 즉 우리들이 알고 있는 원자보다도 훨씬 작은 극미의 입자들로 구성된 미립자의 바다인 것이다.

파동은 운동을 뜻하고 운동은 에너지를 뜻한다. 질량과 에너지의 등가성을 절대진리로 믿고 있는 시대에 성간 및 은하간 공간에 있어 어떤 질량의 존재를 부정하는 것은 비논리적이다.

공간은 불균일체로 이 공간의 국부적 특성은 해당지역의 에너지의 증감에 의존한다. 지구와 태양계는 〈양자적〉미립자로 확산된 에너지의 장 속에 떠 있다. 이 미립자의 압력이 우리가 인력이라고 부르는 힘의 근원이 된다.

중력공간은 대기권과 비슷한 가스체의 상태에 비교할 수 있다.

파동의 전파속도는 상대성이론에서 말하듯이 정수가 아니고 에너지의 국부밀도에 따른 함수이므로 우주간의 모든 거리는 다시 계산할 필요가 있다.

종래의 방법으로 계산된 광년에 의한 모든 거리들은 과대하게 계산되어 있다. 우리들을 둘러싸고 있는 별들은 우리들이 생각하는 것보다 훨씬 가까운 거리에 있다. 더구나 시간과 공간의 차원을 한데 혼합시킨 여러 이론의 전개는 더욱 터무니없는 것이다.

물리학의 모든 공식과 방정식에 붙어 다니는 시간계수는 임의의 요소이다.

시간은 그 자체로서 독자적으로 존재하는 것이 아니다. 우리들의 시간관념은 주관적이고 우리 자신의 생물학적 내지 정신적 구조로부터 파생된 것이다. 우리들은 그러한 시간을 외부 세계에 투영하여 〈우주의 절대시간〉이라는 무너뜨릴 수 없는 환상을 그려내고 있다.

"과학적 시간 개념은 정식화된 것이며 임의의 관점 아래 여러 가지 형태로 구성 가능한 물리적 척도에 바탕을 둔 것이다."

우리들의 우주관은 근본적으로 잘못되어 있고 우리들의 철학적 개념도 마찬가지이다.

나는 나를 둘러싸고 있는 모든 곳에서 메시지를 확인한다. 지구에 온 엘로힘과 실험실에서 생명의 과학적 창조 - 우리 자신도 머지않아 반복하게 될 - 라는 이 놀라운 이야기를 이해하기 위해서는 단지 우리들의 눈을 뜨는 것만으로도 충분하다.

확실히 내가 화공학자라는 사실이 나로 하여금 생명의 여러 메커니즘에 관여하는 화학적 요소들과 생물학적 조직체 사이에 존재하는 친화력에 대해 보다 익숙해질 수 있게 해주었다. 그러나 탐구심이 강한 일반인들도 대중적인 과학잡지들을 읽어보면 생화학과 의학의 연구가 지향하는 방향을 예견할 수 있을 것이다.

우리들이 이미 뉴클레오티드를 결합하여 어떤 유전자를 합성시키고 있다는 사실을 생각해 보자. 우리들도 DNA분자의 접합체들을 박테리아의 염색체 내부에 이식할 수 있게 된 것이다. 한 생물의 유전물질을 다른 것으로 옮기는 것이 우리들에게 점점 친숙한 일이 되어 가고 있는 것이다.

최근 노벨상을 받은 연구자들이 택한 방향을 보기만 해도 된다.

그들이 행한 생물의 분자구조와 그 메커니즘에 대한 연구는 생물조직의 재생, 기관의 이식, 새로운 동물종의 창조에 대한 가능성을 열어주었으며 머지않아 우리 자신의 모습을 닮은 인간의 합성도 가능해질 것이다. 그리하여 하나의 원이 완성되고……

그러한 사이클은 다시 계속될 것이다.

RNA(리보핵산) 분자 내에 있는 정보를 문자화하는 메커니즘에 대한 연구는 우리들의 두뇌에 있는 기억물질을 해명해 주고 또 그것을 이용할 수 있게 해줄 것이다. 그리하여 기억물질이 한 개인으로부터 다른 사람에게 이식될 수도 있을 것이다. 생화학적 혁명이 지금 일어나고 있다는 것과 그 성과들이 어떻게 우리들의 사회적, 정치적 구조 전체에 근본적인 변혁을 가져올 것인가에 대해 알아야 한다.

깨어 일어나라. 이것은 공상과학의 이야기가 아니다.

라엘리안이 된다는 것은 진리를 발견했다는 자기만족과 우월감에 도취되어 그 밖의 것은 무시하는 〈자기중심적〉인 집단 속에 은거하는 것을 뜻하는 것은 아니다. 내게 있어서 라엘리안 무브먼트는 그러한 집단과는 정반대의 것이다.

우리들의 운동은 성취해야 할 목표를 가지고 있지만 인류가 그 자신의 공격성, 자만심, 허영심, 이기주의에 의해 스스로 벌 받는다는 것을 자각하고 겸허한 자세로 나아가는 것이다.

나는 라엘리안 무브먼트가 전개하는 우리들의 실존에 대한 철학을 사랑한다. 왜냐하면 그것은 개인의 완전한 개화를 추구하기 때문이다. 그것은 우리 자신 안에 깊숙이 있는 것에 귀를 기울이게 하고 우리들 속에서 가장 좋은 것을 드러나게 해주기 때문이다.

생명은 우주의 모든 곳에 존재하지만 우리들의 생명은 유일한 것으로서 그 생명을 성공적으로 만드는 것이 무엇보다도 중요하다. "인생이란 자기가 바라는 대로 살지 않는다면 낭비된 축복에 지나지 않는다." (Eminescu)

나는 메시지를 깊이 연구함으로써 나 자신과 남을 보다 잘 이해할 수 있게 되었고 또 우리들의 유대감을 더욱 깊이 의식함으로써 메시지는 나를 개화시켰다.

라엘리안 무브먼트의 철학은 생명의 사랑에 대한 철학이며 창조자들의 사랑의 철학인 동시에 관용과 평화의 철학인 것이다. 이 철학은 감각에서 연유된 죄악감을 제거하고 성에 관한 모든 터부와 금기와 억제로부터 인간을 해방시킨다.

내가 라엘리안 무브먼트에 참여하는 것은 이제까지 나에게 불신감만 심어준 일반적인 단체에의 소속이 아니라 자기 개화하는데서 오는 큰 기쁨과 메시지를 주변에 전하는 기쁨을 안겨준 자발적이고도 의미가 가득한 행동에 의한 것이다.

나는 우리들이 메시지보다 메신저를 중요시하는 과오 - 그리스도에게 일어났던 것과 같은 - 를 다시 범해서는 안 된다고 생각한다. 중요한 것은 우주인들이 우리들의 역사 속에서 끊임없이 어떤 역할을 수행해 왔다는 사실을 인식하고 오늘날 그들과 다시 접촉할 수 있게 되기를 바라는 것이다.

인류의 역사를 돌이켜 보면 그 발전의 매 단계마다 우리들이 가져왔던 과학적, 사회적, 철학적, 종교적 기본 관념을 뿌리뽑고 근본개념의 새로운 정립을 필요로 해 왔음을 알 수 있다. 딱하게도 "새로운 과학적 진리는 대개 그 반대자들을 설득함으로써 그 위치를 확립시키지 못했다. 그 승리는 반대자들의 점차적인 소멸과 그 진리에 친숙해져 온 새로운 세대의 출현에 의해서만 획득될 따름이다." [M.프랑크(Planck)]

나는 사람들이 신앙이나 종교와 같은 지팡이를 벗어 던지고 자신의 두 발로 설 수 있게끔 우리들이 도와야 된다고 믿고 있다. 우리들은 의식의 수준을 끌어올림으로써 몽매주의를 불식시켜야 한다. 수세기 동안 종교는 그 신자들에게 신비적이고 광신적인 신화를〈믿기를〉요구하고 때로는 강요해 왔다. 그러나 오늘날 역사는〈이해할 수 있는 것〉이 되었고 우리들의 미래는 우리들의 눈과 마음을 여는 것에 달려 있다.

현재 속에 미래의 시작이 포함되어 있다. 오늘날 인류는 그 탄생, 어쩌면 그 죽음의 전야에 있다고도 할 수 있다. 〈계시〉라는 말의 진정한 의미를 모르는 사람들은 결코 올바른 길로 갈 수 없을 것이다.

우리들 라엘리안은 인류의 각성과 우주적 의식의 진화에 참여하고 있다. 이것이 인류가 그들의 창조자 엘로힘을 맞이하기 위해 준비하는 이 위대한 사업에 내가 동참하게 된 동기이다.

나의 성직의 재확인

이방 기르 (Yvan Giroux)
전 로마 카톨릭 사제

나는 12살이라는 어린 나이에 인간과 신에 관련된 모든 것에 관심을 갖기 시작했다. 인간과 〈하느님〉은 두 개의 유사어로서 무한으로 구성되어 있고 동시에 무한을 구성하고 있다고 생각했다. 그때 나는 정말로 〈하느님〉에 대해, 그리고 그와 나 사이의 관계에 대해 알고 싶었다. 나는 곧 깊은 사색에 빠져들었고 마치 하늘에 도달하기 위해 지구를 탈출하려는 듯이 신비주의에 몰입하게 되었다.

그리하여 나는 읽고 묻고 탐구하고 명상했다. 나는 이러한 주제에 보다 깊이 들어가기 위해 상당한 기간 동안 공부를 했다. 〈인간성에 관한 것〉에서부터 시작하여 철학, 신학을 거쳐 마침내 〈종교학〉에 도달했다. 왜냐하면 나는 인간과 그의 지성을 신뢰하고 있었기 때문이다.(물론, 지금도 그렇다)

내가 한 사람의 완전한 성인이 되었을 때 나는 내가 끊임없이 묻고 찾았으며 명상과 사색 중에 구체화시켜 마치 옛 친구처럼 오랫동안 대화를 나누어온 이 〈하느님〉에게 나의 전 생애를 바치고 함께 일할 수 있는 동료들을 찾게 되었다. 그러나 이런 깊은 사유는 비밀로 간직했다. 왜냐하면 다른 사람들이 이러한 자세한 내막을 안다면 나를 비정상적이라고 생각할 것이기 때문이다.

나는 신부들로 구성된 한 종교 단체에 들어가서 내 생애의 6년간을 학생 및 사제(신학생)로서 봉사했다. 나는 그곳에서 발견과 성장의 멋진 나날을 보냈지만, 곧 그것이 피상적인 것에 지나지 않음을 깨닫게 되었다. 그것은 나의 가장 심오한 열정을 만족시켜 주지 못했다.

나는〈무한〉의 근원인 나의〈창조자들〉과 접촉하기 위해 기도하기를 좋아했다. (지금도 그렇지만)많은 사람들이 나를 신비주의자라고 생각했다. 하지만 나는 예수가 '하늘에 계신 내 아버지'라고 말한 것으로 미루어 보아 예수의 아버지가 예수와 같은 인간이라고 생각했다. 그리고 한 사람의 창조자보다 많은 창조자들이 있었으리라고 생각한 것도 사실이었다. 나는 성서를 더욱 연구함으로써 예수가 신이 아니라는 결론에 도달했으며〈신의 죽음을 주장하는 신학자〉나〈신의 죽음에 대한 신학〉과 같은 학파에 열중하게 되었다. 어떤 의미로 나는 무신론자였다. 그러나 나는 이 진실을 인정하는 것이 두려웠다.

그런데 나는 이러한 학파의 신학론적 사상 속에서 또 다른 형태의 신비주의를 간파해 내었다.

나는 인간과 그의 신앙에 대한, 또 인간의 종교적 사회적 참여에 관한 나의 수많은 의문에 대해 완전히 만족할 만한 답변을 찾지 못했다. 게다가 내가 종사해 온 이 교회가 모순되어 있고 때로는 위선적임도 발견하게 되었다.

그러나 나는 그리스도의 것이라고 일컬어지는 이〈교회〉에서 일하고 많은 활동에 참여해 오는 동안 보다 깊이 탐구하기 위해 종교학(종교의 과학)을 중심으로 공부하기 시작했다.

연구가 진행될수록 나는 내가 속한 환경 속에서 일하면서 그것에 의문을 제기하고 또 그것을 뒤흔들어 놓지 않으면 안 된다고 생각하게 되었다. 그러나 나는 여전히 이해할 수 없다고 느껴졌다.

3년이나 더 계속된 이 연구는 나에게 일종의 공허감과 슬픔을 가져다 주었다. 그토록이나 뿌리깊은 신비주의와 맹신에 견딜 수가 없었다. 나는 연구하는 것을 좋아했지만 더 이상 확고한 기반을 느낄 수 없다는 결론에 도달했다. 나는 일부 성직 및 사제직의 조직체계, 신비주의와 몽매주의 등을 정당화시키는데 사용되어온 점진적인 이론체계가 부적절하고 모순되게 느껴졌으며 그것을 점점 더 거부하게 되었다. 나와 같은 견해를 가지고 있지 않은 다른 사람들은 내가 비판적이고 피상적이라고 생각했다. 그들은 신앙과 종교에 대해 평범한 관념에 만족하고 있었으며 오늘날도 여전히 마찬가지이다.

거기서 나는 1년간 한 발자국 후퇴하여 내 〈영혼〉속에서 진리를 탐구하기로 결심했다. 나는 계속 가르치는 일을 하고 있었지만 어떤 단체나 운동에는 직접 개입하고 있지 않았다. 나는 예수에 대해 질문했으며 거기서부터 빛을 보기 시작했다고 느껴진다.

1976년 11월 9일 몬트리올의 프라드 강당에서 행한 클로드 보리롱 "라엘"의 강연회에 참석했다. 그날 밤 나는 오랜 세월의 연구가 헛되지 않았음을 깨달았다. 나는 많은 사실을 이해하게 되었고 무엇보다도 나의 속 깊은 곳에서 내가 언제나 〈무신론자〉였고 동시에 진정한 종교인이었음을 이해했다. 나는 사물에 관심을 가져왔고 인간을 사랑했다. 기도를 통해 나는 이 우주인들, 우리들의 창조자 엘로힘과 끊임없는 대화를 나눠왔으며 날마다 그들을 비신비화시켜 온 것이었다. 나는 한 순간에 모든 것을 이해했다. 나는 기쁨을 느끼면서 라엘을 인정했다. 〈예수는 결국 그 자신의 시대를 위해 말한 것이다.〉 무언가가 내게 일어나고 있음을 나는 확신했다. 라엘이 내게 빛을 주었고 나를 일깨웠으며 나를 개화시켰다. 나는 그에게 이끌림을 느꼈다. 90분 동안 내 속에 있던 모든 것이 다시 축조되었으며 모든 것이 연결되었고 모든 것이 다시 조화롭게 되었다. 그것은 지금도 결코 사라지는 일이 없다.

나는 희열을 느꼈고 그것을 숨길 수가 없었다.

마침내 라엘의 입을 통해 그토록 오랜 세월 동안 힘겹게 찾아 헤매던 진실을 그처럼 명백한 증거와 함께 명확하고도 간단하게 듣게 된 것이다. 그것은 마치 정신적 장애가 일시에 제거된 듯한 느낌이었다.

나는 몇몇 친구들과 함께 강연회에 갔는데 나중에 알게 된 일이지만 그들은 아무도 그런 반응을 일으키지 않았다. 반면, 그들은 그날 밤 내게 일어난 변화를 눈치챘었고 그 후 그 영향이 더욱 커지는 것도 보게 되었다. 메시지는 마치 내 속에 무언가를 〈찰칵〉하고 열어 놓은 듯했지만 그들은 자신들이 본 것을 인정하지 않았다. 나는 과묵해졌고 행복해졌으며 빛에 가득 차 있었다. 그들은 이 아름답고 단순한 해방의 진리를 부정하고 신비적인 이론으로 파괴하려고 했다. 이 진리는 내 귀에는 감미로운 음악이었고 그 자체 풍부하고 완전하며 명백한 복음이었다. 그들은 예수시대의 사람들이 예수와 그의 메시지를 부정한 것과 똑같이 라엘과 엘로힘이 전한 메시지를 부정했다. "라엘"과의 이 짧은 시간은 12년 이상에 걸친 나 자신의 연구와 분석, 헌신, 고뇌, 그리고 은총의 총체적 과제를 해결해 준 것이다.

이제 나는 이 위대한 소식, 이 위대한 해방의 메시지를 전파하는데 나의 전존재를 바칠 수 있을 것이며 이것은 나의 지성과 이해와 조화를 통해, 그리고 흥분된 내 마음이 평정을 찾을 때 일어날 것이다. 하지만 그것은 분명히 쉬운 일은 아니었다. 나의 가족, 아내, 친구들, 직업환경, 교회…… 그리고 나의 친구들은 여전히 사제들이었다. 그러나 나는 정신 및 육체의 각성 훈련에 참가하면서 받은 지도와 개화된 많은 사람들로부터 큰 도움을 받았다. 그리고 내가 연구실에서 보낸 여러 해의 연구가 나의 인생 전환에 직접적인 준비과정이 되었음도 알게 되었다.

나는 지금 이 멋진 운동의 가이드로서 이 〈이상한〉, 그러나 아름다운 〈새로운〉종교인 이 젊은 무신론적 종교의 가이드로서 생활하고 있다. 그렇다고 해서 과거의 일들과의 단절은 느끼지 않는다. 왜냐하면 나는 어릴 때부터 시작한 일을 계속하고 있기 때문이다. 나는 「창세기」, 즉 인류의 기원에 대해 이해함으로써 빛 속으로 걸어 들어가 나의 현재를 정립할 수 있었고, 또 창조자 엘로힘이 라엘에게 준 메시지의 여러 신학적, 철학적, 종교적 측면에 대해 보다 깊이 이해함으로써 2천년 동안이나 굳은 껍질에 싸여 있던 진실로부터 신비를 벗겨내고 그 진수를 캐낼 수 있었으며 이제는 찬란한 미래에의 기대를 갖고서 현재를 살고 있다.

그날 밤 내가 메시지에 그토록 감동을 받은 것은 그 오랜 세월 동안 메시지의 모든 것을 거의 무의식적으로 느껴왔기 때문이었다. 그날 이후 나는 나의 생활의 모든 곳에서, 가장 깊이 숨겨진 구석에서, 교육자로서 나의 직업 속에서, 나의 가족 속에서, 나의 사회적 정치적 생활에 이르기까지 모든 곳에서 메시지를 느끼게 되었다. 그것은 나의 모든 신념을 전복시켰다. 그러나 나는 오랫동안 준비가 되어 있었다. 나는 기다리고 있었으며 나는 엘로힘의 이 예언자에 대해 이미 가르침을 받았던 것이다. 그러나 단지 그것을 잘 이해하지 못했을 뿐이다. 그런데…… 갑자기 모든 것이 분명해진 것이다. 메시지는 나를 흔들어 깨웠고 정면에서 나를 꿰뚫어 보았다. 일순간에 나는 성서와 예수와 야훼를 확연히 이해할 수 있었다.

나는 그런 일이 일어난 것에 대해 말할 수 없이 기뻤고 온통 희열에 들떠 있었다. 그것은 마치 아주 무더운 여름날 시원한 소나기를 맞은 듯한 기분이었다. 나는 강연회가 있은 지 며칠 후 라엘을 처음으로 만났다. 일주일 동안 두 메시지를 두 번씩이나 읽었다. 라엘은 내게 말했다. "당신은 자신 속에 모든 것을 갖추고 있으므로 당신 자신의 문제에 대한 해답도 찾을 수 있을 것입니다. 일단 문제들이 해결되면 당신은 80%나 더욱 능률적이 될 것입니다. 당신 가족의 문제가 당신을 짓누르고 방해하며 마비시키고 있군요." 이제 나는 그가 말한 뜻을 알고 있다. 나는 자각과 의식의 길을 선택한 것에 대해 참으로 행복하게 여긴다.

그 후 나는 메시지를 수없이 읽었고 가이드가 되는 것이 내가 항상 추구해 온 나의 성직에의 봉헌임을 알았다. 나는 내가 헛되이 기다리지 않았음을, 내가 진정한 교회를, 본래 의미의 교회를 계승하고 있음을 이해했다. 왜냐하면 나는 일련의 위대한 예언자들 중 〈계시의 시대〉의 마지막 예언자를 따르고 있으며 우리들의 창조자인 엘로힘의 메시지를 전파하는 일을 하고 있기 때문이다. 이 메시지가 〈종교 중의 종교〉이며 무한의 종교이고 또 인간의 지성과 물질의 영원성을 믿는 종교임을 천명했으므로 나는 이러한 〈통일성〉을 위해 일하면서 나의 생애를 바치기로 했다.

그리하여 그때가 나에게 종말인 동시에 시작이었다. 나는 행복하다. 그리고 나는 사랑한다. 나는 종교학자로서의 나의 의무에서 해방되었다. 지금은 주과목으로 불어와 수학을, 부과목으로 종교와 도덕을 가르치고 있다. 나는 나의 직업환경 안에서는 메시지에 대해 공개적으로 이야기하지 않는다. 그러나 사람들은 나의 행동을 통해 그것을 느끼고, 나는 그 때문에 존경받는다. 나의 동료들이 이 메시지에 대해 묻게 될 시간이 가까이 오고 있다. 나는 그것을 느낄 뿐 아니라 확신한다. 그 외 다른 곳에 갈 때는 언제든지 나의 존재와 말로써 메시지를 퍼뜨린다. 나는 로마 카톨릭 교회를 〈탈퇴〉했지만 그 사이에 단절이 있었다고는 생각하지 않는다. 오히려 진리의 추구는 계속되고 있으며 이것이

나를 젊고 만족스럽게 만들어 준다.

나는 선의를 가진 모든 사람들에게 비신비화된 이 진실을, 사랑과 형제애와 평화의 이 메시지를 전하는 일에 나의 전 생애를 바칠 것이다. 나는 이 지성의 눈으로 이해하고자 노력하는 사람들에게 이 엄숙하고도 유일무이하며 혁명적인 메시지를 전할 것이다. 그 지성의 눈, 그것은 창조자 엘로힘이 우리들에게 준 지혜의 눈으로 창조된 무한인 것이다.

방사능으로 멸망하지 않기 위해

미셸 브리에 (Michel Beluet), 전 미국 가이드

여기 나의 증언기에서 나는 라엘리안 무브먼트에의 가입이 의미하는 바를 충분히 숙고한 다음, 나로 하여금 가이드가 되게 한 본질적이고도 중요한 이유에 대해 서술하고자 한다.

엘로힘이 클로드 보리롱 "라엘"에게 준 메시지는 개인이나 사회, 정치, 과학, 철학 및 종교를 포함한 모든 분야에 있어 사고의 철저한 재편성을 의미하고 있다. 내일의 사회를 건설하는 데는 우주인의 개입을 허용해야 한다고 이 메시지는 말하고 있는 것이다. 그러면 어떻게 내가 이런 결론에 도달하게 되었는가?

12살 때부터 나는 광범위한 소재의 이야기에 흥미를 가졌으며 현재 진행되고 있거나 과거에 일어났던 일에 대해서도 최첨단의 지식을 얻으려고 애써왔다. 이것은 내가 인간의 진화에 대해 생각하는 단계에

도달했을 때 특히 심했다. 많은 사람들과 같이 나도 완전한 세계를 꿈꾸면서 모든 사물에 질문을 던졌다. 나는 무엇을 발견했던가? 그리고 나의 희망은 무엇이었던가? 여기 그것을 종합해 보기로 한다.

생명의 기원:

나는 신에 의한 창조라는 창조론에는 만족할 수 없었으나 이 이론에는 한 가지 공통점이 있는 것 같았다. 그것은 세계의 모든 종교나 신화가 하늘에서 온 하나 내지 다수의 신들에 의한 인간의 창조에 대하여 한결같이 말하고 있다는 사실이다. 그래서 나는 이러한 사실 속에서 어떤 명확하고도 구체적인 진실, 말하자면 인간은 지구 이외의 다른 곳으로부터 왔으리라는 결론에 도달했다. 인간이 비조직적인 물질로부터 연쇄적인 돌연변이를 거쳐 우리 자신과 같은 생물체로 발전했다는 진화론은 참으로 가치 있는 이론이 되기에는 너무나 많은 결함을 지닌 것같이 보였다. 더구나 진화론은 현재 뛰어난 과학자들에 의해 그 문제점들이 진지하게 제기되고 있는 것이다.

인간:

나는 인간에게는 태고적부터 다른 사람들과의 관계에서 관용과 사랑, 존경, 형제애가 결여되어 있는 것에 주목해 왔다. 나는 인간관계에 있어 이러한 결점들이 사라지기를 바라고 있었다.

사회:

역사를 통해 인류의 근본 문제를 해결하는데 실패한 모든 형태의 정부들을 고려해 볼 때 나는 지구상에서 가장 우수한 사람들을 선출할 수 있는 제도의 필요성을 생각하게 되었으며, 이들은 주로 우리 사회의 실제적인 문제들을 개선하는 데에 관심을 갖게 될 것이다.

이들은 무수한 전쟁을 용인해 왔고 조국, 일, 가족, 또는 인간을 위한 봉사라는 구실 하에 파괴적인 무기의 영구적인 생산을 꾀하는 정치 군사 및 기업체에 보수를 받고 고용된 사람들을 가리키는 것은 아니다. 나는 인류가 그의 진화에 있어 결정적인 중대한 시기에 도달했으며 이 시점에서 인간의 장래는 하나의 도박이 되었다는 것을 자각하게 되었다.

종교:

나는 모든 종교의 근저에는 본질적이고도 포착할 수 있는 진리가 존재한다고 믿었지만, 원시적이고 반계몽주의적인 제도가 이 진리를 이용해서 절대적인 구속으로 인간을 예속시켜 왔다고 믿었다. 또 나는 예언자들에게 전해진 이 진리는 고도의 지혜를 지닌 존재들로부터 전해진 것이라고 믿었다. 나는 사후에 다른 차원에서 보다 좋은 조건을 약속받는다는 가정아래 인간을 위축시키려는 모든 시도에 반대했으며 또 인간이 그의 육체적 본성으로 말미암아 죄악감을 느껴야 한다는 개념을 결코 용납할 수 없었다. 나는 인간이 그의 인간적인 속성과 완전히 조화를 이루면서 의식의 최고 수준에 도달할 수 있다고 확신했다.

과학:

인간으로 하여금 자기 자신과 그의 환경에 대해 체계적인 연구를 수행케 해온 원초의 탐구심은 항상 개척자들을 미지의 영역으로 밀어

넣었다. 나는 우리 문명이 대치하고 있는 문제들은 만약 과학을 현명하게 사용한다면 과학적으로 해결 가능하다고 생각했다. 공해, 인구폭발, 기아, 에너지 위기 등 모든 문제들은 자연과 조화하여 과학을 사용할 때만이 해결될 수 있으며 이것이야말로 시급히 달성해야 할 과제라고 생각했다.

또한 나는 우리들의 지식이 항구적이 아니라는 점, 그리고 사실 자체는 부정할 수 없으나 그것을 설명하는 이론은 모두 잠정적인 해석에 지나지 않는다는 점을 인식했다.

미지(未知):

나는 지구상에 설명할 수 없는 일들이 많다는 사실은 우주의 지적 존재들이 우리들의 역사 과정에 개입하고 있음을 믿게 해주는 중요한 이유가 된다고 생각했다. 이것은 내가 자연스럽게 느껴졌으며, 언젠가는 모든 일들이 설명될 수 있으리라고 믿었다.

당시 나는 현 시대적인 일에 대해 잘 알고 있었고 보다 나은 세계, 더욱 조화롭고 비폭력과 형제애에 가득찬 인류의 진화에 대해 희망을 가지고 있었으므로 현존하는 어떤 조직 - 종교적이든 정치적이든 혹은 사회적이든 - 에도 만족할 수가 없었다. 나는 무기력과 고독을 느꼈다. 그러던 차에 1978년 나는 우주인들이 클로드 보리롱 "라엘"에게 위탁한 1973년 12월 13일의 메시지 「진실을 알리는 책」과 1975년의 메시지 「우주인은 나를 그들의 행성에 데려갔다」를 알게 되었다. 이 두 권의 책을 읽으면서 나는 말할 수 없는 기쁨을 느꼈다. 그 속에는 이 지구상에서 잃어버린 조화와 평화와 형제애를 회복해야 한다는 나의 희망이 총체적으로 표현되어 있었다. 그 책들은 또한 우리들이 당면하고 있는 것과 똑같은 문제들을 극복하기 위해 우리들의 어버이들이 사용한 방법에 대해서도 쓰여 있었다. 그러나 좋은 어버이들이 그러하듯, 그들은 우리들을 선택을 행할 수 있는 성숙한 개인으로 간주하기 때문에 우리들이 스스로 선택하게끔 자유롭게 내버려두고 있는 것이다.

나는 이러한 희망을 세계로 전달하고 그리하여 인간이 완전히 개화될 수 있는 황금시대로 인류가 도달할 수 있도록 하기 위해 가이드가 될 것을 결심했다. 나는 인류가 자기파멸의 길로 퇴보하는 것을 지켜보는 소극적인 증인이 되고 싶지는 않다. 그보다는 어느 날 우리 모두가 방사능으로 멸망하지 않도록 노력하는 적극적인 인간이 되고 싶은 것이다.

마르크스주의에서 라엘리즘으로

장 베르나르 뉴조가 아비롱죠고,
전 마르크스주의자, 정치학자

진보, 계급, 그리고 계급간 투쟁이란 용어에 익숙한 자로서 〈전통〉의 배후에 무언가 환상적이고 경이적이며 마음을 사로잡는 것이 있다는 것을 이해하고 받아들이기란 쉽지 않다.

그러나 엘로힘의 메시지를 통해 온갖 어리석음으로 가득찬 것 같았던 성서의 기록들이 갑자기 숭고하고 현실적이며 무한한 중요성을 지닌 것으로 내게 느껴졌다.

인간이 우연의 산물이 아니고 자기들의 모습대로 자기들을 닮게 인간을 만든 누군가의 과학적 지성의 창조물이라는 사실은 얼마나 장엄한 진실인가!

그리고 어느 날 지구상의 인간도 그들의 창조자인 우주인과 동등하게 될 것이라는 것을 생각해 보자.

그런데 이제 예고된 그 시간이 도래한 것이다.

엘로힘의 빛인 라엘은 인간들 속에서 그의 사명을 시작했다.

이제 그를 도와서 하늘에 있는 우리 어버이들의 메시지를 더욱 널리 전하는 일은 바로 우리 가이드들의 사명이다.

그리하여 지구가 무한한 우주에 존재하는 은하간 문명에 합류할 수 있도록 노력해야 하는 것이다.

삶의 새로운 기술

미셸 디디에 (Michel Deydier), 심리학자, 라엘리안 가이드

우주에는 무수한 정신 신체적 정서적 실체, 쉽게 말하면 인격체가 생물학적, 역학적 그리고 정신적 활동을 하며 존재한다. 이러한 실체들의 사회적인 관계는 매우 중요한 적응 능력을 필요로 하는데 그것 없이는 인간이 사회 집단을 형성할 수 없는 것이다. 인간의 정신적 풍요는 이 적응능력에 좌우되는데 이 능력은 인간으로 하여금 그때그때 자기 인생의 제반 문제에 질문을 던지게 하고 그로 하여금 행복 또는 불행을

느끼게 만든다.

나는 개인의 자각과 진보로 나를 이끌어 줄 길을 찾고 있을 때 바로 이 능력을 사용했다. 인간이 자신에 대해 알려고 할 때는 융통성을 가져야 한다. 어떤 사람이 자기를 분석하려면 그는 의식의 아주 작은 구멍을 통하여 잠재의식 속으로 들어가 그 가장 깊은 층에서부터 시작하지 않으면 안 된다. 이 경우 그는 잠재의식 속에 쌓여있는 것들을 파괴해서는 안 된다. 왜냐하면 〈악마는 좌절감을 노리기〉 때문이다. 그 대신 그는 〈내가 잠재의식에 좌절감을 주면 잠재의식 또한 나에게 좌절감을 준다〉는 사실을 인식해야만 한다. 그러나 이런 식으로는 아무 변화도 일어날 수 없으며 우리들은 항상 그대로일 수밖에 없다.

만약 당신이 당신 자신의 두뇌 속을 탐색하려 한다면 우선 당신은 그 탐색을 통해 자신이 상처받을 수도 있음을 알고 있어야 한다. 왜냐하면 당신의 두뇌 속에는 당신이 보고 싶지 않은 수많은 것들이 쌓여 있기 때문이다. 그러므로 그것들을 직시하라. 그리고 당신이 얼마나 하잘 것 없는 존재인가를 깨달은 다음 자신을 비웃어라. 멍청하고 보잘 것 없는 자신에 대해 당신이 더 많이 깨달으면 깨달을수록 당신은 그만큼 더 위대한 사람이 될 것이다. 그리고 두 번 다시 상처받지 않을 것이다. 왜냐하면 이제 당신은 자신을 완전히 파악했기 때문이다. 이런 과정을 거친 뒤에라야 당신은 자신을 사랑할 수 있다.

내가 메시지의 궁극성을 인정한 것은 이와 같은 심리상태에서였다. 그러나 나는 일단 메시지를 인정한 뒤 긴 소화과정 동안의 우여곡절을 거쳐 비로소 내 것으로 흡수했다는 점을 고백하지 않을 수 없다.

처음에 그것은 단순히 두 관념의 우연한 만남이 아니라, 그야말로 일대 충돌이었다. 거기서 나는 다소 의식적으로 철저한 두뇌청소를 행한 뒤 모든 개념들을 제 자리에 돌려 놓았다. 심리학자란 대개 내면적으로는 상당히 통합적이지만 자기 외부의 모든 것에 대하여서는 해체적인 사람이다. 그러나 나는 우주인이 준 정보가 내 마음속에 제 자리를 차지했을 뿐만 아니라 그것이 내 인생의 모든 요소들을 믿을 수 없을 만큼 통합한 사실에 놀랄 수밖에 없었다. 더욱 놀라운 일은 내가 환자들과 상담할 때 이제는 예전과 다른 창의적인 어법을 구사하고 있다는 점이다.

작용이 반작용을 유발하듯이, 나는 메시지의 주요 요소들을 하나하나 검증해 보기로 마음먹었다. 그래서 나는 몇 가지의 결론을 얻게 되었는데, 솔직히 말해 어떤 것은 말도 되지 않는 생각이었고 또 어떤 것은 좀 덜하긴 했지만 역시 불합리한 생각이었다. 하지만 나는 어떤 신조를 추종하는 것을 거부하는 사람이다. 왜냐하면 믿음과 관련된 정신작용은 논리적인 추론을 행하는 정신작용과는 아무런 관계가 없으며 주관적인 검증을 행하는 것과는 더더욱 관계가 없기 때문이다.

나는 맹목적으로 우주인들을 믿고 있지는 않다. 나는 그들의 배경을 완전히 이해함으로써 진지한 성찰 속에서 그들의 역할과 실재를 진정으로 이해하고 있다. 여하튼 이 결론들에 힘입어 나는 나를 구성하는 중요한 요소들을 다시 한번 검토해 보았다. 뒤집어 보기도 하고 옆으로 돌려도 보았으나 놀랍게도 어느 쪽에도 이상한 점은 발견되지 않았다. 나는 나의 정신에 잘못된 곳이 있다면 그것을 치료할 생각이었으나, 나 자신이 실제로는 얼마나 우스꽝스럽고 제한된 존재인가를 발견했을 뿐이었다. 나는 정신요법이라는 것이 교묘하게 위장된 유태-기독교의 기반 위에 있음을 알아차렸다. 당신도 만약 이런 각도에서 본다면 정신요법이 별로 위안을 주는 것이 아니며 또한 별로 순수한 것도 아니라는 사실을 이해할 것이다. 그러나 한편으로 생각해보면 사회로부터 기만을 당해보지 않은 사람이 누가 있겠는가? 아무리 그렇다고 할지언정 우리는 이러한 권리침해에 맞서지 않으면 안 될 것이다. 이런 연유로 나는 비록 느리기는 하지만 진리와 아름다움, 그리고 명료한 사상을 실어나르며 자유로운 진보를 지향하는 이 배에 타고 있는 것이다.

우주인들이 클로드 보리롱 "라엘"에게 준 메시지는 이제 내 마음속에 있다. 그것은 인간의 기원에 관해 내가 찾을 수 있는 가장 지성적인 답변을 주었을 뿐 아니라 우리 문명의 목적을 제시해 주고 삶의 새로운 기술의 해부학에 빛을 비쳐준 것이다.

나는 아무런 주저 없이 이 충격을 받아들인다.

그리고 나는 이기적인 개인의 관념에 일생을 바치기를 거부한다. 심오한, 그러나 어느 정도는 잊어버리고 있던 묵은 본능이 나로 하여금 이 메시지를 연구하도록 이끌었으며 이 메시지는 사람에게 다시 일어설 수 있는 힘을 준다. 모든 사람이 그 힘을 지니고 있다. 각자는 적응력과 생존본능을 발휘하면서 사회를 변혁시키는 일에 자기 자신의 수준에 맞추어 참여할 수 있을 것이다.

적응력과 생존본능, 이것들이야말로 인류로 하여금 지구와 우주의 환경을 개조할 수 있게 하고 또한 역사상 이 위대한 열정의 순간에 최상의 선택을 할 수 있도록 이끌 것이다.

인간 사회가 이처럼 목표에 가까이 가본 적은 과거에 한 번도 없었기 때문에 사람들이 그토록 혼란을 느끼는 것은 당연한 일이다.

과거의 역사는 진화론의 가치에 상처를 주는 명백한 증거들로 넘치고 있으며 현재는 위대한 진화의 법칙에 대한 논리적인 반론들이 제기되고 있다. 이제 미래는 도덕적 가치와 자본, 기술 및 과학적 가치가 결합됨으로써 폭발적인 가능성의 시대가 될 전망이다.

이상이 내가 우주인들이 준 메시지를 이해할 수 있게 된 여러 동기들이다. 증언할 수 있는 기회를 갖게 된 것을 기쁘게 생각한다. 나는 주저 없이 메시지에 대해 나의 확고한 지지를 보낸다. 우리들의 행성에서 생명의 창조가 실현될 수 있는 그 때를 그려보며 동경한다.

라엘 33년 (1979년) 5월 22일 칸느에서

5

부록

라엘 31년 (1976년) 10월 7일의 출현

1976년 10월 7일 50여명의 라엘리안들이 프랑스의 도르도뉴 지방 로그프라에 가까이 위치한 라 네그르리에 모여 1975년 10월 7일 만남의 제1주년을 축하하기로 했다. 1년 전 바로 그날 나 라엘은 엘로힘의 불사의 행성에 가서 「두 번째 메시지」를 받은 것이다. 집회는 오후 3시에 시작하기로 되어 있었다. 2시 45분 모든 라엘리안들은 예정된 장소에서 나의 주위에 모였다. 참가자들은 모두 최후의 예언자와 함께 시간을 같이할 수 있다는 것에 대해 감동을 감추지 않았고 사람들 사이에는 말할 수 없는 조화가 넘쳐흘렀다. 그때 누군가가 외쳤다. "하늘에서 무엇이 떨어진다!" 구름 한 점 없는 하늘에서 커다란 눈송이들이 떨어지고 있었다. 그것은 솜같이 보였으나 무언가에 닿으면 곧 녹아버렸다. 그때 또 누가 외쳤다. "저기, 하늘에 무언가 반짝이고 있다!" 두 개의 빛나는 물체가 바로 우리들 머리 위에 있었다. 눈송이는 10분 동안 계속 떨어졌고 그 후 우주선은 갑자기 사라졌다. 뚤루즈에서 온 가이드 로제는 어느 연구소에서 근무하는 사람인데, 그는 이때 솜덩이 같은 물체의 샘플을 채취하는데 성공했으나 그것을 분석해 보려고 손을 대는 순간 기화해 버리고 말았다.

그 자리에는 나에게서 세포설계도의 전송(트랜스미션)을 받으려고 프랑스의 저쪽 끝에서 먼 길을 온 사람들도 있었고, 또 그보다도 더 먼 곳에서 온 사람들도 있었지만, 모든 참석자들은 이 특별한 경험을 함께 할 수 있었다는데 대해 큰 보람을 느꼈다. 집회를 막 시작하려던 바로 그 시각 바로 그 장소에서 엘로힘은 참석한 모든 사람들이 평생 잊지 못할 표식을 보여준 것이다.

그 사건으로 인하여 나는 처음으로 엘로힘의 출현에 대한 유일한 목격자의 입장에서 벗어날 수 있게 되었다.

이제 50명이나 되는 사람들이 나와 함께 그날 일어난 놀라운 현상을 증언해 줄 수 있는 것이다.

벨기에에서 온 필립은 그 후의 조사에서 이와 같은 현상이 세계 각지에서 관찰되었다는 것을 확인했다. 이탈리아에서는 축구시합 도중에 이 솜모양의 눈이 내리면서 두 개의 우주선이 나타났기 때문에 시합이 중단되었다는 사실이 보도되었다. 또 벨기에와 브라질에서도 같은 현상이 관찰되었다고 한다.

그날 이후 집회에 참석하는 많은 사람들은 엘로힘이 다시 한번 그들의 모습을 보여주기를 기대하고 있는 것이 사실이지만, 여기서 나는 라엘리안 집회가 UFO를 목격할 목적으로 열리는 것이 절대로 아니라는 점을 강조해 두고자 한다.

엘로힘의 메시지
라엘 32년(1978년) 3월 14일

엘로힘의 메시지는 라엘 32년 3월 14일 밤 12시에 텔레파시로 나 라엘에게 전달되었다.

「나 야훼는 나의 메신저 라엘의 입을 통해 지구인에게 다음과 같은 메시지를 보낸다.

"알아 두라! 가까운 시일 내에 다른 우주인들이 지구인과 접촉하게 될지도 모른다. 그들도 역시 우리들이 우주의 다른 지역에서 과학적으로 창조한 자들이지만 현재 우리들은 그들과 직접적으로 관계하고 있지 않다. 그 이유는 당신들에게 심각한 혼란을 가져올 수 있으므로 지금 설명할 수 없다. 당신들이 알아두어야 할 것은 당신들이 그들에게 그들의 진정한 기원에 대해 알려줄 것을 우리들이 부탁한다는 점이다. 왜냐하면 그들은 우주에서 온 당신들의 형제이며 그들도 당신들과 같이 자기들의 창조자를 찾고 있기 때문이다. 그들에게도 〈진실을 알리는 책〉과 아포칼립스(계시)기원 30년 10월 7일의 메시지에서 밝힌 진실을 전해 주기 바란다."」

이것은 〈두 번째 메시지〉와 34년(1979년) 이 책이 출판되기까지 3년 사이에 텔레파시로 전해진 유일한 메시지라는 것을 알아두는 것이 중요하다. 왜냐하면 사람들이 알아야 할 것은 거의 모두가 최초의 두 메시지에 포함되어 있기 때문이다.

새로운 율법의 수정

「두 번째 메시지」의 「새로운 율법」 제6항이 수정되었다. 로마 카톨릭교회의 예와 마찬가지로 라엘리안 무브먼트 조직에 있어 최고가이드의 극단적인 노령화를 막기 위해 최고가이드는 7년을 임기로 5급의 가이드들에 의해 선출된다. 선거를 위한 5급가이드는 적어도 12명이 되어야 한다. 5급가이드가 12명이 되지 않을 때는 4급 가이드를 충원해서 전부 12인으로 구성되는 가이드 총회에서 선거를 실시한다. 이상의 두 급에서도 인원이 미달될 경우에는 3급가이드 중에서 선거권을 가질 수 있는 형식을 취한다. 최고가이드는 5급과 4급가이드 중에서 선출되며 7년 임기만료 후에 재선될 수 있다.

또 「새로운 율법」의 제4항도 다음과 같이 수정된다.

'연간 기부금은 1년간 순소득의 최소 1%(100분의 1)에 해당하는 금액으로 라엘리안 재단에 납부한다. 이것은 최고가이드가 세계에 메시지를 전파하는 사명에 전념할 수 있도록 재정지원하기 위한 것이다.'

라엘이 제의한 이 수정안은 이러한 변화의 필요성을 이해하고 있는 우리들의 창조자들에 의해 승인되었으며, 이것은 라엘리안 무브먼트가 보다 효율적이 되고 또한 메시지의 보급을 촉진하기 위해 취해진 조치이다.

1997년 엘로힘의 새로운 메시지

〔AH52년(1997년) 12월 13일, 라엘은 캐나다 퀘벡에서 트랜스미션이 끝난 직후 "가장 최근에 엘로힘으로부터 받은 메시지로서 나의 모든 사랑으로 여러분에게 전달한다."라고 하면서 다음과 같은 엘로힘의 새로운 메시지를 발표했다.〕

우리들의 사랑하는 아들, 예언자 라엘의 입을 통하여 우리들의 최후의 메시지를 지구상의 남자들과 여자들에게 보낸 지 이제 24년이 되었다. 라엘, 그는 예고된 대로 "신의 신비" 를 깨뜨리려 오리라고 한 그 사람이다.

24년 동안, 우리들이 당신들의 창조자들임을 공식적으로 또 공개적으로 인정해온 여러분 라엘리안들은 우리들이 요청한 대사관에 우리들을 맞아들일 수 있도록 일해오고 있다. 여러분들의 헌신과 노력은 우리들을 흐뭇하게 하였으며, 여러분들 중 가장 충실한 사람들은 보상받을 자들 중에 들게 될 것이다.

모든 종교들에서도 우리들의 사랑을 받을 자격이 있는 사람들은 있지만, 그러나 라엘리안들이야말로 우리들에게 가장 친근한 사람들이다. 그들은 우리들의 새로운 선민들이며, 언젠가 그들의 새로운〈약속의 땅〉을 갖게 될 것이다. 왜냐하면 그들의 사랑은 의식과 이해에 기초한 것으로서 맹목적인 믿음에 근거한 것이 아니기 때문이다.

과거 우리들을 단수 또는 복수의 초자연적인 신으로 생각하며 사랑했던 사람들도 우리들의 눈에는 소중했는데, 과학시대 이전의 시대에 있어서 그들로서는 선택의 여지가 없었던 것이다. 그러나 우리들이 초자연적인 존재가 아니라 그들의 모습처럼 생긴 존재임을 알고서도 계속 우리들을 사랑하고 또한 더욱더 사랑하고 있는 사람들은 우리들을 더욱 깊이 감동시킨다. 그들이 그들의 믿음만으로써가 아니라 그들의 의식으로써 우리들을 사랑하고 있기 때문에 그들이 받을 보상은 더욱 클 것이다. 그들을 우리들과 닮게 만드는 것은 바로 의식인 것이다.

우리들은 예루살렘 근처에 우리들을 맞이할 대사관을 세워줄 것을 요청한 바 있다. 그러나 목이 뻣뻣한 그들의 당국은 몇 번이나 우리들에게 필요한 치외법권을 승인해 주기를 거부했다.

예루살렘에 대한 우리들의 선호는 순전히 감상적인 것이었다. 우리들에게 예루살렘이란 우리들을 사랑하고 존중하며 또 응분의 존중심으로써 우리들을 맞아들이기를 소망하는 사람들이 있는 모든 곳이다. 그리고 선민이란 우리들이 누구인지 알고 우리들을 맞아들이기를 원하는 사람들이며, 이들은 바로 라엘리안들이다. 지구상에서 진정한 유대인들은 더 이상 이스라엘 사람들이 아니라, 우리들을 자신들의 창조자들로서 인정하고 우리들이 귀환하는 것을 보기를 소망하는 사람들인 것이다.

우리들과 이스라엘 사람들 사이의 연결이 바야흐로 깨어지려 하고 있으며, 신계약(엘로힘이 이스라엘 국가를 다시 세우는데 도움을 줌으로써 이스라엘과 엘로힘이 새로운 계약관계에 들어간 것을 의미함)은 종말에 가까워지고 있다. 그들이 다시 한번 흩어지기 전에 그들의 잘못을 깨닫기 위한 시간은 아주 조금밖에 없다.

이제 우리들은 우리들의 대사관을 건설하기 위해 필요한 치외법권의 지위에 대한 요청을 지구상의 모든 국가들에게 제기한다. 대사관 주위 반경 1Km는 마른땅 뿐 아니라 그 안으로 선박의 항해가 금지되는 조건으로 수면을 포함해도 된다.

다른 나라가 이것을 승인하면 이스라엘에게는 매우 제한된 시간동안 다시 숙고하여 이 승인을 해줄 수 있는 마지막 기회가 주어질 것이지만, 그들이 거부한다면 대사관은 다른 곳에 세워질 것이며 다윗의 백성들은 우리들의 보호를 상실하고 흩어지게 될 것이다.

대사관 건설에 필수적인 치외법권의 지위를 승인하고 자기들의 영토, 즉 자기들이 제공하거나 판매한 구역에 대사관이 건설되는 것을 보게 될 그 나라는 보장된 번영의 미래를 맞이할 것이고, 우리들의 보호를 누리며 다가올 수천 년 동안 이 행성 전체의 정신적 및 과학적 중심지가 될 것이다.

대귀환의 시간이 가까이 왔다. 우리들은 여러분들 중 가장 헌신적인 사람들을 지원하고 보호할 것이다. 여러분들의 적들은 우리들의 전능한 팔이 점점 더 그들을 치는 것을 보게 될 것이며, 특히 로마의 착취자들과 그 주교들 그리고 우리들의 위임 없이 우리들의 이름으로 행하는 모든 자들은 더욱 그러할 것이다.

서기 2000년이란 우리들에게는 아무 것도 아니며, 또한 기독교도가 아닌 대다수의 지구인들에게도 아무 의미가 없다. 그러나 많은 허위 예언자들은 이 천년기의 변환을 이용하여 인류를 오도하려 하고 있다. 이런 일은 이미 예고되어 있으며, 가장 의식적인 사람들은 여기서 선택한다. 가이드중의 가이드를 따르라! 그는 이 전환기의 위험을 어떻게 피할지 알고 있다. 왜냐하면 그는 〈길〉이요,〈진리〉요,〈생명〉이기 때문이다.

불교는 지구상에서 더욱 더 성공하고 있으며, 이는 좋은 일이다. 왜냐하면 불교는 진리 및 새로운 시대의 인간들에게 필요한 과학과 정신 사이의 새로운 균형에 가장 근접한 종교이기 때문이다. 불교는 그 신비적인 과거를 벗어버리기만 하면 바로 라엘리즘이 된다. 그러므로 점점 더 많은 불교도들이 라엘리안이 될 것이다.

대귀환의 때가 다가옴을 보고 있는 여러분들의 기쁨이 여정의 마지막 장애물들을 뛰어넘을 수 있는 날개가 되기를 기원한다. 우리들은 이 날에 그리고 여러분들에게 아주 가까이 있다. 그러므로 여러분들이 명상하며 정신을 집중하면 언제나 우리들의 존재를 느낄 수 있을 것이다......

그리고 이 느낌은 여러분들의 낮과 밤을 밝혀줄 것이며, 또 어떤 어려움들이 가로놓여 있든 간에, 여러분들의 삶을 경이롭게 만들어줄 것이다. 우리들을 만나는 기쁨은 그 날이 오도록 일해온 기쁨보다 훨씬 작을 것이다. 보다 큰 기쁨은 여러분들의 사명을 수행하는 행위에 있는 것이지 그 결과에 있는 것이 아니다.

그때가 올 동안 우리들의 사랑과 우리들의 빛은 우리들의 사랑하는 예언자의 입을 통해 여러분들을 인도할 것이다. 그리고 비록 우리들이 여러분들을 항상 보고 있을지라도, 그가 여러분들을 볼 때마다 우리들은 여러분들을 더욱더 잘 볼 수 있음을 잊지 말라. 왜냐하면 그는 여러분들에게 품고 있는 사랑으로써 자신이 보는 것을 더 아름답게 만들기 때문이다.......

여러분들이 그를 더 사랑할수록 여러분들은 우리들을 더 사랑하는 것이 된다. 왜냐하면 그는 지구상에 있는 우리들의 일부이기 때문이다. 만약 여러분들이 때때로 우리들에 대한 여러분들의 사랑을 보여주는데 어려움을 느낀다면, 그것은 우리들의 사랑하는 아들이 다시 한번 여러분들 사이에서 걷고 있다는 사실을 깨달을 수 있는 의식을 갖지 못했기 때문이다.

여러분들은 그를 무시하고는 우리들을 사랑할 수가 없다. 왜냐하면, 다시 한번 말하건대 그 아들을 통하지 않고서는 아무도 아버지 앞에 다다를 수 없기 때문이다. 그는 여러분들 가운데 있으므로 여러분들이 먹을 때 먹고, 여러분들이 잘 때 자고, 여러분들이 웃을 때 웃고, 또 여러분들이 울 때 같이 운다.

만약 여러분들이 그를 우리들 중 가장 사랑하는 자로 대접하지 않는다면, 우리들을 사랑하노라고 강변하지 말라.

그는 여러분들을 너무나 사랑하고 있어서 우리가 용서할 수 없다고 판단한 일에 대해서도 항상 용서해 주도록 간청한다. 여러분들의 창조자들의 눈으로 볼 때, 그는 여러분들의 최상의 변호인이다. 그리고 사랑과 용서가 사회에서 점점 더 귀해지고 또 이러한 가치의 결핍으로 인해 점점 더 야만적으로 되어 가는 여러분들의 행성에서 그는 여러분들이 가진 가장 귀중한 선물인 것이다.

여러분에게 사랑이 모자란다고? 그를 보라. 그는 살아 있으며, 여러분들 가운데 있다.

우리들이 귀환하든 안하든 그의 빛이 여러분들을 우리들에게로 인도하기를 기원한다. 왜냐하면 어떠한 경우이든 우리들은 여러분들을 우리 불사인들 사이에서 기다리고 있을 것이기 때문이다.

선의를 가진 모든 사람들에게 평화와 사랑을 보내며.

AH52년(1997년) 12월 13일 엘로힘

유엔의 종말 - 라엘, 2005년 9월

유엔은 사라지고 보다 민주적인 조직으로 대체되어야 한다

이것은 내가 지난 30년 동안 줄곧 말해왔던 것이다. 유엔은 민주적인 조직이 아니다. 유엔은 소수의 과거 식민국가들 및 현대의 제국주의적 초강대국들에 의해 운영되는 엘리트 클럽으로서 이들은 모두 서구의 백인 국가들이다.

유엔이 진정으로 민주적이 되려면 각국에는 그 인구수에 비례한 투표권이 부여되어야만 한다. 즉 인도와 중국을 합하면 인류의 약 50%에 달하는 30억 명의 인구를 갖고 있으므로 이들은 이에 상응하는 50%의 투표권을 가져야 한다는 것이다. 반면에 미국의 인구는 3억 명 밖에 되지 않으므로 세계 인구의 5%를 점유할 뿐이고 따라서 5%의 투표권만 가져야 하며, 영국의 인구는 6천만 명으로서 세계 인구의 1%에 불과하므로 1%의 투표권만 가져야 한다. 그렇지만 유엔은 인류의 10%에도 못 미치는 숫자를 대변하는 소수의 부우한 서구 국가들에 의해 지배되어 있으며, 특히 소위 '안전보장이사회'에서는 더욱 그렇다.

만약 부시와 블레어 및 기타 과거 식민 제국주의 국가들의 지도자들이 그들이 추구한다고 주장하는 바, 즉 민주주의의 확산을 정말로 바란다면 진정으로 민주적인 유엔을 받아들여야만 할 것이다. 그러나 진실은 그들이 그것을 정말로 바라지 않는다는 것이다. 그들이 정말 원하는 것은 세계를 경제적 및 정신적으로 계속 지배하는 것이다.

내가 ICACCI(기독교력 제국주의에 반대하는 국제위원회: Inter

-national Committee Against Christian Calendar Imperialism - www.icacci.org)를 창설하며 지적했듯이, 전체 인류를 대표해야 할 유엔이 왜 모든 공식 문서들에 인류의 25% 밖에 되지 않는 기독교도들이 사용하는 기독교력을 사용하는가? 각기 고유의 달력을 갖고 있는 무슬림, 시크교, 유대교, 불교 및 신도 국가들은 왜 기독교력을 사용한 유엔의 문서에 서명하도록 강요받아야만 하는가?

유엔은 자신의 창설일이나 평화를 상징하기 위해 히로시마 원폭투하일을 원년으로 하는 중립적인 달력을 채택할 수 있었을 것이다. 그러나 유엔은 여전히 기독교력을 사용하면서 다수를 점유하고 있는 비기독교 국가들로 하여금 문서에 서명할 때마다 예수의 추정 탄생일을 인정하도록 강요하고 있다. 이것은 기독교의 이름을 앞세운 십자군들에게 선조들이 학살되고 노예로 팔리고 유린당한 사람들의 감정을 조금치도 느끼지 못하는 행위이다.

유엔은 완전히 변신하여 진정으로 민주적이고 비종교적인 조직이 되든지 아니면 붕괴되어 진정으로 중립적이며 민주적인 조직으로 대체되든지 두 가지 선택이 있을 뿐이다. 기존의 것을 변화시키기는 언제나 어려운 일이기 때문에 아마도 후자가 가장 좋은 해결책이 될 것이다. 유엔을 대체할 "인민을 위해 인민에 의해 만들어진" 새로운 세계 조직은 비용이 훨씬 적게 들고 훨씬 더 민주적으로 될 것이다. 그것은 인터넷을 기반으로 하는 가상 세계정부가 될 수도 있을 것인데, 그러면 사람들이 온라인으로 원하는 바를 표현할 수 있게 될 것이다. 이런 온라인 민주주의는 부수적인 이점을 갖고 있는 바, 그것은 지구상에서 가장 위험하고 신뢰성 없으며 비용이 많이 드는 사람들, 즉 정치인들을 쓸모없게 만들 수 있을 것이다. 웹 정부(www.upworldgov.org)에 대한 나의 제안은 쓸모없는 유엔을 대체할 수 있는 올바른 해결책이 될 수 있을 것이다.

유대인들에 대한 최후의 메시지
AH63(2009년) 4월 12일

유월절 넷째 날인 4월 12일, 라엘리안 무브먼트의 지도자 라엘은 지구상의 모든 생명체를 창조했던 우주인 과학자들의 지도자인 야훼로부터 온 메시지를 받았다.

다음은 야훼의 유대인들에 대한 최후의 메시지 전문이다:

당신들은 시온주의자임과 동시에 팔레스타인인이 되어야 하며, 그렇지 않다면 당신들은 더 이상 선민이 되지 못할 것이다.

나, 야훼는 5769번째 유월절이자 특히 지구상에서의 우리의 생명 창조를 당신들에게 상기시키는 Birchat HaChama[1])이기도 한 이날, 당신들이 기다려 왔던 메시아인 나의 예언자 라엘의 입을 통해 당신들에게 최후의 메시지를 보낸다. 라엘이 당신들에게 전했던 최초의 메시지들은 당신들이 이스라엘 땅에 귀환하는 시대가 왔음을 상기시키는 것이었다. 하지만 이것은 결코 당신들이 팔레스타인인들의 땅과 집들을 빼앗고 그들을 학살하라는 것을 의미하지 않았다. 당신들은 시오니스트이자 팔레스타인인이 되었어야 했다. 당신들은 이 성스러운 땅에 비폭력적으로 평화적으로 귀환해야만 했으며, 당신들의 유전적 형제들인 그곳에 살고 있는 사람들에게 사랑과 우애로써 환영받도록 행동했어야 했다.

디아스포라의 세기들을 통해 당신들이 획득한 놀라운 자원들과

---

1) 유대교에서 태양이 천지창조의 날에 떠있던 자리로 돌아간 것을 축복하는 것.

그곳 거주민들의 재능을 결합함으로써 당신들은 전세계의 본보기가 될 수 있었던 부유하고 강력한 나라를 건설할 수도 있었을 것이다. 그것이 당신들의 신성한 사명이었다. 그렇게 하는 대신, 당신들은 팔레스타인 사람들의 땅과 집, 재산을 빼앗고, 그들을 강제로 추방하고, 그들이 자신들의 집으로 돌아오는 것을 금지하고, 그들을 강제로 집단수용소에서 살도록 만들었다. 그리고 당신들은 최근 그곳에서 그들을 폭격하여 대량학살한 바, 이는 선민들을 반인류적 행위를 저지른 범죄자들로 바꾼 것이며 인류의 본보기이자 정신적 가이드가 되었어야 할 스스로의 사명을 배신한 것이다.

당신들은 인종주의와 차별이 지배하는 국가를 만들었는데, 수세기 동안 이런 학대로 그토록 큰 고통을 받았던 당신들이야말로 그것이 얼마나 견딜 수 없고 비열한 것인지 어느 누구보다 잘 알고 있다. 고통과 유배의 세기들을 거친 뒤 겪은 대량학살의 극단적 희생은 당신들에게 전세계의 동정심을 불러왔으며, 세계는 예고된 대로 당신들이 약속의 땅에서 안전하게 살 수 있도록 도울 준비가 되어 있었다. 지구상의 국가들은 당신들이 전세계에 본보기가 되었을 다인종적 및 다문화적인 팔레스타인 국가를 창설하는 것을 지원했을 것이다.

그 대신 당신들은 선민들로서 더 많은 사랑과 비폭력, 관용, 그리고 의식을 향해 이끌 사명을 부여받은 나라를 모든 비유대인들의 생명과 권리를 경시하는 인종주의적이고 난폭한 나라로 만들기 위해 폭력을 사용했으며, 그 나라는 다름 아닌 인류의 암이 되어 버렸다.

당신들은 이스라엘 땅으로의 귀환을 정당화시켜 줄 수 있는 유일한 이유인 당신들의 정신적 사명을 완전히 배신해버렸다. 정신적이고 종교적이지 않은 시온주의자가 된다는 것은 순전한 인종주의로서, 전적으로 용납될 수 없기 때문이다. 당신들은 시온주의자이자 팔레스타인인이 될 권리와 의무만을 가졌을 뿐이다.

당신들이 건설한 극악무도하고 범죄적인 나라는 신속하게 사라져야 한다는 선고를 받았으며, 안팎에서 나라를 보존하려고 시도하는 유대인들은 영원히 화를 입고 유대인 자격을 상실하게 될 것이다. 다시 말해, 그들은 선민에서 제외될 것이다. 이스라엘 국가는 사라져야 하며, 유대인들과 팔레스타인인들이 조화롭게 살 수 있는 팔레스타인국으로 대체되어야 한다. 그 나라에서는 서로를 용서하려는 전폭적인 노력 속에 두 번의 디아스포라를 겪은 유대인과 팔레스타인인들의 귀환 권리를 상호 인정하게 될 것이며, 이는 인류 전체를 위해 상상할 수 있는 가장 아름다운 사랑과 형제애의 본보기가 될것이다.

과거에 그리고 오늘날까지 이스라엘 안팎에서 시온주의적 인종차별에 맞서고 지금의 인종주의적 이스라엘 국가 건설에 맞서 싸워 왔던 그들 유대인들만이 유대인 자격을 지닐 권리 즉, 선민의 일부로 남을 가치를 지키게 된다. 다른 자들, 나의 입에서 뱉어낸 그들은 선민이 아닌 다른 사람들과도 동등하지 않다. 그들은 창조된 모든 살아있는 존재들보다 더 열등하다. 그들은 동물 수준조차 되지 못한다. 그와 같이 그들은 이스라엘 땅에서 살 자격이 없으며, 그들과 그 자손들은 7세대 동안 영원한 추방, 끝없는 디아스포라를 겪도록 선고 받았다.

오늘 이 메시지를 읽으며 자신의 실수를 이해하고 팔레스타인 시오니즘 즉, 무슬림과 기독교도 및 유대인들이 동등한 권리를 누리며 조화롭게 살 수 있는 다민족적이고 다문화적 국가로서의 이스라엘로 되돌리기 위한 노력을 시작하는 자들, 그들은 자신의 범죄들을 용서받게 될 것이다.

당신들, 시온주의 범죄들에 스스로를 연루시키지 않는 의식을 가질 수 있었을 정도로 충분히 정신적이고 종교적인 디아스포라의 유대인들, 내가 당신들에게 말한다. 이스라엘 땅이 평화적으로 다문화적 팔레스타인 국가가 된다면 그때가 당신들이 이스라엘의 땅으로의 귀환을 준비할 때이다.

마지막으로 이 과정의 속도를 높이기 위해 당신들 모두는 제3의 성전인 우리의 대사관건설과 우리 사랑하는 아들, 우리의 마지막이자 궁극적인 예언자, 우리의 귀환과 함께 지구상에 평화의 세기를 불러올 메시아 라엘의 영광스러운 귀환을 준비하기 위해 단결해야 한다.

시간이 별로 없으며, 당신들은 우리가 당신들에게 경고하지 않았다고 말할 수 없음을 기억하라. 과거의 예언자들을 통해 보내진 우리의 앞선 메시지들 중 어떤 것은 그것이 실현되기까지 수세기가 허락되었던 반면, 여기 이것은 당신들에게 수년 혹은 겨우 수개월이 남아 있을 뿐이다. 다시 한번 말하건데, 이제 뻣뻣한 목을 버리고 겸손한 마음으로 다시 한번 진정한 선민이 될 때이다. 선민이란 당신들의 창조자인 나, 야훼가 당신들을 위해 계획해 둔 길을 따라 갈 사랑과 진실과 비폭력의 민족이다.

이 길은 약속의 땅으로 향하는 길이며, 약속의 땅이란 국경선들로 제한된 한 조각의 땅이 아닌 그야말로 행성 전체인 것이다.

아멘

저자 후기

'지적 설계-설계자들로부터의 메시지' 라는 제목을 붙인 이 통합본에 포함된 세 권의 책을 쓴 지도 30여 년이 지났다. 이렇게 새로운 제목으로 재편집하게 된 이유에 대해서는 차차 이야기하겠지만, 우선 지난 30여 년 동안 일어난 많은 일들을 회고해 보는 것도 중요할 것이다. 그 기간 동안 우리 세계는 급속한 변화를 지속해 왔는데, 그 방향은 항상 내가 1970년대 초반에서 중반까지 받았던 계시 정보와 같은 쪽이었다. 그 책들이 수정되지 않고 이렇게 재출판 된 이유는 30년 전에 처음 계시된 이 특별한 진실들이 새로운 과학적 발견들과 발전에 의해 단계적으로 연이어 증명되어 온 것을 드러내 보이기 위해서이다.

나는 처음에 이 책의 제1부를 '진실을 말하는 책'이라는 제목으로 1974년 초 프랑스어로 출판했다. 1975년 10월 갑작스럽고 예기치 않았던 잊을 수 없는 우주여행을 다녀온 후, 나는 제1권에 이어 '우주인은 나를 그들의 행성에 데려갔다'라는 제목의 책을 1976년에 출판했다. 그리고 1979년에는 엘로힘이 3년간 발표하지 말아달라고 부탁했던 정보를 사람들에게 알리기 위해 '우주인을 맞이하자'라는 책을 집필하고 출판했다. 나는 또 네 권의 다른 책을 썼는데, 그것들은 엘로힘이 옹호하는 진보된 형태의 민주주의를 설명한 '천재정치(1978년)', 우리의 감각들을 완전히 개화시켜 진정한 내면의 조화를 이룰 수 있도록 엘로힘이 가르쳐 준 매우 중요한 명상법 교습서인 '감각명상(1980년)',복제와 나노테크놀로지 분야에서 곧 우리 삶의 일부가 될 과학적 진보들을 요약한 'YES! 인간복제(2000년)' 및 나의 최근 강연과 강의들 중에서 라엘리안들이 선별한 것들을 편집한 '각성으로의 여행'이다.

이 책들은 현재 자발적인 라엘리안 지지자들에 의해 약 30개국어로 번역되어 있다. 전 세계에서 내 책들은 모두 합해 200만부 이상 판매되었는데, 그 대부분은 국제 라엘리안 무브먼트(IRM)의 각국 지부의 관리 하에 출판, 인쇄 및 보급된 것이다.

창설된 지 32년이 지난 IRM은 그 동안 꾸준히 성장해왔다. 이제 IRM은 전 세계에 65,000명 이상의 회원들을 갖고 있고, 국가 지부는 세계 모든 주요 국가들을 포함해서 약 90개국에 설립되어 있다. 현재 라엘리안 무브먼트의 활동은 프랑스, 캐나다, 일본, 한국 및 아프리카 지역에서 가장 활발하다. 또한 무브먼트는 미국, 호주, 영국, 동남아시아, 라틴아메리카 및 유럽 대부분의 나라들에서도 크게 확장되고 있다. 가장 최근에는 불가리아, 몽골 및 리투아니아에도 새로운 국가 지부가 설립된 바 있다.

매년 각 대륙마다 열리는 정기 세미나에서는 나 자신과 IRM 상급 멤버들이 모든 연령대의 수천 명의 사람들에게 이 책에 제시된 엘로힘의 가르침들을 전수해주고 있다. 현재 전 세계에는 200명 이상의 가이드 즉, 라엘리안 사제들이 활동하고 있다. 나와 지도급 라엘리안들이 쓴 무브먼트의 활동 상황에 관한 글을 게재하는 두 가지 중요한 매체가 있는데, 매년 2회 국제적으로 발간되는 고급 잡지 '아포칼립스'와 raelianews.org를 통해 온라인으로 배포되는 주간 전자회지 '콘택트'가 그것들이다. 이 출판물들은 엘로힘의 철학과 예지를 널리 확산시키는 데 도움이 되고 있다.

복제양 돌리의 탄생은 인류의 과학 역사에 획기적인 사건이었으며, 조만간 인간을 복제하는 일도 매우 보편화될 것이라는 점은 분명하다. 엘로힘의 행성에서와 마찬가지로 지구에서도 복제를 통해 인간은 영원한 생명을 얻게 될 것이다.

1997년 돌리가 복제된 후 나는 인간복제 문제를 이슈화시켜 사람들의 관심을 모으기 위해 '클로나이드'라고 명명된 프로젝트를 개시했다. 곧 이어 뛰어난 과학자이자 라엘리안 비숍인 브리짓트 봐셀리에 박사가 그 프로젝트를 인계받아 회사를 설립했다. 나의 원래 목적은 단지 인간복제의 개념을 널리 알리는 것이었기 때문에 클로나이드 프로젝트로부터 완전히 손을 뗐다. 그러므로 IRM은 클로나이드사와 전혀 직접적인 관계가 없다. 그러나 물론 나는 봐셀리에 박사와 그녀의 회사가 추진하는 사업에 대해 철학적으로 계속 지지할 것이다. 2002년 12월 클로나이드사가 '이브'라는 별명을 가진 세계 최초의 인간복제 아기의 탄생을 성공적으로 도왔다는 극적인 뉴스를 발표했을 때 나는 특히 기뻤다. 그 뉴스는 전 세계 매체들의 헤드라인을 장식했으며, 그것은 아마도 지난 32년 간 나의 임무를 수행하는 동안 일어난 최대의 돌파구였을 것이다. 이 글을 쓰는 현재까지도 복잡한 법적 문제들 때문에 이 성공적인 인간복제에 관한 과학적 증거의 발표가 지연되고 있지만 라엘리안 무브먼트의 이름과 그 주장하는 바가 지구 모든 곳에 알려지게 되었다는 사실은 의문의 여지가 없다.

다음 단계로 필요한 것은 나이든 개인으로부터 육체적으로 젊은 복제인에게 정신, 기억 및 성격 등을 이식할 수 있는 기술일 것이다. 이와 같이 젊은 복제인에게 기억을 직접 이식한다는 것은 동일한 사람이 영원히 살 수 있음을 의미한다. 인간의 법률은 변화하는 인류의 문화 및 과학기술의 발전에 적합하게 변하지 않으면 안 될 것이다. 이러한 모든 주제들은 아직은 시기상조이지만, 그러나 언젠가는 누가 이러한 기술의 수혜자가 될 것인지 그 기준을 설정하는 새로운 법률이 제정되지 않으면 안 될 것이다. 여기서 엘로힘의 행성의 경우에 비추어 볼 때,

복제인의 수는 일인당 한 명으로 제한되고 또한 복제는 사망 후에만 허용되어야 할 것이다.

그와 비슷한 규모의 또 다른 돌파구가 금년에 뚫렸는데, 이 책의 서문에도 간단히 언급되었다시피 그것은 '지적 설계' 라는 새로운 이론을 학술적으로 인정하는 논문이 워싱턴의 과학 저널에 게재된 사실이다. 이 논문의 출판은 다윈의 낡고 증명되지 않은 진화론에 대해 공식 고급 학술계가 제기한 최초의 도전이었다. 그 결과 지난 일 년 간 ID라는 약칭으로 불리기도 하는 지적설계론은 미국 외에도 유럽 및 전 세계 학술계의 이목을 끌고 많은 논쟁을 불러일으켰다. 특히 이 글을 쓰고 있는 현재 미국에서는 지적설계론을 다윈의 진화론 대신 학교에서 가르쳐야 할 것인지에 대해 열띤 논쟁이 진행 중이다.

반대자들은 이것이 50년 전 헌법에 명시된 정교분리 원칙을 근거로 대법원이 금지한 '신' 을 학교에 공식적으로 재등장시키려는 시도라고 판단하고 있다. 실제로 현재 미국의 보수 종교인들이 그들의 교조적 종교관을 미국의 학교들에 주입시키기 위해 이 위장전술을 쓰고 있다는 것은 분명한 사실이다.

그러나 지구상 생명체의 기원에 대한 라엘리안 방식의 독특한 설명은 제3의 선택을 효과적으로 제시하며, 이것은 학교에서 종교를 조장하지 않기 때문에 대법원의 판결에도 어긋나지 않는다! 이를 '무신론적 지적 설계'라고 표현하는 것이 가장 적당한데, 즉 '다른 행성에서 온 뛰어난 문명인들이 행한 지구상 생명의 과학적 창조'가 그것이다. 이는 최근 크레이그 벤터 박사가 최초로 완전한 인공 단세포 생명체의 합성에 착수했다고 발표한 사실을 통해 증거 되듯이, 생명의 기원에 대한 설명 중에서 실제로 실험실에서 재현할 수 있는 완전히 새로운 논리적 이론이다. 진화는 이제까지 어느 실험실에서도 재현된 적이 없기 때문에 하나의 '이론'으로 불리고 있고, 물론 '신'에 의한 창조론도 마찬가지이다. 그러나 이 제3의 선택 즉, 무신론적 지적설계론은 당장 실험실에서 재현될 수 있는 유일한 이론이며 실제로 곧 그렇게 될 것이다.

우주에는 지구와 비슷한 행성들이 수십억 개나 있으며 또 반드시 우리 지구가 우주에서 가장 진보한 행성이라고 생각할 필요는 없다는 점을 대부분의 과학자들도 인정하고 있다. 그러므로 오랜 옛날 뛰어난 문명인들이 지구에 와서 생명을 창조하고 종을 발달시켰다는 것이 우리의 기원에 대한 가장 논리적인 설명이 된다. 최소한 이것은 학교에서 진화론의 대안으로 가르칠 만한 가치가 있으며, 어느 학교도 정교분리 원칙을 이유로 무신론적 지적설계론의 도입을 금지할 명분은 없을 것이다. '신'을 믿는 자들 또한 획일적이고 교조적이며 불관용적인 다윈의 진화론을 밀쳐내고 학교 시스템에 들어가기 위해 우리의 설명을 '트로이의 목마'로 이용할 수 있을 것이다.

다음으로, 엘로힘으로부터 요청받은 대사관의 건설을 위한 준비도 역시 순조롭게 진행되고 있음을 밝히는 것도 중요하다. 대사관과 그 거주자들은 다른 일반 외교 사절과 마찬가지로 치외법권에 의해 보호되어야 한다. 엘로힘의 상세한 지시에 따라 라엘리안 건축가들은 이미 그 복합 건물의 실행 도면을 완성했는데, 이 대사관에서 인류 역사상 가장 극적이며 유례없는 엘로힘과 전 세계 정부 지도자들 간의 회담이 열리게 될 것이다. 우리가 이 도면에 기초하여 소형 대사관의 모형을 만든 지 얼마 지나지 않아 그것과 놀랍도록 닮은 밀밭 도형이 영국에 나타났다.

그러나 나는 이 과제를 완수하는 데는 돈이 주된 장애가 아니라는 점을 말하지 않으면 안 되겠다. 정치적 및 외교적 문제들이 더욱 난제인데, 이를 극복하기 위해서는 인내와 끈기가 필요할 것이다. 이 문제와 관련하여 국제 라엘리안 무브먼트는 1991년 이래 수차에 걸쳐서, 엘로힘이 최초의 인간을 창조했던 예루살렘 인근에 대사관을 지을 수 있도록 필수적인 치외법권을 승인해 달라고 요청하는 서한을 이스라엘 정부 및 예루살렘의 최고 랍비에게 발송한 바 있다. 유대교 최초의 성전은 사실 고대의 대사관이었으며, 그 주위로 고대 도시들이 형성되었던 것이다. 엘로힘은 지금 이스라엘이 새로운 대사관, 즉 제3의 성전에 대하여 그와 같은 치외법권을 승인해 주기를 기다리고 있지만, 현재까지 일곱 차례에 걸친 요청에도 불구하고 이스라엘로부터 아무런 긍정적인 반응이 오지 않고 있다.

최초의 접근은 유대 설날인 11월 8일에 이루어졌으며, 또 다른 공식 요청서가 몇 달 뒤 이스라엘 최고 랍비에게 발송되었다. 그 요청서는 수령이 확인되었으며 그에 대한 검토가 시작되었다. 1993년 여름 이스라엘 정부의 한 위원회는, 라엘리안 무브먼트는 평화적인 의도를 갖고 있으며 이스라엘의 안보에 아무런 위협이 되지 않는다는 결론을 내렸다. 그 위원회의 보고서에는 두 명의 랍비가 "라엘이 우리가 기다려 왔던 진정한 메시아일 경우에 대비하여 그에게 적대적인 행동을 하지 않는 것이 더 좋을 것이다."라고 결론짓고 있다. 1993년 11월, 이스라엘 수상 이츠하크 라빈이 몬트리올 유대인 총회에 참석하기 위해 캐나다에 왔을 때 그에게 보다 직접적인 요청이 행해졌다. 그러나 한 달 후 라빈 수상은 그의 보좌관을 통해 우리의 요청을 승인할 수 없다는 회신을 보내왔다. 만약 이스라엘이 치외법권의 승인을 끝까지 거절한다면, 우리는 이미 지적한 대로 팔레스타인이나 이집트 또는 다른 인근 국가에 대사관을 건설하게 될 가능성이 크다. 사실 시나이 산의 낮은 구릉들은 훌륭한 대안이 될 수 있을 것이다. 왜냐하면 그곳은 엘로힘의 지도자인 야훼가 처음으로 모세 앞에 모습을 드러낸 곳이기 때문이다. 이 모든 사정에도 불구하고 엘로힘은 이스라엘에게 이 요청에 응할 기회를 주는 것을 더 선호하고 있다. 그 이유는 그것이 이스라엘 국가가 존재하는 모든 목적이기 때문이다. 1997년 12월 13일에 온 엘로힘의 새로운 메시지에 따라 우리는 다른 나라들과도 교섭을 시작했는데, 일단 다른 나라의 승인이 떨어지면 이스라엘에 '마지막 기회'를 주기 위해 최종적인 요청서가 발송될 것이다.

이미 1990년에 엘로힘은 이스라엘 민족에 대한 그들의 특별한 애정의 표시로, 라엘리안 무브먼트가 그들의 문장인 무한의 상징을 서구 지역에서 사용할 때는 그 모양을 수정하자는 나의 제안에 동의했다. 그 문장의 중앙에 있는 스와스티카는 산스크리트어로 '안녕 (well-being)'을 뜻하며 시간의 무한성을 나타내는데, 그것은 은하의 소용돌이 형태로 대치되었다. 이 변경은 이스라엘에 엘로힘의 대사관을 건설하기 위한 협상에 도움을 주기 위해, 또한 2차 세계대전 중 나치의 스와스티카 깃발 아래 고통 받거나 죽어 간 희생자들의 감정에 대한 존중심을 표현하기 위해 취해진 조치이다. 아시아에서는 스와스티카가 대부분의 불교 사원에 표시되어 있으며 이는 시간의 무한성을 표시하므로, 엘로힘의 상징 원형이 아무런 문제가 되지 않는다. 서구를 위한 이 IRM 문장의 변경은 물론 크게 환영받았으며, 이제 와서 1973년 이래의 우리의 발전상을 뒤돌아보고 분석해 볼 때 나는 모든 것이 계획대로 진행되고 있음을 확인할 수 있다.

국제 라엘리안 무브먼트는 내가 관여하든 관여하지 않든 엘로힘이 부여한 모든 목표를 언젠가는 달성하게 될 것이다. 나는 무브먼트가 이제는 나 없이도 완벽하게 잘 기능하고 자립할 수 있게 되었음을 알고 있다. 해야 할 일이 아직도 많이 남아 있지만, 언젠가는 위대한 그 날이 밝아 오고 엘로힘이 세계 각국의 정부 지도자들과 TV카메라를 앞세운 대규모 보도진 앞에 공개적으로 또한 공식적으로 착륙하게 될 것이다. 그러나 회의주의자들은 여전히, 이 선진 외계 문명인들이 진실로 이 지구상의 모든 생명체들을 인공적으로 창조할 수 있었을까 하고 계속 의문을 제기할 것이라는 예상을 할 수 있다. IRM의 지도급 회원들과 나 자신은 그런 일을 예견하고 있다. 그러나 그것이 우리의 기를 꺾지는 못한다. 오히려 그 반대이다.

분명히 엘로힘은 머지않은 장래에 이 지구상에 착륙할 것이다. 이 사건은 모든 것이 과학적으로 이해될 수 있는 '특이점(Singularity)'의 시기를 전후하여 일어날 것이며 앞으로 30년 이내에 이루어질 전망인데, 만약 내가 이 책에 쓴 진실이 보다 빨리 전 세계에 퍼진다면 그 시기는 훨씬 앞당겨 질 것이다.

엘로힘은 모세, 엘리야, 석가, 예수 그리스도, 마호메트 등을 포함한 과거의 모든 위대한 예언자들을 함께 데리고 올 것이다. 인류가 오랫동안 기다려 왔던 이 날은 역사상 가장 경이로운 날이 될 것이다. 나는 그들이 대사관에 착륙할 때 당신이 그 자리에 있을 수 있기를 바라며 또한 당신도 이 경이로운 날을 위한 모험에 일부 참여했다는 사실에 함께 기뻐할 수 있게 되기를 바란다.

대사관이 세워질 그 장소는 다음 천년기 동안 이 세계의 정신적 중심지가 될 것이다. 이 '거룩한' 장소를 순례하기 위해 세계 각국으로부터 사람들이 몰려들 것이다. 대사관 가까이에는 모조 대사관이 세워져서 대사관의 내부가 어떻게 생겼는지 사람들이 볼 수 있도록 공개될 것이다.

그러면, 라엘리안 무브먼트의 사명은 우리들의 창조자가 오는 것으로써 끝날 것인가? 전혀 그렇지 않다! 그 반대로 그것은 우리의 진정한 임무의 시작이 될 것이다. 원시종교의 소멸에 의해 생기는 공백이 미래의 기술적 혁명과 조화된 새로운 정신으로 채워지지 않으면 안 될 것이기 때문이다. 현재 우리 인류는 과거의 종교와 과거의 사고방식을 지닌 채 미래의 기술을 구사하고 있다. 엘로힘 덕분에 우리는 그들의 종교를 받아들임으로써 새로운 정신 수준에 도달할 수 있을 것이다. 그들의 종교란 무신론적 종교, 즉 그들의 문장에 표현되어 있는 것처럼 무한의 종교이다. 라엘리안 무브먼트의 가이드들은 이 새로운 종교의 사제가 되어서, 사람들이 무한소와 무한대의 우주에 조화를 느낄 수 있도록 돕고 또 우리는 우주의 먼지이며 동시에 영원한 에너지임을 깨닫도록 도울 것이다.

연구소와 대학들이 대사관 근처에 세워지고, 엘로힘의 지도하에 우리 과학자들은 지식수준을 높여 나갈 수 있을 것이다. 이와 같이 함으로써 우리는 엘로힘의 과학 수준에 점점 접근하게 될 것이다. 그리하여 우리도 다른 행성에 가서 우리 스스로 생명체를 창조할 수 있게 될 것이며, 이번에는 우리에 의해 창조된 자들로부터 우리가 '엘로힘'으로 불리게 될 것이다.

우리 행성에서는 이미 브리짓트 봐셀리에 박사와 현실적 비전을 지닌 다른 과학자들이 '지적 설계자'가 되는 길을 나섰다. 인류의 미래를 위해 노력하는 과정에서 그들은 우리의 과거와 기원의 진정한 성격에 대해 완전히 이해하게 될 것이다. 우리 라엘리안들과 그들 과학자들을 통해 정신과 과학은 인류의 과거를 사로잡았던 중세적 공포로부터 벗어나 마침내 함께 어울리게 될 것이다. 그리하여 우리는 오래 전에 고대 문서에 기록된 대로 스스로 '신'이 될 수 있을 것인데, 그러나 그 신은 보다 정확하게 혹은 재미있게 표현하자면 '무신론적 신'일 것이다.

하지만 우리의 가장 큰 사명은 엘로힘의 대사관을 건설하는 일임을 잊지 말자! 그들은 마침내 이 대사관에 공식적으로 착륙하고 공개적으로 우리들과 함께 있을 수 있게 될 것이다. 그리고 그들은 고통에 빠져 있지만 여전히 빼어난 잠재적 아름다움을 지니고 있는 우리 세계에 과학과 함께 심오한 사랑의 가르침을 가져다 줄 것이다.

라엘

2005년 가을, 캐나다 퀘벡

추가정보

본 저서 〈지적설계〉에 관한 정보가 필요하실 경우에는 저자나 국제라엘리안무브먼트(IRM)와 연락을 하시면 됩니다. 아래는 주소입니다.

c/o The International Raelian Movement

Case Postale 225, CH1211

GENEVA 8

SWITZERLAND

아래는 라엘리안 무브먼트의 공식웹페이지와 관련단체들입니다.

www.rael.org
www.raelianews.org
www.rael-science.org
www.paradism.org

Rael- Science 안내

Rael-Science 는 최신과학기사를 엄선하여 구독자에게 배달하는 무료 e-mail 서비스입니다. 구독신청은 아래의 주소로 내용이 없는 e-mail 을 보내면 됩니다.

subscribe@rael-science.org

세미나와 연락처

매년 전 세계에서는 몇 번의 세미나가 개최되며, 라엘리안들은 그곳에 함께 모여 예언자 라엘을 통해 엘로힘의 가르침을 배울 수 있다. 이 세미나에 참가하기를 원하거나 라엘리안들과 접촉하고 싶은 사람들은 아래의 지역 라엘리안 무브먼트에 연락하면 된다. 86개국 이상에 설립되어 있는 각국 라엘리안 무브먼트의 연락처는 웹사이트 www.rael.org 에 게재되어 있다.

아프리카

05 BP 1444, Abidjan 05
Cote d'Ivoire
Africa
Tel:(+225)07.82.83.00
E-mail: africa@intelligentdesignbook.com

유럽

7 Leonard Street
London
England, UK
Tel: +33 (0)6 16 45 42 85
E-mail: europe@intelligentdesignbook.com

미주

P.O.Box 570935
Topaz Station
Las Vegas, NV 89108
USA
Tel: (+1) 888 RAELIAN
Tel: (+1) 888 723 5426
E-mail: usa@intelligentdesignbook.com
E-mail: canada@intelligentdesignbook.com

대양주

G.P.O. Box 2397
Sydney, NSW 2001
Austrailia
Tel: +61(0)419 966 196
Tel: +61(0)409 376 544
E-mail: oceania@intelligentdesignbook.com

아시아

Motomikura 640-A1
Tako-Machi, Katori-Gun,
Chiba-Ken 289-2311
Japan
Tel: (+81) 0479-75-8030
Fax: (+81) 0479-74-8007
E-mail: asia@intelligentdesignbook.com

영국

BCM Minstrel
London WCIN 3XX
England, UK
Tel: +44(0)7749618243
E-mail: uk@intelligentdesignbook.com

라엘의 다른저서

감각명상

'지적설계: 설계자들로부터의 메시지'와 함께하는 중요한 책

우리의 마음을 미래로 열고 자신의 진정한 가능성을 실현하기 위해, 우리는 자신의 몸을 모든 감각의 기쁨들로 일깨우는 법을 배워야 한다. 이것은 라엘이 다른 행성의 여행에서 배워온 핵심적인 훈련법이다.
이 책에 상세하게 기술되어 있는 명상 기법들은 엘로힘이 창안한 것으로서, 우리가 모든 사물의 무한성과 조화할 수 있게 도와준다.
이 가르침들은 우리가 소리, 색채, 맛, 향기와 감촉들을 보다 강렬하게 즐길 수 있도록 도와줌으로써 자신 안의 새로운 창조성을 발견할 수 있게 해준다.

천재정치

큰 논란을 불러일으킨 정치적 주제

민주주의는 불완전한 정부 형태로서, 결국 천재들에 의해 통치되는 "천재정치"로 대체될 것이다. 이 시스템하에서는 어떠한 고위공직 후보자도 지성 수준이 평균보다 50% 상위에 있지 않는다면 선거에 입후보할 수 없다. 더욱이 투표할 자격을 갖는 유권자는 평균보다 10% 이상의 지성 수준을 갖고 있어야 한다. 그러므로 천재정치는 선택적 민주주의인 것이다.
이 진취적인 개념은 이미 엘로힘의 행성에서 시행되고 있다. 엘로힘은 우리가 더 나은 시스템을 개발하지 않는 이상 이와 같은 시스템으로 이행할 준비를 시작하라고 조언하고 있다. 왜냐하면 인류의 진보는 결국 천재들의 노력에 달려 있기 때문이다. 일단 지성을 테스트할 수 있는 방법이 충분히 개발된다면 이곳 지구에서도 그런 진보가 가능해질 것이다.

YES! 인간복제

미래에 대한 놀라운 예지

이 책에서 최초의 인간복제회사 클로나이드의 창시자인 라엘은 오늘날의 기술이 어떻게 영원한 삶을 위한 탐구의 첫걸음이 될 수 있는가를 설명한다.
뛰어난 통찰력을 통해 그는 우리에게 놀라운 미래를 보여주고 이제 막 태동하고 있는 우리의 기술이 어떻게 이 세계를 변혁시키고 우리의 삶을 변화시킬지 설명한다.
이 책은 우리가 파라다이스로 변모할 상상할 수 없이 아름다운 세계에 준비가 되도록 해준다. 그런 세계에서는 나노테크놀로지가 농업과 중공업을 불필요하게 만들고, 슈퍼 인공지능이 인간의 지능을 빠르게 추월하여 모든 지겨운 일들을 처리해 주고, 컴퓨터 안에서처럼 계속 젊은 육체로 재생되는 영원한 삶이 가능해질 것이며, 그리고 아무도 더 이상 일할 필요 없이 레저와 사랑을 즐기는 세계가 될 것이다!

각성으로의 여행(마이트레야)

라엘의 가르침 발췌본

예고된 "서방에서 온 미륵" 라엘, 그가 지난 30년간 수많은 라엘리안 세미나에서 행한 강의들 중에서 발췌한 내용을 수록한 이 놀라운 책에서 그의 가르침과 통찰력의 진수를 접할 수 있다.
이 책은 사랑, 행복, 평정심, 정신성, 관조, 완벽의 신화, 비폭력, 과학 등 다양한 주제를 다루고 있으며, 더 없는 만족과 즐거운 인생을 살기를 원하고 자기 자신을 발전시키고자 하는 이들을 위한 훌륭한 길잡이가 될 것이다.

※ 이 책들은 전국유명서점이나 인터넷을 통해 구입할 수 있습니다. 라엘리안 무브먼트에 관한 정보를 더 알고 싶으신 분은 www.rael.org 로 접속하시기 바랍니다.

Bibliography

- Fiori,Jean, *Evolution ou Creation*, Published by Editions S.D.T.,77190,
Dammarilie-les-Lys, France.
- Milgram, S, *Submission to Authority*, Paris,1974.
- Rostand, Jean, *L'Evolution*, Paris, Robert Delpire Editeur,1960.
- 공동번역성서

INDEX

(ㄱ)

(ㅁ)

(ㅂ)